U0920614

阳明学研究年鉴

YANGMING STUDIES YEARBOOK

贵阳孔学堂文化传播中心——编

孔學堂書局

本书获2018年贵州省出版传媒事业发展专项资金资助
本书获贵州孔学堂发展基金会资助

图书在版编目（CIP）数据

阳明学研究年鉴. 2016 / 贵阳孔学堂文化传播中心编
. 一 贵阳：孔学堂书局有限公司，2019. 6
ISBN 978-7-80770-099-9

Ⅰ. ①阳… Ⅱ. ①贵… Ⅲ. ①王守仁（1472-1528）-哲学思想-研究-2016-年鉴 Ⅳ. ①B248.25-54

中国版本图书馆CIP数据核字(2018)第297248号

阳明学研究年鉴(2016) 贵阳孔学堂文化传播中心 编

出 品 人：邓国超 李 筑
责任编辑：黄 艳 杨翌琳
封面设计：张 莹
排版制作：刘思妤
责任印制：张 莹
出　　品：当代贵州期刊传媒集团
出版发行：孔学堂书局
地　　址：贵阳市云岩区宝山北路372号 邮编 550001
　　　　　贵阳市花溪区孔学堂中华文化国际研修园1号楼 邮编 550025
印　　制：贵阳精彩数字印刷有限公司
开　　本：787mm×1092mm 1/16
字　　数：355千字
印　　张：25
版　　次：2019年6月第1版
印　　次：2019年6月第1次
书　　号：ISBN 978-7-80770-099-9
定　　价：98.00元

序

由于历史的机缘，贵州有着丰富的阳明文化资源。1508年，明代大儒王阳明遭到贬谪，来到贵州。他在修文龙场悟出了“知行合一”，开创了儒学发展的新境界，成就了中国思想史上的一座高峰。“知行合一”是王阳明以贵州为平台对世界做出的一次巨大文化贡献，也成为今天贵州人增强文化自信可以充分利用的文化资源。2014年3月7日，习近平总书记在全国“两会”期间参加贵州代表团审议时曾殷切寄语：“今天，我们不仅要坚定‘三个自信’，也要大力弘扬优秀传统文化，去其糟粕、留其精华，增强文化自信。明朝时，王守仁曾经在贵州参学悟道，贵州在这方面还是很有优势的，希望在这方面继续深入探索。”

作为弘扬和传承中华优秀传统文化的一个新兴综合体，贵阳孔学堂是贵州省弘扬阳明文化的重镇。近年来，孔学堂坚持“创造性转化、创新性发展”的文化方针，整合国内外各种资源，聚集知名专家学者，修建了“阳明文化馆”，成立了“阳明心学与当代社会心态研究院”，多次开展以“弘扬阳明文化”为主题的公益讲座、课题招标、学术论坛、戏剧汇演、书法展陈、漫画征集等活动，责无旁贷地承担起传承、弘扬阳明文化精神的重担，努力构建贵阳孔学堂、修文阳明洞、贵阳阳明祠“三足鼎筑”的贵阳“精神大厦”，产生了较大的学术影响，取得了良好的社会效益。

随着对中华优秀传统文化的挖掘、整理、阐释、传播和推广，阳明学的国内外影响力与日俱增。近年来，阳明学已成为显学，阳明学研究蓬勃发展，相关研究成果蔚为大观，相关学术会议不断召开。国内外涌现出许多研究阳明学的机构及刊物，诸如韩国阳明学会的《阳明学》，日本阳明学会的《姚江》，国内的《王学研究》《阳明学刊》《阳明学研究》《阳明学研究新论》等。鉴于此，贵阳孔学堂文化传播中心从2017年开始，每年组织有关专家学者编撰出版一部《阳明学研究年鉴》，为学界同仁和热心公众了解、探讨、从事阳明学研究提供参考和借鉴。当然，这只是一个开始。我们希望通过《阳明学研究年鉴》的编撰出版，及时评介国内外阳明学研究的学术动态和学术前沿，系统梳理阳明学的历史内涵和时代价值，进一步推动阳明学的研究和传播，共同服务于“以文化人”的时代任务。

是为序。

徐 圻

二〇一八年五月一日

肆 研究著作

伍 研究辑刊

陆 附录

柒 回顾与展望

壹 研究综述

中国大陆阳明学研究

□ 周之翔　曾顺岗　石　静[①]

阳明学是继朱子学后，宋明理学史上的又一高峰。长期以来，不仅中国学者，日本、韩国、新加坡等国学者和西方部分汉学家高度重视对阳明学的研究，“阳明学”一词也已成为国际学术界的重要术语。中国大陆学者对阳明学的研究，自20世纪80年代起步，一直处在不断增长的态势，进入21世纪以来，不仅研究队伍不断壮大，发表的研究成果更是迅猛增多，成为儒学研究中的显学。2016年是大陆阳明学研究的一个新高峰，单就中国知网上收录的以“王阳明”为主题词的文献，就达六百多篇，仅次于孔子、孟子、朱熹等儒家思想家，在研究深度和广度上都有所拓展。

本篇综述拟从王阳明思想、地域阳明学派、阳明学与佛道思想、阳明学的现当代研究、阳明后学、阳明学与域外文化、阳明学比较、阳明学诠释、阳明学文献整理与研究、阳明学与文学研究、阳明学的当代价值、阳明学与西方哲学、阳明学与当代文化、阳明学与理学研究、阳明学研究的回顾及展望等方面，对2016年国内阳明学研究领域取得的成就进行说明。

一、王阳明思想研究

王阳明是宋明道学中心学一脉的集大成者，是阳明学派的创始人。围绕王阳明行迹、思想的总体特征及其影响，众多学者展开了分析与探讨，取得了一些理论成果。

① 周之翔：贵州省社会科学院历史研究所副研究员；曾顺岗、石静：贵阳孔学堂文化传播中心副研究员。

很多学者从整体性研究的角度，对王阳明的思想体系进行了反思。刘莉萍等的《王阳明哲学体系的理论建构和学说特征》[①]一文指出王阳明通过建构“心”本体，使天道、天理真正贯通于人心，使人作为万物之灵的主体价值得以彰显，最终为以“人”为中心、以“伦理”为本位的儒学人文信仰的建构和完成奠定了理论基础。张勇的《阳明心学研究视角新论》[②]一文反思了自明末清初尤其是近代以来，学界对阳明心学的研究方法，指出学界多是运用基于教法视角之文献材料考证与逻辑思辨分析，这对于注重内心世界精神体验的心学而言，是有弊病的。证法研究视角才深契阳明心学注重工夫实证之内在精神，有利于克服当前研究偏重教法忽视实证之偏弊。只有将证法与教法两种研究视角融通互补，才有助于发显阳明心学的本来面目和真实精神，推进心学研究的深入开展。《拔本塞源论》是王阳明心学理论成熟的重要标志性文献，近年来一直受到学界重视。许宁、秦蓁的《论〈拔本塞源论〉的三个维度》[③]一文以《拔本塞源论》为文献依据，指出阳明心学有三个内在的维度：一是阳明追本溯源，肯定“万物一体之仁”，改造朱子“十六字心传”为“十二字心传”，在追寻和重构“三代”以来的儒家道统谱系中发掘其历史维度；二是阳明拔本塞源，从圣人之心、圣人之学、圣人之治层面就人心私欲、异端异学、霸道功利提出了系统的破斥，从而凸显了批判维度；三是正本清源，阳明在“立道统”和“辟异端”的基础上，提出“良知之明，万古一日”，强调了心学的为学宗旨，与其临终遗言“此心光明，亦复何言”相互呼应，展开了他晚年哲学建构的基本理论维度。于海东的《体系融合自由之王阳明》[④]一文分析了王阳明心学的主要观点即“心即理”“致良知”“知行合一”和立言、立德、立功之间的对应关系，指出王阳明的心学是一种既能修养心灵

①刘莉萍等：《王阳明哲学体系的理论建构和学说特征》，《湖南大学学报（社会科学版）》2016年第5期。

②张勇：《阳明心学研究视角新论》，《中州学刊》2016年第11期。

③许宁、秦蓁：《论〈拔本塞源论〉的三个维度》，《孔学堂》2016年第2期。

④于海东：《体系融合自由之王阳明》，《文学教育》（上） 2016年第7期。

又能积极参加社会实践从而实现自己人生价值的学问，是体系与自由融合的一个典型。此外还有单永红[①]、秦泗岩[②]等对王阳明的主要思想进行了再认识和评议。

内圣外王是观察儒家思想的一个传统视角。蓝法典的《论阳明心学语境下的“外王”之道》[③]一文指出王阳明运用知行合一的逻辑将“内圣”与“外王”看作一体二用的同一关系，以本体的价值呈现取代政治实践的现实指向，并通过对“致良知”中“知”的强调，希望用一种开放性的“良知见在”秩序替换统摄于皇权一极的现实权力秩序，变“善之于人”的权力统摄为“人之于善”的主体明觉，以寄托自己的“救世”期望。周婷婷[④]则从思想基础与人生经历等方面，分析了王阳明的内圣思想。欧阳辉纯[⑤]从探讨王阳明圣人观的主要内容入手，指出王阳明的圣人观是对先儒圣人观的超越，完成了儒家圣人观从“庙堂”到“人间”、从“书斋”到“民间”的伟大转变，实现了儒家圣人观的世俗化、大众化和民间化。

关于王阳明思想的理论渊源，欧阳辉纯[⑥]、杨锦富[⑦]、汪学群等学者进行了探讨。杨锦富由师友之教的进路，探讨了阳明学的渊源。汪学群的《陈献章学脉对王阳明思想的影响》[⑧]一文指出陈献章学脉对王阳明思想所产生的正面影响是不可忽视的，通过娄谅以及湛若水与王阳明的交往与论学，陈献章学脉进入到了王阳明思想的形成与发展脉络之中。邓建[⑨]从流寓人生、书院情结等方面探讨了王阳明的心学建构。张昭炜的《传心堂法脉

---

①单永红：《王阳明心学再认识》，《学周刊》2016年第27期。

②秦泗岩：《阳明心学平议》，黑龙江大学博士学位论文，2016年。

③蓝法典：《论阳明心学语境下的“外王”之道》，《中华文史论丛》2016年第4期。

④周婷婷：《论王阳明的内圣思想》，《哈尔滨师范大学社会科学学报》2016年第1期。

⑤欧阳辉纯：《论王阳明的圣人观》，《齐鲁学刊》2016年第3期。

⑥欧阳辉纯：《论王阳明心学的理论渊源》，《求知导刊》2016年第7期。

⑦杨锦富：《阳明师友之教及其思想论述》，《贵州文史丛刊》2016年第3期。

⑧汪学群：《陈献章学脉对王阳明思想的影响》，《湖南大学学报（社会科学版）》2016第3期。

⑨邓建：《王阳明的流寓人生、书院情结与心学建构》，《文艺评论》2016年第12期。

薪火相传：从王阳明至方以智》[①]一文，则探讨了方以智后学所录的《传心堂约述》勾勒出的王阳明、欧阳德、邹守益、罗洪先、聂豹、胡直、王时槐、邹元标、方以智、施闰章的薪火相传法脉，以及明亡后，方以智与施闰章依然绍续阳明学不熄薪火的历史。

阳明龙场悟道一直以来都为学界所关注。王路平的《论王阳明悟道弘道的心路历程》[②]一文从心路历程的角度，阐述了王阳明龙场悟道的机缘，以及悟道后，其讲授心学、专攻良知的弘道心路历程。周月亮[③]则指出，王阳明龙场悟道的意义在于告诉世人，人最重要的是先找到自己的定盘星，亲证人伦物理，不能把闻见之知当成真理。

"心即理"是王阳明的重要主张。徐达的《"心物之辩"：论王阳明"心"之本体对意义世界的开显》[④]一文指出，阳明正是在"心物之辩"中，通过对"心外无物"和"心意知物"的重新诠释，使"心即理"这个基本命题真正在义理上获得充分论证，为王阳明心学思想的确立和展开提供了坚实的理论前提和基础。欧阳辉纯[⑤]从伦理哲学的角度，探讨了阳明心学之"心"的伦理内蕴，指出阳明之"心"既是道德本体、自我呈现、道德自觉，也是道德修养和道德境界。

"良知"学说是阳明心学的核心思想之一，也是本年度学界探讨的热点，有多篇期刊论文、五篇硕士学位论文和一篇博士学位论文围绕此主题展开了研究。首先要介绍的是黄勇等、郁振华等关于良知概念展开的学术争鸣。黄勇等在《论王阳明的良知概念：命题性知识，能力之知，抑或动力之知》[⑥]一文中指出，王阳明的"知行合一"之"知"，也就是"良

①张昭炜：《传心堂法脉薪火相传：从王阳明至方以智》，《浙江学刊》2016年第4期。

②王路平：《论王阳明悟道弘道的心路历程》，《贵州师范大学学报（社会科学版）》2016年第5期。

③周月亮：《王阳明龙场悟道的意义》，《唐山学院学报》2016年第1期。

④徐达：《"心物之辩"：论王阳明"心"之本体对意义世界的开显》，《理论界》2016年第11期。

⑤欧阳辉纯：《论王阳明心学之"心"的伦理内蕴及其现代价值》，《宁夏社会科学》2016年第2期。

⑥黄勇、崔雅琴：《论王阳明的良知概念：命题性知识，能力之知，抑或动力之知》，《学术月刊》2016年第1期。

知”，既不是命题性知识（knowing-that），也不是能力之知（knowing-how），而是第三种知识，即动力之知（knowing-to）。他们认为，动力之知具有命题性知识和能力之知都没有的独特特征：无论是单独的命题性知识或能力之知，还是二者合在一起，都不会驱使具备这些知识的人做出相应的行动，但是，具备动力之知的人却会做出相应的行动。进而，他们得出两个结论：其一，赖尔对命题性知识与能力之知的区分是有道理的；其二，王阳明关于有一种既具认知功能又具情感驱动功能的心智状态的看法是正确的。据此，郁振华撰文[①]指出黄勇的良知诠释聚焦于“愿不愿”的问题，将良知界定为动力之知（knowing-to），发前人之所未发，给人很大的启发。但郁振华认为阳明良知概念的实质是道德的能力之知，即道德德性一实践智慧，良知诠释不必诉诸命题性知识和能力之知之外的第三种知识。从社会改良的角度来探讨良知学说的，则有王中原、周建树等学者。王中原在《王阳明“致良知”的社会改良思想探析》[②]一文中指出王阳明的“致良知”思想其实也是一种社会改良思想，是对儒家“有教无类”思想的继承和发扬。周建树、宋敏[③]指出，由于明代的政治生态，士大夫“得君行道”的理想无法实现，王阳明发现了良知，从而另辟了一条“觉民行道”的道路，希望由此促进百姓的觉醒，实现其心目中人伦与秩序的大同社会。陈华波[④]则探讨了“良知自信”对于将良知实有诸己并悟入良知本体的重要意义。

探讨阳明良知学的渊源、发展与流变的则有张龑、杨洋、王文琦、张卫红、邹建锋[⑤]等学者。张龑[⑥]指出王阳明提出“致良知”之说的现实动力

①郁振华：《再论道德的能力之知——评黄勇教授的良知诠释》，《学术月刊》2016年第12期。

②王中原：《王阳明“致良知”的社会改良思想探析》，《求索》2016年第1期。

③周建树、宋敏：《良知学与王阳明理想世界的实现途径》，《新余学院学报》2016年第1期。

④陈华波：《论王阳明良知的“自信”》，《理论界》2016年第11期。

⑤邹建锋、任毅：《论阳明夫子“致良知”学的意与念》，《贵州大学学报（社会科学版）》2016年第3期。

⑥张龑：《气与变化气质——王阳明“致良知”学说源流一考》，《平顶山学院学报》2016年第6期。

是在实际政治实践中显露出的“变化气质”问题。杨洋[1]指出在王阳明的学说中，“天理”与“良知”的地位、含义并不相同，从“天理”到“良知”的转换不仅是其为学进路的变化、“觉民行道”政治方案的落实，更开启了从“性其情”到“情其性”的美学范式的转换。王文琦的博士学位论文《从“见在”到“现成”：阳明良知教的演变》[2]指出自龙场悟道起，主体与本体就一直是王阳明良知学说内含的两个重要向度。从对主体性的高扬出发，良知由王龙溪以“上根”视角和“悟”的方式一转而成“良知见在”说；至王心斋又因日用化的落实和对“明觉自然”的重视再转而成“良知现成”说。王龙溪的“见在化”可以从阳明的“体用相即”上找到学理依据，而王心斋的“百姓日用即道”则代表着良知脱离道德善性而完全走向“现成化”。从学理发展看，“现成化”正是沿着“见在化”的路径滑转而来，从“见在”走向“现成”显现出了良知学演变的历史脉络。张卫红[3]则指出，“信得及良知”是阳明的生存论智慧，也是保证一切依良知而行的实践动力，王龙溪将其精微化为对心体当下一念的自信，升格为致良知教的工夫法门和实存境界，证成了先天立心工夫的依据，成为心学顿悟工夫的关键所在。

五篇硕士学位论文则主要集中于探讨良知的内涵。陈骏[4]的硕士学位论文从本体论、功夫论、境界论的视野阐释了王阳明的良知思想和当代意义。王卿[5]的硕士学位论文从主体性问题入手，重新审视了王阳明良知学说的内涵，指出王阳明的致良知思想注重践履，突出人的主体地位，向我们展示了一个体现自我价值的自为世界，充分肯定和认同了个体价值义，是

①杨洋:《从“天理”到“良知”——王阳明“良知”思想的演变及其美学意蕴》,《中国文化研究》2016年第4期。

②王文琦:《从“见在”到“现成”:阳明良知教的演变》,陕西师范大学博士学位论文,2016年。

③张卫红:《“信得及良知”的理论与实践内涵——从王阳明到王龙溪的论述》,《学术研究》2016年第2期。

④陈骏:《阳明心学的良知思想探究》,辽宁大学硕士学位论文,2016年。

⑤王卿:《个体主体性的价值与走向——王阳明良知说研究》,山东大学硕士学位论文,2016年。

一种“理性的自觉”。付红玉[①]的硕士学位论文分析了阳明良知学说中的宇宙观、人性论、认识论和方法论，指出王阳明良知学将世界万物纳入良知这个体系中，突出了人的主体意识。金文瑜[②]的硕士学位论文考察了王阳明提出“致良知”思想的学术历程。

“知行合一”也是阳明心学的核心思想。丁为祥的《王阳明“知行合一”的本意及其指向》[③]指出在以往的研究中，人们往往将“知行合一”作为一个孤立的理论命题来理解，从而形成所谓道德知行、主客观知行以及道德实践中之知行统一等各种不同角度的疏解，这恰恰遮蔽了“知行合一”的本意。实际上，应该将“知行合一”放在阳明思想发展的脉络中来把握，以“行著习察”为特征的“身心之学”就代表着其“知行合一”的基本关怀，而表里如一之“慎独”、内外一致之“诚意”，才是“知行合一”的根本指向，由此才有所谓“知与行如何分得开”的“一个工夫”之说。王剑的《王阳明知行合一思想重释》[④]从两个层次对王阳明“知行合一”思想进行了重新诠释，指出其本体—工夫的层次包含了知行本体、心上功夫与事上磨练三个方面的内容，知行关系的层次包括真知笃行、知行并进与知易行难三个观点。在现代学术视野下，可阐发“知行合一说”在伦理道德、心理活动以及一般知识等不同领域的多维意义。此外，还有张建华等[⑤]从贺麟的自然的知行合一论和阳明的知行本来体段对阳明知行合一思想进行了探讨。梁冲焱的硕士学位论文《知行合一：明末清初武术发展思想动力研究》[⑥]则从思想动力的角度分析了王阳明知行合一理论对明末清初武术技术发展和习练者目标追求上的影响，指出“知行合一”观对明末

---

①付红玉：《王阳明良知学研究》，湖北大学硕士学位论文，2016年。

②金文瑜：《王阳明“致良知”思想研究》，西北师范大学硕士学位论文，2016年。

③丁为祥：《王阳明“知行合一”的本意及其指向》，《孔学堂》2016年第3期。

④王剑：《王阳明知行合一思想重释》，《中华文化论坛》2016年第8期。

⑤张建华、吴加进：《知行本来体段与自然的知行合一》，《中华文化论坛》2016年第5期。

⑥梁冲焱：《知行合一：明末清初武术发展思想动力研究》，中北大学硕士学位论文，2016年。

清初武术在其发展中形成的内在精神、过程认知、演练方式、目标追求方面具备的形神兼备、悟练结合、体用合一的功理功法特征具有重大意义，以及对追求身心合一、自我实现的功理功法目标发挥了一定作用。

“四句教”是阳明心学的纲领。贾庆军、李靖[①]从宇宙生成论阐释了阳明“无善无恶”与“有善有恶”的意涵。张尔璇[②]认为王阳明无善无恶工夫可划分为正、反、合三个层次，“合”的层次是以循理为准绳对无善无恶可能带来的消极作用进行矫正，并最终以循理、致良知包容好善恶恶与无善无恶，回到了理学“存天理，灭人欲”的基本主张。张建华[③]指出阳明晚年提出的四句教法，是经过不断思考总结后，在教法上最终确定的讲法。毕世响[④]则从教育哲学的视角指出，阳明“四句教”分别体认了在本体上用心的圣人和在半路上行事的常人，所以教育的正确方式就是要教人触动到人的本原，知道人本来是明亮的。田智忠、袭叶超[⑤]则从工夫与本体的角度比较了阳明四句教与王畿的“四无论”，指出阳明和王畿的为学宗旨，都妙在有无之间，这也确保其不会偏离儒学的基本价值观。此外，还有吴灿灿[⑥]的硕士学位论文，运用马克思主义辩证法从“有”“无”方面分析和阐释了王阳明心学。仁、孝是儒家的核心概念，阳明心学也是建立在对这些概念的重新诠释之上。向世陵的《王阳明仁说的博爱理念》[⑦]一文深入探讨了阳明仁说的博爱理念，指出由《礼记·礼运》而来的“一家”“一人”观念，在宋明时期导出了博爱的“大家”说，而大人“以天地万物为

---

①贾庆军、李靖：《阳明“无善无恶”到“有善有恶”之宇宙生成论阐释》，《宁波大学学报（人文科学版）》2016年第3期。

②张尔璇：《论王阳明无善无恶思想的具体展开》，《浙江海洋学院学报（人文科学版）》2016年第2期。

③张建华：《论阳明“四句教”中的本体与功夫之辨》，《西华师范大学学报（哲学社会科学版）》2016年第6期。

④毕世响：《阳明“四句教”的教育哲学意义——源头上的人和路上的人》，《贵州大学学报（社会科学版）》2016年第2期。

⑤田智忠、袭叶超：《妙在“有”“无”之间——从“天泉证道”到“严滩问难”》，《当代中国价值观研究》2016年第2期。

⑥吴灿灿：《王阳明有无思想的辩证法研究》，江南大学硕士学位论文，2016年。

⑦向世陵：《王阳明仁说的博爱理念》，《哲学研究》2016年第9期。

一体”则成为王阳明仁说的中心课题。因“心体之同然”与“一体之仁”相结合，并随着良知发用而呈现，所以阳明的博爱是有边际的，爱善是博爱的内容限定。而“致良知”为博爱的实现提供了最重要的心理动因，并直接担负起了践行博爱的道德责任。赵文宇、曾振宇[①]探讨了王阳明关于仁孝关系的思想，指出王阳明在“良知”的基础上重新定位了“仁”和“孝”，认为“仁”是体，是“孝”的人性依据；“孝”是“仁”的发用流行，且是“仁”的先发。邓立[②]也分析了阳明“孝”的内涵，指出阳明所说的“孝”既是一种先天的道德情感又是源于“心”的道德主体，是“天经地义”的自然之“理”。

情感哲学是儒学的重要向度，也是宋明理学的重要组成部分。李承贵的《“诚意”——欣赏与问道阳明心学的津梁》[③]一文指出，“诚意”作为阳明心学的核心范畴，不仅是儒学心学化解释的基本依赖，而且是理解心学实学特质的有效路径，更是欣赏与评价阳明心学的可靠津梁。由“诚意”内涵的展开，可以进一步将阳明心学判断为怀揣客观世界的主体性哲学、在内容与特质上皆有限的实学和一种试图消解人性中善恶张力的智慧。颜德刚的硕士学位论文《王阳明情论研究》[④]则从本体论、工夫论、境界论、圣人品格等四个维度，探讨了王阳明的情感哲学，认为情感是王阳明心学当中最为根本与核心的内容。叶勇的硕士学位论文《王阳明“意”论研究》[⑤]指出王阳明在承绪先儒“意”论的基础上，将“意”与“身”“心”“知”“物”等范畴相联系，构建起了以“意”为中心的本体工夫论。

---

①赵文宇、曾振宇：《孝是仁之“生意发端处”——王阳明仁孝关系思想探析》，《北京理工大学学报（社会科学版）》2016年第2期。

②邓立：《论王阳明对“孝”的心学阐发——以〈传习录〉为中心的考察》，《贵州大学学报（社会科学版）》2016年第3期。

③李承贵：《“诚意”——欣赏与问道阳明心学的津梁》，《浙江社会科学》2016年第6期。

④颜德刚：《王阳明情论研究》，云南师范大学硕士学位论文，2016年。

⑤叶勇：《王阳明“意”论研究》，贵州大学硕士学位论文，2016年。

阳明美学思想是本年度阳明学研究的热点，成果较多。由社会科学文献出版社出版的陆永胜的专著《王阳明美学思想研究》[①]一书系统梳理和全面分析了阳明的心学美学思想。潘立勇的《阳明心学美学的心本立场及其再评价》[②]一文从阳明的心本哲学出发，指出阳明的“心外无物”命题进入审美存在的视阈后，意味着与主体无关的纯粹客体不具备现实的审美意义。审美对象的生成和呈现需由审美本心照觉，美本身只是本心良知在境域中的感应呈现，从而审美存在是一种境界，是本心明觉的澄明境地。进而，潘立勇指出，我们有理由尊重心本立场的智慧：就世界实存而言，是物质实在在先，精神存在在后；就意义世界而言，是精神世界为本，物质世界为用，后者的意义因前者而显现。崔光浩[③]的硕士学位论文从考察阳明思想演变背后的美学思考方式的生成出发，指出阳明“狂者胸次”的美学精神是中国“自由意志”的最初形态，其对于王学左派的兴起与晚明思想的总体转变方面起着先导性的作用。此外，周玲[④]探讨了王阳明心学的美善关系，刘瑞[⑤]探讨了王阳明书法的哲学之美。

在气论研究方面，简逸光[⑥]疏解了王阳明的“夜气”思想。巩理珏的硕士学位论文《王阳明气论研究》[⑦]梳理了王阳明的先天之气和后天之气、物质之气与精神之气、以及客气等概念的内涵，指出阳明的气论思想贯穿本体论、人性论、功夫论与境界论，在王阳明思想中占有重要的地位。在身心关系研究方面，王思萌的硕士学位论文《王阳明身心关系哲学思想研究》[⑧]从梳理中国哲学身心关系的理论渊源出发，指出阳明以自身的实践体

①陆永胜：《王阳明美学思想研究》，社会科学文献出版社2016年版。

②潘立勇：《阳明心学美学的心本立场及其再评价》，《中原文化研究》2016年第2期。

③崔光浩：《铿然舍瑟春风里，点也虽狂得我情——论王阳明狂者胸次的美学精神及其心学理路》，海南师范大学硕士学位论文，2016年。

④周玲：《王阳明心学的美善关系探析》，《贵阳学院学报（社会科学版）》2016年第5期。

⑤刘瑞：《王阳明书法的哲学之美》，《中国书法》2016年第2期。

⑥简逸光：《王阳明“夜气”解》，《孔子研究》2016年第4期。

⑦巩理珏：《王阳明气论研究》，山西大学硕士学位论文，2016年。

⑧王思萌：《王阳明身心关系哲学思想研究》，大连理工大学硕士学位论文，2016年。

悟为依据，阐述其“身心不二”的命题，补偏救弊的提出“知行合一”的命题，构建自身独特的哲学思想，推进了中国哲学对身心关系问题的思考深度。申祖胜[1]指出，身心、知行、内外、形上形下相贯通，构成了阳明思想的整体特征。由此，阳明认为身心一体，心为主宰，身为功能，心之发用显现在身行，身行则是源于心之发用，心与身同处于一气连通的现实生活境域之中。关于阳明的“格物致知”思想，王中原[2]从道德修养的角度作了探讨。此外，赖区平的《王阳明关于“动静”的几种用法——从工夫面向的视角来看》[3]则从工夫论的视角，详实地归纳出了王阳明及其后学有关动静之用法为工夫之着力处、工夫之处境、本体以及工夫本身等四大类，以及十二种情境。

生态哲学是近年来儒学研究的新领域与新热点。赵宁的《王阳明“身体”哲学的生态维度》[4]一文从“身体”哲学的角度，探讨了阳明心学中的生态智慧，他指出，与西方“意识”哲学的传统不同，以王阳明为代表的儒家“身体”哲学中在宇宙观上，主张人与自然万物同处于一个有机的生态整体，共同体现了天地“生生”之仁性，并可通过身体“体知”；在方法论层面，王阳明以“身体”为隐喻，揭示了自身“小我”与宇宙“大我”的统一关系；在境界论层面，王阳明的“身体”具有超越性，通过“知行合一”的亲身实践，不仅能够实现一种生态的道德境界，而且还能够在生态的审美境界中与自然和谐共处，这些思想为当下生态危机的解决提供了儒家智慧。赵宁的硕士学位论文《王阳明“万物一体”生态伦理思想研究》[5]指出王阳明的“万物一体”蕴含着深邃的生态伦理智慧，作为儒家“天人合一”精神在宋明时期的具体体现，“万物一体”思想是儒家生

①申祖胜：《“身心交关”视域下的王阳明哲学》，《船山学刊》2016年第4期。

②王中原：《王阳明“格物致知”的道德修养理论探析》，《赣南师范学院学报》2016年第1期。

③赖区平：《王阳明关于“动静”的几种用法——从工夫面向的视角来看》，《船山学刊》2016年第5期。

④赵宁：《王阳明“身体”哲学的生态维度》，《南京林业大学学报（人文社会科学版）》2016年第1期。

⑤赵宁：《王阳明“万物一体”生态伦理思想研究》，山西大学硕士学位论文，2016年。

态转向的一部分，从宇宙本体上，体现出一种有机的生态整体观；从心体论来看，显现为一种生态良知，而“万物一体”的大人境界包含“一体之乐”与“一体之仁”两个面向，分别呈现出生态的审美境界与生态的道德境界，在实践工夫中则彰显了简约节用的生活态度、知行合一的生态体察和合理取用的生态原则。

阳明的教育思想也一直是学界关注的重点之一。本年度，王中原、杨维[①]、廖欢欢[②]、李丕洋[③]等学者对此进行了研究。王中原的《王阳明“致良知”的书院教育思想研究》[④]一文指出，作为伟大的教育家，王阳明开启了中国历史上继南宋以来的第二次书院与学术一体发展的趋势。其在书院讲学的过程中，充分表现出追求学术自由、学术创新、重视成德教育的书院教育思想，他所提出的“立志、勤学、改过和责善”的书院教条，凸显了书院教育的心学特质。

在基层社会治理方面，王雅克等的《王阳明〈南赣乡约〉的基层社会治理思想研究》[⑤]一文指出，《南赣乡约》的订立是王阳明心学思想的政治实践，也是明代中期社会变迁的反映，《南赣乡约》的内容涉及组织形式、财政支出、思想教育、文化建设、奖惩制度、移风易俗等诸多方面，较为集中地体现了王阳明的基层社会治理思想。龚妮丽[⑥]也研究了王阳明在《南赣乡约》中关于乡村治理的思想，指出《南赣乡约》是王阳明在江西南赣地区推行乡村治理的总纲领，集中体现了他关于儒家以仁爱为本的德治思想、以教化为主导的治理思想以及以秩序建构为导向的管理思想。《南赣乡约》的思想来源是王阳明的“亲民”“致良知”“知行合一”等

①杨维：《“致良知”——王阳明的教育哲学思想探析》，《黑龙江教育学院学报》2016年第6期。

②廖欢欢：《从〈教约〉一文管窥王阳明的教育思想》，《新西部（理论版）》2016年第5期。

③李丕洋：《略论王阳明的教育思想及其特色》，《井冈山大学学报（社会科学版）》2016年第4期。

④王中原：《王阳明“致良知”的书院教育思想研究》，《大学教育科学》2016年第6期。

⑤王雅克、李建军、陈华森：《王阳明〈南赣乡约〉的基层社会治理思想研究》，《贵州社会科学》2016年第6期。

⑥龚妮丽：《王阳明〈南赣乡约〉的乡村治理思想》，《贵阳学院学报（社会科学版）》2016年第3期。

理念。

此外，值得注意的还有欧阳辉纯[①]对王阳明民族观的探讨，徐晓虹[②]对阳明心学的心理学解读，以及陈永[③]从科学理论对阳明心学进行的解读。

对于王阳明心学的反思与批评，王阳明时代即已有之。洪国强[④]探讨了明代阳明学异议者毛宪塑造“毗陵正学”的思想史意义。罗高强的《关于王学批评的考察及反思》[⑤]一文，总结了历代以来针对王学学术影响、学术形象、学术方法与学术宗旨等四个方面的批评，指出这些批评既有合理的地方，也存在大量将理论的批判与实践的批判相互混淆的问题。潘起造[⑥]指出，以客观唯心主义、主观唯心主义评判程朱理学与陆王心学并不恰当，因此对心学文化的认识要突破以唯心唯物论是非的藩篱。

二、阳明学与地域阳明学派

阳明学的地域分布和流传也是阳明学研究的重要主题。总体来看，贵州学者更关注阳明学在贵州流传与传承的情况。王胜军[⑦]探讨了僻处西南夷域的龙岗书院对阳明开创心学学派乃至儒家思想文化的意义。王晓昕[⑧]探讨了明代黔中王学与浙中王学的思想互动，他指出，通过互动可以证明，与其他王门后学一样，黔中学者也能够贴紧当下学术动向，及时反映问题，且尤其注重本体与功夫的一致性，提出了独具特点的“慎独说”（如孙应鳌），并能勇于修正己说（如李渭）以获长足发展，使黔中王学得以自立

①欧阳辉纯：《论王阳明的民族观》，《孔子研究》2016年第2期。

②徐晓虹：《“阳明心学”之心理学辨析》，《宁波大学学报（教育科学版）》2016年第6期。

③陈永：《大统一理论和阳明心学》，《科技经济导刊》2016年第18期。

④洪国强：《阳明学异议者毛宪塑造“毗陵正学”的思想史意义》，《中华文史论丛》2016年第4期。

⑤罗高强：《关于王学批评的考察及反思》，《贵阳学院学报（社会科学版）》2016年第2期。

⑥潘起造：《对心学文化的认识要突破以唯心唯物论是非的藩篱》，《中共宁波市委党校学报》2016年第5期。

⑦王胜军：《龙冈书院：成就王阳明的第一声呐喊》，《博览群书》2016年第7期。

⑧王晓昕：《明代黔中王学与浙中王学的思想互动——以孙、李与钱、王为中心》，《贵州师范大学学报（社会科学版）》2016年第2期。

与彰显。刘凤霞[①]探讨了王阳明对贵州少数民族的影响，并着力探讨了王阳明在黔遗迹的保存、保护、开发、旅游现状及存在的问题。汪建初的《贵州人文精神的心学渊源》[②]则从贵州人文精神的视角，探讨了阳明心学对今日贵州的巨大影响与思想价值。

兰军等[③]梳理了王学在杭州书院的传播，指出杭州始终被阳明及其门人视为传承王学的重镇，书院则成为王学在杭城传播的中心。王阳明生前有意将天真山视为其晚年讲学之地，阳明殁后，门人弟子创建天真精舍，使其成为海内王门讲学传道之中心。万历后期，浙江巡抚甘士价为集众会讲改建虎林书院，再次将王学传遍浙江，其影响延至清初。钱明[④]则梳理了阳明学在温州地区的传播与展开，并总结出温州地区阳明学的四个特点。此外，张山梁[⑤]考证了阳明学在平和的实践与传播，吴国富[⑥]厘清了王阳明在白鹿洞书院聚讲的史实，李晓方[⑦]则探讨了明清时期，《瑞金县志》的编纂者们通过挖掘、夸大、拟制和限定性解释王阳明在瑞金的史实以及瑞金本土历史人文资源，将瑞金县塑造成“阳明过化之地”，打造出“节义文章之乡”的文化形象，借此表达了他们的地方文化意识。

三、阳明学与佛道思想

在阳明心学与释老之学的关系研究方面，周湘雁翔[⑧]比较了心学之良知与佛教之如来藏的内涵，指出二者都有本觉、不觉与始觉的模式，而实滥

---

①刘凤霞：《王阳明对贵州少数民族影响及文化遗存论略》，《贵州民族研究》2016年第1期。

②汪建初：《贵州人文精神的心学渊源》，《当代贵州》2016年第13期。

③兰军、邓洪波：《王学在杭州书院的传播》，《中国文化研究》2016年第2期。

④钱明：《阳明学在温州地区的传播与展开》，《贵阳学院学报（社会科学版）》2016年第5期。

⑤张山梁：《阳明学在平和的实践与传播》，《福建史志》2016第6期。

⑥吴国富：《王阳明之白鹿洞书院聚讲》，《博览群书》2016第5期。

⑦李晓方：《“阳明过化之地”与“节义文章之乡”：明清瑞金县志对地方形象的建构》，《赣南师范学院学报》2016年第1期。

⑧周湘雁翔：《良知与如来藏——以本觉为中心》，《理论界》2016年第1期。

觞于佛家经典《如来藏经》并完整构建于《大乘起信论》。郭应传[①]分析了王阳明在九华山的两次游历，指出王阳明兼摄佛、道思想所折射出来的归隐倾向以及对超迈洒落的精神生活的向往错综复杂地交织在一起，展现出王阳明依偎于儒与佛、道之间的心路嬗变轨迹，但基于儒者情怀的圣贤志向追求与学术传承的使命担当意识却是一以贯之的。侯丹[②]指出，纵览阳明的诗歌，不难发现其融汇诗、禅的努力。从禅宗美学境界上看，触目菩提的现量境、饥参困眠的日常境在阳明的诗歌中比比皆是。

王立君[③]的硕士学位论文分析了阳明后学与道家道教思想的关系，该文指出，明代中后期，三教融合，阳明的众多弟子在继承阳明心学思想时融摄了大量道家道教思想。该文以浙中王门的王畿、江右王门的罗洪先和泰州王门的李贽三位阳明后学为例，探究了阳明后学与道家道教思想的关系，并总结出阳明后学融摄道家道教的具体内容有三个特点：一是以儒为主；二是重心性修养；三是与神秘体验相结合。柳旭[④]的硕士学位论文则探讨了汤显祖“情至”文学创作与晚明佛教的关系，他指出，由于晚明心学左翼与禅宗进一步融合，流变为任心而动、任性以行的狂禅风潮，席卷着整个晚明思想界，于是文坛也随之出现了以求真、贵适、厚情、纵欲为特征的“性情”文学。泰州学派是阳明心学的分支，亦是狂禅的主阵地。汤显祖为泰州学人罗汝芳的再传弟子，且其思想受狂禅核心人物李贽的影响亦甚深，对于“心”和生命的关注已达极致。汤显祖以心之真，践行生命，施行美政，并最终形成了“情至”的文学理念。此外，张永志[⑤]分析了“禅悦士风”对董其昌山水画风的影响。

---

①郭应传：《依违于儒与佛、道之间的心路嬗变轨迹——以王阳明两次游历九华山为中心》，《安徽师范大学学报（人文社会科学版）》2016年第3期。

②侯丹：《从现量境、日常境看王阳明诗歌的禅宗美学境界》，《石河子大学学报（哲学社会科学版）》2016年第3期。

③王立君：《阳明后学与道家道教思想关系研究》，华中师范大学硕士学位论文，2016年。

④柳旭：《晚明佛教与汤显祖“情至”文学创作的关联研究》，吉林大学博士学位论文，2016年。

⑤张永志：《浅析“禅悦士风”对董其昌山水画风的影响》，《大众文艺》2016年第22期。

四、阳明学之现当代研究

自清末民初国人经由日本重新认识阳明心学之后，阳明心学对现当代思想家的影响至深至远。魏义霞[①]指出，在考辨中国本土文化“学术源流”的过程中，康有为关注且提及最多的人物，除了先秦诸子就是宋明理学家，这其中就包括王守仁。马芹芬[②]指出，蔡元培的美育思想渊源于阳明心学。朱浩的《章太炎之“王学”思想演变》[③]一文梳理了章太炎对“阳明学”的态度变化之始末，他指出，章太炎对阳明心学有一个痛斥、利用与认同的思想转变过程，晚年还重新肯定了王阳明的事功和学说，并力图以佛学化解王学之粗陋处。任健[④]探讨了熊十力对阳明心学的创新与发展。胡治洪[⑤]则分析了熊十力先生对《大学》朱王之争所作的别开生面的评论，指出熊先生趋向于会通朱王、兼综格致的理论旨归，其学思成果对于今人把握德性与知性，道德意识与科学认识的关系颇具启发意义。黄明同[⑥]考察了阳明心学对孙中山的影响，施亚波[⑦]则探讨了王阳明教育思想对蒋介石的影响。此外，马利文的《竺可桢对王阳明书院精神的传承与创新》[⑧]和《竺可桢对王阳明科学精神的传承与创新》[⑨]两篇论文，系统探讨了阳明的教育思想与科学精神对竺可桢的影响。

万小清的硕士学位论文《徐梵澄“精神哲学”解析》[⑩]指出，徐梵澄晚年力作《陆王学述》，从“精神哲学”角度对阳明心学中的良知、先知与彻悟、正念等问题进行了分析和互释，认为从此种进路研究陆王心学，不

①魏义霞：《康有为视界中的王守仁》，《贵阳学院学报（社会科学版）》2016年第2期。

②马芹芬：《蔡元培美育思想与阳明心学之哲学渊源》，《绍兴文理学院学报（哲学社会科学）》2016年第5期。

③朱浩：《章太炎之“王学”思想演变》，《江南大学学报（人文社会科学版）》2016年第1期。

④任健：《论熊十力对阳明心学的创新与发展》，《遵义师范学院学报》2016年第2期。

⑤胡治洪：《〈大学〉朱王之争与熊十力的评论》，《贵阳学院学报（社会科学版）》2016年第6期。

⑥黄明同：《孙中山与阳明心学》，《光明日报》2016年10月31日。

⑦施亚波：《王阳明教育思想对蒋介石的影响》，《浙江万里学院学报》2016年第2期。

⑧马利文：《竺可桢对王阳明书院精神的传承与创新》，《浙江万里学院学报》2016年第6期。

⑨马利文：《竺可桢对王阳明科学精神的传承与创新》，《浙江工商职业技术学院学报》2016年第3期。

⑩万小清：《徐梵澄“精神哲学”解析》，华侨大学硕士学位论文，2016年。

同于已有的现代哲学和宗教对话进路，而是从精神实践（spiritual practice）的角度进行，为各大文明精神学问的互通和对话开了先河。

五、阳明后学研究

在有关阳明后学的研究中，2016年大约有五十余篇论文，其中包含一篇博士学位论文和三篇硕士学位论文。在这些文章当中，关于王船山、王畿、罗近溪、唐枢等的研究相对较多，也有部分关于周汝登、邹守益、黄绾等的研究论文，涵盖面甚广。

田丰在《王船山对“无善无恶”思想的继承与发展》[①]一文中认为，船山作为明末遗老，对晚明源于阳明“无善无恶心之体”的心学狂禅深恶痛绝，并对“无善无恶”学说进行了批判，认为无善无恶及现成良知之说过分被推崇以至于完全不分天人之别；无善无恶之说最大的问题在于颠覆了人们的道德观念，使人不复有善恶之别，是“无耻之耻”。龙溪李贽等对道德理智的解构追本溯源，阳明难辞其咎，而这种解构导致了明亡时士大夫气节的沦丧。田丰从船山解释《系辞》“一阴一阳之谓道，继之者善也，成之者性也”出发，认为船山严格区分了“道”“善”“性”三者各自的范围，认为此处之“道”乃“天道”，无法用善恶这样的概念来直接给“道”下定义。“道”是体，万物化生即用，“道”之用无处不在，不会停息，故无有不善。而“善”并非纯粹人之天的伦理道德层面的价值判断，却也不再是天之天的本体论层面，善恶的分野实际上是在天人相序之际，能够承继天地之健顺，使其在人的世界绵延不绝，即为善，反之则为恶。恶之本意也不是道德判断，而是一种缺失，这种缺失不是西方神正论意义上的存在层级的下降，而是劲健生机的间断获阻滞。田丰试图梳理王船山的“无善无恶”思想与阳明思想的异同，从中得出晚明思想转折的内在理路。他认为，“善”在阳明这里有三种基本含义，一是在某个境遇的

①田丰：《王船山对“无善无恶”思想的继承与发展》，《船山学刊》2016年第1期。

具体事物可以作出善恶之分，是良知之“判断”；二是具体境遇中的中道和宜，同时也意味着人做的事情合于此中道即善，不合即恶，或者说过与不及，即良知之“用”；三是良知之本体至善。船山虽以天地为无善无恶却同样强调劲健不息之乾德，以为乾坤之交相为用方能成就盛德大业，而阳明以为以虚灵无滞形容天体显得坤德过盛而佛老气味过重。船山严格区分天人之别，人际体用关系虽然从天而来，却决不可等同于天之体用，即便圣人亦然。因此，就船山而言，天之全体固然是粹然至善，然就其本身而言不可以善名。因为“善”标识的是有体而生用的生生不息之德，若无此生生不息，则宇宙为一块然死物，无善可言。唯有天道全体在绵延相续之“继”中不断生成万物端体，方能就此称其为“善”。人之性也不是如其他事物一样是一个已完成的现成状态，也没有一种潜在的永恒先天本体等待人去蔽恢复，而是作为一种未知的可能性待人去努力生成，不能如同万物一样不必付出努力便自然继天成性而粹然至善。于天人关系来说，天为体，性为用，体因“继”之劲健不息、虚灵无滞而于人成性。于人自身而言，性为体，其用仍是由“继”而生，工夫既不间断，也不是质而执一，这样又能因习而成性，因“继”而生体，是为性日生日成。

在另一篇文章中，田丰讨论了王船山天人之辨的问题与体用思想。[①]他认为，王船山天人之辨的核心要义是人须当明了其知识的限度与可能，而船山正是通过“体本无体”与“体用相生”的结构，既保证了儒家由天而来的价值基础不会动摇，同时又不会让人妄与天同，走上异端或心学狂禅之路。他列举了研究该问题的相关学者，认为他们存在诸多错误，并以陈赟为例逐一进行勘误。关于天人之辨，船山认为，我们能把握道体的整全性，但它是如何因时而体现则无法预期。船山在《周易内传》中说，《易》体现了圣人对天地之化，即“天之天”，不仅有理解，而且具有整体把握的能力，但这种把握并非是极尽精微的，而是仿佛、类似的，正如

①田丰：《王船山天人之辨与体用思想探微》，《汕头大学学报（人文社科版）》2016年第7期。

象数乃是模仿天地法相象而得。《易》能尽天地万物之道（称之为“围”或“统摄”），人能理解天地万物之条理，却未必能通过条理洞察一切事物、现象与变化。即人可能对“天之天”具有整全的理解与把握，但这种理解并不能够等同于“人之所知、人之天地”的“知”。“知”应当理解为人对一时之情境或一隅之定理的把握，比较接近于今天一般的知识概念，不过不能局限于理论知识，实践性地对情境的把握以及对某种德目的体察都可以归属其下。而判断是否异端的标准则是因人知道有某种超出自身知识之外东西的存在，看到了自身知识的边界却对这一边界是否有反思而凭空求索。佛老存在的问题是“以天代人”和“以人同天”，前者取消了“人之天”，后者妄立一道之本。而船山天人之辨的核心要义则是人须当明了其知识的限度与可能，强调的是整全之体本身不可能被知识完全把握。在关于“体本无体”的讨论中，船山看来，“体”的究竟义是“气之全体”，“气”的最基本规定性是“诚”，“全体”本“无体”。所谓“无体”指的是此“全体”在原初意义上不包括形体、端体、定体，这些“后来之体”都是“全体”所生，是“全体”之用，而非“全体”自身。“全体”是人所能理解却不能具有确定知识，人对一切“后来之体”的知识都是基于对此“全体”的理解，此即“因体见用”。圣贤问答，从不及体，因为人无法用语言表达“体”。天下所有事物，可以与之打交道、发生关系从而获得理解，也可以用语言来比喻，但是并不能就其本身言说，船山批评“得意忘言”并非出于对语言和真理关系的不信任，而是因为它反对事物背后玄虚不可见本体之说，需要用心契悟或神秘体验才能达至最高本体。

谷继明在《清代思想的异调：王船山政治哲学再探》[①]一文中认为，近代船山学特别是其政治思想，往往受到谭嗣同的影响。谭嗣同将船山的思想与黄宗羲《明夷待访录》并列，船山常批评“孤秦”“陋宋”，认为

①谷继明：《清代思想的异调：王船山政治哲学再探》，《孔学堂》2016年第4期。

统治者私心太重，这与黄宗羲所谓君主将天下看作“莫大之产业”的批评有相似之处。与其政治思想相关的，是船山的“理欲观”，他反对将人类欲望加以否定并试图灭弃的做法，与此相应，政治安排需要能满足人民的合理欲望，保障民生。在此基础上，不少研究者将船山的这种“理欲观”与明后期以来情欲的解放运动联系在一起，将其与戴震相提并论。然而，谷继明认为，与戴震相比，船山更接近于理学家的思想。船山对太极图非常重视，他将“太极”与横渠（张载）的“太虚”会通，将太极看作理气的统一体。在《周易外传》中，船山还提出过“太极有于易以有易”。即使“理在气中”的说法及相关联的性情论、理欲论等与戴震相似，但这也只是表面现象。船山论性不离气，与阳明相同，但他立足于气，认为气时刻灌注于人，而人的性也因此是动态的、生长的。要言之，阳明学反对朱子学理气二分言性，但因为继承了程朱天地之性本一，故认为气也是一，扬弃了朱子学通过气质建立的现实中的等差。船山则认为气不断地灌注，性理也随着气而不断生长，从而成全了程朱理学所建立的等差。谷继明认为，船山在清代的特异处还表现在问题意识与现实关怀上，因为对人性差等还是平等看法，与政治上的“教化”还是“絜距”相关。船山根据“天视自我民视”指出既要重视民情民意，又不能因谄媚民意而违反天理，因为民意有时候是危险的。在理欲问题上，船山也认为公欲未必符合天理，通过选票、公投建立的社会，往往会产生很多欺骗民意的政客。因此，船山所理解的儒学是这样一种政治学：君主的权力虽然要受到限制，但却不能无限制地向下开放，以至于人人都可以议政；政治、教化的主体，应当在贤良士大夫手中。

在《生成与差等：对船山批评阳明学的再思考》①一文中，谷继明从销行归知与猖狂妄行、现成良知与赤子之心、致良知与日生日成、性之差等四方面揭示了船山学与阳明学的差异。他认为，从对人性的看法来说，

①谷继明：《生成与差等：对船山批评阳明学的再思考》，《孔子研究》2016年第6期。

船山主张“日生日成”，可以视为一种“开放主义”，与阳明的“本来主义”有区别，“日生日成”认为性有差等，隐含着“性非必然”的观点。船山对阳明及后学的批评十分激烈，其中包含了知行学说（知与行如何配合）、无善无恶（良知实有，是至善，而阳明则诬有为无）、赤子之心（赤子之心非圣人全部，不足以当人生全体大用，不应把赤子自然而然、不假安排的啼哭嬉笑看作心）等方面，这一批评似乎有过激之处，对阳明的理解也有不精确的地方，但其与阳明的对立是存在的。

彭传华在《王船山对王学良知说的批评》[①]一文中，认为船山批评王学过激，其内因是与王学诸家基于社会背景和历史条件的差别，而导致学术主旨不同、学术立场各异、学术方法有别。在这篇文章中，彭传华的着重点在“良知”，认为王船山对王学做了五方面批评：一是对“尊知贱能”说，即“舍能而孤言知”说的批判，“舍能而孤言知，宜其疾入于异端也”。船山认为，“知”和“能”是认识主体的心所固有而尚待展开、实现出来的两种潜在的能动性：“知”是人潜在的认识能力，“能”是人的潜在的实践能力，作为人的认识和活动能力的“知能”是人心所固有的，但同时又是在后天不断充实和发展的。二者统摄于认识主体的人的“心”中，“学”“虑”对于“知能”有充实和增益的作用。二是对王学所言之“良知”是不修而至、不学而知的观点批判，认为是屈孟子不学不虑之说以附会己见。陆王言爱其实与佛家讲的大慈大悲无异，并对王阳明所言的“不学不虑”的先验性的道德意识和道德能力提出质疑。三是对王学中的“无善无恶是良知”的说法批判，认为其受到佛老思想的严重影响，其妄亦不待辨而自辟。四是对王学以空、虚、寂、无等内在性质来规定良知的批判，认为谓之空洞而以虚室触物之影为良知，也是几近于禅学。五是对王学近于禅的总体特征的批判，认为以无善无恶为良知，为浮屠作率兽食人之伥。他认为王学在成圣的工夫上近于禅，在认识路线上堕于“乱禅”，

①彭传华：《王船山对王学良知说的批评》，《贵阳学院学报（社会科学版）》2016年第6期。

王学从方法论上窜入禅宗。

孙钦香在《船山论“情”》[①]一文中，以朱子等理学家一向重视的“情”出发，认为船山关于“情”的思考并不意味着“情”具有任何本体论意义上的含义。他否定了宋明理学家一贯认为的孟子四端说乃“情”之说，而认为这只是“性”，这种性无论是已发还是未发，都是存在的，人情乃指喜、怒、哀、乐、爱、恶、欲这七种情感。“性”乃天命所赋予人的仁义之性而已，而“情”是内外交互感应的产物，所以说“非吾之固有”，它是人心与外物交合感通的产物。继而船山借由区别情、才、物欲之间的关系，论证其“可以为不善者”乃情之罪的观点。所以人的不善或者说恶之缘由不在于才，而在于情。才、物欲、气在船山思想中皆不是人为恶的缘由，而人之所以作恶是因为七情不受仁义之性的节制，从而使人的才能不能发挥其为善的助缘，随着不善的情感流荡淫逸，从而产生了恶；同时“为善亦是情之功”。虽然恶是情产生的，但是善也是因为情而产生的，喜、怒、哀、乐、爱、恶、欲也是人之所能为善不可或缺的功用，那种灭人情的说法是思想异端。另外，船山的学说也不如李贽等“左派王学”那样“以情识为心体”来正面肯定、抬高情欲的地位和作用，而是更接近一种严格的道德理性主义，但是，他也不主张灭情，而是认为人之所以能够行善，情感的积极和正当的作用与功效也是不容忽视的。因此，船山论“情”蕴含着相较其他理学家而言更为复杂多重的义理内容。由此，孙博士得出结论，情感问题在船山伦理学中有其重要地位和功效，但在船山伦理思想中，情感在道德领域中的作用绝不是道德原则的本源，仁义之天性才是人的伦理道德生活原则的“立法者”，就是说在伦理学首要的问题上即“人为什么会有道德”这个问题上，情感不是原因，不是原则的创立者。从这个意义上说，船山的思考仍站在程朱一派的保守立场，对性情之分的看重、对情感的怀疑都是其学说的重要成分。

①孙钦香：《船山论“情”》，《东南大学学报（哲学社会科学版）》2016年第5期。

在另一篇论文《朱子、阳明与船山〈大学〉诠释之比较——以“明明德亲（新）民”关系为中心》[①]中，孙钦香以“明明德亲（新）民”为中心，讨论朱熹、阳明、船山三人对《大学》的不同诠释。朱子遵从二程《大学》改本，主张“新民”说，并以“本末”论来阐述“明新”关系，即“明新本末”论；王阳明主张恢复古本《大学》，力主“亲民”说，并提出“明亲合一”的理论；作为宋明理学的批判总结者，王船山力反阳明之论，维护程朱《大学》改本和“新民”说，同时运用“理一分殊”论，一方面否定阳明“明亲合一”论，另一方面又批评和深化朱子“明新本末”论。孙钦香由此认为，儒家经典文本本身具有丰富的诠释空间和义理内涵，对三大儒不同的理解和认识，展现出了儒家学说（产生于春秋时代）绝不是铁板钉钉、自身不能演变和创建的思想系统，相反却一直保有“学随世变”的生命力和创发力。面对不同的时代问题和义理关怀，不同时代的儒者大家在回向经典、解读文本之际，自然而然会获取不同于前辈学人的理解和视角，从而推进儒学自身的不断更化和创新。

台湾东海大学学者蔡家和的《罗近溪〈大学〉诠释之研究——从“三纲领”到“诚意”》[②]一文针对罗近溪的《大学》诠释作出解说，蔡家和认为，罗近溪顺从阳明思维，宗主《大学》古本，不从朱子新本定义《大学》为“大人之学”，系阳明“一体之学”的引申发挥，又其近于泰州王艮“淮南格物”之说，而有自己的一套新义。在这篇文章中，蔡家和以朱熹《大学》为参照，首先对比了心学与理学对《大学》的不同诠释，呈现其不同之处。罗近溪近于阳明与王艮，远于朱子，而区别之处多在《诚意章》。因此蔡家和将其诠释放在对此文的分析中进行，并举了五个例子逐一进行阐释，得出结论：近溪之解更接近于王艮的淮南格物，是以身为本

①孙钦香：《朱子、阳明与船山〈大学〉诠释之比较——以“明明德亲（新）民”关系为中心》，《厦门大学学报（哲学社会科学版）》2016年第3期。

②蔡家和：《罗近溪〈大学〉诠释之研究——从“三纲领”到“诚意”》，《贵阳学院学报（社会科学版）》2016年第3期。

而家国为末的安身之说。而更进于淮南者，在于格物的“格”字以“式”字诠释之，因此有合格不合格之分，若能依于本末先后即前任的嘉言美行而实践，则为合格，此乃近溪的贡献之处。其“大学”，以阳明学为本，又谈以孝、悌、慈为先，家家户户冀其能成就孝、悌、慈，此与他的《大学》诠释——修身为本、知所先后是相关的，盖孝、悌、慈为治国、平天下之本。相较朱熹而言，近溪无需增删字数，其本意是回到原意，与朱熹的《大学》是两种不同体系。

中国社会科学院马晓英在《明儒罗近溪的乡约思想与实践》[①]一文就罗近溪的乡约及实践思想进行了论述。马晓英认为，罗近溪用其“赤子之心”及“孝悌慈”为旨归的学术思想和“以讲会乡约治郡”的伦理政治实践，在一定程度上对阳明后学尤其是泰州学派进行了纠正。他这一归宗阳明正统、以“圣谕六条”化俗治乡的学行取向，同时也体现在他有关乡约的思想和实践中。文章首先介绍了罗近溪《乡约训语》的主要内容，其中最为详细且有代表性的是《宁国府乡约训语》，集中展现了近溪结合王学基本观念和《律师相约》对圣谕六言所做的诠释，以及对乡约与圣谕关系的思考。然后马晓英讨论了《乡约训语》关于“六谕”的诠释，并认为，这是近溪乡约思想的核心，它不仅为讲读者提供了丰富的诠释空间，也为后来的乡约组织者提供了有力的合法性支持，这一解读几乎成为各地官办和民办乡约的标配内容。随后马晓英提出了近溪乡约的几个特点：一是其内容全然以太祖“圣谕六条”为核心；二是近溪在各处所推行的乡约仍以道德劝善教化为主，是一种伦理性高于政治性、象征性高于实用性的基层组织教化方式；三是近溪在宁国、腾越等地举行的乡约还结合“乡饮酒礼”和歌《诗》内容，以礼乐教化民间的意味更浓厚，也更具有复兴周代礼乐教化的倾向。近溪的乡约往往与其乡间会讲活动结合在一起，因此比较注重对六谕的思想演绎和诠释；并且近溪在乡约会讲中往往将自己对良

①马晓英：《明如罗近溪的乡约思想与实践》，《中国哲学史》2016年第3期。

知说的理解和消化渗透进去，显示出重理论而轻实用的特点。近溪的乡约思想对民间产生了较大的影响，但由于其实践上与王学知识阶层的讲会、会讲活动紧密结合，而遭到朝廷诸多禁止，未能持续太久，但他的乡约思想对后来宗族乡约或族规家训等产生了较大影响。

姚才刚在《甘泉后学唐枢“讨真心”说探析》[①]一文中认为，唐枢作为明代大儒湛甘泉器重的弟子，在明代儒学发展史上有一定地位，其学说上承甘泉、阳明，下启许孚远、刘宗周。其倡导的“讨真心”说，把“真心”看作本体，“真心是人实有之心，实有之心乃天地生人之根底，亘古今不变”“实有之心是人自知的所在，无贤愚，无古今，无老幼，无操舍，无贵贱”，“真”与《中庸》的“诚”、《周易》的“无妄”是等同的，“真”贯通于宇宙、天地之间，并将动静、内外、本末、精粗等统而为一。可见，唐枢以“真”来象征人心，当人确立道德本心，将其作为立身处世的准则和判断形形色色事物的标准时，那“真心”就可以充分展现出来了。“讨”是工夫，“讨真心”即唤醒真心的工夫，因而“讨真心”是本体与功夫的有机统一。在他看来，通过“讨”的功夫，可使“真心”成为人行为的主宰。至于“讨真心”的方法，则有三点：其一，须求自信之真，即确立道德自信；其二，思则得之，借用孟子“心之官则思”之语，说明反求诸己，反思、体悟内在本有的道德本心，就能讨得“真心”；其三，寻讨精详。人如果“随情逐物”则可能遮蔽“真心”，因此要避免“帮补外求”及“索之玄妙无影”，而要返归内心，呈现道德本心。同时还要从日常做起，克己修身，转化气质。唐枢这一学说同时也是为了吸取湛甘泉及王阳明学说的长处，试图克服二者学说尤其是流传过程中的弊病。

方学渐，字达卿，号本庵，晚明理学家。黄宗羲的《明儒学案》把他归入泰州学派，晚近学者则认为其思想是心学与理学相调和的产物。但张

---

①姚才刚：《甘泉后学唐枢“讨真心”说探析》，《哲学动态》2016年第1期。

永义在《从〈心学宗〉看方学渐的学派归属问题》[①]一文中提出了质疑，张永义认为，在学派归属问题上，思想的实际后果是一回事，思想家本人的自我定位则是另一回事。透过《心学宗》这部晚年作品可以发现，方学渐批判的对象仅限于王龙溪，但他把“致良知”看作儒学的嫡传正宗，说明其自我定位仍属于阳明一脉，他的许多观点都必须放在王学的脉络下才能得到理解。张永义首先从方学渐的学术渊源及人生经历入手，追溯其学术思想受到甑山影响，而甑山曾拜于阳明弟子邹守义之门，颇受阳明思想影响。《心学宗》作为其代表作始于尧，终于王艮，所选儒者均与心学相关，这说明方学渐属王学系统而不排斥程朱理学；其第三卷的编排说明孔孟以下十二人属于“心学宗”中大宗，其他儒者则属支脉。阳明门下只有王艮一人收入《心学宗》，大概是因为他相信心斋之学才是王阳明的正宗。黄宗羲也因此将方学渐归入泰州学派。在方学渐看来心学谱系只有大舜、孟子、陆九渊、阳明四人为正宗，却批判龙溪之妄，目的是显阳明之真。所以方学渐虽对程朱理学表示认同，但却站在心学立场。张永义还列举了心即理、气质非性、君子之学，尊德性而已、躬行为本、三教非一、我印六经等六个例子加以证明并得出结论，认为四库馆臣虽有强烈的排斥理学倾向，但把方学渐归宗姚江，不能不说是一个比较准确的判断。至少，它要比“紫阳肖子、阳明忠臣”“朱陆调和”等说法要接近方学渐的自我定位。

王晓昕的《明代黔中王学与浙中王学的思想互动——以孙、李与钱、王为中心》[②]一文，以黔中王门与浙中王门最具代表性的人物孙应鳌与李渭、钱德洪与王畿作为对象进行比较研究。其落脚点在于对黔中王学进行总结，他认为黔中王门称得上是阳明后学的重要组成部分。外地王门弟子（楚中、泰州、浙江、江右）等与贵州王门弟子的往来，既有直接面晤与

①张永义：《从〈心学宗〉看方学渐的学派归属问题》，《船山学刊》2016年第1期。

②王晓昕：《明代黔中王学与浙中王学的思想互动——以孙、李与钱、王为中心》，《贵州师范大学学报（哲学社会科学版）》2016年第2期。

书信交往（如孙应鳌与王宗沐），也有心会与神交，对贵州王门产生了巨大影响。通过对四人思想异同的比较研究，得出结论：第一，在此互动中，黔中王门与其他王门一样，紧跟时代脉搏，紧扣学术思潮，反映出与其他王门诸学一样的问题意识。第二，在此互动中，在当下各派要么重视本体忽视工夫，要么重视工夫忽视本体的各自偏颇中，黔中王门的主要代表人物从总体上所表现出来的学术动向表明，他们是既重本体又不轻视工夫，既强调工夫又不忽视本体，主张本体与工夫的一致性。第三，在此互动中，为了坚持本体与工夫一致性的立场，避免现成良知论与归寂论各自表现出来的偏颇，孙应鳌提出了独具特点和具有创见性的思想理论——“慎独说”。第四，在此互动中，黔中王门的主要代表人物善于批判地汲取各家之长，用以修正己说，丰富己说，从而促使了阳明心学在黔中的进一步发展。

翟奎凤的《论阳明后学对〈周易〉乾卦义理的发挥》[①]一文，从阳明弟子对《周易》乾卦的理解出发，论述王畿是“潜龙”派，天下无道，可以选择潜藏隐逸；而王艮是“见龙”派，体现了“天下兴亡匹夫有责”的精神。翟奎凤认为，虽然阳明少言《周易》，但其弟子王畿、王艮、季本，及其后学陈嘉谟、王时槐、唐鹤徵等人则经常借助乾卦义理来发挥、诠释其性理、良知学说及人生哲学，使得阳明学派呈现出一种别开生面、格局宏阔之龙象。文章从四对概念展开：其一，“乾元”与“性海”。泰州后学管志道提出“乾元性海”，即以乾、乾元为性。江右王门普遍认为天地万物之所以一体一贯，是因为同源于乾父（性）坤母（命，即身体），而心学派多以心性为一体，此说也可以视为“乾性、坤命（身、气）”说。乾元生天、生地、生人，因此，天地人统一于乾元生生之气。其二，“乾知”与“良知”。王畿最早将二者连叙，但阳明就似有以乾知为良知的意思，而龙溪提出的“乾知即良知”说法遭到了同门聂豹的反对，形成

①翟奎凤：《论阳明后学对〈周易〉乾卦义理的发挥》，《哲学研究》2016年第12期。

了对这一概念的不同争论。其三，“天则”与“龙惕”。王龙溪认为良知乃是虚灵之存在，但虚灵中有天则（天理），龙溪用天则理解“正”与“格”，认为“格物”就是致良知天则于事物之中。而季本不满这一说法，他以“龙惕”喻心体，是“天理”。他认为强调良知的自然无为义，实乃迷于坤道，会陷入异端。其四，“潜龙”与“见龙”。王畿推崇潜龙之学，潜才能淡，是立心入德的基石，而潜龙之学以“无闷”为宗，是为学的最高境界。王艮则推崇乾卦九二爻，认为见龙泽得见之谓，而潜龙泽不可得见，他认为要表现大人“德普施”，以觉悟大众、奉献社会的本性，孔子就是“见龙”精神的体现。

王格的《周汝登对“心学之史”的编撰》①一文，从周汝登的三部著作出发，在前人零散且不充分的研究基础上，具体而细致地考察了周汝登三部书的编撰理路及其功用、效果等，由此来展示王门心学道统观之下的“心学之史”的心、史并重和交融的特色。他认为《王门宗旨》是周汝登对王学进行的“正本清源”的工作，彰显了认定王门后学之中谁为王学正宗的问题，这部著作树立了王畿一系学说思想在王门中的正统地位；而《圣学宗传》作为周汝登影响最深远的一部著作，其目的在于尊“王学”，树立起“王学”在儒学中的正统地位，尤其是王畿一系；《程门微旨》则是对正统谱系中如何安置“二程”的一个重要补充说明。

李丽在《刘宗周“独体”概念辨析》②一文中认为，“独体”概念在蕺山思想体系中占据基本地位，是其“慎独”思想之根本，继承了阳明“良知”思想，并进行了新的改造和诠释，这一概念涉及心与性、性与情、情与理、理与气、气与物等一系列宋明理学概念的核心范畴，融合心、知、意、物，将工夫与本体打合为一。并展开论述：一、“独”为“良知本体”。“独体”作为至善的天命之性，是先天的、超越的道德理性，是

①王格：《周汝登对“心学之史”的编撰》，《杭州师范大学学报（哲学社会科学版）》2016年第2期。

②李丽：《刘宗周“独体”概念辨析》，《孔子研究》2016年第4期。

“道”在人心的显现，故“独体”是性体。它具有最高的普遍性，是心之主宰，是气化生生之理，是至善，可以有效地使情接受天命之性的照察，谨防任情率性的轻浮与狂肆。主体自我凭借“独体”知善知恶，行善去恶。二、“合心意知物，乃见此心之全体”。刘宗周将心性论与理气论整合为一，以理气说心性，人为恶“独体”或“意根”为至善，所以心因“独体”而能知能虑，知善知恶，心必然指向善，支配和主宰心的活动。心具有了“知”，而“意为心之存”，援知入意，这既是“道”的昭显，亦是“道”之用，这样，“独体”就将心、意、知、物统领起来，合客观超越性、明觉性、善的指向性于一体了。三、“慎独”为本体与工夫合一。刘宗周的“慎独”是一种向内求圣以达到“和”的境界的方式，心必须由天命之性来收摄和管束，这也是“独体”相较于阳明良知概念的根本区别所在。李丽博士由此得出结论：刘宗周的“独体”概念开出宋明心性论的新气象，一方面在经验领域挺立天命之性的威严和绝对性，时刻监察自由个体的行动是否合于至善之理，这在崇尚个体自由的现代社会无疑有着道德导向和规制的功用；另一方面于心体中“尽其性”，是对个体差异性的尊重，有利于个体的道德教化。

董甲河在《论邹守益的慎独说建构》①一文中认为，邹守益是通过安顿自身生命困惑与挽救时代危机建构慎独说。董博士认为，邹守益早年受到朱子学影响，但困于朱子解《大学》格物与《中庸》慎独异的问题，而王阳明解《大学》格物与《中庸》慎独同，认为致知格物是致吾心之良知于事事物物，事事物物皆得理，并且良知是独，慎独是所以致其良知，戒谨恐惧是所以慎其独。邹守益从此受到启发，豁然大悟，遂由朱子转阳明，但他在阳明基础上有所损益，与阳明以《大学》格物统摄《中庸》慎独不同，邹守益为了处理阳明向内格心的弊端，而以《中庸》慎独统摄《大学》格物，而针对当时世人出现落入有无的弊端，邹守益重新诠释

①董甲河：《论邹守益的慎独说建构》，《南昌大学学报（人文社会科学版）》2016年第5期。

《中庸》慎独说，主张学者须在日用常行中达到独知。邹守益的慎独说很大程度上是由王阳明致良知说进一步向人内在深化，把外在环境如家国天下或天地万物都集结于自身，指出人自身的独知是天地万物之源，天地万物皆备于我，张扬个体生命的主体性原则。他认为，在实践中从自身独知出发，只要与天地万物接触中做到慎独，便是致良知。董甲河最后认为，从阳明后学出现的狂禅倾向来看，邹守益建构慎独说的保守作风，已经预见了阳明心学逐渐在大众化中失控的危机，具有极大的思想史价值。他对《中庸》慎独说进行了重新的诠释，不仅解决了自身的生命困惑，而且也为后人如何致良知指明了方向，深刻影响了江右王门学者后来的发展。

王宇在《如何致天理良知于事物之间——论黄绾对阳明思想的修正》[①]一文认为，黄绾对阳明思想既有继承也有修正。从继承上说，黄绾思想建构的问题意识完全来自于阳明“致吾心天理良知于事事物物之间”，而在分歧上，主要体现在三个方面：第一，“格物”与“致知”的关系。在到底是“格物是致知工夫”，还是“致知是格物工夫”的问题上，黄绾与阳明存在着分歧。黄绾强调“致知是格物功夫，格物是致知功效”，而阳明主张“‘格物’是‘致知’功夫，知得‘致知’，便已知得‘格物’；若是未知‘格物’，则是‘致知’工夫亦未尝知也”。黄绾还批评了阳明“心即理”，他认为阳明取消了“格物”作为工夫的独立地位，其致良知的工夫中取消了“物”的地位，而只剩下“心”。第二，“心有所止”（天则）与“物各有则”（物则）的关系。所谓“天则”即“心有所止”，黄绾以“知止之止”为“心体”，这源于《大学》。“天则”先天地内在于人心，思则得之，不思则不得，但不应向外求索，而是内求；“物则”，即“物之止”，是事事物物之理，具有某种客观特征，是确定的“当然之理”，认识“物则”即为“穷理”。虽然事物之理本来具与人心体之中，但必须通过“尽心穷理”方能把握，黄绾明确地将“尽心”作

①王宇：《如何致天理良知于事物之间——论黄绾对阳明思想的修正》，《浙江学刊》2016年第4期。

为“穷事物之理的”前置条件。然而，在阳明处，从本体到工夫，阳明都否认“穷事物之理”的必要性。第三，“工夫”与“效验”的关系。阳明对“效验”这一术语非常反感，认为在工夫的过程中追求“效验”只会妨害工夫本身。但黄绾却恰恰相反，他高度重视“功效”，按照黄绾的理解，“物格”就是致良知工夫的效验，而不应被局限于心的范畴内，致知工夫如果没有“功效”，修齐治平根本不可能实现，有工夫则必有功效，此所以齐家而治国平天下也。

六、阳明学与域外文化研究

阳明学在东亚地区有着广泛影响，特别是对日本和朝鲜。2016年，对日本阳明学的研究首先要介绍的是刘金才的《阳明学在日本的传播和对民众道德培育的影响》[①]一文，该文以阳明心学在日本传播发展的主脉——日本阳明学始祖中江藤树的阳明学思想为重点，考察和分析了以渊冈山为代表的主内省派及其衍生出的石田心学、以熊泽蕃山为代表的主事功派及其衍生出的“报德教”，揭示了阳明学对于日本近世庶民道德的培育以及近现代国民道德建设的作用。朱玲莉[②]则对中江藤树的伦理思想做了述评，指出中江藤树以“全孝”为主要孝道伦理，以“明明德”为道德教育目标，开办了“藤树书院”，对日本培养人才、传承和发展学术文化、化育人生方面起到了极为重要的作用。申绪璐[③]以楠本硕水的《朱王合编》为中心，探讨了19世纪日本儒学思想的朱陆之争，指出作为日本崎门学派的朱子学者，楠本硕水于19世纪末编撰的《朱王合编》一书，是了解19世纪日本儒学思想的一份重要材料，反映了19世纪日本儒家学者对于朱王之争的反思。佐藤一斋是日本江户后期的大儒，学界原本以为他的思想是“阳朱阴

①刘金才：《阳明学在日本的传播和对民众道德培育的影响》，《贵州文史丛刊》2016年第1期。

②朱玲莉：《中江藤树的伦理思想述评》，《伦理学研究》2016年第4期。

③申绪璐：《19世纪日本儒学思想的朱陆之争——以楠本硕水〈朱王合编〉为中心》，《贵州大学学报（社会科学版）》2016年第2期。

王”，但永冨青地和郑京慧[①]根据佐藤一斋所编的一系列《栏外书》的思想指出，根据佐藤一斋采用《大学》旧本对《大学》“格物”说的解释，以及《近思录栏外书》中对王守仁“致良知说”的肯定等迹象，可以判定佐藤一斋是一名阳明学者。刘世明[②]则探讨了日本江户时代的《尚书》学研究，并指出江户时代的日本学者以中国学术为依据，对《尚书》展开了详细深入的研究，江户后期的怀德堂派、阳明学派、折中学派与考证学派将日本的《尚书》学研究推向了高潮。阳明学在朝鲜的影响较小，邢丽菊[③]以朝鲜阳明学的集大成者郑齐斗为中心，考察了朝鲜时期阳明学的发展并指出阳明学在韩国被官方定义为“异端邪说”，导致其不能作为正统学说而立足。霞谷郑齐斗选择阳明学并试图从中找到新的学风，以霞谷为中心形成的江华学派对朝鲜后期文学界、史学界、思想界等都产生了很大程度的影响。

七、阳明学比较研究

比较研究是阳明心学研究的重要方法和重要领域之一。在阳明学与朱子学的比较方面，首先要介绍的是陈立胜的《王阳明思想中的“独知”概念——兼论王阳明与朱子工夫论之异同》[④]一文，该文从“独知”概念入手，指出，与朱子讲“独知”，将旨趣扣紧在“意”之实与不实、诚与伪这一“善恶关”之省察上面不同，阳明视“独知”为“吾心良知处”，从而使“独知”成为一重要的哲学术语，外延与内涵均于朱子之原意有所滑转，“独知”之范围因此涵括了整个心灵生活。“独知”工夫也不再限定在一念初动时的警觉上面，还具有了体认、默识、涵养“良知”的积极

①［日］永冨青地：《佐藤一斋是一位朱子学者吗？——就〈栏外书〉的记载而谈》，郑京慧译，《历史文献研究》2016年第1期。

②刘世明：《日本江户时代的〈尚书〉学研究》，《社会科学家》2016年第4期。

③邢丽菊：《朝鲜时期阳明学的发展——以霞谷为中心的考察》，《贵阳学院学报（社会科学版）》2016年第1期。

④陈立胜：《王阳明思想中的“独知”概念——兼论王阳明与朱子工夫论之异同》，《中山大学学报（社会科学版）》2016年第5期。

功能，成为即省察即涵养、即明即诚、即知即行的端本澄源的一元工夫，而有别于朱子省察与涵养、明与诚、知与行两轮一体的工夫。此外，林可济[①]从《大学》版本的角度，比较了朱熹的《格物补传》和王阳明的《大学问》，易飞[②]比较了王阳明与朱子的仁学，王胜军[③]则探讨了阳明的师道观并与朱子进行了比较。

刘琳娜的《王阳明与宋明理学生死观之转向》[④]比较了宋代理学家、陈白沙和王阳明的生死观，指出阳明以"良知"为宗、以心性超越为基础的生死观，改变了过去罕言生死的传统。这种基于道德又超越道德、融通佛道又归本于儒的新型态生死观，对于宋明理学生死观的发展有重要的价值。乡约是中国古代基层社会治理的重要理论和实践，黄熹[⑤]比较了《吕氏乡约》、朱熹的《增损吕氏乡约》和阳明的《南赣乡约》，指出三者展现的儒家乡约都以儒家伦理观念为核心，注重道德教化和人文关怀，但还是经历了从民间自治与互助，到对国家政教和法令妥协，从而具有官方性质的蜕变过程。吴立群[⑥]则比较了吴澄的"知行兼赅"与王阳明的"知行合一"。钱明[⑦]则从比较东亚阳明学的视角探讨了王阳明遗像中的历史记忆与文化信息。

在现代比较方面，乐爱国[⑧]从现代朱子学的研究视角考察了阳明所论朱陆异同。黄长平的《阳明心学与存在主义比较研究述评》[⑨]一文分析了自

①林可济：《朱熹的〈格物补传〉和王阳明的〈大学问〉——围绕〈大学〉版本的两派分歧》，《福建论坛（人文社会科学版）》2016年第3期。

②易飞：《王阳明仁学与朱子仁学之比较》，《理论界》2016年第11期。

③王胜军：《王阳明师道观及其实践——兼与朱子之比较》，《孔学堂》2016年第2期。

④刘琳娜：《王阳明与宋明理学生死观之转向》，《孔子研究》2016年第4期。

⑤黄熹：《乡约的命运及其启示——从吕氏乡约到南赣乡约》，《江淮论坛》2016年第6期。

⑥吴立群：《合内外之道——吴澄的"知行兼赅"与王阳明的"知行合一"比较》，《贵阳学院学报（社会科学版）》2016年第3期。

⑦钱明：《王阳明遗像中的历史记忆与文化信息——从比较东亚阳明学的视角出发》，《贵州文史丛刊》2016年第2期。

⑧乐爱国：《阳明论朱陆异同——从现代朱子学研究的角度看》，《贵阳学院学报（社会科学版）》2016年第4期。

⑨黄长平：《阳明心学与存在主义比较研究述评》，《佳木斯大学社会科学学报》2016年第6期。

20世纪80年代以来，学界在阳明心学和存在主义之间比较研究中形成的共识、存在的问题和不足之处。朱险峰[①]将王阳明哲学与解释学进行了比较，指出王阳明的哲学思想中体现的解释学思想：以良知作为解释的基础、以内省作为获得有效解释的方法、以知行合一作为解释有效性的检验。李元[②]从纯粹意志与经验意欲的视角，比较了王阳明与梁启超对“私”的看法。张庆熊的《从“致知疑难”的求解看牟宗三与熊十力的异同》[③]一文，则追溯了宋明以来主要理学家对“致知在格物”的诠释，比较了朱熹与阳明心学之间的异同，进而将熊十力把王阳明对“致知”的诠释与朱熹对“格物”的诠释结合起来，以缓解“良知”为基础的道德和以“认知”为基础的科学之间的张力。张庆熊将其与牟宗三处理这两者张力的的“良知坎陷论”进行比较，指出尽管牟宗三举其大旨继承了熊十力的哲学思想，但在对知识论和本体论的研究途径上，与熊十力依然存在差别，而这些差别关系到他后来哲学的走向和哲学成就，值得我们认真辨别。

八、阳明学诠释研究

阳明学的诠释研究有两条路径，其一是运用诠释学的理论和方法研究阳明学；其二是考察和研究阳明及其后学对经典的诠释之道。本年度关于阳明学的诠释研究，首先要介绍的是张新民的《经典世界的心学化解读——以王阳明龙场悟道与〈五经臆说〉的撰写为中心》[④]一文，通过对阳明龙场悟道后撰写的《五经臆说》的诠释学进行分析，指出龙场大彻大悟后，王阳明遂默记“五经”以求相互印证，可视为一种以个人体悟与“圣言量”互察互照，即主观和客观相互勘验以求自我定位的重要方法。它代表了经

①朱险峰：《王阳明哲学与解释学之比较》，《齐齐哈尔大学学报（哲学社会科学版）》2016年第9期。

②李元：《纯粹意志与经验意欲的张力——王阳明与梁启超论“私”之比较》，《理论界》2016年第9期。

③张庆熊：《从“致知疑难”的求解看牟宗三与熊十力的异同》，《学术月刊》2016年第6期。

④张新民：《经典世界的心学化解读——以王阳明龙场悟道与〈五经臆说〉的撰写为中心》，《南京师大学报（社会科学版）》2016年第3期。

典世界与心性世界在价值论上的契合，体现了经典心学化解读的历史发展新趋势。而阳明反复强调的“‘六经’即心之纪籍”“‘六经’即心之常道”“尊经即是尊道”，则体现了一个时代学术思想的脉律跳动，反映了心学运动解经典范的重新建立。沈顺福[①]通过梳理儒家对“天地之心”的诠释，指出阳明继承并发扬了“人者为天地之心”的理论，不仅揭示了儒家崭新的宇宙世界观，而且明确了人在这个生物系中的本原地位。由此，人的观念从早先的由天地所生者逐渐演化为天地万物的决定者，儒家视野中的天人关系也因此发生了颠覆性革命。任新民[②]研析了《传习录》中的“见满街人都是圣人”一语，指出“满街都是圣人”是从“见满街人都是圣人”一语粗转而来，此中“见”字不可轻易去掉，王艮说“见满街人都是圣人”是展示其道德践履的内在境界。

吴尚志[③]的硕士学位论文重新诠释了阳明的“四句教”，指出阳明的良知理论承继了儒家仁学思想主流，并以唐朝圭峰宗密相即相入、即体即用的圆融思维的思想方法建构起来，阳明的良知理论体现出三点圆融：就心体而言，是“理（至善、寂）—良知（知）—无善无恶（无、空）”三点的互摄互具；就流行发用而言，是心、意、物的纵贯融通；就功夫问题而言，是致良知与正心、诚意、格物的一三全摄。他认为，以圆融思维的视角重审“四句教”，阳明思想之精质即在于体用之圆融以及本体工夫之圆融。贾庆军、李靖[④]则梳理了阳明四句教的古今诠释，指出古人对四句教的诠释基本是在儒家思想范围内进行的，其宇宙观和道德观大体是一致的，其论争只是停留在工夫和本体之争上。而现代学者的诠释就呈现出了多元的趋势，因为人们的宇宙观和价值观发生了巨大的变化。

①沈顺福：《“天地之心”释义》，《中原文化研究》2016年第4期。

②任新民：《“见满街人都是圣人”一语之研析》，《贵阳学院学报（社会科学版）》2016年第5期。

③吴尚志：《圆融思维：阳明“四句教”新释》，云南大学硕士学位论文，2016年。

④贾庆军、李靖：《阳明四句教古今诠释评析》，《江汉学术》2016年第4期。

吴潮雷、牛小侠[①]分析了王阳明“知行合一”观的多个阐释维度及伦理价值。刘宗贤[②]从宋明理学内部思潮发展演化的角度探讨了阳明道学革新的理论特色，并以此为背景分析了阳明良知说的情、理、欲机制。贾庆军[③]解释了阳明良知之宇宙存有论和道德存有论，并和牟宗三的道德存有论进行了比较，指出牟宗三只愿接受阳明心体存有论之层面，而拒绝其宇宙存有论之层面，这就使牟先生的道德形而上学接近荀子而不是阳明。尹丝淳[④]等则分析了朝鲜学者郑齐斗对阳明心学的独特诠释。

九、阳明学文献整理与研究

文献的整理与研究是学派研究的基础，本年度阳明学的文献整理与研究并没有专著出版，但仍取得了一些成果。方旭东[⑤]深入研究了王杏及其所编纂的《新刊阳明先生文录续编》，指出该书乃嘉靖十四年（1535）由当时的贵州巡按王杏编印于贵阳，具有重要的史料价值和版本价值。陆德富[⑥]则补正了王阳明二则书札。张菁洲的《继锦堂刻本〈阳明先生道学钞〉校勘札记》一文探讨了李贽所辑的现存继锦堂刻本《阳明先生道学钞》的文献价值，指出其自成一派的编撰体例和篇卷取次，对王阳明生平事迹的考辨有重要意义和作用。从中也可以窥探到李贽的思想，对阳明文献的校勘也具有较大的价值。

阳明后学的文献整理与研究，是本年度的重点。张昭炜、钱明的《阳

①吴潮雷、牛小侠：《王阳明“知行合一”观的多维阐释及伦理价值》，《山西大同大学学报（社会科学版）》2016年第5期。

②刘宗贤：《从良知说的情、理、欲机制看阳明道学革新的价值》，《贵州文史丛刊》2016年第1期。

③贾庆军：《阳明良知之宇宙存有论和道德存有论释义——兼论牟宗三之道德存有论》，《贵州大学学报（社会科学版）》2016年第1期。

④尹丝淳、邢丽菊：《郑齐斗对阳明心学的独特诠释》，《贵阳学院学报（社会科学版）》 2016年第5期。

⑤方旭东：《王杏及其所编〈新刊阳明先生文录续编〉——对黔版〈阳明文录续编〉的进一步研究》，《杭州师范大学学报（社会科学版）》2016年第6期。

⑥陆德富：《王阳明书札二则补正》，《中国典籍与文化》2016年第4期。

明后学文献的整理与研究》[①]一文，回顾了阳明后学的学者情况以及阳明后学的文献及其出版情况。文章指出阳明后学文献积累数量庞大，研究内容非常丰富。21世纪以来，随着阳明后学研究的迅速发展，阳明后学文献整理出版成为了一项重要的基础性工作，极大地促进了阳明后学的深入研究。然而，相对于数量庞大的阳明后学文献来说，已有的成绩尚显不足，有必要继续大规模整理出版阳明后学文献。并指出下一步需继续扩大收集范围和创新整理模式，加强对海内外重要罕见版本、思想性强的阳明后学文献的收集和整理。

十、阳明学与文学艺术研究

阳明多才多艺，其一生在文学创作、书法与音乐艺术等方面，都取得了卓越的成就，而其思想更是对当时及后世中国文学艺术的发展产生了深远的影响。本年度，在阳明学与文学艺术的研究方面，成果众多，内容广泛。首先要介绍的是薛青涛的《论阳明学派的文学观念——以王阳明及其弟子为中心的考察》[②]一文，该文从文道关系、文辞表达、写作门径和文学功用等四方面，深入探讨了阳明学派的文学主张，指出阳明学派的文学观念总体上并未超出理学藩篱，但其对“修辞立诚”“本色文字”的强调，直接影响了晚明的“性灵”文学思想，使明代文学摆脱了模拟、复古窠臼而走向书写性灵，在明代文学思想史上具有转关意义。汪洋[③]探讨了王阳明诗歌创作的艺术渊源，指出在悟道之前，王阳明古体诗创作以汉魏古诗为宗；此外也受陶渊明影响，创作出了颇具陶渊明田园诗风的作品，并在诗歌创作中大量引用、化用陶渊明诗文；同时对李白甚为推崇，其诗歌创作也有模仿李白诗的痕迹。江沁泽的硕士学位论文《王阳明贵州时期文学

①张昭炜、钱明：《阳明后学文献的整理与研究》，《光明日报》2016年6月27日。

②薛青涛：《论阳明学派的文学观念——以王阳明及其弟子为中心的考察》，《文艺理论研究》2016年第3期。

③汪洋：《论王阳明诗歌的艺术渊源》，《中华文化论坛》2016年第1期。

研究》[①]，分析了王阳明在贵州时期的诗文，从贬谪行迹、心路历程、创作特色等方面总结出王阳明贬谪时期诗歌特点，内容多即景写事，形式篇幅短小，语言平实畅达，诗风俊爽清秀，咏物诗深含寄托的情思；而其散文则具有“直写胸中实见”与“沛然有识”的特色。曾硕先[②]考察了阳明有关“寺庙”的诗歌，指出阳明的生命意识和人生态度可从“寺庙”场所相涉的诗歌中得到体现，而“寺庙”场所又对阳明诗艺产生了多方面的影响，形成了“郁然而忧深，悄然而情隐”独特风格。卢慧彬[③]分析了《传习录》中“以象达意”式论述语言，指出王阳明语言平易近人，意象常见，善用比喻、例证、类比等手法，简洁精炼又生动活泼，并富有机锋和审美趣味，易读易懂，可以作为把握和解读心学要义之钥。申旭庆的《技道齐运——论王阳明书法观》[④]一文，总结了阳明在书法艺术上的成就和特点。

在阳明心学对明代文学的影响方面，常威[⑤]分析了阳明心学与明代文学由正学、正心至正文自然递嬗的耦合关系。王亚敏[⑥]则分析了阳明心学对《西游记》的影响，这种影响突出表现在小说中主人公主体意识的明显增强。常威[⑦]还分析了明代散文流派迭变的原因，他指出阳明心学学贵自得的诉求为明代散文带来了主体精神的空前高涨，以及阳明心学主体自觉与自由精神下滋生的明代学人偏胜、矫激的性格特质都是明代散文流派迭变频仍的重要成因。张彤彤[⑧]指出，在阳明心学的影响下，明代中期词体创作中的情感多通过直抒胸臆的方式表达，显得直接而强烈。而晚明期，在阳明心学走向末流和国家内忧外患的双重作用下，词体创作中情感表达注重寄

①江沁泽：《王阳明贵州时期文学研究》，湘潭大学硕士学位论文，2016年。

②曾硕先：《论“寺庙”与王阳明的诗歌创作》，《浙江海洋学院学报（人文科学版）》2016年第3期。

③卢慧彬：《〈传习录〉“以象达意”式论述语言鉴赏》，《贵州文史丛刊》2016年第4期。

④申旭庆：《技道齐运——论王阳明书法观》，《书法赏评》2016年第6期。

⑤常威：《论阳明心学与明代文学之耦合——正学、正心至正文的自然递嬗》，《贵州师范大学学报（社会科学版）》2016年第5期。

⑥王亚敏：《阳明心学对明代神魔小说〈西游记〉的影响》，《重庆城市管理职业学院学报》2016年第2期。

⑦常威：《论阳明心学与明代散文流派的迭变》，《内江师范学院学报》2016年第11期。

⑧张彤彤：《从情感表达看明代学术思潮对明词的影响》，《黑龙江教育学院学报》2016年第6期。

托手法的运用，显得含蓄蕴藉、遥有旨意。陈才训的《明代劝善运动视阈下的通俗小说》[①]一文指出，由明代官方、民间和以王阳明及其后学泰州学派为代表的思想界共同促成了声势浩大的社会劝善运动。其对明代通俗小说的创作，产生了深刻的影响，许多通俗小说家通过小说创作投身其中，为配合劝善运动，这些小说家或直接从善书中取材，或通过形形色色的因果报应故事来演绎善书中的某些重要观念。强烈的劝化意识也使小说家在艺术旨趣上追效劝善运动，从而导致明代许多通俗小说尤其是话本小说呈现出显著的善书化倾向，影响了其艺术水平。罗丽容[②]则分析了阳明心学对明代戏曲的影响，指出阳明的“致良知”“心即理”“吾性自足，不假外求”等观念，以及心学左派领袖王艮的充分肯定自我、肯定人欲的泰州之学，深刻影响了当时所流行的戏曲小说的创作与批评。

张晓芮的硕士学位论文《晚明书法形制变革及其成因研究》[③]指出，受王阳明心学影响，晚明书法的发展进入转型期，步入了“颠覆”传统、张扬个性的创作阶段。书法内在意识和外部形式等方面，都随着形制和审美风格的梯度嬗变而变化，出现了“折扇”和“巨轴”等书法作品。黄露的硕士学位论文《清代浙东学派音乐思想研究》[④]，从戏曲、乐律、诗歌、著述等方面，对清代浙东学派音乐思想进行了整体考察，认为浙东学派音乐思想基础主要来源于对儒家思想的吸收和王阳明心学的继承，指出清代浙东学派的音乐思想诠释了浙东学人以民为本、经世致用、实事求是的精神。

十一、阳明学的当代价值研究

阳明学当代价值的实现及其发掘，是当代阳明学研究的重大课题。本

①陈才训：《明代劝善运动视阈下的通俗小说》，《文学遗产》2016年第5期。

②罗丽容：《从〈劝善记〉到〈牡丹亭〉——晚明思潮与戏曲出口》，《东华理工大学学报（社会科学版）》2016年第3期。

③张晓芮：《晚明书法形制变革及其成因研究》，广西师范大学硕士学位论文，2016年。

④黄露：《清代浙东学派音乐思想研究》，浙江师范大学硕士学位论文，2016年。

年度在这一方面发表的文章较多，阳明心学的主要思想都有所涉及，但进展不大，优秀成果也并不多。在探讨阳明心学整体的当代价值方面，首先要介绍的是史余强的《取用王阳明心学之精华 促进当代大学生优秀品德之生成——以宿迁高等师范学校“良愿前置教育”为例》[①]一文，该文介绍了宿迁高等师范学校以阳明心学为体的“良愿前置教育”及其实践与成效，指出该校针对不同年级的学生，坚持知行合一的原则，分别以善念前置、立志等阳明学的思想施以教育，取得了良好的成效。这是本年度难得一见的以行动研究方法探讨阳明学当代价值在教育中的实现问题的文章。何善蒙等的《从心学到心态学：阳明心学的当代转换》[②]一文，立足于现代性转换的需要，从现代人的心态角度出发，试图从阳明心学中找到适合当代心态学需求的思想资源。该文认为如果可以实现从心学到心态学的有效转换，那么就意味着阳明心学所具有的当下意义的实现。郑蕾的《王阳明的心学观与现代创意理论》[③]一文，从现代创意理论的视角审视阳明心学，其认为阳明心学为理解现代创意理论提供了一条中国哲学的思路，即心学为创意提供了存在论基础、具有特殊人性论的创意主体和知行合一的方法论。此外，董建[④]、高齐天[⑤]、李婉萩[⑥]等分别从社会主义核心价值观、高校思政课教学模式改革、青年大学生“中国梦”理想教育等方面探讨了阳明心学的当代价值。

针对阳明良知学说的现代价值，首先要介绍的是杨道宇《良知的自然生长倾向及其教育——兼论“教育即良知生长”与“教育即生长”的异

①史余强：《取用王阳明心学之精华 促进当代大学生优秀品德之生成——以宿迁高等师范学校“良愿前置教育”为例》，《内蒙古师范大学学报（教育科学版）》2016年第5期。

②何善蒙、李栅栅：《从心学到心态学：阳明心学的当代转换》，《孔学堂》2016年第2期。

③郑蕾：《王阳明的心学观与现代创意理论》，《社会科学家》2016年第7期。

④董建：《王阳明的思想与社会主义核心价值观》，《世纪桥》2016年第9期。

⑤高齐天：《阳明心学对高校思政课教学感触教育模式的启示》，《兴义民族师范学院学报》2016年第3期。

⑥李婉萩：《从阳明心学契入青年大学生“中国梦”理想教育》，贵州财经大学硕士学位论文，2016年。

同》[①]一文，颇具创见，该文认为阳明心学继承并发展了孟子的性善论，从事实与价值双重层面论述了良知的自然生长倾向，这种论述构成了“善端生长论”，回应了“人心为何主动向善”的道德难题。作者认为阳明心学由此形成了“教育即良知生长”的教育本质观，认为教育即教学生“正事”以培育良知生长与万物生长的实践过程。叶南客、肖伟华[②]探讨了中国传统文化对社会主义核心价值观教育现实困境所在，认为以王阳明“致良知”思想作为传统德育方法论资源，可以为开解当前社会主义核心价值观教育的现实困境提供有益启示。丁愉等[③]探讨了王阳明良知说对大学生社会责任感培养的指导意义。聂甜甜的硕士学位论文《王阳明“致良知”思想对大学生自我道德教育的启示》[④]则以问卷调查等社会学、心理学的研究方法，探讨了大学生自我道德教育存在的问题及成因，并以阳明的“致良知”思想为开展大学生自我道德教育的内容和方法提出了自己的思考。

针对阳明知行合一说的当代价值，潘小慧[⑤]、王富强、李钦红[⑥]等都探讨了王阳明“知行合一”说在当代道德建设中的意义。韩红蕊、丁愉[⑦]等则从价值学说角度考察了“知行合一”说对当前中国价值判断与价值行为的启示。李淼[⑧]和邹贵波[⑨]的硕士学位论文，都探讨了阳明“知行合一”说对大学生思想政治教育的启示与借鉴作用。李淼指出当前大学生思想政治教育知行脱节，“知行合一”理论给大学生思想政治教育提供了有意义的借鉴，

①杨道宇：《良知的自然生长倾向及其教育——兼论“教育即良知生长”与“教育即生长”的异同》，《教育学报》2016年第5期。

②叶南客、肖伟华：《论中国传统文化对社会主义核心价值观教育现实困境的开解——基于王阳明“致良知”中德育方法论思想的考察》，《思想教育研究》2016年第4期。

③丁愉、王晓庆、李睿：《王阳明良知说与大学生社会责任感培养》，《长江大学学报（社科版）》2016年第1期。

④聂甜甜：《王阳明“致良知”思想对大学生自我道德教育的启示》，湖南师范大学硕士学位论文，2016年。

⑤潘小慧：《王阳明“知行合一”说在道德建设中之意义》，《孔学堂》2016年第4期。

⑥王富强、李钦红：《王阳明“知行合一”论在我国当代道德建设中的意义》，《襄阳职业技术学院学报》2016年第6期。

⑦韩红蕊、丁愉：《“知行合一”说对当前中国价值判断与价值行为的启示》，《南方论刊》2016年第5期。

⑧李淼：《王阳明“知行合一”理论对大学生思想政治教育的借鉴研究》，河南大学硕士学位论文，2016年。

⑨邹贵波：《王阳明“知行合一”思想对当代大学生思想政治教育的启示》，贵州大学硕士学位论文，2016年。

可以优化思想政治教育过程和思想政治教育方法，扭转当前知行脱节的现象。邹贵波分析了大学生在崇高理想与现实追求、道德认知与道德实践、集体主义与个人本位上“知行悖离”的事实，指出王阳明“知行合一”思想与当代大学生思想政治教育两者之间有着互通性和共同之处，可从真、善、美三个角度，丰富并创新思想政治教育方法，促进大学生道德认知与道德行为的统一。

此外，张海晏①指出阳明“四句教”以善恶之辨为经，以自在、自发、自觉和自由为纬，整体呈现了主体性的发生、发展、提升、实现的动态过程和逻辑关系，阐释与弘扬了阳明的主体性思想，某种程度上有助于缓解当代社会的异化现象。史毅军、王林娟②探讨了王阳明“心即是理”思想对当代教育的启示，认为该思想调动了人的积极性、主动性和创造性，对我国当下进行的基础教育课程改革有很大的启示意义。段宇娟③探讨了王阳明蒙学教育思想对小学思想品德教育的启示。罗爱武④则探讨了王阳明社会治理思想的现代价值。

十二、阳明学与西方哲学

从西方哲学的视角反观阳明学是认识和发掘阳明学时代价值的重要方法。陈卫平的《王学对明清之际西学的接应及其意义》⑤一文考察了明清之际西学进入中国的历程，指出明清之际西学得以传播，与中国本土思想特别是王学为其提供的接应是分不开的。张尧⑥比较了苏格拉底的“德性”概念与王阳明的“良知”概念，指出苏格拉底的“德性”与王阳明的“良

①张海晏：《阳明的道德主体性及其当代意义——以“四句教”为核心》，《贵州文史丛刊》2016年第3期。

②史毅军、王林娟：《王阳明“心即是理”思想及其对当代教育启示》，《亚太教育》2016年第17期。

③段宇娟：《王阳明蒙学教育思想对小学思想品德教育的启示》，《濮阳职业技术学院学报》2016年第3期。

④罗爱武：《王阳明的社会治理思想及其现代价值》，《孔学堂》2016年第2期。

⑤陈卫平：《王学对明清之际西学的接应及其意义》，《贵州文史丛刊》2016年第2期。

⑥张尧：《中西文化比较视阈下的“德性”与“良知”——观照苏格拉底和王阳明的道德哲学》，《开封大学学报》2016年第3期。

知”以及以它们为基础所构建的两个哲学体系有着不同的理论进路，分别代表了中西道德哲学传统。张晓渝[①]从自律伦理学的视角对康德与王阳明进行了比较，指出康德关于“意志自律”的阐发与阳明关于“良知自发”的诠释，分别呈现了自律伦理学的两种可能形态，二者在“自我立法、自我遵守”的意义上有着相似的义理结构。不过二者对自律的主体有不同设定，康德的自律主体有着情理二分的人格组成，阳明的自律主体则是情理合一的存在，其中的关键是二者对“情”的理解。马梦洁[②]则以康德自由观为理论工具，分析了心学对理性本体的超越问题，指出宋明理学从理学到心学的转变之所以产生，在于理学的重点是伦理学，而不是宇宙论。张载、朱熹所建构的理性本体，无法将本体世界与现实世界区隔开来。正是在这一意义上，王阳明心学通过“发明本心”即可认识天理，实现了对理性本体的超越。姚兰[③]比较了阳明心学与叔本华的意志论，徐建勇、钟小辉[④]比较了海德格尔与王阳明对于人的存在问题的思考，叶水涛[⑤]比较了王阳明与杜威的教育观。

十三、心学与理学研究

理学如何转化为心学、心学与理学的关系问题一直是学界研究的重点之一。本年度，在从理学到心学的演变，心学与理学的关系，心学发展、演化过程与理学的关系等问题，都有学者进行了研究，并取得了一些重量级的研究成果。从整体上探讨理学与心学演进的内在逻辑的，首先要介绍陈来的《仁学视野中的“万物一体”论》[⑥]一文。该文从仁学的视角，通过

①张晓渝：《自律伦理学的两种可能形态：康德与王阳明》，《太原师范学院学报（社会科学版）》2016年第3期。

②马梦洁：《康德自由观视角下心学对理性本体的超越》，《长江大学学报（社会科学版）》2016年第7期。

③姚兰：《论阳明心学与叔本华的意志论》，《齐齐哈尔师范高等专科学校学报》2016年第3期。

④徐建勇、钟小辉：《论海德格尔与王阳明的“存在”维度》，《河南教育学院学报（哲学社会科学版）》2016年第4期。

⑤叶水涛：《教育即生长：杜威与王阳明》，《华夏教师》2016年第11期。

⑥陈来：《仁学视野中的“万物一体”论（上）》，《河北学刊》2016年第3期。

对宋明诸家“万物一体”论思想历史和逻辑的梳理，阐明了阳明“仁者以天地万物为一体”的重要思想是对程颢和张载思想的继承与发展，进而也从思想史的纵深阐明了阳明这一重要思想的内涵与价值。陈来指出以张载《西铭》和程颢《识仁篇》为代表的新仁学，突出“万物一体”的观念和境界，对后来道学的发展影响甚大。杨时、吕大临、游酢都以这种“万物一体”的思想解释“仁”。谢良佐以生解仁，以知觉论仁，也是继承和发展明道论仁思想的一面。到了明代，王阳明所强调的“万物一体”虽然也沿着主观境界义作了发展，认为心体上本然如此，但他同时认为就存有的状态说也是实然如此，这突破了“万物一体”的主观义，气的思想对这种突破起到了关键性作用。[①]从张载到王阳明，宋明儒者均未放弃“气”的观念。在心学传统中，存有论的气的概念服从于人生论的需要，使万物一体之仁的实体化成为可能。赖区平的《理学视野中的复卦》[②]一文，则梳理了宋明理学、心学诸家对《易经·复卦》的诠释，指出虽然各家之解各有特色，但总的诠释倾向都是以确立复卦的理学式本体诠释方向为基础，不断地挖掘凸显其中的工夫意蕴。康宇[③]梳理了儒家“以心释经”方法的确立与变迁，指出孟子、陆象山与王阳明是儒家经典诠释学说中“以心释经”方法的奠基者与拓展者。孟子“以意逆志”命题确立了儒家心学解经纲领，象山“发明本心”之说让“六经注我”式的诠释得以盛行，阳明“致良知”则集儒释道三家心性学说之大成，彻底改造了儒家诠释学。

在探讨宋元理学对明代心学的影响方面，首先要介绍的是陈立胜的《作为修身学范畴内的“独知”概念之形成——朱子慎独工夫新论》[④]一文，该文深入分析、阐释了朱子的“独知”概念，指出朱子训《中庸》与

①陈来：《仁学视野中的“万物一体”论（下）》，《河北学刊》2016年第4期。

②赖区平：《理学视野中的复卦》，《周易研究》2016年第1期。

③康宇：《论儒家“以心释经”方法的确立与变迁——以孟子、象山、阳明之学为中心》，《华侨大学学报（哲学社会科学版）》2016年第4期。

④陈立胜：《作为修身学范畴内的“独知”概念之形成——朱子慎独工夫新论》，《复旦学报（社会科学版）》2016年第4期。

《大学》慎独之“独”为“人所不知而己所独知之地”，使“一念之萌”成为朱子修身工夫论之聚焦点，建构出一条静存动察的“两轮一体的工夫”。进而指出朱子“独知”之训深刻影响着朱子后学对“慎独”工夫的理解，阳明心学一系致良知工夫之精髓亦遥契于此“独知”一脉。田智、周建刚[①]则探讨了北宋理学家周敦颐作为“道学宗主”，其“主静”思想对明代心学的工夫论起到了先导作用，指出从王阳明开始心学各家对周敦颐的“主静”思想进行了各种创造性的诠释和解读，体现了明代心学工夫论的丰富性及其与周敦颐思想的深刻关联。王尔[②]则通过检讨岛田虔次关于中国近世“主观唯心论”思想由程颢（明道）起始，经谢上蔡、陆象山传承，至王阳明集大成的主张，指出了该说忽视了邵雍在创生心学思想上的历史作用，指出程颢思想之深受邵雍影响，在中国近世“主观唯心论”的思想传承中，在程颢之前应该考虑邵雍的地位。郝永[③]阐述了阳明“致良知”之学对朱熹“公体正用，体用一如”公正哲学的继承。刘增光[④]指出，从王阳明《朱子晚年定论》中可看出，阳明学最具特色的思想命题“信得及”发源于朱子理学，此观念从朱子理学向阳明心学的转变，可作为阳明学以朱子学为基础而加以转进创新之一例证。刘云超[⑤]通过考察元代巴蜀易学学者王申子“觉即复”的易学工夫论，指出其思想具有折中调和、兼容并包的特点，反映了当时儒道融通、朱陆合流的学术趋势。

在明初心学研究方面，刘玉敏的《六经皆心学：宋濂的心学特色及其影响》[⑥]一文指出宋濂之学上承张九成、吕祖谦的心学理论，以心为宇宙的

---

①田智、周建刚：《明代心学工夫论与周敦颐的“主静”思想》，《湘潭大学学报（哲学社会科学版）》2016年第5期。

②王尔：《“心为太极”：邵雍心学在近世“唯心”思想脉络中的位置——兼与岛田虔次先生讨论》，《玉溪师范学院学报》2016年第10期。

③郝永：《公体正用，体用一如——朱熹的公正哲学及其三维建构》，《古代文明》2016年第4期。

④刘增光：《宋明理学的“信得及”观念申论——从王阳明〈朱子晚年定论〉说起》，《上饶师范学院学报》2016年第2期。

⑤刘云超：《觉即复——易学视野下王申子工夫论探析》，《孔子研究》2016年第6期。

⑥刘玉敏：《六经皆心学：宋濂的心学特色及其影响》，《孔子研究》2016年第4期。

本体，认为天下万理皆出自于心而备于六经，将心学与经学结合起来，避免了朱、陆思想中潜藏的弊端，开启了有明一代学术之端绪，使沉寂已久的浙东心学重新为人们所认识，对阳明心学在浙东兴起并广为传播起到了承前启后的作用。在白沙、甘泉之学与阳明心学的关系问题上，王光松[①]考证出白沙在江右有七位门人，这些人提供了白沙心学向阳明心学过渡的一些线索。姚才刚[②]探讨了甘泉后学唐枢“讨真心”说，指出唐枢以”讨真心”说吸纳湛甘泉、王阳明两家学说的优长，而克服湛、王学说尤其是阳明心学在流传过程中产生的弊病。陈时龙[③]则研究了甘泉后学李呈祥的知行分合论，指出李呈祥提出知行分合论，既受阳明知行合一说的影响，却又坚持从对待义来看知行，坚持朱熹的知先行后论，在朱熹与王阳明的知行观间采取了折衷的态度。

明代关学与心学的关系问题是年度研究热点之一，董剑云[④]介绍了明代关学代表人物吕柟的一生行止与其创建的解梁书院。刘学智[⑤]探讨了吕柟重义理而不重训诂经学的思想和坚持躬行践履关学精神。李敬峰[⑥]指出吕柟以“取法程朱、辨乎阳明”为宗旨对《孟子》展开创造性诠释，折射出秉承张载关学重视践履、批驳阳明心学、羽翼、修正朱子学的诠释特质，有力地推动张载关学、朱子学的深化与发展，对于探究张载关学、朱子学在明代的流变具有重要的思想意义。高华夏、许宁[⑦]则探讨了与吕柟齐名的关中理学家的关学思想，马理思想对朱子学持总体接受、部分修正的态度，对阳明学总体上批评，但学理上又具有较强一致性，体现了三原学派以张载

①王光松：《白沙江右门人考》，《广东第二师范学院学报》2016年第4期。

②姚才刚：《甘泉后学唐枢“讨真心”说探析》，《哲学动态》2016年第1期。

③陈时龙：《明儒李呈祥的知行分合论》，《贵州文史丛刊》2016年第1期。

④董剑云：《吕柟与解梁书院》，《文史月刊》2016年第3期。

⑤刘学智：《吕柟的经学思想及其关学精神》，《唐都学刊》2016年第5期。

⑥李敬峰：《取法程朱，辨乎阳明——吕柟的〈孟子〉学及其思想意义》，《中国哲学史》2016年第3期。

⑦高华夏、许宁：《从三原马理看明代关学思想特征》，《人文杂志》2016年第7期。

思想会通朱王的思想特征。许宁[1]还探讨了马理的实学思想，指出马理继承了张载关学崇实尚朴的宗旨，在明清实学思潮发展史上具有重要的理论价值。从《孟子》诠释出发，李敬峰[2]探讨了晚明关学学者冯从吾的思想，指出冯从吾承继和发扬以《孟子》为旨归的关学传统，着重提揭《孟子》的心性思想，推动关学在明末由崇尚程朱的格物致知以及张载礼学转向探讨内在心性，促发明末之后关学的理论走向。

明朝中晚期到清初，是宋明理学的总结期，也是衰落期。对心学的反思与批判、朱王合流、由王返朱和实学等思潮的兴起，反映了儒家学者在改朝换代的末世中践行圣人之道的艰难探索。姜海军[3]探索了这一时期政治与思想学术的互动，考述了阳明学在朝廷重臣徐阶、李春芳等人推动下，由江南传播到北京，从而冲击了当时的社会政治、思想文化，进而被高拱、张居正以及一些东林党人打压的过程。他指出，心学最终处于被压制的状态，进而促进了学术的内在转向。姜家君[4]探析了明中晚期的儒学思潮，指出明朝中晚期是儒学发展的转折时期，其标志是阳明心学及其后学泰州学派的兴起，开启了真正的人文启蒙思潮，推动了儒学的平民化进程。而作为对心学的反动，这一时期也存在着一股复古与实学思潮，力图改革王学的空疏学风，致力于经世致用之学，这种实学精神也影响了清朝的学术风气与治学格局。杨华祥、何姿艺[5]指出，明末清初，实学家以化理入气的手法，提出了元气实体、太虚本动、理在事中等观点，比较圆融地解决了程朱陆王本体论中存在的理气关系问题。贺志韧[6]分析了这一时期儒佛会通的发展机遇与困境所在，指出这一时期，儒、佛、道都在自身内部

①许宁：《马理实学思想发微》，《陕西师范大学学报（哲学社会科学版）》2016年第4期。

②李敬峰：《关学的心性化转向——以冯从吾的〈孟子〉诠释为中心》，《江淮论坛》2016年第5期。

③姜海军：《明后期政治变局下心学、理学的消长》，《社会科学辑刊》2016年第5期。

④姜家君：《明中晚期的儒学思潮探析》，《鲁东大学学报（哲学社会科学版）》2016年第5期。

⑤杨华祥、何姿艺：《论明清实学对陆王心学本体论的超越》，《贵阳学院学报（社会科学版）》2016年第4期。

⑥贺志韧：《明朝中后期中国儒佛会通的发展与困境》，《云南社会科学》2016年第4期。

进行了十分深刻、完整的融汇与整理。李立民[1]分析了浙东学术从刘宗周到黄宗羲的传衍过程，指出“道统”是沟通明末清初浙东学人思想、学术与社会间互动的基础，是浙东学术得以一脉相传的内在动力，而浙东学术在明末清初的传衍，实质上是社会变革中的思想重建在学术上的反映，深刻影响了明清之际学术思想的发展。王永灿[2]分析了明末清初思想家孙夏峰对朱王之学的会通，指出孙夏峰试图通过对尊德性、道问学、性论、格物穷理及知行合一等相关概念的讨论，会通朱子学与阳明学，在一定程度上拯救了明清之际日渐颓废的学术风气。马辛迪的硕士学位论文《顾炎武对晚明学风批判》[3]，从四个方面阐述了顾炎武对晚明崇尚空谈的学风、注重时文的学风和抄袭摹风、好名好利风的批判。此外，张天杰[4]分析了清初理学家陆陇其的四书学，指出陆陇其以“尊朱辟王”为主旨，在对朱子学加以发挥的同时，对阳明学的流弊作了多方面的批判，从而在“由王返朱”思潮的发展过程中起了“卫道”之功。

十四、阳明学研究的回顾、现状与展望

本年度在阳明学研究、阳明后学研究和阳明后学文献整理等问题上都有学者做了回顾与展望。首先是王锟的《从思想到学术：20世纪阳明学研究的流变与走向》[5]一文回顾了20世纪阳明学的百年研究，指出这百年大致经历了“思想意识形态”“复苏转型”及“纯学术”三个流变时期。以20世纪80年代为时间节点，之前的王阳明研究，不管是民国时期的维新革命派、国粹派、现代新儒家的研究，还是日本二战前后的研究，乃至中华人民共和国成立后至20世纪80年代间中国学界在马克思主义视域中的阳明

①李立民：《从刘宗周到黄宗羲——明末清初浙东学术的传衍及其对学术思想史的影响》，《云南师范大学学报（哲学社会科学版）》2016年第1期。

②王永灿：《和而不同——论孙夏峰对朱王之学的会通》，《河南理工大学学报（社会科学版）》2016年第3期。

③马辛迪：《顾炎武对晚明学风批判》，东北师范大学硕士学位论文，2016年。

④张天杰：《陆陇其的〈四书〉学与清初的“由王返朱”思潮》，《浙江社会科学》2016年第10期。

⑤王锟：《从思想到学术：20世纪阳明学研究的流变与走向》，《贵州师范大学学报（社会科学版）》2016年第2期。

学研究，都具有强烈的政治社会关怀和意识形态色彩，研究者满怀“宏大叙事”和思想抱负，阳明学术研究承载并服务于此种“思想观念”，可以说，当时的阳明学研究史就是一段思想观念史。这种形态的研究，到“文革”时期走向极端，最终以主观的“思想意识”取代客观的学术研究，导致教条主义和“标签化”。之后，国内学界力图挣脱教条主义和“标签化”思维，阳明学研究开始“复苏转型”。20世纪90年代之后，则走向客观的学术研究，阳明学研究走向繁荣。

王文琦的《20世纪阳明后学研究的三种进路——兼论阳明学的基本走向》[①]总结了20世纪阳明后学的研究进路，指出牟宗三、钱穆和冈田武彦分别代表了三种不同进路。而“见在、现成派”“归寂派”和“守成派”则是晚明王学真实走向中最重要的三系，它们既无形中制约了上述三种富有特色的研究进路，又影响了对其自身走向进行价值定位的思考视角。该文认为，从阳明后学思想史的三系走向，到20世纪王学研究的三种进路，再到对后学流派的评价思考，恰构成了儒学思想的继承与发展所依赖的“解读”与“诠释”的辩证关系，从而为阳明后学的研究提供了深沉的历史经验。张宏敏[②]则回顾了1949年以来以中国科学院、中国社会科学院历史研究所中国思想史研究室为平台支撑，浙江省社会科学院哲学所、国际阳明学研究中心为实施主体的两大科研机构，在阳明后学文献资料整理方面已经取得的学术成果与正在推进的研究项目。同时，又对阳明后学文献整理的总体规划、学术规范与阳明后学研究工程提出了若干思考。

①王文琦：《20世纪阳明后学研究的三种进路——兼论阳明学的基本走向》，《学术探索》2016年第5期。

②张宏敏：《阳明后学文献整理的回顾与思考》，《浙江学刊》2016年第4期。

中国台湾阳明学研究

□ 陆永胜 杨得煜[①]

中国台湾地区是中国阳明学研究的集中区之一，在研究的视角、方法、立意等方面往往有其独特处。2016年，中国台湾地区的阳明学研究亦有不俗的表现，涉及题域较广，概而言之，可分为以下五类：王阳明思想研究；阳明后学研究；阳明学比较研究；阳明学的现代诠释；阳明学的价值研究。综观2016年中国台湾地区的阳明学研究，表现出以下特点：第一，期刊论文最为突出，其中包含大陆阳明学者在台湾发表的论文，这表现在论文的层次和数量等方面；第二，研究的重点题域在阳明后学研究和阳明学比较研究，这与当前大陆的阳明学研究题域集中在王阳明思想研究的普遍状况有所不同，体现了二者间在学术主导话语影响、学术研究历史背景与演进等方面的不同；第三，宏大主题研究与精细化研究相结合，并以后者为主，这是中国台湾学者研究的特色，其中还包含着研究主体的浓厚个性化研究。总而言之，中国台湾地区2016年的阳明学研究充分展示了自身的特色与成就，丰富了阳明学研究题域与内涵，推动了阳明学研究的展开。

一、王阳明思想研究

对于王阳明心学命题和判教思想的探析是本年度四篇关于王阳明思想

①陆永胜：贵阳学院阳明学与黔学研究院教授；杨得煜：（台湾）政治大学在读博士研究生。

研究论文的主要关注点。首先是对“知行合一”的探析。丁为祥在《王阳明“知行合一”之内解内证》[①]一文中认为“知行合一”是一个最具有阳明学特色的主张，也需要其全部学说的整体指向来理解。以“行著习察”为特征的“身心之学”就代表着其“知行合一”的基本关怀，而表里如一之“慎独”、内外在世界完全一致之“诚意”，也就代表着其“知行合一”的根本指向，由此才有所谓“知与行如何分得开”的“一个工夫”之说，也才有“困知勉行”“学知利行”与“生知安行”三种不同的工夫进境。杨得煜在《论王阳明“知行合一”——以工夫论为考察进路》[②]一文中从阳明知行合一概念作为讨论的切入点，指出阳明“知行合一”概念主要是针对朱子学派“知先行后”的主张提出修正，并且这样的修正要从工夫理论上考察才得以使阳明“知行合一”理论产生批评效力。作者认为阳明学与朱子学在真知意义下的知行并无二致，二者的区别在于工夫意义。阳明的“知行合一”概念，在工夫次第上，格物与诚意合为一事，以诚意作为第一义工夫。而阳明反对“知先行后”之将工夫分成两个次第，先格物后诚意，理由在于：用釜底抽薪的方式，以主宰身体感官装备之意念为其对治的对象，进而成就出自慊之道德行为。其次是阳明学与佛、道思想在某些向度方面的深层辨析。陆永胜在《王阳明“以心解佛”及其诠释学省察》[③]一文中认为立足于阳明的心学立场，王阳明“以心解佛”为我们呈现出一种不同于以往儒佛关系的认知图式。王阳明对佛教本体的肯定式诠释、对佛教工夫的否定式诠释、对佛教境界的二次误读与真实佛教之间存在着实质性差异，这种差异的本质意义在于揭示出阳明心学与佛教的根源性差异。阳明之佛教图式的建构不仅有其佛教心学化的影响，也有社会、政治、道统等因素的影响。因此，阳明“以心解佛”既是一个哲学命题、

①丁为祥：《王阳明“知行合一”之内解内证》，（台湾）《哲学与文化》2016年第8期。

②杨得煜：《论王阳明“知行合一”——以工夫论为考察进路》，（台湾）《鹅湖》2016年第42卷。

③陆永胜：《王阳明“以心解佛”及其诠释学省察》，（台湾）《鹅湖》2016年第41卷。

诠释学命题，也是一个社会学、政治学命题。黄信二在《阳明心性论对儒学宗教性之观照方式》[①]一文中认为阳明心性论的内涵，主要是涉及其心、良知、致良知等概念与工夫论的探讨；其中的宗教性则涉及阳明对神仙之学、长生久视之说的看法，以及人该如何面对死亡之恐惧、鬼神之恐惧、命运的问题。文章从“阳明心性论的内涵”“阳明心性论与其天人关系”以及“阳明如何应用其天人关系理论于儒学的宗教向度”三个面向，论述了阳明心性论对儒学宗教性之观照方式，呈现出阳明学问体系在将其心性论应用在其处理鬼神与生死之事时的“依据心性学与良知说→建立天人学说的合理性→落实前述理论于其宗教性”的内在逻辑。对于王阳明思想的分疏是阳明学研究的基础和核心，长期以来持续受到学者们的关注。

二、阳明后学研究

阳明后学弟子众多，近些年来，阳明后学研究受到阳明学界的青睐。2016年中国台湾阳明学研究也体现了这一点，并体现出以下研究视域：第一，理学与心学的辨析。陈正宜在《徐爱由“朱学”到“王学”的思想转向》[②]中认为徐爱初闻阳明之说，骇愕不定，其后闻之既久，始信阳明之学为孔门嫡传，表明徐爱的思想存在着一条由程朱理学转向阳明心学的过程。作者试图透过对徐爱思想转向的探析来建构其“心即理”的体系。第二，功夫论的视域。侯洁之在《泰州学派的转折：王一庵的诚意思想及其意义》[③]一文中认为王一庵的主意说由其自家体验而得，他改变了王学意为心之所发的说法，以意为心之主宰，于主意致思路径的发展具创辟之功。其对“意”的新诠在泰州学派发展上的转折，体现出诚意思想的不同义理风貌。并具体从三方面探究：其一，就王一庵对泰州学派“恣肆猖狂”“虚空冒认良知”等流弊的救正，抽绎主意说的思想缘起；其二，就意为心之主宰、独即意之

①黄信二：《阳明心性论对儒学宗教性之观照方式》，(台湾)《哲学与文化》2016年第3期。

②陈正宜：《徐爱由“朱学”到“王学”的思想转向》，(台湾)《辅仁国文学报》2016年第43期。

③侯洁之：《泰州学派的转折：王一庵的诚意思想及其意义》，(台湾)《辅仁国文学报》2016年第43期。

别名、意近于志等三个层面，阐明“意”于一庵学中的意义与定位；其三，就动念前施以诚意慎独之功，论一庵主意说在工夫层面上的铺设。侯洁之在另一篇论文《从“致知”到“知止”：从黄久庵的艮止思想论〈大学〉的转诠意义》[①]中，认为阳明殁后，“致知”在内返的工夫中日渐失落了前致的实行义。久庵从救弊意识扩大为对阳明《大学》诠解系统的反省，转以“知止”作为《大学》宗旨。在“知止”纲领下，他从艮合内外的模式统贯格致关系，并提出“格物为致知功效”的新解，即一方面在肯定立体工夫上的优位性，另一方面规约致知向外落实人伦的工夫走向，试图在朱、王学求外与务内之失中，另辟以心地工夫为本、以实学为实践导向的新途。在思想意义上，他以艮止为中心构成的解释系统，在义理上表现出鲜明的致用性格，以“知”摄“物”的解释，也使得“知、行”在“知、物”关系的重整中更为密合。他以艮止义注入“致知”以强化人伦价值的做法，对明末的王学修正运动，以及清初实学提倡的转进，具有先驱的意义。陈志强在《知见空言——罗念庵论“学者”之过》[②]一文中认为在阳明后学的研究中，罗念庵的思想定位是个极富争议的课题。克制修养儒家之道的“学者”种种“知见”“意见”“空言”之过，是念庵之学最为核心的问题意识。在念庵眼中，阳明的致良知教必须在“致”的工夫过程中方能真正实得。虽然对于念庵作为殊别的修道学者来说，“静坐”工夫对之最为受用；但其重视“信”“实”的“静功”却是通乎心学工夫实践不可或缺的元素，离乎此一切对良知的“知”“见”“言”都只会沦为虚妄。袁光仪在《殊途与同归——论罗念庵学术在王学中的定位问题》[③]一文中反思了历有不同评价的“罗念庵学术是否相契于王学”的问题，认为念庵与龙溪之“殊途”，固为众所共见，然究其实，则为“为己之学”之必然抉择而已；其学术之最终境

①侯洁之：《从“致知”到“知止”：从黄久庵的艮止思想论〈大学〉的转诠意义》，（台湾）《成大中文学报》2016年第55期。

②陈志强：《知见空言——罗念庵论“学者”之过》，（台湾）《汉学研究》2016年第4期。

③袁光仪：《殊途与同归——论罗念庵学术在王学中的定位问题》，（台湾）《当代儒学研究》2016年第21期。

界，与阳明、龙溪皆同归于万物一体之仁，实无可置疑。且念庵推崇邹东廓的戒惧之旨，自身则着力于“断除欲根”的工夫，亦可视之为王阳明“念念去人欲，存天理”的工夫论之发展与深化，证诸阳明之论扫除私欲、戒自是好名，龙溪之洞察良知搀入、勇于自讼其过，其精神皆同，可以相互印证。实则阳明、龙溪之“无善无恶”“万物一体”，即隐含一开放包容与尊重异见之胸襟，要其彼此真诚问学，虚己应物，无论顿悟渐修，皆为圣学，无以异也。第三，儒佛判教的视角。叶守桓在《论周海门儒释之见》①一文中认为周海门乃阳明后学中儒禅合流的关键人物，其援禅入儒处实开启了儒禅对话之契，亦促进了佛法的传播，当然也形成了心学禅学化的发展。周海门儒释之见，论述深广，不但具有理论深析亦兼实证之得，更有推动儒释交流等具体影响，对晚明三教交涉和阳明后学之发展，实有其研究之意义与重要性。第四，思想史的视角。台湾成功大学的蔡玮玲在其硕士学位论文《焦竑之讲学活动及其教育思想》②中认为焦竑的学问与思想之发展，为一“识仁”至“知性”的转变历程。焦竑的教育思想之两大宗旨为“践仁成学”和“知性之学”，前者强调主体的能动性，后者强调人与我、人与天的伦理实践。焦氏之政治思想为其教育思想之延伸，并以“由仁而礼，以礼约法”作为社会伦理与政治伦理的基本架构。“仁、礼、法”兼顾，乃是焦竑兼重文化素养与制度行政的政治观。在“以时为务”的精神下，以“穷、通、达、变”作为士人学者的处世态度。综而言之，中国台湾地区的阳明学研究在阳明后学研究方面体现了视域的广度和义理的深度，推动了阳明后学的研究。

三、阳明学比较研究

阳明学比较研究亦是台湾阳明学研究的重要方向之一，具体呈现为四个向度：心学系统内的比较研究；理学与心学的比较研究；心学与佛学的

①叶守桓：《论周海门儒释之见》，（台湾）《兴大中文学报》2016年第40期。

②蔡玮玲：《焦竑之讲学活动及其教育思想》，（台湾）成功大学硕士论文，2016年。

比较研究；中西哲学比较研究。第一，王阳明与湛甘泉是明代心学的两位大家，但在本体与功夫层面有所不同，成为后世研究的重点之一。杜保瑞在《论黄宗羲对湛甘泉和王阳明的捡择》[①]中认为湛甘泉和王阳明相互间的批评都是误解他说的无谓臆想。唯阳明格物说于《大学》文本简易宗旨确有偏离之失，但甘泉格物说亦过于提升宗旨，使其直接等同于随处体认天理之说。可以说，两家都是刻意执着己见，并且偏视他说。杜保瑞主张，对中国哲学的研究，时至今日，都应善解其说，并且以化解冲突为要。黄泊凯在《湛甘泉与阳明后学对于本体工夫之诠释与会通》[②]一文中认为湛甘泉的工夫论运作，主要分“学”与“觉”两大类之系统的运作，从对于习心的对治角度来看，便是从有限的智心入手，进行对于人欲的对治，以古训作为修行的参考典范，进行对“习心”之对治，也就是“学”的工夫之成就，同亦利用静坐的方式，使内在本具的心之生理，得以显现其自净能力，以完成对于本心之自觉义之修行，成就“觉”之工夫，二者合一便得见天理。湛甘泉之教法虽然高明，但是因为重视学问之功，故湛甘泉与王阳明因此而常进行工夫的辨义，因其实修工夫之高妙，得到阳明后学的尊崇，故常向甘泉请教，因此产生了双方实修工夫上的会通。第二，阳明学与宋代理学的关系一方面体现为继承与发展，一方面体现为突破与革新。如刘锦贤在《从无心、生意、一体诸理境论阳明对明道思想之继承与推展》[③]一文中认为明道由体仁以达到浑圆之化境，阳明之言致良知，亦必以人我内外一体而化为终极归趋。阳明之思想虽非全然得诸明道，但明道为表述其创辟智慧所使用之特定词语，每为阳明所沿用，形成彼此一致之论述。文章从“无心无情”“生意活泼”及“物我一体”三方面，比对二人之相关文献，阐发其旨趣。由此可见阳明在沿用明道若干表意之特定

①杜保瑞：《论黄宗羲对湛甘泉和王阳明的捡择》，（台湾）《哲学与文化》2016年第3期。

②黄泊凯：《湛甘泉与阳明后学对于本体工夫之诠释与会通》，（台湾）《宗教哲学》2016年第75期。

③刘锦贤：《从无心、生意、一体诸理境论阳明对明道思想之继承与推展》，（台湾）《哲学与文化》2016年第3期。

词语时，实能广泛并深入地推展其义涵，且以形成自家思想之重要成分。于是知阳明于明道之德慧实能存在地呼应，并发扬光大，可谓为明道之知音。华梵大学黄瑞枝在其硕士学位论文《朱熹与王阳明蒙学之品德教育比较研究》[①]中从受教范围、教学原理、教学方法与教学重点四个方面分析了朱熹和王阳明蒙学品德教育思想的异同，并总结和阐述了朱王蒙学品德教育理念及其对现代儿童品德教育的启示。概言之，朱王蒙学品德教育有四同：为幼儿品德教育而写专门著作；相同的教育目的；同样的教育重点和同样的教育步骤。其差异亦有四：儿童观点；教化原则；教育原则和教育方法。朱王学说对现代儿童品德教育的启发有三：及早施教观念的重建、品德教育环境的建立和生活品德教育的重要性。第三，“以儒摄佛”不同于以往对宋明理学“以佛摄儒”的一贯看法，开辟了儒佛之辩的新视角。淡江大学周君璞的硕士学位论文《〈传习录〉〈坛经〉修养论与修行观之比较——从道德主体通过形气主体至无限亲近几乎当下》[②]重视以作者本身直接与文本发生哲学、义理的交流，探索生命、文化向度；并借鉴近当代学者第二序诠释，间接地加以叙述、推论与印证当代性意涵。在以儒摄佛的文义阐释的向度下，通过《传习录》《坛经》的比较研究，儒佛二家学派、两大系统至终归返于本论文终极核心宗旨：“修养论”与“修行观”等工夫义上，并达成其会通、融贯之可能。第四，多视点的中西哲学比较，凸显阳明学的理论特质。张二平的《熊十力的易学体用论——以“生生”之学对孔、老、佛、西的判摄和融通》[③]和张子立的《“同一性”“道德动能”与“良知”：中西伦理学对话之一例》[④]二文在儒、佛、道与西方

①黄瑞枝：《朱熹与王阳明蒙学之品德教育比较研究》，（台湾）华梵大学硕士论文，2016年。

②周君璞：《〈传习录〉〈坛经〉修养论与修行观之比较——从道德主体通过形气主体至无限亲近几乎当下》，（台湾）淡江大学硕士论文，2016年。

③张二平：《熊十力的易学体用论——以“生生”之学对孔、老、佛、西的判摄和融通》，（台湾）《哲学与文化》2016年第8期。

④张子立：《“同一性”“道德动能”与“良知”：中西伦理学对话之一例》，（台湾）《哲学与文化》2016年第8期。

哲学的比较视阈内分别从“生生”和“伦理学”的向度对王阳明的思想特质有所阐述。

四、阳明学的现代诠释

阳明学的现代诠释其实包含着阳明学的现代诠释及其当代再诠释，涉及古代、现代与当代思想的互动和中西哲学的话语语境等，是一个看似简单，实则复杂的研究方向。杜保瑞在《对唐君毅平议朱熹与王阳明的反思》①一文中认为唐君毅先生的努力在于要改变程朱陆王分为两系的传统观点，在评析中，唐先生忽略了朱熹的很多理论是在做文本诠释，不能溢出原典文本的意旨，而阳明是在做哲学创作，故而可以自由发挥。其结果，朱王针对的哲学基本问题并不相同，有些是工夫论的应主合一，有些是形上学的应予析分。平议朱陆王之间的异同优劣，应重视诠释与创作的差异，更应重视哲学基本问题的异同。杜保瑞认为，唐君毅先生之平议朱王是当代无出其右的朱王平议系统，应予介绍并推广。尤其是，其论旨多与牟宗三先生不同，如朱陆皆是自律工夫一义，以及阳明更近于朱熹而非象山等说法。沈麟在《治生与求道——〈传习录〉“许鲁斋以治生为先之说亦误人”条目辨析》②一文中针对陈荣捷先生在《传习录》第五十六条“许鲁斋谓儒者以治生为先之说亦误人”下的注认为阳明断章取义误解了许鲁斋的本意这一说法，试图为阳明下此“误人”之说作辩护。作者通过对相关材料的辨析认为许鲁斋的思想内部的确存在着亏欠，并通过对儒家治生与求道关系的探讨说明阳明对许鲁斋的批评是有充分道理的。

五、阳明学的价值研究

对阳明学价值的关切也是近年阳明学研究的一个重要方向，但研究的

---

①杜保瑞：《对唐君毅平议朱熹与王阳明的反思》，（台湾）《哲学与文化》2016年第8期。

②沈麟：《治生与求道——〈传习录〉“许鲁斋以治生为先之说亦误人”条目辨析》，（台湾）《鹅湖》2016年第42卷。

关注点是多方面的。本年度阳明学价值研究的论文主要有两篇，呈现出不同的关注向度：一者关注阳明学的当代意义治疗的价值，如李玮皓在《为善去恶是格物——王阳明“格物”的意义治疗》[①]一文中认为阳明良知学与傅朗克意义治疗之会通在于“吾人皆有向上提升、追求生命意义之能力”，希冀以阳明义理开展其意义治疗之可能，并实践于现代社会中，立己立人。一者关注阳明学史学案的思想史价值，如黄继立在《夜宴“天泉桥”：一个王门集体记忆案例的考察》[②]一文中从“集体记忆”的角度，指出“天泉之宴”是个呼唤并重构孔门“吾与点也”的记忆，其中反映了王学在文化记忆层面，对先秦儒家的创造性诠释，以及彼此深密的连结。而且，这个记忆成为此后王门重要的集体记忆。意味着一个思想关怀、文化风格，迥异其他宗派的阳明学派已逐然成形。“天泉证道”是王学发展史，也是中国思想史晚期的重要事件。

2016年，中国台湾地区的阳明学研究体现了其一贯的文献考据精细、义理探析精深的特点，在研究视角、研究方法等方面都有可资借鉴之处。

①李玮皓：《为善去恶是格物——王阳明“格物”的意义治疗》，（台湾）《鹅湖》2016年第42卷。

②黄继立：《夜宴“天泉桥”：一个王门集体记忆案例的考察》，（台湾）《鹅湖》2016年第41卷。

日本阳明学研究

□ 申绪璐[①]

日本学界的阳明学研究，大致可以分作两类。一是王阳明及其后学的思想，即中晚明时期的阳明学思想研究，这方面的研究禀承了日本学者的一贯特色——注重文本的考据与解释，同时亦不乏义理的分析与解读。二是江户时期被日本社会接受、吸收的阳明学及其对日本近世社会以及明治维新以后的影响。这方面的研究偏重思想史分析，综合多个学科领域，反映了阳明学的社会意义。

在王阳明及其后学思想的研究上，2016年发表的主要论文有荒木龙太郎的《王门后学良知说改变与解体的诸相——“泰州”“江右”的本末格物说》[②]、三泽三知夫的《王畿的格物说》[③]与《王畿的经学》[④]，二者皆延续了自身以往的研究，并不断挖掘新的视角予以讨论。三浦秀一在出版的《科举与性理学——明代思想史新探》[⑤]一书中，从科举相关的视角考察欧阳德与王宗沐的心学思想。传统文献的训读与翻译，是日本学界研究的一贯传统。2016年刊载的成果主要有以吉田公平与小路口聪为首的研究团队注释翻译的《王畿〈龙溪王

---

①申绪璐：杭州师范大学政治与社会学院副教授。

②［日］荒木龙太郎：《王门后学良知说改变与解体的诸相——“泰州”“江右”的本末格物说》，（日本）《活水论文集（文学部编）》第59号，2016年3月。

③［日］三泽三知夫：《王畿的格物说》，（日本）《专修人文论集》第98号，2016年3月。

④［日］三泽三知夫：《王畿的经学》，（日本）《专修人文论集》第99号，2016年11月。

⑤［日］三浦秀一：《科举与性理学——明代思想史新探》，（日本）研文出版社2016年版。

先生会语〉译注》的最后两部分（21、22）[①]以及小路口聪注译的《王畿〈蓬莱会籍申约〉译注——阳明门下的讲会活动记录（1）》[②]。

关于“阳明学在日本”的研究方面，2016年发表的主要论文有山村奖的《明治时期的阳明学理解：从社会主义与明治维新的关系来看》[③]，该文关注20世纪初期以井上哲次郎为首的哲学家，将阳明学看作改造社会的工具，分析其思想中的特点与矛盾冲突。伊东贵之主编的《“心身/身心”与环境哲学——以东亚传统思想为媒介的思考》[④]，亦收录山村奖的论文《作为“宗教”的近代日本阳明学》。其他还有数篇论文，考察阳明学对于日本修养论、义利观、孝道观的影响。吉田公平针对《藤树先生全集》里面中江藤树书简的一些问题，重新加以排序整理和点校，成果《中江藤树的书简》[⑤]刊登于《阳明学》杂志。

钱明与邓红两位中国出身的学者，分别发表了《水户学与阳明学》[⑥]以及《中国对“日本阳明学”的接受——以张君劢和朱谦之为例》[⑦]，从一种新的研究视角，分析江户官方学问水户学中阳明学的影响以及20世纪初“日本阳明学”对中国的影响。本文以下将分别对各个研究的内容与相关情况予以概述。

一、王阳明及其后学

活水女子大学教授荒木龙太郎，继承了九州学派宋明理学的研究传

① [日] 吉田公平等译注：《王畿〈龙溪王先生会语〉译注（21、22）》，（日本）《白山中国学》第22号，2016年3月。

② [日] 小路口聪译注：《王畿〈蓬莱会籍申约〉译注：阳明门下的讲会活动记录（1）》，（日本）《东洋思想文化》第3号，2016年3月。

③ [日] 山村奖：《明治时期的阳明学理解——从社会主义与明治维新的关系来看》，（日本）《东洋文化研究》第18号，2016年3月。

④ [日] 伊东贵之编：《“心身/身心”与环境哲学——以东亚传统思想为媒介的思考》，（日本）汲古书院2016年版。

⑤ [日] 吉田公平：《中江藤树的书简》，（日本）《阳明学》第26号，2016年。

⑥钱明：《水户学与阳明学：以调查德川博物馆的儒学相关资料为中心》，[日] 坂本赖之译，（日本）《国际哲学研究》第5号，2016年3月。

⑦邓红：《中国对“日本阳明学”的接受——以张君劢和朱谦之为例》，（日本）《北九州市立大学文学部纪要》第85号，2016年。

统，多年来连续发表阳明学相关的研究成果。荒木的《王门后学良知说改变与解体的诸相——“泰州”“江右”的本末格物说》一文指出，王阳明的“众理具而万事出”与朱子学“具众理而应万事”相对，在思想的根本上有别于朱子。阳明后学对于“事”“理”的理解，固然不可能退回朱子，但也呈现出与阳明不同的新特色，其中最具代表性的即“本末格物说”。该文通过对阳明后学中泰州学派的王艮（心斋）、王栋（一庵）和江右王门的聂豹（双江）、罗洪先（念庵）、王塘南思想的考察，以讨论良知说的发展与变化。

聂双江认为，不存在规定好的、具备意义的“物”，“物”需要通过寂体的意志被赋予“价值”和“规范”，并为寂体的意志所包摄。双江的格物说是以本心为标准，付与事物轻重长短之规范。双江的思想影响到罗念庵，他提出“吾身之所接者，皆是物”。事物之“则”在于身，“物有本末”，由身以至家、国、天下。众所周知，王心斋著名的“淮南格物”说以至善的性体“身”为本，“絜度”“絜矩”，家、国、天下，事物之理要通过“反己”工夫，以纯粹的身来絜矩、规范。心斋的思想被弟子王一庵所发展，一庵认为，阳明的良知说是针对上根之人，而心斋的本末格物说则针对中人以下。在一庵那里，物即人伦关系。“中人”的良知本体只有在格物致知之时，通过心的絜矩、推度以整序秩序，确保良知的洁净。该文最后分析了王塘南的思想与本末格物说，王塘南提出，“致知”是对“意念习气”的认知，进而返回本原以确立“天德良知”。王塘南以知之照为无分别者，以意为有分别者。“知为统体，意为应用”，意发为念，念之所涉为物。由此，王塘南建立了独特的“性体→知→意→念→物”序列。王塘南71岁得到《石经大学》以后，晚年又提出“格”为通彻，强调性体“一贯”等思想。荒木认为，通过以上的考察，可以看出阳明后学中，与阳明、王龙溪的浑一说不同，重视事物区别的工夫论思想，虽然这种“事物”并非朱子学中具有“定理”，即已被规定的事物。

王畿（龙溪）思想在日本阳明学界也是一个重要的研究领域。专修《大学》的三泽三知夫在2016年连续发表了两篇论文：《王畿的格物说》与《王畿的经学》，延续其以往的研究，着重关注王畿的思想与阳明的不同。

《王畿的格物说》一文指出，王畿以“格”为“天则”，即有别于阳明训“格”为“正”。关于“物”字，王畿明确反对区别理解“父母人伦之物”与“恶外物之物”的“物”，提出“人伦事物即恶外物之物，本非二义”，二者为同一物。另外，根据“意之所用为物”，王畿提出格物并非“物上求正”，而是“格其意之物”“诚意之好恶即是物”。在王畿看来，“诚意”即“格物”“致知”，乃至《中庸》所说的“慎独”，都是同一工夫。有关“知行合一”，王畿提出“格物者，行其所知”，“格物”以“合知行工夫”。王畿以“格”为“天则”，则“格物”非工夫的过程，而是工夫的结果。通过王畿“格物”思想的分析，三泽特别强调王畿在对阳明思想继承和发展的过程中所体现出的新思想内容。

《王畿的经学》一文分析王畿的经学解释。有关《易》为卜筮还是主理的争论，阳明认为《易》之卜筮中亦有理。而与阳明相对，王畿对于朱熹以《易》为卜筮的批判更加强烈。王畿强调《易》之理，认为不应拘泥于具体的卦画。另外，与聂豹不同的是，王畿以《系辞》“乾知大始”一句的“乾知”为良知、独知。而聂豹则坚持传统解释，认为“乾主始物”，“知”字应与“大始”相连。另《彖辞》“大哉乾元，万物资始，乃统天”，王畿认为“乾元”即“乾知”，“统天”即“乾知”之用，聂豹同样反对王畿将“乾元”直接等同于“乾知”。最后，如《论语》“克己复礼”“为仁由己”的“己”，以及《大学》“格物”之义所含的“人伦之物”“恶外物之物”的“物”，皆强调一义性的理解而反对二元对立的解释。以上的分析，皆可以看出王畿不同于阳明乃至其他同门的独特之处。

注重文本训读和文献考据，是日本学界的一贯特色。通过典据出处的考证以究明文本的涵义，通过现代语译的解释以体现思想的解读。以东洋大学名誉教授吉田公平为首，东洋大学小路口聪、信州大学早坂俊广、福冈教育大学鹤成久章等人组成的研究团队，承担了“王畿的良知心学与明末讲学活动的研究”（“王畿の良知心学と明末の講学活動に関する発展的研究”）课题，历时十年，注释、翻译了王畿的《龙溪会语》。自2008年起，该课题的研究成果陆续发表于《东洋古典学研究》与《白山中国学》。在译注的过程中，该团队延续日本学者田野调查的传统，自2011年起，先后三次，每次历时一周，于浙江、安徽、江西实地考察与《龙溪会语》相关的场所，每次均有调查报告，刊登于往期的《白山中国学》。

作为上述课题的另一成果，2016年小路口聪发表了新译注的王畿《蓬莱会籍申约》。前言中，小路口氏指出与《龙溪会语》为阳明学者的思想问辨不同，《龙溪先生全集》中《会籍申约》《会约》等材料，则是各个地方的学者召开讲会、学习心学的具体记录。小路口聪认为，通过这些资料的译注和解读，可以了解良知心学对地方的影响和渗透，具有重要意义。《蓬莱会籍申约》的“蓬莱会”，会长为阳明早年弟子季本（彭山）。绍兴有小蓬莱山，故以之名会。原《会约》并不载于季本的《全集》，王畿认为年长的季本有“飘然出尘之意”，故重新修订，以强调“敦德业”“崇俭约”等道德原则，期待借此实现道德教化的目的。小路口聪希望通过这样的译注，更加充分地呈现《会约》的精神及其影响。

伊东贵之主编的《“心身/身心”与环境哲学——以东亚传统思想为媒介的思考》一书，收录永冨青地的《阳明后学的讲学活动与日常——由邹守益的诗文所见》。该文关注明代邹守益及其子孙所主持的规模最大、持续时间最长的讲会。该文指出，目前学界有关邹守益的研究，过于依赖董平点校的《邹守益集》。《东廓邹先生文集》的明代刊本，现藏于日本国立公文书馆（内阁文库），二者有不少差异之处未能被学界所注意。在此之外，永冨发现内阁文库本《邹东廓先生诗集》中有数百首、近十万字的《东廓邹先生文集》未收之诗。从中可以看出与讲学活动相关的游玩山水、激励弟子、怀念友人，以及日常生活的一些情况。

三浦秀一出版了《科举与性理学——明代思想史新探》一书，该书的第六、七章分别为《王门欧阳德的学问及其会试程文》《提学官王宗沐的思想活动》，试图从科举的角度考察二人的心学思想。《后记》中提到，该书的相关研究发端于2016年开始的“应用科举史学研究会”，相关思想都曾在此研究会中提出讨论。《王门欧阳德的学问及其会试程文》一章，三浦延续了对心学与科举问题的关注，从科举的视角考察欧阳德的心学思想。该文从欧阳德早年遇到王阳明从而转向心学，以及这一心学取向对其本人科举的影响谈起。进而讨论欧阳德中举之后，任职南京国子监司业所开展的讲学活动以及科举相关的程文中所反映的有关告子的评价，以及对“意见”的担心以及万物一体等方面的思想。《提学官王宗沐的思想活动》一章讨论了王宗沐早年受欧阳德的影响，以及在广西提学官时期所确立的王学思想体系。进而在江西提学官时期，王宗沐主张举业与讲学结合，并确立了以“不息之体”为核心的思想体系。王宗沐提出“不息之体者，本参天地而彻古今”。其他方面，王宗沐以“格物”的“物”为“欲”，“去欲即知至矣”。以上两章皆体现出三浦氏擅长在对人物生平的考察中分析思想的研究特点，以及对阳明后学中科举问题的研究兴趣。

土田秀明的《王阳明诗中的佛教》①一文，不像其他研究者一样关注阳明的思想，而是独辟蹊径，分析阳明诗中的神宗、净土宗因素。杭州净慈寺、安徽九华山等地，都是阳明曾经停留之地，并留了下歌咏之诗。阳明的诗中，经常出现谈及禅宗、净土宗的相关语句，除了与当时佛教中“禅净双修”的风潮有关，该文认为佛教的“净土”在阳明那里，也成为理想世界的象征。

阿部亘的《李贽人物论再考——自己在历史上的投影》②一文，在“特殊

① [日] 土田秀明：《王阳明诗中的佛教》，（日本）《白山中国学》第22号，2016年3月。

② [日] 阿部亘：《李贽人物论再考——自己在历史上的投影》，（日本）《中国：社会与文化》第31号，2016年7月。

性尊重主义者”（岛田虔次语）李贽的《藏书》中发现，李贽常常将自己投射到历史人物上。李贽所称赞的历史人物，似乎都能发现他的影子，不仅在性格与资质，甚至社会环境以及时代背景都能找到共通点。文章最后指出，在李贽的思想中，“时”是一个重要思想，因为时的不同，需要有不同的行为和标准。

原信太郎亚历山大的《陈确“慎习”说的成立》①一文，延续了以往对于明末“改过会”“省过会”盛行的“改过运动”的研究，关注刘宗周的弟子陈确所提倡的“慎习”的改过思想。该文首先考察刘宗周的改过说、慎独说与习说，进而指出陈确虽然强调改过，但是并未言及刘宗周形而上的慎独说，因为在陈确看来，“人生而静，天之性也”的说法源于荀子，并非孔孟原意。陈确认为，善恶之分在于习，而无关于性。通过这样的对比，体现了陈确“慎习”说的思想特色。

大泽邦由的《殷迈与管志道的〈楞严经〉修证论解释——以钱谦益〈楞严经疏解蒙钞〉的引用为中心》②一文，考察了阳明学者殷迈与管志道对佛教《楞严经》的关心。殷迈早年跟随欧阳德等人学习阳明学，之后居于寺庙，静修良知学，21岁时，得悟“赤子之心”；37岁时，因《楞严经》的“是觉始获金刚心中初乾慧地”一语再次开悟。管志道跟随耿天台学习阳明学，后“本儒宗以课业，资禅理以治心”，因《楞严经》与《华严经》而开悟。该文重在殷迈与管志道二人对于《楞严经》的注解，但从中亦可发现明末儒佛调和论的一种倾向。

二、阳明学在日本

山村奖的《明治时期的阳明学理解——从社会主义与明治维新的关系来看》一文，讨论了阳明学对明治社会的影响。明治时期如何看待阳明

①［日］原信太郎亚历山大：《陈确“慎习”说的成立》，（日本）《东洋思想与宗教》第33号，2016年3月。

②［日］大泽邦由：《殷迈与管志道的〈楞严经〉修证论解释——以钱谦益〈楞严经疏解蒙钞〉的引用为中心》，（日本）《驹泽大学大学院佛教学研究会年报》第49号，2016年5月。

学，当时的日本社会分为两派。一方以东京帝国大学教授井上哲次郎为代表，认为阳明学可以作为“国家主义的伦理观”；另一方则以内村鉴三为代表，认为阳明学是“个人主义的伦理观”。井上所谓的国家主义，即日本以天皇为中心的国家体制。井上认为日本化的阳明学与神道合一，不但有助于维护这种体制，而且能够发挥了解国民道德心，陶冶国民心性，领悟德教精神的作用。但是另一方面，江户时期的大盐平八郎之乱以及作为幕末维新志士行动思想的阳明学，本身又带有反体制的特色。不过在井上看来这并不矛盾，作为推翻幕府的“反体制”的阳明学，在新的体制建立以后，同样可以视作新体制的拥护者。

阳明学具有一视同仁的平等主义特色，这与社会主义的主张一致，亦为井上所认可。崇拜大盐平八郎，创立“洗心洞学会”（后改名“大阪阳明学会”）的石崎东国，则将阳明学看作改革社会的原动力。井上的弟子高濑武次郎折衷二者，一方面强调阳明学救济民众，实现社会平等的积极意义，另一方面弱化阳明学“反体制”的倾向。此文反映了明治时期的阳明学热潮中所呈现出的矛盾与复杂。

收于伊东贵之主编的《“心身/身心”与环境哲学——以东亚传统思想为媒介的思考》的另一篇文章——山村奖的《作为“宗教”的近代日本阳明学》，特别关注阳明在近代日本发挥的宗教性作用。日本战后阳明学者山下龙二即将井上哲次郎的阳明学观，称作“国体论宗教”。在阳明学日本化的时候，明显的特征就是与神道合一。井上哲次郎希望建立一种“伦理的宗教”，即以国家为中心，在精神层面维持秩序，达到“民心的统合一致”。此文进一步反映了近代阳明学热潮的一个侧面。

野村英登的《阳明学近代化中的身体修养——以井上哲次郎对中江藤树的理解为中心（自然观探求部分）》[①]一文，基于日本政治思想史学者丸山

---

① [日] 野村英登：《阳明学近代化中的身体修养——以井上哲次郎对中江藤树的理解为中心（自然观探求部分）》，（日本）《生态哲学研究》第10号，2016年3月。

真男的观点，江户儒学第二期的阳明学促进了日本近代思想的产生。东京帝国大学教授井上哲次郎认为日本化的阳明学与神道习合，能够与西方的基督思想抗衡，维护日本的国体，陶冶国民心性，促进青年道德的修养。在日本最早的阳明学者中江藤树身上，井上最为称赞的就是“孝”，进而由家族的“孝”上升为国家的“忠”，实现“忠孝一本”。对于中江藤树及其弟子熊泽蕃山的“静坐”实践，在井上那里，则将这些作为迷信的部分而被排除。野村指出，尽管静坐技法被井上哲次郎排斥，但是在明治大正时期，仍然有不少人以此作为维持健康和修养道德的方法。野村氏认为，江户儒学原本的静坐实践，亦可以作为近代化的阳明学的一个部分。

大江清一的《义利合一说的思想基础——三岛中洲的义利合一说的考察》[①]一文，考察了创立二松学舍大学的三岛中洲的义利观。三岛中洲年轻时曾经在阳明学家山田方谷门下学习儒学。江户末期至大正时期，历任大审院判事与东京帝国大学教授，是当时活跃的汉学家、教育家，同时还是确立日本近代司法制度的法学家。该文认为，三岛中洲的义利合一说即源于阳明学的“知行合一”“理气合一”。三岛中洲区分“天的经济”与“人的经济”，义利合一说的根本在于天。义（道德）、利（经济）皆源于天，由天降为人间的过程中，义与利出现分别。

姚欣欣的《夏目漱石与阳明学——从〈少爷〉到〈心〉》[②]考察了阳明学对于近代日本文学创作的影响。早年在汉学塾二松学舍学习的夏目漱石，其作品《少爷》带有阳明学思想的色彩。晚年的作品《心》，更加突出阳明心学“虚灵不昧”的主旨。该文的主要内容在于分析夏目漱石的文学作品，但其中亦反映出明治时期阳明学对当时社会的影响。

---

①［日］大江清一：《义利合一说的思想基础——三岛中洲的义利合一说的考察》，（日本）《崎玉学园大学纪要（经济经营学部篇）》第16号，2016年12月

②姚欣欣：《夏目漱石与阳明学——从〈少爷〉到〈心〉》，（日本）《京都橘大学大学院研究论集（文学研究科）》第14号，2016年3月。

高山大毅的《食的比喻与江户中期阳明学的接受》[①]一文，将眼光放在“比喻”这一文学创作和思想阐发的重要方法上。对于人之本性的同一性，《孟子》中即以易牙为例，指出天下之人对于美食评价具有同一性。不过江户时期的阳明学者熊泽蕃山却指出，即使是亲兄弟，对于美食的爱好亦有所不同，呈现出与一般的理学思想相违的观点。日本朱子学者贝原益轩以及古学者伊藤仁斋、荻生徂徕亦都有通过食物的比喻来反对根源同一性的观点。另一方面，反徂徕学者中野三敏和力图超越三教的服部苏门，则通过食物的比喻来论证人性本源的同一性。该文不愿被文学或者理学的研究框架所拘泥，从食物的比喻这一视角着手，呈现了江户思想的丰富性与多样性。

岳远坤的《〈旌孝记〉中秋成思想的一个考察——以阳明学左派及其关连为中心》[②]一文，考察了江户时期阳明学对于孝道思想的影响。上田秋成的《旌孝记》一般被认为是江户时期“孝子彰显运动”的著作。但是与官方朱子学彰显孝行的书籍相比，秋成的《旌孝记》蕴含了阳明学的思想，本文即考察该书与阳明学左派（泰州学派）的思想家王艮、李贽的思想关联。

另外，有关日本最初的阳明学者中江藤树的书简，吉田公平氏考虑到《藤树先生全集》中编排杂乱与训点错误的问题，重新按时间加以排列，并对原文加以标点。吉田先生指出，只有读解书简，才是理解中江藤树哲学思想的基础工作。吉田先生的这一工作以《中江藤树的书简》为题发表，为进一步研究中江藤树的思想打下了文本基础。

三、其他

浙江省社会科学院的钱明的《水户学与阳明学》一文被翻译为日语

①［日］高山大毅：《食的比喻与江户中期阳明学的接受》，（日本）《驹泽国文》第53号，2016年2月。

②岳远坤：《〈旌孝记〉中秋成思想的一个考察——以阳明学左派及其关连为中心》，（日本）《日本汉文学研究》第11号，2016年3月。

刊登。自2012年起，钱明开始参与德川博物馆的“儒学关连资料的调查研究”项目。1750年编撰的《本馆新撰》，为水户彰考馆的藏书目录。值得注意的是，其中的“朱文恭遗书”即朱舜水遗书中出现《阳明文抄》《续藏书》等条目。钱明认为，《阳明文抄》虽然不能断定是朱舜水自明朝带来的还是购于日本，又或是朱舜水本人所写的摘抄本。但至少能够表明“朱舜水受到王阳明的感染，自觉不自觉地与阳明精神多有吻合”“朱舜水不仅受过阳明思想的感染，而且对阳明的态度亦是崇奉胜于担忧，赞赏多于批评”。江户时期居于官方地位的水户学，自然亦受到朱舜水这一观点的影响。

旅日学者北九州市立大学的邓红发表的《中国对“日本阳明学”的接受——以张君劢和朱谦之为例》一文，继续关注20世纪初日本盛行的阳明学，邓红将其称作“日本阳明学”。邓红认为，这一时期的阳明学将“心即理”“知行合一”“致良知”等命题简单化、通俗化，以达到对内建立“国民的道德”、对外“护持国体发扬国威”的目的。该文所考察的，则是20世纪初，大量中国留学生到达日本之际，对于这一思潮，他们无辨别地接受并传回中国的情况。该文考察了张君劢《比较中日阳明学》与朱谦之《日本的古学及阳明学》中的阳明学部分，发现二人皆受“日本阳明学”的影响而未能超克。最后作者指出，作为行动的“日本阳明学”，有别于中国传统学问的阳明学，对此应当保持清醒，避免混淆。

四、结语

以上所述的主要研究论文，尤其是有关中晚明的阳明学研究，体现了日本学者一贯的细密分析和文本考据传统，对于相关人物的思想皆有仔细的分疏，有些论文的研究视角和选题别出心裁，不少论点、结论亦具有启发性。这一方面的研究，对于国内阳明学界也有参考和帮助意义。日本阳明学的研究，主要关注阳明学对于日本社会的影响，不仅在政治思想领域，甚至还涉及经济、文化领域，表现出跨学科的综合研究实力。该领域的研究近年来亦为国内学者所注意，如复旦大学吴震《当中国儒学遭遇"日本"——19世纪末以来"儒学日本化"的问题史考察》[①]一书，即为该方面的研究思考。20世纪初阳明学在日本的遭遇，显然对于省思当下问题，具有重要的借鉴意义。可以预见在今后研究中，文献的注释翻译、心学概念的分析考辨，以及阳明学对日本近代社会的影响，仍将作为日本学界阳明学研究的主要内容。

日本知名的宋明理学专家福田殖教授于2016年10月去世。福田先生早年跟随九州大学中国哲学史初代教授楠本正继先生学习，之后一直从事宋明理学研究，与冈田武彦、荒木见悟、佐藤仁等教授一同为日本九州学派的代表性学者。他多次访问中国，探访阳明学遗迹，与中国学者进行交流。2016年，福田先生的两部选集《宋元明的朱子学与阳明学》[②]和《日本与朝鲜的朱子学》[③]分别出版。除朱子学的研究以外，福田先生关于阳明学的研究论文还有《王阳明心学思想的构造：有关学三变、教三变》（《王陽明の心学思想の構造：學三変・教三変をめぐって》）、《王龙溪与聂双江——〈致知议略〉中的良知论争》（《王竜渓と聶双江—『致知議略』における良知論争—》）、《罗念庵的〈冬游记〉——王门讲学活动的一个场景》（《羅念庵の「冬遊記」について—王門における講學活動の一場面—》）、《阳明学派聂双江、罗念庵的位置》（《陽明學派における聶双江・羅念庵の位置》）、《良知归寂派的思想——从罗念庵来看》（《良知帰寂派の思想ー羅念庵の場合ー》）、《有关〈明儒学案〉成立的一个考察》（《『明儒學案』成立に関する一考察》）等。对于福田先生的去世，在此谨致哀思。

①吴震：《当中国儒学遭遇"日本"——19世纪末以来"儒学日本化"的问题史考察》，华东师范大学出版社2015年版。

②［日］福田殖：《宋元明的朱子学与阳明学》，（日本）研文出版社2016年版。

③［日］福田殖：《日本与朝鲜的朱子学》，（日本）研文出版社2016年版。

韩国阳明学研究

□ 张 悦[①]

2016年阳明学韩国研究状况如下：译著两部；学位论文四篇，其中博士学位论文一篇，硕士学位论文三篇；期刊论文二十七篇；书评一篇。综观2016年阳明学研究成果，按照内容分类，可分为以下六类：一、总述韩国阳明学特征类；二、某一派别、人物的阳明学观点类；三、某一著述中的阳明学思想类；四、现代观点下的阳明学与朱子学的比较类；五、阳明学与现代教育、科技等的结合类；六、书评类。以下将对各类主题论文中的代表性研究成果的主要内容进行整理。

一、总述韩国阳明学特征类

2016年韩国阳明学研究成果中属于这一类的研究具体如下：中纯夫著，李永镐、李慧仁、郭成勇译的著述《朝鲜阳明学》[②]；崔在穆著，李愚辰译的著述《东亚阳明学的展开》[③]；期刊论文有金世贞的《实心与感通的韩国阳明学》[④]和《通过阳明的生活看沟通与共感的阳明学》[⑤]、金慧秀的《关于阳明学伦理说基本形态与构造的考察》[⑥]、崔在穆的《阳明学与公

①张悦：（韩国）成均馆大学博士研究生。

②［韩］中纯夫：《朝鲜阳明学》（原书名《朝鲜的阳明学——初期江华学派研究》），李永镐等译，（韩国）成均馆大学出版部2016年版。

③［韩］崔在穆：《东亚阳明学的展开》，李愚辰译，（韩国）郑炳奎出版社2016年版。

④［韩］金世贞：《实心与感通的韩国阳明学》，（韩国）《儒学研究》第36辑，2016年。

⑤［韩］金世贞：《通过阳明的生活看沟通与共感的阳明学》，（韩国）《韩国阳明学会学术会议论文集》，2016年。

⑥［韩］金慧秀：《关于阳明学伦理说基本形态与构造的考察》，（韩国）《阳明学》第44辑，2016年。

共性》[①]、李学堂的《朝鲜中期的阳明学批判：以退溪、西崖、栗谷为中心》[②]。接下来，简要介绍代表性研究成果的主要内容。

首先，《朝鲜阳明学》一书以初期江华学派的研究为中心，阐明了朝鲜阳明学收容的若干问题。该书由第一部分（1—8章）、第二部分（9—13章）和终章（14章）三部分构成。其中，绪论部分总括了朝鲜阳明学的诸特征；第一部分，考察了郑齐斗与初期江华学派中的重要人物，整理了郑齐斗后代中各个人物的基本事迹并考证了他们对于阳明学、霞谷学的收容状况；第二部分，从文化、社会、政治等各方面考察了初期江华派时期的社会状况；终章部分，在中国近代思想史动向的视野下，考察了与初期江华学派的阳明学收容特征相关的“朱王两可”问题。

《东亚阳明学的展开》一书超越了既存的阳明学研究，具有划时代的意义。本书以东亚为背景，采用比较思想史的方法，试图理解阳明学的普遍性及各个地区的特殊性，最终得出东亚存在“多种阳明学”而非“一种阳明学”的结论。即应摆脱视不同地区阳明学为“中心—周边”“正统—异端”的二分法，平等地看待中、日、韩，并阐明了各个地区是如何在各自独特的视野下理解阳明学的。

金世贞在《实心与感通的韩国阳明学》一文中指出，韩国阳明学者十分重视“实心”和“感通”。朝鲜阳明学所展示的“开放性”“主体性”“创造精神”“实践精神”“爱民意识”，正是“重视实心与感通之韩国阳明学”的特征。作者指出所谓“实心”即完全去除虚伪和利己之心的真实天赋之心，即王守仁所说的“良知”“仁心”。作者还列举了实心的四大功能，并认为实心与感通并非过去的产物。另外，作者还认为，在当今由于利己之心而造成的分裂且矛盾重重的时代，实心和感通将为我们提供新的信息，并且主张所谓的“感通”将能够成为治愈现代人病痛的第一步。

---

①［韩］崔在穆：《阳明学与公共性》，（韩国）《儒学研究》第34辑，2016年。

②李学堂：《朝鲜中期的阳明学批判：以退溪、西崖、栗谷为中心》，（韩国）《韩国实学研究》第31辑，2016年。

金慧秀的《关于阳明学伦理说基本形态与构造的考察》一文旨在设定阳明学伦理说的基本形态及其构造，尤其是从西方伦理学的观点把握阳明学伦理说的意义。作者认为，从伦理学的基本形态及构造来看，阳明学作为一门规范伦理学，是强调道德性义务的义务论伦理说和关注人类道德性的道德伦理说的结合。另外，从探求生活目标及道德意义的层面看，阳明学伦理学不仅是一种形而上学的伦理说，同时还是一种直观论伦理说。这种伦理说是义务论和道德伦理、存在论伦理说和直观论伦理说的综合性形态。因此，作者综合阳明说的以上特点，主张阳明学伦理说总体来看是存在论性义务论伦理说。

二、某一派别、人物的阳明学观点类

2016年韩国阳明学研究成果中属于这一类研究的数量最多，具体如下：李楠玉的博士学位论文《霞谷学的特性与继承样相》[①]、金容善的硕士学位论文《徐渭重视“情”的美学思想研究》[②]、高志允的硕士学位论文《明中期社会与王守仁（1472—1528）的教育活动：以知行合一为中心》[③]。期刊论文有：韩正吉的《朝鲜官僚知识人的阳明学观研究》[④]和《朝鲜官僚知识人的阳明学观研究——以迟川崔鸣吉的阳明学观为中心》[⑤]、金允京的《郑寅普与章炳麟的主体论比较——以“我自我”与“依自不依他”的比较为中心》[⑥]、徐江辉的《从阳明学看茶山的伦理主体问题》[⑦]、宣炳

①［韩］李楠玉：《霞谷学的特性与继承样相》，（韩国）中央研究院博士论文，2016年。

②［韩］金容善：《徐渭重视“情”的美学思想研究》，（韩国）成均馆大学硕士论文，2016年。

③［韩］高志允：《明中期社会与王守仁（1472—1528）的教育活动：以知行合一为中心》，（韩国）江原道大学学位论文，2016年。

④［韩］韩正吉：《朝鲜官僚知识人的阳明学观研究》，（韩国）《阳明学》第43辑，2016年。

⑤［韩］韩正吉：《朝鲜官僚知识人的阳明学观研究——以迟川崔鸣吉的阳明学观为中心》，（韩国）《韩国思想史学》第52辑，2016年。

⑥［韩］金允京：《郑寅普与章炳麟的主体论比较——以“我自我”与“依自不依他”的比较为中心》，（韩国）《人文学研究》第52辑，2016年。

⑦［韩］徐江辉：《从阳明学看茶山的伦理主体问题》，（韩国）《阳明学》第45辑，2016年。

三的《霞谷郑齐斗的人心道心说研究》[①]、千炳屯与卢炳烈的《从霞谷学的观点看李匡臣和李匡吕的思想》[②]、金民载的《为堂郑寅普思想的阳明学特征与道德教育含义》[③]、李东旭的《试论陆九渊易学特征》[④]、杨善进的《王守仁"心即理"的现象学意义》[⑤]、金允京的《郑寅普"Joseon-Eol"的整体性》[⑥]、金世贞的《以心学之视角看高峰学》[⑦]、曹恩德的《郑寅普的良知感通论》[⑧]、曹元一的《陆象山的天人关系论研究》[⑨]、黄甲渊的《心学的东传与创建——以王阳明与郑霞谷为中心》[⑩]、陆永胜的《王阳明龙冈书院讲学考论》[⑪]。

李楠玉在博士学位论文《霞谷学的特性与继承样相》中综合探讨了霞谷学。作者认为，就朝鲜后期郑齐斗对阳明学的研究而言，其学术价值受到了认可，但如果在以阳明学为前提情况下展开对霞谷学的研究，就很难寻找霞谷学的本来面貌。因此，论文通过再次探讨霞谷学的形成过程，规明了其内容与特征，并分析了后学的传承状况。

金容善的硕士学位论文《徐渭重视"情"的美学思想研究》研究了生活明代时期的徐渭的美学思想。文中指出，徐渭生活的年代，政治、经济混乱，既存的社会秩序已不再符合时代要求，因而积极探索新的秩序成为时代主流。当时影响最大的人物当数王阳明，他的思想对当时非主流知识人群产生了巨大的影响，尽管由于受到当时作为主流思想的程朱理学的

①［韩］宣炳三：《霞谷郑齐斗的人心道心说研究》，（韩国）《韩国哲学论集》第48辑，2016年。

②［韩］千炳屯、卢炳烈：《从霞谷学的观点看李匡臣和李匡吕的思想》，（韩国）《阳明学》第44辑，2016年。

③［韩］金民载：《东亚阳明学的展开》，（韩国）《阳明学》第44辑，2016年。

④［韩］李东旭：《试论陆九渊易学特征》，（韩国）《阳明学》第44辑，2016年。

⑤杨善进：《透过阳明学看人工智能（AI）时代的科学技术伦理》，（韩国）《阳明学》第45辑，2016年。

⑥［韩］金允京：《郑寅普"Joseon-Eol"的整体性》，（韩国）《阳明学》第45辑，2016年。

⑦［韩］金世贞：《以心学之视角看高峰学》，（韩国）《阳明学》第45辑，2016年。

⑧曹恩德：《郑寅普的良知感通论》，（韩国）《儒学研究》第37辑，2016年。

⑨曹元一：《陆象山的天人关系论研究》，（韩国）《儒学研究》第37辑，2016年。

⑩黄甲渊：《心学的东传与创建——以王阳明与郑霞谷为中心》，（韩国）《中国学报》第77辑，2016年。

⑪陆永胜：《王阳明龙冈书院讲学考论》，（韩国）《阳明学》第45辑，2016年。

压迫而未能在政治领域发挥作用，但在文化和艺术领域都产生了很大的影响，徐渭是受这种影响的代表性人物。徐渭认为应真实地表达“情”，即“人情”最具有价值，这也是始终贯通于阳明学的核心思想。在当时，徐渭经过不断地思考，选择了艺术作为实现自身追求价值的实现方法。在其艺术精神中，不仅涵盖了当时以救天下为己任的知识人的生活样相，而且指明了艺术发展的新方向。

韩正吉的期刊论文《朝鲜官僚知识人的阳明学观研究——以迟川崔鸣吉的阳明学观为中心》，旨在通过考察崔鸣吉学问及事业中所呈现出的阳明学特性，揭示阳明学在朝鲜思想史和政治史上所发挥的作用与功能。作者指出，崔鸣吉在50岁时，通过内心工夫的全新体验，感悟出了朱子学的正误，这可以说是从阳明学向朱子学的回转。但这种体验的本质内容更接近于阳明学而非朱子学。另外，作者还指出，崔鸣吉学问的阳明学特征很好地呈现于他对于心的理解中。例如，对于心与理关系的理解，他遵循了阳明学的主张，把心与理的分离作为朱子学的问题所在。对于“格物”，他提出了不同于朱子学和阳明学的独特观点。在崔鸣吉的经世论思想中也具有阳明学特点。

宣炳三在《霞谷郑齐斗的人心道心说研究》中指出，应该在阳明的人心道心说和栗谷的人心道心说两种渊源关系下把握霞谷人心道心说。虽然关于阳明人心道心说的记录屈指可数，但由此可将其人心道心说解释为“天理人伪”，而栗谷的人心道心说通常认为是“人心道心相为始终说”。霞谷的人心道心说以阳明的“天理人伪”为根本，因而他如同栗谷一样，主张“人心道心相为始终说”。霞谷基于形气与性命的相即性，批判朱子的人心道心说将形气与性命视为对立的两个实体、两种做工夫的对象。并且霞谷认为，这一问题产生的原因在于朱子“理气离之”“理气二之”的错误前提。最后，作者认为霞谷的这种主张是面对“性即理”的观点，欲在理气论层面确保“心即理”观点的正当化。

三、某一著述中的阳明学思想类

2016年韩国阳明学研究成果中属于这一类的研究有两篇，分别是柳善起的硕士学位论文《〈乙丙朝天录〉研究——以思想为中心》[①]和崔在穆、张贵荣的期刊论文《〈阳明先生遗言录〉中的王阳明思想》[②]。

其中，《〈乙丙朝天录〉研究——以思想为中心》并非针对阳明学的专门研究，但在对许筠《乙丙朝天录》思想进行研究时，因其中有诸多诗歌与先秦儒学、朱熹性理学以及阳明学相关，并且许筠的很多新思想都与当时明朝流行的阳明学，尤其是阳明右派有关。因此，本论文对阳明学中阳明右派的思想进行了整理。

《阳明先生遗言录》分为上、下两卷，各自收录了55个条目，而在这110个条目中有38个条目与《传习录》重复（上卷中1个条目，下卷中37个条目）。作者认为，如果将《传习录》与《遗言录》进行比较，便能够得知《传习录》在编辑过程中被增加或者删除的阳明思想，并且也能够更清楚地了解钱德洪等编辑者对于阳明思想的理解。因此，分析《传习录》的内容并寻求其意义，具有十分重大的价值。《〈阳明先生遗言录〉中的王阳明思想》一文未能涵盖《遗言录》的所有条目，只涉及与《传习录》中相重叠的37个条目。并且将37个条目分为内容相同的条目、一部分内容不同的条目、对于相同状况进行不同记录的条目及一部分段落被增加或删除的条目四类，进而对其特征进行了分析。另外，还就《传习录》中被删除的条目中特定的几条进行了分析。通过以上分析，可以得知在从《遗言录》编辑为《传习录》的过程中，钱德洪是如何将阳明所特有的阳明“心学”与朱子学进行区分的；还可以得知朱子学观点可能批判的阳明学观点上，其佛教、道教层面是如何进行防御的。

---

① [韩] 柳善起：《〈乙丙朝天录〉研究——以思想为中心》，（韩国）延世大学硕士论文，2016年。

② [韩] 崔在穆、张贵荣：《〈阳明先生遗言录〉中的王阳明思想》，（韩国）《阳明学》第45辑，2016年。

四、现代观点下的阳明学与朱子学的比较类

2016年韩国阳明学研究成果中属于这一类的研究只有一篇，即曹南镐的期刊论文《性理学的再构建》。文中指出，冯友兰站在朱子学的立场，而与此不同的是，牟宗三则站在阳明学的立场。冯友兰试图以新实在论重新解释程朱学，以境界论超越新实在论；而牟宗三则以康德哲学解释朱子学，以阳明学批判康德哲学。本论文通过冯友兰的新理学和牟宗三的新心学，考察了他们是如何批判、矫正传统朱子学和阳明学，同时提出自身的哲学主张的。另外，还考察了他们是如何批判传统的修养工夫论并确立起自身的修养工夫论的。进而考察了他们是如何认识民主、科学等西方文明，并从自身的哲学性问题意识出发解决哲学问题的。本研究还通过批判性地考察他们的哲学性思考，探讨他们是否摆脱了中国本位的思考。

五、阳明学与现代教育、科技等的结合类

2016年韩国阳明学研究成果中属于这一类的研究共四篇，分别为曹至善的《阳明学的人性教育含义》①、孙成恩的《利于韩国青少年心理治疗的阳明学原理》②、杨善进的《透过阳明学看人工智能（AI）时代的科学技术伦理》③、金俊胜的《王阳明与斯坦纳的教育论比较》④及蔡家和的《探析心学人性论之现代意义》⑤。

曹至善在《阳明学的人性教育含义》中指出人性教育虽具有十分重大的意义，但目前仍未对人性进行明确地定义，并且由于对人性的多种不同认识，导致关于人性教育的发展方向也存在着不同的意见。因此，需要明确人性教育的准确发展方向。为此，本论文考察了王阳明的思想与人性

①［韩］曹至善：《阳明学的人性教育含义》，（韩国）《阳明学》第45辑，2016年。

②孙成恩：《利于韩国青少年心理治疗的阳明学原理》，（韩国）《医哲学研究》第22辑，2016年。

③杨善进：《透过阳明学看人工智能（AI）时代的科学技术伦理》，（韩国）《阳明学》第45辑，2016年。

④［韩］金俊胜：《王阳明与斯坦纳的教育论比较》，（韩国）《韩国阳明学会学术会议论文集》，2016年。

⑤蔡家和：《探析心学人性论之现代意义》，（韩国）《阳明学》第45辑，2016年。

教育之间能够导出的含意，并把考察王阳明思想所具有的人性教育意义作为目标。为了实现这一目标，本文的第二章通过考察王阳明的良知思想对人性的意义进行了定义。在第三章中，考察了良知在人性教育中具有的价值，并在阳明的致良知中寻求人性教育的目标。在第四章中，通过分析阳明对于当时以知识为主的教育状况所具有的问题意识以及所提出的解决方案、愉悦的教育环境的重要性及人性教育中教师所应发挥的作用，考察了王阳明的教育思想中对于人性教育的借鉴价值。

孙成恩在《利于韩国青少年心理治疗的阳明学原理》一文中认为，由于韩国人的心理已经受到了东洋哲学思想的熏陶，因而能够从东洋哲学思想中寻找出有利于心理治疗的有用价值。本文即从阳明学中寻找这样的有用价值，并与实际种青少年心理治疗的原理进行了比较分析。作者认为阳明学的“心即理”思想与现代心理学相似，“致良知”“知行合一”思想也能够在现代精神医学和心理治疗中进行有意义的解释。如若使青少年发现自身内心中的“良知”，从而具有健全的自我整体感和自信心，将“致良知”付诸实践，增强共同体意识，便可以增进精神健康。另外，作者还认为，阳明学原理能够运用于心理治疗中，有利于将自己与他人的知识实践于生活中。

杨善进在《透过阳明学看人工智能（AI）时代的科学技术伦理》中指出，当今人类为了应对第四次产业革命的挑战，必须提出具有划时代意义的、革命性的对策。当人工智能夺去了大部分人的工作时，就需要维持有工作之人与被机器人夺取工作之人共存的伦理。因此，探讨何为人工智能时代的科学技术伦理是十分必要的。作者认为必须遏制个人欲望，强化使人回归本来面貌的教育。并且以应对一部分人工智能开发者（他们一直为人工智能时代而努力着）为对象的科学技术伦理也是必须的。未来社会的教育必须了解什么是机器人做不了而只有人能做的事之后对其进行教育。并且当机器人代替人工作时，也需要加强伦理教育，使通过失业者和机器人获利的一部分资本家具有共存和关怀之心。因此，作者认为这样的教育可以与阳明学相结合，从阳明学思想中寻找有价值的借鉴内容。

六、书评

金民载的《东亚阳明学的展开》[①]书评旨在向初次接触此书的读者简单地介绍著者、译者以及此书的内容，因此本文对该书的内容进行了简单介绍、整理后，又分析了此书的优缺点。首先，此书的作者是崔在穆，译者是李愚辰，此书是对崔在穆的博士学位论文进行修正、完善后翻译完成的，此书早在2006年已在日本出版，2011年在中国台湾出版，并受到了杜维明、小岛康敬及钱明等阳明学专家的认可。就内容而言，此书揭示了阳明学在中、日、韩三个地区的展开过程，并对其展开过程进行了比较。本书由“阳明学的成立与思想特征”“致良知论”“万物一体论”“人欲论”“权道论”“三教一致论”等六个部分构成。就其优点而言，作者列举了三条，其一是内容的深度和系统性，其二是丰富的原传资料及对日本阳明学的深入理解，其三是对于现代社会的时事借鉴意义。就缺点而言，首先是对于原传的翻译解释不够充分，再次是由于书中文段未空格而造成的区分不便。但作者认为这些缺点与此书的价值相比微不足道。

以上综合考察了2016年韩国阳明学研究成果，可见，2016年关于阳明学的学术成果还是比较丰富的，而且主题多样，既有对阳明学本身的深入研究和探讨，也有对阳明学代表人物与著作的考察，还有将阳明学与现代社会的结合。笔者坚信目前阳明学研究的这种本末兼顾、体用一体的发展方向，必将促进阳明学研究的进一步发展与进步。

---

①［韩］金民载：《东亚阳明学的展开》，（韩国）《阳明学》第44辑，2016年。

欧美阳明学研究

□ [美]伊莱瑞[①]

2016年，欧洲和北美关于王阳明英文文献的学术研究再一次证明了这位伟大的明代哲学家、政治家、军事家是一位真正的世界级哲学家这一事实。如今，在完全国际化的背景下，西方关于他的研究和著作已趋于成熟，这也得益于一个世纪以来用欧洲语言写就的与其相关的前期研究著作。事实上，亨克（Frederick G. Henke）曾在1916年出版了王阳明著作的第一部重要英文译著，名为《王阳明哲学》[②]。在此前追溯到17世纪的西方文献中，只有一些零散的文章、百科全书和中国通史类资料提起过王阳明。[③]之后到中国历史上的民国时期前后，关于王阳明的研究稍有增加：出版了三篇以王阳明为主题的专著和四篇文章，而且至少有七篇法文、德文和英文语言版本的中国哲学史提到了他的生平和哲学。[④]

然而事实上，在20世纪后半期以前，西方对明代哲学和思想史的关注还很少。在中国古代哲学、佛教、道教和宋代理学一些最具代表性的思想家的光辉之下，王阳明的相关研究更是少之又少。[⑤]直到20世纪六七十年代，对王阳明的相关研究才迎来重大突破。而中国学者移民北美，美国增

---

①[美]伊莱瑞（George L. Israel）：美国中乔治亚州立大学副教授。

②Frederick G. Henke, *The Philosophy of Wang Yang-ming* (La,Salle,IL:Open Court Press, 1916).

③[美]伊莱瑞：《1916年前西方文献中的王阳明》，载《第十八届明史国际学术研讨会论文汇编（2017）》，中国明史学会2017年版，第36—43页。

④Wing Tsit-Chan, "Wang Yang-Ming: Western Studies and an Annotated Bibliography," *Philosophy East and West* 22, no.1 (1972) .

⑤崔玉军：《陈荣捷与美国的中国哲学研究》，社会科学文献出版2010年版。

加对中国相关研究的政府和私人资金援助是导致这一转变的重要原因。在这几十年间，陈荣捷（Wing-tsit Chan）和狄百瑞（William Theodore de Bary）极力向西方引入宋明理学。秦家懿（Julia Ching）、陈荣捷、杜维明（Weiming Tu）、张君劢和倪德卫（David S. Nivison）等学者也都发表了与王阳明相关的重要译著、专著和文章。1972年在夏威夷檀香山举办的研讨会是东西方哲学家会议（East-West Philosopher's Conference）的部分议程，显示出这一时期王阳明相关研究的活力。为了纪念王阳明诞辰五百年，研讨会的主题定为"王阳明比较研究"。参加这次会议的要员包括（当时）彻谈慕学院（Chatham College）的陈荣捷、夏威夷大学哲学系张中元和成中英（Chungying Cheng）、台湾大学哲学系方东美、香港中文大学东亚书院牟宗三和唐君毅、斯坦福哲学系倪德卫、加利福尼亚大学杜维明。1973年研讨会的论文均收入学术期刊《东西方哲学》①。这些学者为王阳明的生平及其心学研究奠定了重要基础，使得从事东亚相关研究的本科生和研究生得以学习与王阳明相关的课程并对他有更多了解。

随后的20年里（即20世纪八九十年代），虽然对王阳明的研究速度放缓，但依然陆续出版了一些著作，总共算下来大概有三本书籍、七篇博士学位论文和二十五篇论文或编辑成卷的文章和章节。在21世纪到来之际，这种零星的研究变成了源源不断的稳定研究。自2000年以来，学界共发表了四本专著（其中两篇为德文）、一本传记、一本译文选粹合集、八篇博士学位论文和五十篇左右的文章。西方不断增加王阳明相关研究著作的发行量，原因有四个：王阳明著作译本的广泛普及和二手文献资源的不断增加；高等院校中东亚研究课程的不断成熟与完善；生活在东亚的学者研究成果发表在英语语言学刊数量的增加；以及儒学在中国的复兴。2016年共发表了一本书籍和三篇文章。

---

①"A Quarterly of Asian and Comparative Philosophy," *Philosophy East and West* 23, no. 1/2 (1973).

白安理（Umberto Bresciani）在《王阳明：重要传记》[①]中首次按时间顺序用英文语言记录了王阳明的生平。白安理认为他自己是一个潜心于中国思想的刻苦研究者，并声称“我发现王阳明的生平故事没有一篇是用西方语言讲述的，所以我试图完成一篇王阳明生平故事的简述让更多人可以了解他”[②]。白安理认为王阳明“同时是传奇的军事领袖和谋略家、睿智的地方管理者、对抗邪恶朝廷的英雄、一流的儒家哲学家、无数人的精神领袖、一位精致的诗人、受人尊敬的画家和书法家”[③]。因此，用一本完整的传记把王阳明引入西方恰逢其时。白安理带着批判意识，用事实成功讲述了王阳明的生平，并在历史环境下描述了王阳明的生平简述。他还在三篇附录中说明了王阳明思想的发展阶段、他在东西方的遗产和对他本人及其思想的诠释。这本书在英文文献中大受欢迎。

约书亚·霍尔（Joshua M. Hall）是纽约州立大学的哲学助理教授，他在文章《宇宙医生的神经/护士：王阳明论自我意识即世界意识》[④]中就王阳明的“大人者以天地万物为一体者”学说提出了创造性的诠释。在王阳明看来，自我意识理想情况下即宇宙意识，是一种超越自我的意识。借鉴王阳明的医学隐喻，霍尔认为王阳明把整个宇宙视为进行自我诊断的医生。他认为“对王阳明而言，世界在某种意义上可以被理解为一个具有觉照能力且能够进行自我治愈的机体，而人类则是存在于这一机体内部的敏感神经，利用自己的觉照意识将注意力导向受伤和疾病累及的部位”，并“对我们共同的伤病进行持续的治疗”。[⑤]

至于霍尔为什么要写这篇文章，他自己解释道：“我想我之所以写这

①Umberto Bresciani, *Wang Yang-ming: An Essential Biography* (Roma: Passerino Editore, 2016).［意］白安理是（台湾）辅仁大学意大利语文学院副教授。

②与作者的私人通信，2017年11月10日。

③Bresciani, *Wang Yang-ming: An Essential Biography*, 2.

④Joshua M. Hall, “Nerve/Nurses of the Cosmic Doctor: Wang Yang-ming on Self-Awareness as World-Awareness,” *Asian Philosophy* 26, no. 2 (2016).

⑤同上。

篇文章，是因为在研究和讲授几门亚洲哲学的入门课程后，我开始担心由于忽视了对这些思想传统后续历史发展的考虑，我是在加强我认为的西方对那些思想传统的迷恋和过度简化。为了解决这个问题，我开始研究后来的思想家，而王阳明随即成为了我最喜欢的研究对象，所以我把他的一些著作加入我的课程中。几个学期过去，我的学生也喜欢他，并且与我持有相同的看法，认为西方哲学学者低估了王阳明及其当代意义。”[①]因此，霍尔参与到王阳明相关的英文文献编著中，尤其是在陈荣捷和艾文贺（Philip J. Ivanhoe）对其著作的翻译过程中，他开始学习汉语，并把自己对王阳明的见解和解释编成一篇文章。

张子立（Tzu-li Chang）在他的文章《王阳明良知理论再探：翻译、音译和口译》[②]中探讨了对王阳明理论话语错误和误导地英文翻译所引起的哲学问题。他认为良知、格物、致知等核心概念的英文表述，尤其是陈荣捷给出的那些表述，唤起了不同于王阳明本意的联想和意义。一个严重后果就是“由于认知含义的模糊性，这类表述往往误导学者陷入一系列难以解决的相关难题，并导致王阳明的论点也变得含糊不清或令人费解”[③]。张子立探讨了与良知含义相关的四种错误概念，并建议我们“在必要的情况下，宁可对这些术语音译并相应地给出不同语境下的说明”[④]。

伊莱瑞在文章《王阳明研究在中国的复兴》[⑤]中表明，改革开放以来，中国对王阳明进行的学术研究显著增加，在文章中解释了出现这一现象的原因。在创作王阳明政治生涯专著的过程中认识到，虽然英文文献对中国

①与作者的私人通信，2017年11月10日。

②Tzu-li Chang, “Re-exploring Wang Yang-ming’s Theory of Liangzhi: Translation, Transliteration, and Interpretation,” *Philosophy East and West* 66, no. 4 (2016). 张子立是复旦大学哲学系的一位青年研究员。他当时的研究重点是王阳明哲学之现代诠释，特别是英语世界王阳明哲学研究现况之反思，以及与英美当代伦理学比较哲学之尝试。

③同上。

④同上。

⑤George L. Israel, “The Renaissance of Wang Yangming Studies in the People’s Republic of China,” *Philosophy East and West* 66, no. 3 (2016).

的儒学复兴进行了文字记载和说明，但是复兴的关键因素尚未完全阐明。为此，伊莱瑞曾于2014年专门到浙江社会科学院、余姚、贵阳和修文进行调研，随后总结了这一复兴的四大影响因素：王阳明引人入胜的生平故事和富有远见的哲学思想；研究王阳明的学者们热情努力的工作；地方政府的经济发展政策；政府在文化和教育方面的政策。

总而言之，2016年共出版了四部关于王阳明的重要著作。这一数字可能看起来很小，但这只是21世纪以来源源不断的完成的关于王阳明著作的一部分。这些作品也说明了这样一个事实：与这位伟大的明代思想家及其思想学派相关的英文研究文献是在跨国环境下产生的，这是西方一个世纪以来的不断创作与其相关的研究著作的成果。

贰

研究动态

首届中国阳明心学高峰论坛

——中国阳明心学高峰论坛精彩荟萃

□ 北京三智文化书院

“人类智慧与共同命运”中国阳明心学高峰论坛于2016年10月16日圆满闭幕。国内外权威阳明学专家、学者，从阳明心学的核心观点入手，深入挖掘潜藏在中华民族精神最深处的哲学思想宝库，提炼出既能代表民族性格，又具有鲜明时代特征的中华文化核心价值；企业家精英代表围绕“知行合一”“致良知”“阳明心学与当代价值体系”议题结合企业实践，进行了有现实意义的交流研讨，共同分享了实践经验。

闭幕仪式上，论坛组委会副主席、中华孔子学会阳明学研究会会长董平为论坛两天来的内容进行现场总结，全文如下。

尊敬的许嘉璐教授、杜维明教授、乐黛云教授、学界同仁、企业界朋友以及各位嘉宾：

大家下午好！受论坛组委会的委托，现在我代表论坛组织方为本届阳明心学高峰论坛做学术总结。

首届“中国阳明心学高峰论坛”以“人类智慧与共同命运”为主题，于2016年10月15日至16日在北京召开。本届论坛由中国文化院、北京三智文化书院主办，来自国内高等院校、科研院所、民间书院以及日本、韩国、美国等地学界代表，包括政界、企业界代表共1107人参加了本届阳明心学高峰论坛。中国文化院院长、第九、十届全国人大常委会副委员长许嘉璐教授，第九、十、十一届全国政协副主席白立忱先生出席了论坛。许嘉璐教授在论坛上做了题为《阳明心学的意义及当代价值》的主旨发言。这是中华人民共和国成立以来规格最高、规模最大、代表面最广、影响力最巨大的一次阳明心学专题论坛。

两天来，来自学界、政界、企业界的各界代表，围绕阳明心学的核心思想、理论主旨及其对于现实生活实践的意义与价值等方面，畅所欲言，展开了生动而热烈的讨论，取得了以下重要成果。

一、进一步明确了阳明心学的历史定位，深化了阳明心学之于当代社会的意义与价值的理解。许嘉璐先生在主旨发言中指出：“王阳明是中国儒学的集大成者。”阳明的“致良知”与“知行合一”之说，“抓住了儒学的精神核心”，广泛吸取包括孔孟、荀卿、程朱，甚至墨、法、佛、道诸家的可取之处，予以理论升华，“下至愚夫愚妇的精神生活，上至形而上学的论述，都做了创造性的阐释和发挥”，从而具有广泛的理论涵容度，体现出了博大的理论胸怀。阳明先生是追求真理的典范，他在追求圣人的道路上百折不回，多次实现自我否定，唯以圣人境界的达成为终究目的，不仅体现出了光明的人格，更体现出了追求真理的情怀。许嘉璐先生进一步指出，阳明心学所体现出来的广泛吸取、追求真理的精神，关注天下苍生、万物一体的仁者情怀，对于当今社会的种种弊病是一副对症的良药。“政治清明，经济发达、法制完善、军事过硬，其背后都需要有先进的文化作为支撑。而先进的文化，就是民族的古老智慧和时代精神的完美融合。以此来衡量，中华民族是民族之林中最有资格创造这一世界急需的先进文化的民族之一。”因此，需要尽快地把阳明心学的“致良知”“知行合一”普及到儿童、少年、青年、老人的心里，为我们这个时代支撑起精神的大厦。

各界代表普遍认为，随着我国物质资料的生产愈趋于丰富，人民的物质生活愈趋于富裕，与之相伴随的贪欲泛滥现象也愈趋于显著，心身统一的秩序也愈趋于断裂，各种不道德、不文明、损人利己的现象正成为社会的一种顽疾。阳明心学倡导人人都有光明的良知，人人需要自我体认良知，重建自我的精神主体，重建个体的心身秩序，在生活实践中实实在在地“致良知”，突破自我，实现“天地万物一体之仁”。这些思想对于治疗当今社会的贪欲之弊，重整社会公德，具有普遍、直接的重要意义与价值。在中国越来越频繁地与世界各不同文明体系的交往之中，中国文化主体性的回归与重建，已经显得十分迫切，而阳明心学毫无疑问是实现此种主体性回归与重建、实现“文化自信”的重要资源。

二、对阳明心学的一些理论问题做了深入探讨，深化了阳明心学的理论研究，进一步阐发了阳明心学的思想结构。这方面成果颇丰，杜维明先生特别阐明：在关于阳明学的研究之中，应该分清“主观主义与主体性”的不同。人们把阳明心学理解为一种主观唯心论，是不恰当的。“主观主义是自己观察所得到的事物”，它不具有共享性；而“主体性的建立”，则是必然具有“开放性”“多元性”“穿透性”的。在阳明心学之中，“致良知”作为主体性的建立，是必须向其他所有的自我乃至人类全体开放的。主体性不是把人当作一个孤立绝缘的个体，而是把人当作一个活动的、处于各种现实关系网络的中心点，从而把自我向交往对象开放；主体性的这种“开放性”，同时也就是“穿透性”，是对于个体自我之局限的穿透与超越。所以在阳明的“致良知”中，基于这种“开放性”与“穿透性”，必然体现出对人群、对社会、对地球的终极关切。杜维明先生着重指出，在现代的社会生活之中，理性、自由、人权、法制、个体尊严，已经完全进入到了我们的生命之中，而在讨论“致良知”的时候，如何处理“良知”与这些概念之间的关系，应当引起特别的重视。“假如我们不重视公正，不重视正义，不重视是非，不重视自由，我们会有很多的问题，世界不公平会越来越严重。”杜维明先生的观点，在某种意义上正为阳明心学之当代价值的创造性诠释，以及如何实现中国传统文化的内在价值与当代社会之普遍的公共价值之间的相互接契，提出了理论上的新高度，体现了一位儒家学者对于当今社会问题的深沉关切。

不少来自不同高校的学者，在某种意义上都关注到了杜先生所提出的问题。如山东大学黄玉顺教授也指出：“我们今天研究阳明心学，应当致力于揭示阳明之‘心’与现代性的‘个体’‘自由’‘平等’‘民主’‘法制’等价值观念之间的联系。简言之，阳明心学开启了通向现代价值体系的可能性。”台湾师范大学东亚学系的张崑将教授，在论述“良知”以及如何实现“致良知”的问题时，特别强调了必须区分“真假良知”的问题，必须避免把个人的私意之发当作“良知”。如果跳过了修养的行动，“良知”就会变成“假良知”，反而会使“良知”受到蒙蔽。我本人则提出“良知的公共性”问题，并阐释了“无善无恶心之体”，实际上是以大中至正之道作为“良知”自体的本然规定性。“无善无恶”，不只是对于相对经验价值的超越，更是强调还原事情的本来真相，“物各付物”，即“至善”。“无善无恶心之体”，实质上是为公平正义、“实事求是”原则建立了形上原理。贵州大学张新民教授在发言中，强调“良知”与“致良知”是阳明的最后教法，是其心学思想发展的高峰，其实质则是为人类安身立命找到了终极归宿，有其永恒价值。日本福冈女学院大学名誉教授难波征男先生，着重指出阳明所说的“圣人之道吾性具足”的“吾”，是自足于圣人之道的主体，包括了所有人类。中国人民大学王霁教授把阳明心学与康德哲学进行了学理上的比较，北京第二外国语学院院长曹卫东教授则论述了阳明的知行观与历史唯物主义具有“通约性”。学者们从不同理论视角所提出的这些观点，对“致良知”的实践是重要的，应当引起社会公众的关注。

论坛上讨论较多的还有阳明心学的“万物一体”问题。复旦大学吴震教授从三个方面对王阳明的“万物一体”思想进行了阐释，认为“万物一体”论是一种“实践论的论述”、是“关于本体问题的一种建构”、是“一种社会理论，又是一种人文精神”。韩国岭南大学崔在穆教授则从一个十分独特的维度对王阳明的“万物一体”思想进行了考察，认为“万物一体”思想的提出，在王阳明那里实际是采取了一种“植物性”的而不是“动物性”的思维方式所得到的结果，“植物性”的思想也即农耕的思维，“动物性”的思想则代表了游牧的思维。基于“植物性”的思维，人与天地万物之间的实际交往活动促成了“万物一体”思想的成熟。

在如何实现“知行合一”这一问题的讨论中，北京大学乐黛云教授强调，要避免“知行合一”跑偏方向，必须重视“诚”，“诚意正心”是确保知行合一得以有效贯彻的核心。美国格兰谷州立大学教授、北京大学高等人文研究院执行副院长倪培民先生从“工夫论伦理学”的独特维度，对王阳明的“致良知”“知行合一”做了深入阐释，对我们更好地理解“知行合一”作为“致良知”的实践方式，无疑深具启迪意义。

企业界朋友广泛探讨、深入交流了自己在实践阳明心学过程中的心得体会，对如何把阳明心学运用于现代企业管理以及个体修身与企业效益之间的关系，现身说法，具有普遍的示范作用。本届论坛的一大特色，是国内众多的优秀企业家参与到了阳明心学的讨论之中。与学界同仁更多地关注理论问题不同，企业界的朋友则更多地把阳明心学付诸切实的社会实践，他们的心得体会，对推广阳明心学的生活运用，扩大阳明心学的社会影响，无疑起到了重要作用。企业家的社会实践已经表明，王阳明心学原本就不只是一种理论，而是一种实践智慧。事实上，正是这样一批优秀企业家的存在以及他们可贵的社会实践，才保持了阳明心学鲜活的生命力。

以下是本次论坛上各位专家、学者的重点发言内容。

吴震（复旦大学教授、复旦上海儒学院执行副院长）

王阳明说（上古）三代的时候，我们每一个人都能够做到全体万物一体之仁，因此我们每一个人都可以达到“精神流贯、志气通达，而无有乎人己之分、物我之间”这样一种境界。在这样一个（上古）三代社会，不会存在人与人之间、人与自然之间、人与社会之间、人与万物之间的各种分离和纷争。自三代社会以后，出现了奇怪的现象，从他生活的时候已经过了几千年，人与人相矜、相轧、相争、相高、相取于知识、权力、技能、生命等等一系列，围绕着这些东西互相之间在斗争，导致了人与人之间、人与社会之间的关系完全的割裂。

王阳明处在这样一个混乱的社会却还是充满了信心，他相信世界上存在一条普遍的道理：天理自在人心，良知之名是顽固不变的，只要有人听到我讲的论述，必然会有人听从。王阳明真正期待的正是这种豪杰之士重新显世的精神，它充分地反映了孔子所讲的人文精神。

王阳明的万物一体论也就是他的仁学一体论，他思想的意义就在于天道信念是一体存在，道德生命与宇宙生命不可分割，只有朝着一体之仁的方向才能实现个人，以及人与宇宙万物和谐的世界。

［韩］**崔在穆**（韩国独岛研究所所长、岭南大学教授）

阳明的教育论、思想论等，都立足于天然的顺序、秩序，遵循自然的秩序，主张循序渐进，认为自然本身在价值上是中立的。因此阳明强调人类对自然拥有无限的责任和使命感，应该竭尽自己的所能爱护自然、尊重自然。所以我认为阳明的植物性思考范式，这种哲学的关照会对以后的生态文明做出重大的贡献。

度阴山（历史作家、三智阳明研究院执行院长）

王阳明的“知行合一”曾经用过一个活泼的比喻，他说水在自然的状态下向下流就代表了“知行合一”，“知”就是水知道自己向下流，它不停地向下流这是“行”，行这种东西是不知道，没有意识的，所以这个“知”就是一种本能。“知行合一”的“知”不是知道，也不是知识，而是良知，所谓的“知行合一”就是凭我们的良知去行动。

潘建国（浙江省慈善义工协会会长）

我们成立了慈善义工协会，参与的大部分是中小企业家，大企业家不多，大企业家自己在做慈善。把省级的慈善机构注册在绍兴，因为慈善义工协会的理念，就是“致良知”和“知行合一”知行的过程。……义工协会的发展原来是登记表格的，注册义工人数到了三五千是可以掌控的，但到今天我已经不知道有多少了，估计有几万名。拿一个义工证，穿一个马甲，说我们在做义工，良知给我们奖赏，他们最不愿意的是总结自己的事向上面领奖。现在义工心中有良知、有天理，已经不需要得到外在的奖励。

阳明心学能延续到今天不容易。在倡导阳明心学的同时绝对不能把阳明心学变成一种玄学，阳明心学的魅力在于实践性，它告诉我们每一个人都可以成圣成贤，每个人都可以实现自身的价值。

我跟很多的义工谈过，他们中三分之二的人都是打工的，他们说，我怎么可能成圣成贤，那是企业家、领导的事。但我说王阳明曾经讲过，如果一个人的志向、行为旨在解决个人、家庭的问题，当然不可能成圣成贤；如果一个礼拜能抽出一天的时间，做一些利他的事，你就是圣人。所以王阳明告诉我们每个人都可以成圣成贤，关键是看怎么立志，以及如何行动。

乐黛云（北京大学教授、中国比较文学学会会长）

怎么样才能用爱和良知来取代对于功利的追求呢？我觉得王阳明说的很好，他说“有善有恶意之动”，知道善知道恶才有良知，所以一开始就要记住一个“诚”字，要诚心。我个人觉得“知行合一”最根本的一条是“诚”，要诚意正心，我们要做的就是自己心里想做的，而不是为了别人和自己的私利去做的，这是王阳明最基本的要求。

在中国“诚”是非常核心的价值。诚之者，人之道。所谓无诚无悟。

不诚信做的事，是谈不上领悟的。现在我们最大的问题是没有“诚”，诚信是一个很重要的问题。说假话，不说真话，已经成为一个常态，大家可以回想一下，我们一天到晚说了多少真话，说了多少假话，这是非常大的问题。

如果不能“诚”的话就不能让良知转化成善行，这里面根本的转化点就是“诚”，如果对人不能“诚”，一切都谈不上，“诚”者天之道。我们谈天人合一的时候，非常重要的是要用一个“诚”字，我们大学一直继承下来的“诚”字非常重要。所以要把传统的“诚”的思想和王阳明的关于“致良知”的思想很好地结合在一起，如果没有“诚”，良知和“知行合一”都没用。

王霁（中国人民大学教授、博士生导师）

王阳明的哲学主体不是理性，我个人理解其主体是心智，西方哲学的主体是理性，我们中国哲学的是心智，这是两种主体观。大家发扬阳明心学我觉得最根本的问题是心智。王阳明讲“夫志，气之帅也，人之命也，木之根也，水之源也”。所以王阳明体现了中国和西方两种哲学，在当时的情况下二者是各自独立发展的，各自有各自的传统和要解决的问题，但是有共同的规律，这一点实际上在我们今天也仍然是有这样重要的价值的。

张新民（贵州大学教授、贵州大学中国文化书院荣誉院长）

良知无是无非，良知能知是知非，它有知是知非的本领，这就是好恶。知是知非，良知防止道德偏离，可以变成各种行为，例如对朋友我们要有信，可以根据现实的情况，或者是在不同的本体学这样的道德判断下，做出相应的行为，这就是阳明心学讲的良知，他是道德的发出者。阳明讲良知是无声的，他是超越的，他有激发担当的力量，他是创造力的来源，是生命生生不息的力量。道德的动力之源从哪里来？就是你的意识，这个意识一定是我们的清静面。道德行为的主体都是我们的良知，良知是我们的学问，是生生不息的东西，这是人人都可以做到的，是天赋的。他的规范是我们最本原生命创造性的推演，先有一些规范，一些制度，作为一切制度和规范的参与创造的本源，是一个非常重要的基数，没有良知我们人类社会将是一片黑暗。

［日］**难波征男**（日本咸生书院理事长、福冈女学院名誉教授）

阳明把“圣人之道，民众之性自足”作为自己的基本理念，鼓励民众致得自身之良知，并推进官民和合的、公共的民众自治政策。龙场大悟后，阳明在最初的赴任地实施“庐陵卧治”；在征剿四省交界处的南赣地区盗贼时，推行“南赣乡约”和“十家牌法”；在被平定的地方设立学校等，这些都体现了民众自治的理念。因此，在民众自治方面，王阳明主要针对地域“再生策”提出了四项对策性措施：1. 为解决人的生命危机和生活危机，针对性地提出了“社仓法”和“十家牌法”，使民众能够进行自主管理、自主经营。2. 通过乡约来缔结人们之间的协定（契约关系），以贯彻执行民众自治的政策。3. 认为道德共同体的组成人员，必须具备能动的当事者意识及自我领导者的自治能力，并为提升这种意识和能力，大力创办学校和书院。4. 强调任何学习方法，都不能脱离道德共同体的事实，并为此而提倡体认之学。

王育琨（地头力经营管理机构创始人）

我体会王阳明悟道有三个阶段。

第一阶段：证悟万物一体，立志做圣人。

王阳明在受迫害被劳改的龙场，一路上还被追杀的情境下，他没有抱怨，在见证死亡的同时，悟到“万物一体之仁”这个天大的道理，原来就是人人本具的良知。他立志做个“万物一体之仁”的圣人。

“万物一体”的圣人境界于今天商界的意义是：要向世间的苦处行，企业家要勇于担当解决中国最深切的痛，中国人民最深的苦。根据日本人的统计，这几年中国人到日本买货的价值为3万亿，不是日元，也不是人民币，是美金。我们不买自己的产品，去救活无数日本公司，却把无数中国公司推向了亏损的边缘。他们不信任我们的企业了！我们企业得转型。就是要解决中国人最深切的痛——拿出可以放心吃和放心用的商品！立志！担当！向世间的苦处行，拿出让父母兄弟姐妹放心使用的好产品，这就是担当！这就是立志！中国企业家首先要担当和立志。己所不欲勿施于人的恻隐之心，也就是当下商业上的万物一体之仁。

第二阶段：立诚，包含着大爱和唯精唯一。

王阳明龙场悟道后有着巨大的喜悦，但是听懂的人寥寥。为什么这个天大的道理就在那里，可是能够接近的人却少之又少呢？王阳明苦苦思索。圣人境界难有人及，但人们知道做人做事都需要“立诚”。诚意，在王阳明那里不仅仅是唯精唯一，还有全心全意的爱、治心一处的精专，等等。立诚，对商业来说就是“要把豆腐磨好”。因为你的爹要吃、你的娘要吃、你的孩子要吃。当企业家把客户当成自己的爹，自己的娘，自己的孩子，也就理解了“万物一体之仁”了。

第三阶段：致良知——知行合一在事上磨砺你的心性。

可是，人们被短期利益驱使，还常常迷失，把“诚”给丢了。王阳明又在实践中苦苦思索。最后，到了晚年，他悟到“致良知”。原来不必那么纠结，只要你能沉下心来，把事情做好，你就已经可以“致良知”了。

日本人学习阳明心学，就是不在概念逻辑上兜圈子，而是在实践中推崇一期一会的工匠精神：无论做什么，只要是自己经手的，就要成为绝活。不讲为什么，做人就是要把自己的工作做成绝活！你就是最有尊严的人了。这样日积月累，工匠精神就成为了一种国民意识。

致良知，对商业来说，就是“回到真源，拿出绝活”。这是商业之本，也就是任正非说的拿出“一针刺破天”的绝活。这是一个圆形的运动：你良知真源出来了，干啥都可以拿出绝活，只要你拿出一针刺破天的绝活，良知真源就会越来越强。不可以割裂这个圆，良知境界不是靠词汇来实现的，良知境界是靠你真实的生命律动。

“回到真源，拿出绝活”，这就是阳明致良知在今天商业上最简单的呈现。

兰春（天地文化基金会执行理事长、新英才控股集团董事长）

企业家往往迷失于“战略重要，还是执行重要”这类伪命题，殊不知提出这类问题本身就已经陷入了割裂知与行的思维陷阱，试问你在潜意识中就相信战略和执行是有冲突的，还怎么达到“知行合一”呢？事实上，多数将战略和执行对立的企业，往往是在商业算计上多了一些心机！须知，知行合一不是一种姿态或一种方法，知行合一不是说到做到，不是言行一致，不是理论联系实际，不是少说多干，知行合一是精神与物质一体、思想与财富一体。知行合一是说，正确的价值观是利润的源泉。

徐石（致远协创软件董事长）

商业是提供产品的服务，也是一种交换，这种交换是建立在公平的基础上的。从这个定义上来看，今天的商业存在什么问题，今天的商业环境存在什么问题，我们可以看到，今天缺乏的不是产品，而是缺乏真正有良知的好产品。

今天我们看到很多回归商业基本准则的现象，所有事情的背后究竟是什么，一种是商业被资本简单的绑架，资本成了所有主宰话题人背后的东西，没有良知的商业活动让很多的消费者受到伤害，打破了我们基本的平衡，也使得企业家被功名利禄绑架。真正成功的大企业家不依赖这个，我们中国有很多辉煌的企业。尤其是像华为这样的企业，想要真正走到世界舞台中心，不但要展现中国真实的东西，还要做到有良知。像脸书、谷歌，这些企业没有去追逐最高的利润，而是用良知解决人和自然之间的关系，改变人类和社会的关系。包括特斯拉，它不是疯狂，是对良知的发现、对人类良知的追求。

倪培民（北京大学高等人文研究院执行副院长、北京大学世界伦理中心研究员）

现在有各种各样的方法来概括整个世界的状况，有一个词是“分裂”，各种各样的分裂，世俗和神圣的分裂等等，这跟分析理性也有关系。

我们这个时代是一个后世俗时代，把整个世界带入了一个世俗的，超越了神学统治的时代。但现在世俗的时代出现了一系列的问题，特别是精神性的失落，引起了宗教的反弹，所以我们现在又进入了一个后世俗时代，这个时代有很多宗教极端主义的出现。“我”和“非我”的分裂表现在“我”和“非我”之间划了一个很明确的界限。我个人的利益、个人的权力，就在启蒙理性里面得到了很大的释放，我要保护我的权力。“我”和“非我”引起了一系列的问题。

还有一个是知和行的分裂，尤其是在高等教学里面表现得很明显，哲学在古代是智慧的学问，现在成了智力游戏。在现在的世界范围内，我们回过头来看阳明心学，是统一的哲理。比如他的“知行合一”“万物一体”，一体，就是认识到“我”和“非我”不是分离的。心即理，心和理又统一起来，心理的统一就是世俗和神圣的统一。天人的合一，可以概括成是一种精神和物质的统一、形式和理想的统一，跟儒家的精神是一脉相承的。当代的为天地立心，从世俗中开发出神圣心，而不是把世俗跟神圣对立起来，分割开来，而是从世俗的人生中开发出神圣心来。

从“我”和“非我”的统一，万物一体我们也可以联系到整个世界，一种“我要赢就要让你输”的零和游戏引起了很多的争端。中国提出了一带一路、合作共赢这样一种新的方式，合作共赢就是“我”和“非我”的统一，我跟你的利益、他的利益，甚至和整个宇宙的存亡是联系在一起的，从这样的角度去看、去生活是不一样的。

［美］**安乐哲**（原夏威夷大学哲学系教授、北京大学教授）

美国人的价值观大多是：人是为了自己而活的，人是独立的。可中国是更普遍的是集体主义为先的价值观：鉴于有孝有敬的思想，中国人不是为自己，而是成为人的一个模范。但个人模范是很少的。

如果我们把中文“知行合一”“天人合一”翻译成英文，两句话是不一样的，显示出了另外一种思维方法。这种感觉跟思想是一个二元论，内外也是一个二元论，还有身体跟灵魂、个人跟他人的二元论，这些二元论意思都不一样。如果我们用王阳明心学的概念来了解我们人最后是什么东西，就会了解到我们是关系性的，是关系构成的，是过程性的，是传习性的。

黄玉顺（山东“泰山学者”特聘专家、山东大学教授、山东大学儒学高等研究院副院长）

儒学现代化可以追溯到阳明心学，这是阳明心学的最大意义所在。中国古代后期的儒学，大致分化为两种趋向：一种是“守成”的儒学，即帝国儒学的进一步精致化，其典型是宋代的“理学”，其根本特征是将“人欲”与“天理”对立起来，将“人心”与“道心”对立起来，而其所谓“天理”“道心”，实质上是帝国伦理政治规范的形而上学化，戴震斥之为“以理杀人”；另一种则是“开新”的儒学，即儒学的现代转化，其典型是明代“心学”当中的一些思潮，其根本特征是以心为本、以人心为天理，从而个体自我及其本真生活情感得以彰显。

董平（浙江大学教授、中华孔子学会阳明研究会会长、三智阳明研究院名誉院长）

把私见混同于良知，这才产生了所谓的“猖狂者”的形态表现。这个历史的经验是值得我们今天继续借鉴的。我们今天倡导阳明心学，倡导对阳明心学“致良知”的实践，一定要避免实践的过程当中出现历史上曾经有过的“猖狂者”，当出现这样玄虚的情况，应该回到王阳明所阐述的良知本身。良知是具有公共性的，不是一个个体的某种状态的变化，良知的公共性怎么讲，实际上很简单，按照王阳明先生的理解或者他的阐述，良知只是一个天理，天理原本是一个道，道哪里有你我之别？既然良知就是道，反过来讲，我有良知就是道在个体那里的本源存在，本源是一，是存在的普遍性，可以通过个体的方式来表达。所以真正意义上的“致良知”，就是通过个体的实践去表达普遍的道理，这是公共的，不是哪一个个体的。

地域个性与时代价值：东亚阳明学的当代展开
——第四届知行论坛暨东亚阳明学与地域阳明学派国际学术大会综述

□ 陆永胜[①]

2016年9月23至24日，第四届知行论坛暨东亚阳明学与地域阳明学派国际学术大会在贵阳孔学堂隆重召开。本届论坛由贵阳学院阳明学与黔学研究院、贵阳孔学堂文化传播中心和韩国忠南大学儒学研究所共同主办，旨在推动东亚各地域阳明学及其学派的交流、对话、发展与合作，为东亚现代文明的发展提供智慧资源。论坛有来自中国大陆和中国台湾，以及韩国、日本、越南、泰国等地的四十八所高校、研究机构和出版单位的近百名阳明学专家学者。

本届大会设置了开幕式、大会主题报告、分组学术讨论、闭幕式等环节。六十余位与会专家学者在两场主题报告和六个场次的分组讨论中，围绕“东亚阳明学与地域阳明学派”这一主题，从王阳明思想研究、阳明后学研究、海外阳明学研究、阳明学比较研究、阳明学现代性研究、阳明学与时代思想研究、阳明学与文学研究、阳明学应用研究、阳明学文献考论、儒学与理学研究十个方面进行了深入交流和讨论。与会专家学者们各抒己见，现场气氛热烈，前辈学者高屋建瓴、分享心得，新生代学者谦虚

①陆永胜：贵阳学院阳明学与黔学研究院教授。

论学，视角多元，在许多问题上进行了深入而热烈的讨论。

阳明学及其学派在东亚的历时展开，使其具有了多层面的文化价值和哲学特质：第一，东亚不同地域的个性文化语境（如韩国的基督教、日本的武士道、泰国的佛教）与时代普遍语境（如宋代以来整个东亚地区居于优势地位的程朱理学）所形成的双重语境，使产生、发展于其中的阳明学在保持根本属性的同时，也具有了不同的地域个性，呈现出中国阳明学、韩国阳明学、日本阳明学等个性形态，并形成了中国黔中王学、浙中王学、江右王学、南中王学、粤闽王学、楚中王学、北方王学、泰州王学，韩国江华阳明学派，日本藤树阳明学派等阳明后学流派；第二，阳明学与东亚不同地域文化的交融与发展，使其逐渐成为各地域文化的一部分，对该地域的政治、经济、文化生态与结构产生了一定的影响，特别突出者如中国明代中后期的政治与文化、韩国朝鲜王朝的政治与文化、日本明治时期的政治与文化等。另外，由于传播途径的局限以及受到不同地域政治文化的抵触，阳明学对越南、泰国等东南亚国家的影响较小，但从文化思想史的视角仍可窥见其时代价值；第三，伴随着当代政治、文化的多元化发展，政治与文化的疏离趋势也日渐明显，在这样的一个不同于传统社会政治与文化密切结合的当代语境中，阳明学得到了更为多样性的发展和多重性的价值体现。在某种意义上，阳明学在学术与交流的层面在东亚地区得到了广泛的认可、普及与发展，这也是本届知行论坛达成的共识。总而言之，东亚阳明学在地域与时代、内涵与价值互动交融的时空语境中呈现出两个主要特征：地域个性与时代价值。这是本届知行论坛75篇会议论文和会议交流发言集中反映出的学术主题，并在具体展开方面呈现出更多样的向度。

一、多维诠释与追溯体认：王阳明思想研究

王阳明思想研究是阳明学研究的原点，也是阳明学研究领域持续不断的热点，在本届知行论坛上，其仍然是研讨的重点。

从方法论的角度而言，本届知行论坛的王阳明思想研究可以分为创新视角的多维诠释和回归本身的追溯体认，前者重新向度的展开，后者重思想原点的再诠释。如南京大学李承贵教授从当下颇受关注的社会心态与阳明心学的关系角度出发，认为从某种意义上看阳明心学其实就是心态之学，它对我们当代社会心态的处理具有直接的指导意义，而这要求我们将阳明心学作为其本身，就是关乎身心、关乎生命的学问来看。苏州大学周可真教授重新审视了中国古典形而上学的特点，由此出发，重新定位了阳明心学的学术地位，其认为以王阳明为代表的明代心学是儒、释、道兼综的宋明新儒学发展的最后阶段，其本体论是中国古典形而上学本体论的最终归宿，其将人类的道德法则归结为人心固有的天理良知，是中国古典形而上学中最为成熟、最为典型的道德本体论观点。其意义在于让“良知”成为个人与社会之间、自己与他人之间普遍有效且绝对合理的价值标准，从而使人类能按自己的“良知”来建立自己的社会、创造自己的生活。这种合乎“良知”的社会与生活，便是阳明心学所期望达到的人类生活的总体目的，故阳明心学的创立标志着中国古典形而上学进入到文化哲学的发展阶段。黑龙江大学魏义霞教授则以仁为中心，以程朱之仁学为参照来探究阳明的仁学新境界，魏教授认为，相对于程朱，阳明的仁学更简易、直接，沿着吾心为宇宙本原的思路，将仁视为吾心之仁，将差等视为良知之条理。在仁心的沟通下，宇宙秩序、社会秩序与家庭秩序相互通约，从而实现万物一体的仁学新境界。贵州大学龚晓康教授和南京大学胡汪凯博士则从儒释道三教关系的角度诠释王阳明思想。龚晓康教授认为王阳明出入三教的心路历程，铸就了其心学贯通三教的品格，王阳明对儒释道的判释与抉择体现了其儒家的终极立场。胡汪凯博士从分析王阳明两次游历九华山所作辞赋反映出的不同思想出发，认为王阳明第二次游览九华山时其诗赋不仅体现了明显的道、释两家色彩，更是将佛道的一些因素纳入自身心学体系。王阳明儒释道合一的境界是以有为体、以无为用的道德境界，纵然与佛老有所牵连，他依旧占据着儒者本位。同济大学陈畅教授从心学史的宏观视野，考察了阳明学的自然思想及其展开。他通过梳理阳明思想中对自然的使用，探讨中晚明阳明学派共同的思想结构，并且以此为基础诠释中晚明阳明学派不同发展方向及其效应。贵州大学邓国元副教授以古本《大学》、亲民说为中心对王阳明对儒家政治文化的诠释进行了再诠释。其认为朱子学派和阳明学派对于《大学》有“新民”和“亲民”之争，阳明亲民说的问题意识是儒家政治文化，阳明通过亲民说，提出政在亲民的思想，为正确把握儒家政治文化传统提供了重要的途径。浙江省社会科学院李旭教授通过对照先秦儒家的德目和成德境界论，指出阳明在德性本体的体认和修德境界上经历了一个由“孝悌仁”心为核心到集义、时中的进德之路。南京大学辛小娇博士则深入分析了阳明由致良知学说建立的治心理论，彰显了阳明心性之学的政治和教化意义。江苏科技大学崔海东副教授探究了阳明释《孟子》“尽心”三节时将本来的“庸、贤、圣”之为学次序，倒解为“圣、贤、庸”的原因：阳明反对朱子所解的三节义理，但又沿袭朱子理路，以“格物致知”来解“尽心知性知天”，又因他素以“致良知”来解“格物致知”，故以“致良知”来解“尽心知性知天”，并进而指出其弊在于误解了第一节上达工夫，遗漏了第二节涵养工夫，低看了第三节践履工夫，由此彰显出不同的诠释立场。

在对阳明思想的新展开之外，亦有对于其原点的追溯体认，如陕西师范大学丁为祥教授从王阳明思想发展的脉络出发，重新认识“知行合一”的本意和指向，认为以“行著习察”为特征的“身心之学”代表着其“知行合一”的基本关怀，而表里如一之“慎独”、内外一致之“诚意”代表着其“知行合一”的根本指向。贵阳学院陆永胜教授认为王阳明“龙场悟道”的价值意义在于：首先，将朱子学的外在天理安置于心体，实现本体论的转换，为其实学思想提供内在的本体依据；其次，确立了心的本体—主体地位，肯定了“民”的价值主体意识和地位，开辟了新的实学路径，从而带来阳明心学实学价值层面的新指向。王阳明龙场悟道具有丰富的实学思想。贵阳学院赵平略教授认为《五经臆说》作为阳明在龙场时的著作，在现存文献中关于易的内容有四条：一条解贞，另三条分别解《恒》《遁》《晋》三卦，并结合阳明生平思想对这三卦作了全面而深入的诠释。贵阳学院赵莹莹博士则深入阐述了阳明在《教条示龙场诸生》一文中提出的立志、勤学、改过、责善这四条规范中所追求的人性之善，指出这种对善的弘扬对于当今社会具有重大现实意义。贵阳学院孙德高教授通过对阳明龙场悟道前的思想经历、志向以及由工夫至本体的问学进路的细致分析，阐述了阳明心学的根本特质。华东师范大学苏晓冰博士对阳明亭前格竹和龙场悟道这两个思想史事件作了深入的哲学分析，指出龙场悟道使得阳明相对于朱子学而言实现了理与心、外与内之间的关系转换，重建了普遍之理与人心之间的内在一致性，是阳明思想的理论起点。上海大学的朱承教授、唐品蓝博士指出，立志在阳明思想中具有重要地位，立志成圣是阳明理想中的“士人为学”首先且必要的一个条件。人人都有可能成为圣人，通过“致良知”“知行合一”的工夫路径，最终将实现这一理想。贵州省社会科学院王路平研究员则根据王阳明的生平、学思历程深入考察了悟道、弘道的心路历程。贵州大学张新民教授以“静坐”为中心，考察了王阳明的心性体认施教方法，并阐发了其中的意义。张教授认为作为教法，静坐的目的在于摄用归体，真正契入形上道境，同时又依体起用，活化为生活实践，既实现生命至中至正至大的全部价值，又引领社会朝着“至善”的方向健康发展。

总之，本届知行论坛对于王阳明思想研究的成果多样而丰硕，其方法论和展开的向度对今后的研究具有一定的启发意义。

二、本源探究与意义重建：阳明后学研究

阳明后学研究也是阳明学研究的主要内容。重释文献、探源思想和重

建意义价值体系是本届知行论坛关于阳明后学研究的两个主要方向。台湾《鹅湖》月刊社副社长蔡家和教授从黄宗羲《孟子师说·人皆有不忍人之心章》出发，探析了黄氏之诠释与朱子之诠释孟子文本的差异及其原因，认为黄氏的心学—气学诠释立场是其难以回到孟子原意的根本原因，但从孟学诠释史来看，其在明清之际，承前启后，占一席地位，是孟学诠释中不可缺之一环。扬州大学程海霞教授从分析王塘南《三益轩会语》之孟子观出发，探析了中晚明王学“以内在证超越”的路径：以心证仁、以情证性、以情识证性体、以良知证性体、以意证性、以物证性、以外（言、气）证内外中道之体、以用证体用中道之体等。其中，以心证仁、以情证性，乃王门以内在证超越之别于程朱以超越证内在之基本理路；良知情识之别、意物源流之别，乃江右王门之别于浙中王门之特色所在；而以外用证中道之体，乃王塘南基于江右、帮补浙中之创发。程教授这种研究的进路与方法本身也是很有意义的。浙江大学徐波博士以《人谱》为中心，探析了刘蕺山的罪恶观，认为《人谱》集中体现了蕺山对“过”“恶”问题的思考以及对于儒家传统修身观念的反思，在当时具有纠偏王学末流之流弊及由“功过格”而来的儒学功利化倾向的价值意义。在思想体系、价值意义重建方面，韩国全南大学赵源一教授认为王龙溪对“见成良知”的发明，不仅在当时引起了同门的广泛质疑与争辩，其他学派的学者更以近禅相讥；至于良知“四无”的提出，不但震撼了整个王门学派，更被清代黄宗羲指为王学堕落的祸源。吊诡的是，王龙溪在思想史上的地位也因此而确立。韩国西江大学郑宗模博士以欧阳德与罗钦顺的论辩为中心，认为欧阳德通过对“动静”“体用”“感应”观念的细密诠释，论证了良知的实体性和活动性并存，而这正是欧阳德良知说的意义之所在。南京大学代玉民博士围绕成圣问题，对焦竑的成圣方法及其意义进行了探讨。代博士认为焦竑以注重内圣的心学与注重外王的博学为一体的成圣方法，一方面以心性之内圣境界为体，在体认路向之外提出了对内圣境界进行知性阐释的认知路向；另一方面以博学考据为用，将关于儒学的知识性考据作为支持、论证其恒在的内圣境界的论据。清华大学张新国博士以朱学门人诠释话语中的“义理之性”概念的推进与演化为语境，认为刘宗周正是在批判宋儒这一概念的同时建构了其心学体系。本届知行论坛对阳明后学的探讨都可谓立意深远，涉及的一些重要问题无论在理论还是方法上都具有启示意义。

三、异域文化中的良知重构：海外阳明学研究

随着国际交流的扩大，阳明学在海外的发展与影响也越来越受到中外学界的关注。特别是韩国、日本的阳明学研究，已经走出传播路径研究、影响研究和中外比较研究的阶段，进入了相对独立领域的研究。深圳大学王兴国教授对霞谷郑齐斗的工夫论进行了探析。王教授认为霞谷学的工夫论堪称韩国性理学之工夫论的集大成者，霞谷的生命体验和对儒释道工夫的摄取，成就了其“道成肉身与肉身成道”，获得了肉身与精神生命的双重重生与合一。其“生理”说和工夫论立于“心之本”即“良知良能”，但并不限于阳明、明道、镰溪以及具有反面色彩的朱子和遭到霞谷批判的退溪与栗谷的工夫论，最终都在阳明学中实现了统一。韩国圣山孝大学院大学校金德均教授从孝悌伦理和人性教育的角度对霞谷郑齐斗的思想进行了探析。金教授认为孝在本来性良知的根源上和知行合一的观点上强调实践，没有实践的慈孝是没有任何意义的。霞谷以此为基础的人际关系论中“推己及人”的关让精神体现了人际关系中诚实和真实的一面，霞谷思想是实忠、实孝、实致、格物等没有任何修饰的实心实学。但在子女教育观，特别是在男女差别和身份差别性上，霞谷思想是有局限性的。越南河内文化大学黄文草、大叻大学阮氏红芳探讨了宋儒哲学对越南学者黎贵惇的自然哲学观的影响。北京大学刘金才教授则从明德之学、本体良知论、孝本体论、“上帝观”与“持敬说”四个方面探讨了日本阳明学鼻祖中江藤树的道德价值理性。另

外，韩国忠南大学梁鲜轮教授对霞谷郑齐斗的和生哲学进行了探析，韩国成均馆大学的金贤优教授则对韩国学者朴殷植的良知论进行了研究。通过以上研究，我们可以一窥日韩阳明学发展之一面。

四、比较视阈中的阳明学：阳明学比较

比较研究是阳明学研究的重要方法，它可使阳明学的特征更为突出。异域阳明学比较研究、心学与理学的比较研究、心学与佛学的比较研究是本届论坛学者论及较多的题域。

台湾“中研院”林月惠教授认为王阳明良知体用观的四个面向和郑霞谷良知体用图的“性圈”“情圈”“万物圈”虽然植根的思想土壤不同，但其精神可谓是“殊途同归”。韩国忠南大学金世贞教授在异同比较中探讨了阳明和霞谷的生态哲学观。金世贞教授认为阳明和霞谷都主张天地万物和人是一体的，他们的心学思想克服了机械论世界观和人类中心主义的弊端，同时也不是深层生态主义。阳明学和霞谷学站在人类中心主义和深层生态主义两个极端的中间来治愈两个极端的弊端，做了开辟生态文明的好向导。陕西师范大学江求流博士以圣人观为重心，探析了阳明与朱子的格物功夫及其所求之“理”的不同，进而指出圣人观的差异导致阳明和朱子对格物论有着不同的诉求，而这种不同的诉求，又导致阳明和朱子在心与理关系的理解上存在着重大理论差异。厦门城市学院闫睿颖博士认为阳明从本体论和功夫论上创新性地发展了朱熹的性情观：在情的主宰和本体上，用“良知”代替朱熹的“性理”；在制情的功夫上，用“致良知”的行代替朱熹“格物”的知；在四端之情的体认处，强调性情之真，以代替朱熹情理之正。闽南师范大学马寄副教授以“勿忘勿助”“必有事”为中心，结合阳明、甘泉晚年之争的学案史，探析了二人之理论差异及后期调和的时代政治文化背景。越南河内师范大学范越胜博士探讨了王阳明对越南学者黎贵惇的格物致知思想的影响。范越博士认为黎贵惇在朱子、阳明

及《易》的辩证观点的影响下，探求贯彻治国原则、社会规范和德行标准的常道，进而解决了宇宙观与认识论的问题。泰国农业大学孔子学院泰方院长李毓贤博士将阳明学与泰国佛教慈善实践理念进行了比较，其认为二者的相同点都在于注重将心念化为实践、主要凭借个人魅力扩大社会影响力以及都倾向于社会下层民众，不同之处则体现在物质资助与精神教化的平衡程度、对待组织的态度以及组织运作的基本模式方面。陕西师范大学雒少峰博士对阳明“戒惧”观与大乘菩萨戒进行了比较研究，其认为阳明的“戒慎恐惧”作为致良知的工夫，其中蕴含着德与礼或己与群的关系，此中存在着的内在紧张的化解可借助佛教大乘菩萨戒之偏重修道与僧团生活的两面性，分辨出阳明在教学中对礼乐的忽略、在生活实践中注重礼乐的原因以及儒家在此论题上推进的困难所在。以上比较研究对理解阳明学在海外的演变、阳明学与时代思想的碰撞及其意义、阳明学的理论与实践特征等都具有重要的启示意义。

五、现代性视野中的阳明学：阳明学现代性研究

以现代性或现代思想家的视角研究阳明学可以更好地突出阳明学的现代意义和对现代思想的影响。武汉大学吴根友教授遵循“由体发用”的逻辑，探讨了阳明心学及其当代转化在由良知到德性良民再到现代社会之公民的转化中的可能性及其作用，其中涉及理论、实践两个层面的由古到今的时间转化。此可谓是具有时代关切的理论课题。武汉大学胡治洪教授和华东师范大学刘梁剑副教授从熊十力的视角分别探讨了朱王关于《大学》之争和阳明学的当代本体开显和话语创生。胡治洪教授认为熊十力对《大学》朱王之争的评论体现出趋向于会通朱王、兼综格致的理论旨归，其学思成果对于今人把握德性与知性、道德意识与科学认识的关系颇具启发意义。刘梁剑副教授认为熊十力哲学话语创生的根基在于阳明学，这主要表现在三个方面：把“哲学”改造为本体之学、“有诸己”和“观其会通”

的哲学运思经验、哲学话语的创生的两个面向——“因用”和“变义”。深圳职业技术学院高予远教授探讨了冯友兰“宇宙底心”与“会思想的宇宙”之关系。其认为“吾心”即是“宇宙之理”，大化流行法则在人的“心智结构”的灵明中，自我思考、自我推动。贵阳学院陈真波教授认为孙中山先生提出的“知难行易”学说，扩大了阳明哲学中“知”的范围，更强调“行”的作用。在知行关系上，孙中山先生认为知比行难，主张行在先、知在后，是对阳明先生知行合一学说的发展。南京大学杨晓薇博士以“机体主义”的知识论角度，阐发了阳明学“上下双回向”的哲学精神，并从中国哲学特征和历史发展出发，透视王学，肯定其融合儒佛道之精华，集大成于“心”的理论价值与地位。阳明学现代性研究对于阳明学的当代发展及与时代文化结合具有重要意义。

六、阳明学与时代思想的互动：阳明学与时代思想研究

阳明学是历时语境中发展、演化的产物，因此，它不是如其产生时那样一成不变的，而是与其所处的每一个时代的思想发生交流、碰撞乃至文化要素的互渗与转换，最终形成一条清晰可见的阳明学史。

从发生学的角度言，阳明学史是时代思想的一部分，因此也必然和时代思想发生影响与互动。复旦大学李若晖教授在思想与社会互动视野下探析了从商鞅到阳明的历代商人地位的变迁。他认为阳明的“四民异业而同道，士商异术而同心”，一方面开启了儒学下移之路，另一方面也开启了商人上升之途，此后，儒商与乡绅共同构成了皇权与齐民之间的隔热层。日本的野崎宽子博士则对日本社会之中的阳明学与情感的力量进行了研究。野崎宽子博士认为日本社会机制所产生的普遍生存意义的缺失导致了人生的无意义，而通过阳明学在现代意义上的实践可以使人自我实现，促进自我认同的稳定性，从而在精神上培养有自我价值的人生指针。贵州师范学院王天桥副教授考察了《大学》中的治心思想，并认为《大学》以

治人心为起点、以治道心为关键、以治民心为归宿，通过格物、致知、诚意、正心、修身的内在修炼，进而外推为齐家、治国、平天下的实践，因此治心思想是理解《大学》治身治家治国的治世之道的基础。安庆师范大学章林副教授论析了阳明的心之感应与意义世界的关系，其认为心学之意义世界的呈现以良知感应为根据，此意义世界虽然指向世界之全体，但是最终的焦点却落在伦理道德领域。浙江工商大学卢盈华博士从内在义理和外在社会两个层面探讨了良知遮蔽的问题，认为私欲、志欠真切、道德情感之缺失、负面情愫是遮蔽良知的内在要素，而社会不公对良知之遮蔽以及对嫉恨之激发则是良知遮蔽的外在要素，也是社会发展与道德重建中需要反思的方面。总之，将阳明学放在激荡思想中探析其时代意义与价值对于我们思考当代阳明学的发展是有重要意义的。

七、阳明学的文学镜像：阳明学与文学研究

从文学的角度观照阳明学在某种意义上为我们阐发出一个阳明学的文学镜像，是研究阳明学的另一视角。上海大学的杜梅博士和杨绪荣教授探析了王阳明诗歌与心学的联动，她们从叙事角度出发探讨王阳明诗歌创作与阳明心学发展历程的联动关系，认为王阳明诗歌大体包含四个发展阶段：由物动心、心物相感、心统外物、由心统理，认为阳明诗歌与心学的发展历程基本契合，该研究对于全面深入认识王阳明文学与心学都具有重要意义。贵阳学院卢慧彬博士深入探讨《传习录》中以象达意式论述语言及其常用的意象，指出阳明擅长以物象、比喻、故事、寓言说理，是东方哲学一大特色。贵阳学院黄江玲老师则从文学叙事的角度，表彰了王阳明先生的军事业绩和人格魅力。

八、阳明学的价值诠释：阳明学应用研究

阳明学的时代价值是自明末以来就争论不休、褒贬不一的话题，本届

知行论坛对阳明学的时代价值有较为集中的探讨。台湾高雄师范大学方俊吉教授探讨了王阳明教育精神的时代价值，他认为王阳明以“心即理”为基础理念，特重“慎独”“立诚”，强调为学当净正一己之心灵，以“致良知”为首务，同时，标榜“即知即行”之所谓“知行合一”功夫，充分体现儒家的“务本尚德”之教化精神。这对于救治正迷失自我于科技急速发展的快节奏生活环境中，或沉溺于电子产物的虚拟世界的青少年是最根本、最适当且最便捷的法门。贵州师范大学郝永教授探析了王阳明“用夏变夷”的民族教育理论和实践。其认为王阳明对“夷陋”的辩证观点是其民族教育的理论立足点，其民族教育实践在当下仍具有现实意义。北京师范大学—香港浸会大学联合国际学院吴炳钊博士论析了当代的“致良知”的工夫。吴炳钊博士将“致良知”工夫分为自修的工夫和共修的工夫，并特别指出共修功夫在当前环境下具有尤其重要的意义。贵阳学院吕家林教授认为阳明之学本于经、重于心，阳明的学术人生经历是践行《大学》之道的圣迹，是理论与实践的合一，其根本是人性问题。致良知是救治当代社会病症，尤其是人性问题的苦口良药。韩国忠南大学赵智善助理教授以《训蒙大意示教读刘伯颂等》为中心，对王阳明的教育思想、教育方法、教育目的进行了分析，并在《韩国人性教育振兴法》施行和反思韩国原有人性教育缺失及其西欧理性主义教育法的社会弊端等思想背景下探析了王阳明教育思想的人性教育实用价值，具有真切的实际意义。贵阳学院周术槐教授认为阳明学围绕“人”这一根本对象，提出了一系列关于理想人格的重要内容，饱含着十分丰富的思想政治教育的内容。江苏科技大学王军副教授和河海大学刘贺青副教授探讨了当代道德教育的知行困境及化解之道。他们认为当前要做到道德教育的知行合一，不仅要解决制度问题，而且要提供相应的物质基础；不仅要营造相应的社会环境，而且要弘扬知行合一的文化传统，还要对道德教育的方式加以改造。贵阳学院肖良武教授从经济学的视角探讨了阳明文化品牌构建的价值，并提出阳明文化的核心价值主要蕴藏于历史的厚度、哲学的深度、普遍的实践价值之中。以上研究对于当下阳明学的教育价值、政治功能以及阳明文化产业发展具有重要的启示意义。

九、文本的发掘与整理：阳明学文献考论

阳明学文献作为阳明学研究的基础资料，其整理与研究一直为学界高度关注和重视。近年来，阳明学的早期文献珍本、阳明像收集整理、阳明学文献整理规划项目及相关活动等得到持续关注。日本早稻田大学永富青地教授对明代刊本《新刊阳明先生文录续编》的成书、刊刻过程、内容特点和文献价值进行考察分析，并辑录出《王文成公全书》未收录的佚文十八篇、佚诗二首。永富青地教授认为该书收录的王守仁在贵州的作品以及为贵州出身的弟子、友人等撰写的诗文，显示出本书内容上的贵州特色。这些内容不仅为我们分析王守仁在贵州时期的思想脉络和生活情况提供了新的第一手资料，而且对了解王守仁与其贵州地区的友人、弟子之间的关系以及王守仁思想在贵州地区的传播情况也有着重要的价值。华东师范大学方旭东教授在永富与钱明二人研究的基础上对《新刊阳明先生文录续编》及其编者王杏的情况作了进一步考察。方旭东教授结合康熙《奉化县志》所载本传对王杏生平行实作了考订，特别揭示了其作为嘉靖时期活跃的阳明学者的形象，同时还介绍了黔版《阳明先生文录续编》的成书经过，分析了它与阳明文录的几个早期版本（如广德本、黄绾本）之间的关系。宁波大学邹建峰博士对阳明夫子亲传弟子的发展与壮大，以及与隆庆前阳明夫子文献的出版情况进行了考证。修文阳明文化研发中心杨德俊研究员从六个方面：清时期的遗像、明代书院和祠堂中的遗像、贵州明清与民国祀奉的遗像、现代塑像及画像、海外收藏的遗像、历代像赞及像记对王阳明遗像的流传、分布等情况进行了考证。浙江省社会科学院张宏敏博士以时间为序，稽查、

梳理了1949年以来的阳明后学文献整理，并对阳明后学文献整理的总体规划、学术规范与阳明后学研究工程提出了若干思考。贵阳学院李胜杰博士从王阳明思想概述、王阳明思想的传承自觉、王阳明思想的现代意义三个方面对阳明学主要的文献和研究著作进行了梳理和评述。

十、传统儒学的当代诠释：儒学与理学研究

本届知行论坛将讨论题域扩展到儒学与理学，进一步扩大了论域，突出了传统儒学的当代诠释这一论题。四川师范大学黄开国教授对廖平的《辟刘篇》与康有为的《新学伪经考》作了比较研究，他认为康有为的《新学伪经考》确受廖平《辟刘篇》的影响，在关于古文经学的形成及其对刘歆作伪的问题上，两书的基本思想是一致的。但在基本立场上，作为经学家的廖平批判刘歆作伪是从维护经学的守旧立场而发的，作为政治家的康有为批判刘歆作伪是为追寻中国落后根源的破旧立场而发的，二者在此意义上是完全相反的。江苏科技大学王军副教授认为荀子通过礼法并举、释礼为法以及直接强调法的作用等途径提升了法的地位，荀子重法既是礼之规范性的逻辑进展，也是荀子为了适应现实的变化而进行的调整。但荀子之法具有过分重刑、人治主义等色彩，并且只是礼的辅助手段，因此与近代的法治精神相去甚远。贵阳学院陈浩博士从德之源——天德、德之得——领受而为人德、德之成——大而化之、义精仁熟三个方面对王夫之的工夫之九五阶与天合德进行了详细论析。贵州大学王进副教授认为梁启超的心学和现代启蒙思想背景与顾炎武反对心学、反思理学，强调经学的思想背景的不同导致二人对“亡国”与“亡天下”的理解大相径庭。顾氏强调士大夫（知识分子）的理论关切和处世行为的政治社会意义；梁氏则只是笼统强调士大夫的社会担当职责。贵阳学院周玲副教授探析了戴震的“情欲肯定论”，其认为戴震的“情欲肯定论”具有鲜明的“重生”的特征，矛头直接指向程朱的天理人欲之辨。山东聊城大学延玥博士以朱子

的中和为中心，探析了涵养持敬与儒家的价值选择问题。延玥博士认为涵养持敬是儒家为学的起点和基本方法，儒家的价值选择是文明，文明的标识是外在有礼、内在有德；有礼需持敬、有德需涵养。因而朱子对中和旧说的修正，即是为了与儒家价值选择保持一致。贵阳学院盛作国副教授和胡红讲师从逻辑学的视阈探析了儒家经典的逻辑体系，他们认为儒家的“名”“辞”“知”“辨”“壹”等范畴构成了涵盖逻辑概念论、命题论、推理论、论辩论和逻辑规律论在内的儒家逻辑思想体系。从推论方式看，儒家逻辑思想体系融贯了归纳、演绎和类推三种推论方式。本届知行论坛对儒学与理学的研究论文总量并不多，但角度各异、方法各异，对于阳明学研究也具有一定的启示意义。

第四届知行论坛的成功举办对于进一步加强东亚阳明学与地域阳明学派的研究与交流提供了平台，对于推动贵州阳明学研究及其学术影响力具有重要的意义，同时，其本身也成为地域文化建设的一部分。今后，知行论坛将继续踏踏实实、一步一个台阶地走出一条开放、共享、和生的发展道路，拟将其建设成为一个国内外阳明学与传统文化研究机构和阳明学学者共有、共筹、共建的大型学术资源交流平台，并力争在学术资源发掘、学术资源培育模式等方面有更大的突破，为各位专家学者提供一个全新的、更实效的合作交流平台。

〔原载《贵阳学院学报（社会科学版）》2016年第5期〕

阳明学研究的新进展

——“阳明学与中国文化复兴”学术研讨会综述

□ 冯宁宁[①]

努力实现中国传统优秀文化与社会主义核心价值体系之间的内在接契，实现中国传统文化价值的现代转换，正成为当代中国学术界的一项核心任务。王阳明哲学极为丰富的思想内涵及其“现代性”内容，近些年来，愈来愈引起学术界的关注与重视。2016年4月22至23日，由中华孔子学会、浙江大学中国思想文化研究所共同主办的“阳明学与中国文化复兴”学术研讨会暨中华孔子学会阳明学研究会成立大会在浙江大学召开，本次会议由浙江大学中国思想文化研究所、浙江大学沈善洪人文基金共同承办，并得到了北京三智书院的协助。来自北京大学、中国社会科学院、中国人民大学、复旦大学、南京大学、武汉大学、中山大学、苏州大学、同济大学、浙江省社会科学院、浙江工商大学、杭州师范大学等国内二十多所高等院校、科研机构的阳明学研究者参加大会，会议正式与会代表七十八人，收到学术论文六十二篇。在22日上午的开幕会上，浙江大学中国思想文化研究所所长董平教授致欢迎辞，中华孔子学会副会长、中国哲学史学会副会长、国际儒学联合会学术委员会主任、中国社会科学院哲学研究所李存山研究员、浙江省社会科学联合会副主席邵清先生、浙江大学人文学院党委书记楼含松教授致贺辞，并由北京大学张学智教授、浙江省社会科学院吴光研究员、杭州师范大学何俊教授、浙江省社会科学院钱明

①冯宁宁：浙江大学哲学系在读博士研究生。

研究员分别作了题为《王阳明致良知中道德和知识的结合》《阳明学的理论构成、根本精神及其当代启示》《平庸时代的豪迈：阳明的心外无物》《浙江阳明学研究的过去、现在和未来》的主题发言。会议期间，与会代表围绕“阳明学与中国文化复兴”这一主题展开了热烈讨论。在23日下午的闭幕式上，中华孔子学会副会长、北京大学张学智教授宣布成立“中华孔子学会阳明学研究会”，并举行了揭牌仪式。本次会议的研讨主题既明确又广泛，涵盖了阳明学研究的各个方面，体现了阳明学研究的当代进展，具有很高的学术价值与深刻的现实意义。主要集中在以下五个方面：

一、阳明学研究义阈的深化与拓展

中国社会科学院哲学研究所李存山研究员指出，阳明学以下四个特点是其长盛不衰的主要原因。第一，《中庸》说孔子“祖述尧舜、宪章文武”，将“仁”作为最高价值。中国文化从三代以来就确立了崇尚道德、以民为本、止于至善的核心价值。王阳明说“圣人之学，心学也……道心精一之谓仁……孔孟之学，惟务求仁，盖精一之传也”，这就突出强调了崇尚道德、仁爱精神是儒学乃至中国文化的核心价值。这一核心价值是我们至今仍要传承和弘扬的。第二，阳明学强调了人的道德主体性和能动性，道德须出于人的自由、自觉、自律的道德意识。孟子明确提出性善论，这里人性论与价值观是统一的，人的本性是如何就是说人应当如何。性善论为仁政理想和教化提供了天然合理性的依据。朱子学强调理器之分，与之不同的是阳明学强调心理合一、心即理也，更加强调人本心的至善或纯善，更加强调了人的道德主体性和能动性，“我欲仁，斯仁至矣”。第三，王阳明讲致良知，致良知不仅是明明德、反求诸己、求其放心，而且要亲民、事上磨炼，人与事物相互感通，如此才能格物致知，使事事物物归于正。致良知是把大学亲民、明明德、止于至善合而为一，突出强调了儒家的德行是合内外之道。第四，王阳明的致良知是把人的道德意识活动与道德实践统一起来。将孔子说的“修己以敬”与“修己以安人”统一起来，这就是他所说的知行合一。他强调了道德必须出于诚心，有诸己才能行诸外，道德意识、道德动机和道德实践是统一的，这对我们理解道德的本质具有理论价值和实践意义。除以上四个特点外，李存山教授认为阳明学的意义还在于它把道德诉诸于人人具有的良知，把儒学的得君行道发展为大众儒学的觉民行道。他以良知为标准，不以朱子之是非为是非，甚至不以孔子之是非为是非，具有思想解放和启蒙的意义。

其他学者关于阳明学说的深入研究主要分为以下三种类型：第一，对阳明良知学说的反思与研究。北京大学张学智教授认为，致良知是尊德性和道问学的统一，是道德理性和知识理性的结合，道德理性是统领，知识理性是它的辅翼、表现。在王阳明的成熟学说中，良知的含义包括天赋的道德意识、在事实中锻炼出的判断是非善恶的能力、能思维的主体以及宇宙的具体而微的表现。张学智教授立足于现代哲学立场，对王阳明的良知概念进行了深刻的哲学阐释。他还同时认为，阳明的致良知学说与海德格尔的现象学理论之间存在着某种深刻的可比较性。同济大学谷继明教授通过对船山之于阳明学说的批评的再检讨，剖析出阳明和船山对良知或心性的认知、界定的差别。华东师范大学陈乔见副教授认为较之于孟子恻隐与羞恶（仁与义）并重而言，朱子更加突出“仁”（恻隐）的重要性，而阳明的良知不仅凝结了孟子的“四端”，而且特别强调“良知只是一个是非之心”“是非只是一个好恶”——这就使“四端”的核心由恻隐之心转变到了是非之心和羞恶之心。武汉大学王林伟博士则通过现象学的研究方法，阐释了阳明学说中的良知概念，具有道体、性体、心体、仁体及智体的五重意蕴。第二，在思想史的整体及全过程当中深化对阳明学的认识。中山大学陈立胜教授通过对儒学史中“思”与“位”的涵义及关系的流变的辨析，论述了“思”与“位”在心学一系中的应有之义。“思不出位”在儒家思想史中作为一种政治哲学原则，通常与“德位一致”“德必称位”观念联系在一起，而到宋明理学尤其心学一系，“位”逐渐内移为一种“心性之位”，“思不出位”变成了一种修身法门。但是儒家尤其是心学一系认为“心性的品位”与“政治的品位”原是同位的，政治无心性则盲，心性无政治则空。陕西师范大学丁为祥教授认为阳明良知学对道德理性的推进与落实是儒家由“得君行道”转向“觉民行道”的一个典范。丁教授主要从文献的角度论证了宋明两代思想的一贯性以及侧重点的转移，从宋明时期君臣对话的记载分析宋明两代君臣关系的重大不同，从而论证“得君行道”和“觉民行道”的政治可行性。在明代“得君行道”路径不能通达的情况下，阳明将文献解读与人生解读相结合，回归本真自我，并自觉觉他，转向侧重“觉民行道”的途径，实现内向自觉与外在推至的统一。第三，对王阳明各方面思想的深入探讨。有多名学者都对王阳明某些具体方面的思想、观点进行了重新解读、阐述与发挥。如武汉大学欧阳祯人教授对王阳明的军事思想进行了论述。欧阳教授通过对王阳明在《武经七书评》中针对《孙子兵法》“校之以计而索其情”的评语的剖析，结合王阳明所创造的具体战例，从多个方面论述了阳明关于的“校之以计而索其情”这一军事思想的独特领悟。首都师范大学盛珂副教授探讨了在时间性视域下王阳明关于圣人的论述，他认为阳明将“圣人”这一儒家的终极理想人格彻底内化为内心的良知，将圣人的本质归结为先天具有的良知的彻底实现，而良知呈现需要自我挺立与极大的勇气，充满了个体抉择的自由之意味，同时也充满了个体自由抉择之责任。西南政法大学的黄熹博士分析了王阳明的三教观，认为阳明心学的理论形态与其三教观有内在的一致性。另外，如贵州大学龚晓康博士对阳明生死观的研究、云南红河学院曾美珠博士对阳明“诗礼乐”观的分析、宁波市委党校郭美星博士对阳明为学思想的探讨等，都立论有据，论述充分，持之有故，言之成理，体现了学术界关于阳明学理论研究的新维度与新视域，因此也在某种意义上深化与拓展了阳明学研究的固有义阈。

二、阳明后学及阳明学影响之下的学术研究

阳明后学及阳明学影响之下的学术研究，也是这次会议比较集中的主题之一。浙江省社会科学院钱明研究员在大会发言中，对浙江阳明学自20世

纪80年代以来的研究历史进行了回顾，突出了沈善洪、王凤贤两两位前辈在走出“文革”后的思想困局、启导阳明学研究方面的历史贡献；在沈、王二位先生的倡导与主持之下，以吴光先生为代表的新一代浙江学者，以《王阳明全集》《黄宗羲全集》《刘宗周全集》《阳明后学文献丛书》《阳明学研究丛书》等主要成果为标志，在阳明学的典籍整理、出版、研究以及普及等方面，均做出了重要贡献，在某些方面填补了学界研究的空白。同济大学陈畅副教授着重考查了刘宗周的格物思想以及黄宗羲的进一步阐发，认为“物即是知，非知之所照”是刘宗周理论建构的核心所在，通过其门人黄宗羲的相关阐释可知该命题是刘宗周针对阳明《大学》诠释之流弊而提出，其义理基础是其气论哲学的“存发一机，中和一性”的气化（心性）思想结构，其主旨则是在打开天人之间自然而然的通达维度，发展出既尊重事物的自然秩序，又注重把握先机的道德创造性机制。因此，“物即是知，非知之所照”的格物学说，一方面可以贞定宋明理学中的性理功夫论，另一方面则内含着向经史学转型的理论空间。其他与会学者对阳明后学思想的研究，包括武汉大学国学院陈晓杰博士对罗近溪“复”的思想研究，杭州电子科技大学朱红博士对黄绾“艮止”思想及其对王畿近禅化的批评的阐述，以及浙江大学周心逸对张元忭哲学思想研究所做的文献研究等。

三、东亚阳明学研究

阳明学在日本、韩国等东亚国家所产生的影响及其传播，也为本次会议所关注的重要问题之一。浙江省社会科学院钱明研究员在提交的会议论文《水户学与阳明学》中，探讨了日本水户学与阳明学之间的关系。他通过对中后期水户学者的一些记载，发现了水户学所蕴含的朱、王相兼乃至朱、王会通的思想性格，并通过这些记载推测朱舜水曾将王阳明、李贽等人的著作介绍给水户学者，只是文献依据和学理关系还有待作进一步研究。中国石油大学张瑞涛副教授以《存言》为考查中心，对韩国著名的阳明学者郑齐斗的“性”学思想做了阐述，并将《存言》之“性”从“体用”“本末”“理气”三个不同层面进行了分析。他认为郑齐斗在阐述与“性”相关的哲学理念时，遵循了以“圆融”为特色的哲学方法论，基于东亚心学视野，“圆融”方法论是更为成熟的思维方式，有力地推动了阳明学在韩国的发展。

四、阳明学的现代价值及当代启示

如何发掘阳明学的现代意义，实现阳明哲学意义与价值的现实转换，显然是阳明学研究中的一个重要课题。浙江省哲学社会科学界联合会邵清副主席在开幕式致辞时提到，习近平总书记在浙江工作期间，十分重视传统学术的研究，并且曾多次在不同的场合提及王阳明及其哲学思想，指出王阳明的心学正是中国传统文化中的精华，也是增强中国人文化自信的切入点之一。去年习近平总书记在浙江视察工作时指出，浙江历史文化丰厚，历史文化名人群星璀璨，只要传承文化历史、守正出新、海纳百川、兼收并蓄，就一定能实现建设文化强省的目标。[①]因此，邵清副主席认为，传承历史的关键在于“守陈出新”，目的在于“守正出新”。我们不仅要从整理文献、考证阐述上面下功夫，也要能够把我们中华传统优秀文化接着说、说下去，更要能说出新意来。对于阳明学研究的关键也在于能否“守陈出新”，在反思扬弃中有所创新、有所丰富是我们传承优秀传统文化的正确态度。北京大学张学智教授认为，王阳明“致良知”学说有其深刻的历史背景，革除功利之习、虚伪之弊，是王阳明倡导致良知学说的主要动机。当今社会也遇到了王阳明时代相似的困惑，“知性的傲慢”大行其道。王阳明致良知学说中所包含的道德理性与知识理性的相互统一，以道德理性为统领，以知识理性为致用的思想，深刻地蕴含了人的全面发展以及实践智慧，对于现代社会某些偏差的纠正、培养全面发展的高素质人才是有借鉴和示范意义的。浙江社会科学院吴

---

①《习近平总书记载浙江考察纪实：一步一履总关情》，《浙江日报》2015年5月30日。

光研究员则从整体着眼，提纲挈领地从四个方面阐释了阳明学的当代启示。第一，阳明学确立了以道德良知为核心的道德自觉，是一种“道德人文主义”，对于救治当今社会的道德滑坡、唯利是图、物欲横流的非人性化弊端是一剂良药；第二，阳明学提倡“亲民”、重视民生的主张，在当代社会尤其重要；第三，阳明学折衷朱陆、会通佛老的和而不同精神，体现了多元和谐的文化价值取向，为当今全球化时代的多元文化交流提供了历史的借鉴；第四，阳明学知行合一、力行实践的精神为当代人们提供了一种科学务实的思维方法和精神动力。云南大学彭宇哲博士认为，阳明哲学中“良知”的概念及其阐释可以成为现代公民教育的核心内容。

五、阳明学复兴中的问题及其未来研究方向展望

阳明学研究在当今“热”的同时，亦有一些问题值得警惕。复旦大学徐洪兴教授认为，在当今这股阳明学的热潮之下，实有许多隐忧，值得学术界注意与反思。凡是盛行的学说都不免被异化，朱子学在盛行并成为官方意识形态之后开始僵化，时人“宁道孔孟误，不讲程朱非”，阳明学说正是为了补偏救弊而起。朱子学的短板在于没有很好解决儒家道德理性如何向个体上落实的问题，而阳明学将天理引入人心，心外无理、知行合一，实践性极强，使儒学重新焕发活力。然而，在阳明学说盛行之后，后学之中开始出现对阳明学说理解的偏差，导致空疏学风等流弊的出现。所以，在当今阳明学的热潮之下，既要警惕像朱子学盛行时出现的“伪道学”那样装模作样的投机者，又要谨防出现王学末流那样歪曲阳明学的本来面目者。

浙江大学董平教授则提出，阳明学研究在现有深度与广度上的进一步推进，有四个方面的问题应当给予关注：第一，在理论上阐释阳明学与马克思主义哲学之间的关系。就历史的发生过程来说，阳明学与马克思主义哲学原是各自独立形成与发展的，但现代以来，特别是在中国的政治实践之中，阳明学却与马克思主义哲学相遇了，这就需要我们对这一问题给予

特别关注，这既是马克思主义中国化的现实需要，也是阳明学实现其当代价值的过程中必须予以正视的问题。第二，历史上“程朱、陆王之辨”曾经势同水火，两不相容，但在今天的学术视野之下，如何熔铸阳明学与朱子学之间的理论，消除门户之见，发掘其各自的精义，实需要今日的学者做出艰苦的理论努力。“学者不可以无宗主，切不可以有门户”，应当避免历史上的门户之见在今日重演。第三，应当真正深入阳明学的思想结构与理论深层，给予真实的理解与把握，传达阳明学说以挽救人心的本来价值，特别应警惕阳明学在社会传播中的神秘化、庸俗化倾向。第四，应当将阳明学的研究与先秦哲学的研究联系起来，既要突出中国文化之历史开展过程的阶段性，又要突出思想发展之历史过程的连续性，保持中国文化的学脉及其核心价值的统一性、连贯性、一致性。

本次会议的特点是规模大、规格高。规模大不仅仅指与会学者、会议论文数量之多，更是指学者所探讨之问题的广泛及其学术视野之广阔；规格高也不仅指与会者皆是阳明学研究界专家、学者，更是指其思想剖析之严密、理论建构之精深。这一点从以上“综述”中来看，是显而易见的，但仍然是挂一漏万，只是从不同主题出发而略为举例而已，远不足以全面概括会议论文之内容的深度与广度。

本次会议的另一项重要内容，是成立了“中华孔子学会阳明学研究会”，并在闭幕式上举行了揭牌仪式。这一研究会的成立，标志着阳明学的研究将步入一个新阶段。正如李存山研究员所说的那样，本次会议“是把阳明学研究提升到一个新阶段、具有里程碑意义的重要会议”。24日，与会代表共同前往绍兴阳明先生墓，祭拜阳明先生。新任中华孔子学会阳明学研究会会长董平教授撰写并宣读《祭阳明先生文》，表达了与会学者对阳明先生的追思以及对阳明学传承之使命担当。

（原载《浙江社会科学》2016年第9期）

深入研讨阳明学的当代价值与传承创新

——“第二届黔浙文化合作论坛”学术成果综论

□ 张宏敏[①]

为了深入贯彻落实习近平总书记关于“王阳明曾在贵州参学悟道，贵州在弘扬传统文化方面有独特优势，希望继续深入探索、深入挖掘，创造出新的经验”的重要指示精神，2015年12月23日至24日，在中共贵州省委统战部的指导下，由贵州省文史研究馆、浙江省文史研究馆联合主办，贵州省浙江总商会、贵州省儒学研究会、浙江省儒学学会、贵州旅游投资集团有限公司承办的“第二届黔浙文化合作论坛”在贵阳成功举行。

“第二届黔浙文化合作论坛”通过成立“黔浙阳明学研究中心”、黔浙两省阳明学研究资深专家发表主旨演讲、召开“阳明学的当代价值与传承创新”学术研讨会、开展“阳明学与当代社会”交流对话等形式，邀请了来自贵州、浙江两省以及北京、上海、山东、广东、江苏、湖北、四川等高校科研院所的六十余位阳明学研究专家，围绕阳明学的理论特质、阳明后学专案研究、阳明学的传承与创新、阳明学研究现状与未来展望等话题，进行了热烈的讨论与深刻的阐述。

一、关于阳明学的理论特质

贵州大学中国文化书院荣誉院长张新民教授在“第二届黔浙文化合作

①张宏敏：浙江省社会科学院哲学研究所副研究员。

论坛”开幕式上，代表贵州阳明学研究团队作了题为《寻找人类安身立命之道：王阳明能给现代社会生活带来什么启示》的大会主旨报告，从五个维度对阳明心学的内涵予以阐发：第一，阳明心学是生命的哲学，王阳明对心性有极深的体悟，涉及形上与形下两个世界的各种问题，除了佛教之外，远非西方任何一个心理学流派所能比拟。第二，阳明心学是苦难的哲学，是阳明经历百死千难的痛苦折磨，在身处生与死的边际临界线上，体认出来的人生真理，参悟出来的生命真谛。第三，阳明心学是专制高压逼迫出来的哲学，是对权力世界不公平不公道的现象进行反思的结果，既要维护存在的尊严，也要建构理想的秩序。第四，阳明心学是一种意义的哲学，是从心性本体涌出意义而满心欢愉的切身性的学问，不仅想要生命充满价值，而且也希望世界充满意义。第五，阳明心学是反异化的哲学，无论讲心讲良知，讲诚意格物，都有对抗朝廷专制的意义，都有解构虚假权威的价值，因而必然具有解放人性、解放思想的作用。

浙江大学哲学系董平教授在研讨会上作了题为《王阳明哲学的实践本质：以“知行合一”为中心》的发言，主要以王阳明哲学中的“知行合一”说为主要论述对象，追溯了“知行合一”之说在中国哲学史上的文本来源，并特别分析与阐释了王阳明“知行合一”说的不同内涵层面，从而认为王阳明的哲学是具有极其明显的实践性特征的，本质上是一种“实践哲学”，而与所谓“主观唯心主义”无涉。其思想精髓在相当大的程度上代表了中国古代哲学思维所达到的独特高度。苏州大学哲学系蒋国保教授的书面发言，题曰《王阳明经学思想散论》，试图对王阳明经学思想进行全面的阐述，先依次论述孔子删述“六经”不曾增加一字、续经亦未可尽非、“五经”是糟粕、“六经”为记籍这几个问题；然后就《五经臆说》十二条细致分析了阳明儒家经典诠释的独到见解与诠释方法，提出阳明解经贵在坚持四条方法论原则，重动机之善、排斥文字训诂、直抒胸臆、尊重历史事实。

浙江省委党校哲学教研部董根洪教授提交了题为《王阳明的无神论思想及其价值》的参会论文，认为，宋明理学作为一场儒学复兴运动，实质上也是一场以反对佛道宗教和儒学神学化为帜志的无神论运动。王阳明心本论的无神论思想是其中的杰出代表，王阳明的心学包含着丰富的无神论思想，其心外无神的心本论、致良知的怀疑理性、反对各种迷信的观点，反对佛道的思想等，构成了一个杰出的无神论思想体系，成为宋明理学无神论的代表。

山东社会科学院儒学所刘宗贤研究员作了题为《从良知说的情、理、欲机制看阳明道学革新的价值》的研讨会发言并得出结论：阳明心学针对程朱理学的流弊所兴起的道学革新运动，在明代中、后期的思想界曾掀起波澜，形成了主导明代学术思想的心学潮流。阳明心学的形成、发展及演变不仅对明代学术思想的发展和重建具有历史导向作用，而且影响到明清之际的思想启蒙运动乃至明清文学中的思想解放运动。

贵阳学院文化传媒学院刘继平教授提交了《阳明心学美学与禅学美学》的参会论文，他认为，阳明心学美学和禅宗美学都要求审美主体进入一种主客无碍、一体融通的人生境界，从而获得精神自由；二者都是基于人生体验，旨在以心性体验为中介沟通天人，使人进入“无入而不自得”的人生境界的精神旨趣，故二者在审美体验的主体性、方法及结果方面存在诸多惊人的类似。但二者毕竟是两种不同的哲学与美学思想，由于历史时代的原因，虽然某些观点貌似相同，但其内涵是有差异的。

贵州大学人文学院龚妮丽教授提交了题为《王阳明〈南赣乡约〉的乡村治理思想》的与会论文，文章指出，《南赣乡约》是王阳明在江西南赣地区推行乡村治理的总纲领，集中体现了他以儒家以仁爱为本的德治思想，以教化为主导的治理思想以及以秩序建构为导向的管理思想。王阳明的“亲民”“致良知”“知行合一”等思想都直接影响了这部《乡约》的制定。

贵州大学中国文化书院王胜军副教授提交了题为《王阳明师道观及其实践》的会议论文，他指出，理学兴起是与儒家师道观的变革同步的，作为教育家的王阳明，是儒家师道观的重要传承者、开拓者。王阳明集中批判了当时师道衰微的种种现象，并且身体力行，从师道的标准、师道的形式、师道的具体展开等方面再次廓清了宋明以来理学的师道精神，展示出极其鲜明的心学特征。

贵州大学中国文化书院邓国元博士的参会论文是《王阳明对儒家政治文化的诠释：以〈古本大学〉“亲民”说为中心的考察》，他认为，王阳明“亲民”“政在亲民”的思想，把政治的本质建立在“为政者”自身的道德意识上，体现了他对孔孟“仁政”思想的继承，是儒家德治主义传统的体现与发展。王阳明通过对古本《大学》“亲民”的诠释，提出“政在亲民”的思想，为正确把握儒家政治文化传统提供了重要的途径，具有重要的时代意义。

二、关于阳明后学专案研究

华东师范大学哲学系陈卫平教授的研讨会发言题目是《明清之际的西学流播与王学的接应》，他认为，明清之际西学得以流播，是与中国本土思想特别是王学为其提供的接应分不开的，王学尤其是泰州学派、浙中王学（以王龙溪为代表）对西学传播所产生的思想凭借作用主要体现在三方面：第一，王学的解禁打破了程朱理学对思想的垄断，创造了西学得以输入和传播的文化氛围；第二，王学注意伦理学的自愿原则，为天主教教义的传播架设了思想桥梁；第三，王学大兴讲学会的风气，对天主教的传播提供了组织形式上的借鉴。

贵州省阳明学学会会长王晓昕教授作了题为《黔中王门经世致用的理论与实践》的发言，并提出，在阳明的思想体系中，本身就包含着丰富的经世致用思想，从某种意义上看，阳明的经世致用的心学思想体系，又是具有实学意义的思想体系。黔中王学经世致用的理论集中表现在治世、治政、治教、治人及治心等等方面，而尤以治心为其要道，正是以孙应鳌、马廷锡、李渭三人为代表的黔中王学的经世之实践，使得贵州在嘉万年间（嘉靖、隆庆、万历年间）掀起了一波接一波的讲学高潮，形成了黔中王学的五大重镇，与中原王学诸门的繁荣景象构成了遥相呼应之势。

武汉大学中国传统文化研究中心张昭炜博士提交了题为《传心堂法脉薪火相传：从王阳明至方以智》的参会论文，他指出，阳明一生精神俱在江右，江右王门学脉源远流长，于良知学体证有创见者如明珠散布，遍地流辉。青原山是江右王门讲会的中心，传心堂则是中心的内核。不同于《明儒学案》中阳明后学的分派模式，方以智后学所录的《传心堂约述》注重阳明学以心传心的精神传承，勾勒出王阳明、欧阳德、邹守益、罗洪先、聂豹、胡直、王时槐、邹元标、方以智的薪火相传法脉。明亡后，方以智与施闰章依然隐忍精进，冬炼三时，绍续阳明学不熄之薪火。

贵阳学院阳明学与地方文化研究中心陆永胜教授的与会论文《邹元标实心本体论的建构及其价值省察》认为，“识仁”“透性”“释空”是邹元标建构其实心本体论的三个重要途径，其中“识仁”“透性”分别从功夫向度和实践向度对本体论进行正向建构，“释空”则对本体论进行反向建构。邹元标的实心本体论是心学演化、儒学自觉和时代政治、学术、文化语境合和的产物，对当时的多元文化和社会思想具有很强的诠释能力和反思意识，体现出其鲜明的主体意识和时代价值，对我们当下的文化建设和社会治理具有启示意义。

贵州省社会科学院张留宇副研究员提交了《阳明后学唐鹤征易学特色述要》的与会论文并指出，唐鹤征虽为心学传人，但又不满于阳明后学中空疏狂放之学风。唐鹤征是从王学中分化出来又对王学末流进行猛烈反对和抨击的心学传人，撰有《周易象义》等易著，融心性理气为一，提出“乾元生三子”的宇宙生成论哲学；主张以心释易，强调心行不二，以为

“心之灵即性”，重践履，认为学贵由“悟”而“自得”，以“知易行难”为确旨；且强调“易者象也”而主于以象明理。

贵州省社会科学院历史研究所周之翔副研究员的参会论文是《熊十力对朱子、阳明〈大学〉学的继承》，他指出，《大学》一书在熊十力的思想中占有重要地位，熊十力辨析历代大家的《大学》思想，服膺阳明“致知”为致良知之说，赞同朱子“格物”乃“穷理”之说。同时，立足于时代现实，熊十力指出《大学》格物之说涵盖了西方的科学理论，而《大学》的经济理论体现了同于社会主义的均平思想，絜矩之道则是反对国际霸权，重建国际秩序的根本途径。

浙江省社会科学院国际阳明学研究中心张宏敏博士提交了题为《浙中王学与黔中王学互动的一个案例：以黄绾、王阳明、席书为中心》的与会论文，他把正德四年王阳明在贵阳文明书院讲学之时，与之关系密切的贵州提学副使席书，归于“黔中王门”之中。同时，称王阳明为浙中王门学者黄绾与黔中王门学者席书在嘉靖三年结识的介绍人，进而考论黄绾与席书在嘉靖一朝“大礼议”前后的诸多交涉，藉此作为浙中王学与黔中王学互动的一个案例。

三、关于阳明学的传承与创新

时任贵州省委统战部部长刘晓凯在“第二届黔浙文化合作论坛”开幕式致辞中指出，“知行合一”是阳明先生龙场悟道的精髓，它在中国哲学史上第一次把“知”与“行”统一起来。阳明学具有解放思想、发挥人的主观能动性、重视理论与实践的统一、提倡道德自律、自我塑造高尚人格等积极因素，并在日本、韩国等东亚文化圈中产生了深远的影响。这次由贵州省文史研究馆、浙江省文史研究馆联合主办的，以“阳明学的当代价值与传承创新”为主题的学术研讨会，就是希望来自全国各地尤其是黔、浙两省的阳明学研究专家通过学术研讨的范式，加强对阳明学当代价值的深入挖掘，探索中华文化传承传播的创新之路。

浙江省文史研究馆副馆长郭学焕在“第二届黔浙文化合作论坛”开幕式致辞中说：“王阳明生长在浙江，在贵州龙场悟道，可以说贵州和浙江都是阳明学的发祥地。阳明学的传承创新，对当代社会发展极具现实意义：阳明学为道德建设提供有益启发，阳明学为治国理政提供有益启示，阳明学为经济发展提供有益借鉴，阳明学为文化传承提供有益载体，阳明学为世界和谐提供有益启迪。我们相信，在各级领导的关心与指导下，在各位专家学者、饱识之士的共同努力下，在各界人士的支持帮助下，阳明学的当代价值一定会以独有的魅力展现在世人面前，引领中华优秀传统文化的新发展。”

贵州省委党校副校长汪建初教授作了题为《唯能主义视阈下的阳明心学初解》的研讨会发言，他指出，在创新意识驱动下，以唯能主义作为当代自然科学发展成果与社会科学的结合部，认为唯能主义是顺应信息社会需要、哲学自身发展和中华民族传统文化复兴的必然产物，并尝试以能量为载体，解读王阳明“心即理”“致良知”“知行合一”三大心学命题，认为“心即理”是对生命正能量的本体信仰、“致良知”是对生命正能量的体认过程、“知行合一”是生命正能量的释放过程，为大众理解心学乃至中华文明提供了一个充满现代气息又饱含传统韵味的新视角。

贵州师范大学阳明学研究中心主任余怀彦教授作了题为《阳明学与实现中国梦》的发言并指出，五百年前，王阳明在极为艰苦和复杂的环境中，创立了以“心即理”“知行合一”“致良知”为核心的阳明学，同时也重塑了“己所不欲，勿施于人”“义利相兼，以义为先”“人与社会、自然和谐相处”“万物一体之仁”的良知之道。五百年来阳明学成为推动中国社会不断进步的原动力，当前更成为实现中国梦的重要精神力量。

浙江社会科学院国际阳明学研究中心钱明研究员向研讨会提交了题为《梦中的“王马”：一对古今“奇人”跨时空的对话与互证》的会议论

文，他认为，从王阳明与马云二人的成长经历来看，两人在出身、科考、创业、成名过程等方面有不少相似之处，颇有奇缘。“王马”不仅在人生经历上有惊人的相似性，还在主体意识、思维方式和价值观念等方面有较大的可比性。就当下的众多创业者来说，“王马”的直接价值资源，主要体现在颠覆性创新与超时空跨越两个方面。两人的价值对浙江乃至全国都有巨大的正能量作用。

山东省社会科学院国际儒学研究与交流中心石永之副研究员作了题为《阳明子至善论的现代意义》的研讨会发言，他指出，孟子从本源头上说性善、荀子从发用上说性恶，阳明子的至善论对于这两者都不执着。阳明子“性，一而已”的提法，接纳了宋儒的理气说，把天地之性和气质之性合并为一，不过重点是放在心之所发处。心之所发便是意，顺天理而动是诚意，就是善；从躯壳上起念的就是私意，就是恶，善恶出现了，良知就会呈现，让人为善去恶，以恢复天地万物一体之本然。今天，我们可以借用阳明子的至善论重建儒家形而上学的规范伦理，把心作为本体，用天地万物一体为它奠基。然后，用人性至善说明道德哲学，以人本身的认知能力说明认识论问题。最后，安排合理的社会制度去达成天地万物一体。

北京大学外国语学院刘金才教授作了题为《阳明学在日本的传播及其对民众道德培育的影响》的研讨会发言，他指出，阳明心学16世纪初东传日本，于17世纪前半叶由中江藤树开创了日本阳明学，其后日本阳明学分为了两派，即具有强烈内省性格的德教派和注重实践的石门心学、衍生出以改造世界为己任的事功派“报德教”。并重点对藤树学、石门心学和报德教的主要思想内涵和精神进行考察和分析，揭示了阳明学对于日本近世庶民道德的培育以及近现代国民道德建设的作用，以期对我国社会主义核心价值观的培育和公民道德的建设提供某些有益的启示。

四、关于阳明学研究的现状与未来展望

浙江省文史馆吴光教授在“第二届黔浙文化合作论坛”开幕式上，代表浙江阳明学研究团队，作了题为《浙江省阳明学研究的回顾与未来展望》的大会主旨报告，报告详细回顾了20世纪80年代以来浙江学界以沈善洪、王凤贤、吴光、钱明、董平为代表的三代阳明学人，在阳明学文献整理研究方面所取得的学术成绩。吴光教授对浙江乃至国内外阳明学研究的未来展望，提出了五点建议：第一，浙江的阳明学研究团队，要集思广益，会聚团队力量，全心全意、团结一致地完成“阳明后学文献整理与研究”这一国家社科基金重大招标课题的任务。第二，要深入开拓阳明后学文献整理与思想研究的主题，在文献整理方面要认真细致，拿出精品，在思想研究方面要继往开来，发人未发。第三，我们不要仅限于对阳明后学的文献整理与思想研究，而从整个阳明学的范围去开拓研究主题，很有必要将东亚阳明学和国际阳明学作为一个主题来进行深入系统的研讨。第四，建立一个经常性研讨、交流阳明学的活动机制，可以效法“全国儒学社团联席会议”的活动机制，将浙江、贵州、江西、江苏、两湖、两广、京沪等地的阳明学机构联合起来，定期、轮流举行联席会议，以共同推动阳明学的研究与普及推广。第五，进一步提升对阳明学现代意义和当代价值的认识，在实现中华民族伟大复兴中国梦的征程中实践王阳明“致良知”“知行合一”“明德亲民”的核心理念，使阳明学成为广大干部与群众的行动指导。习近平总书记说“王阳明真正做到了知行合一”，就抓住了阳明学的核心价值，揭示了阳明学的现代意义。有人说“阳明学是鲜活的文化，它就存在于百姓日用之中”，这是至理名言！但愿这鲜活的文化川流不息，永葆其生命的活力。

贵州省文史馆馆长顾久在“第二届黔浙文化合作论坛”闭幕式的总结讲话中指出，党中央和习近平总书记都非常重视中国传统文化，重视从传

统文化中吸取思想资源和精神食粮，为建设社会主义和谐社会服务。阳明学具有道德人文精神、和而不同的精神、力行实践的精神，曾经产生过巨大而持久的影响。在当代，王阳明的思想及其精神意义是什么，是否可为当代社会精神的塑造提供思想养料。学术界乃至社会各界关注的这一热门话题，反映了社会的呼唤。贵州省文史研究馆举办此次活动并成立阳明学研究中心，旨在顺应时代，倡导推进阳明学研究的创新发展，挖掘阳明学的积极内涵，致力于推动阳明精神的实践，为构建新时期的社会良知做出努力。

时任贵州省文史馆副馆长靖晓莉在“第二届黔浙文化合作论坛”开幕式上介绍了“黔浙文化合作论坛阳明学研究中心”的筹建情况和工作设想。阳明学研究中心作为学术研究和交流平台，将聚集黔浙两省及国内外著名阳明学专家，开展王阳明及其思想、学术研究，发掘、阐释王阳明思想、学术中有当代意义的成分；搜集、整理、出版王阳明佚作、阳明后学著作，搜集、整理、出版阳明学研究著作；举办阳明学研讨会、王阳明纪念活动等。

顾久馆长在“黔浙文化合作论坛阳明学研究中心工作座谈会”上，再次回顾了“黔浙阳明学研究中心”成立的背景，特别提出在下一步的阳明学研究工作中，应跳出纯学术性质的惯性思维，强调政府、学者、企业三方思维的结合；阳明学不仅作为书本上的学问，更应作为一种注重践行的思想，立足当代实际，顺应时代需求。至于挖掘阳明学的真精神和当代价值，致力于阳明学精神的实践，则是时代赋予我们的新课题。

此外，中国政法大学马克思主义学院方尔加教授，中国社会科学院历史研究所张海燕研究员，南京大学哲学系李承贵教授，贵州省社会科学院王路平研究员、于民雄研究员，贵州省文史馆馆员史继忠、张祥光、蒋南华、梁茂林、谭佛佑教授，贵州师范大学阳明文化研究院副院长史光辉教授，贵州大学中国文化书院常务副院长张清教授，浙江省社会科学院哲学所王宇研究员，贵州大学人文学院马国君教授、张明、王进副教授，贵阳学院阳明学与地方文化研究中心主任赵平略教授也应邀出席了研讨会，并发表了对阳明学的现代价值与传承创新的真知灼见。

经过两天的热烈讨论，与会阳明学研究专家一致认为：阳明学高扬人的价值与地位，强调道德实践主体的主观能动性，由此形成了别开生面的人生哲学，对中国社会和历史发展产生了重要影响；阳明学作为中华文化土壤中成长的思想，不能被束之高阁，被神秘化、神圣化、宗教化，而应该回归到现实生活并得以验证；易言之，阳明学作为一种实践哲学，提倡知行合一，在今天的社会建设、道德建设、文化建设中理应发挥重要作用，而如何实现阳明学的传承创新则是一个值得深入思考的问题。

〔原载《贵阳学院学报（社会科学版）》2015年第6期〕

“阳明心学与当代社会心态理论研讨会”会议纪要

□ 郑东升　王大印[①]

以传承弘扬中华优秀传统文化，培育践行社会主义核心价值观为宗旨的贵阳孔学堂，为了更好地挖掘和发挥阳明心学的时代价值，从中汲取思想养料，创新社会心态问题研究，发挥多学科优势，积极寻找解读、解答、解决当今社会各种心态问题的路径和方法，在相关部门支持下，于2016年4月10日正式揭牌成立了“阳明心学与当代社会心态研究院”。孔学堂文化传播中心理事会徐圻理事长主持了揭牌仪式，并邀请了时任贵州省副省长何力、北京师范大学心理学院教授张厚粲共同为该院的成立揭牌。来自全国各地接受该院聘请为“学术顾问”的五十余名中国哲学、中国传统文化学、心理学和社会学等学科的学者参加了此次揭牌仪式，并参加了随后举行的“阳明心学与当代社会心态理论研讨会”。

“阳明心学与当代社会心态理论研讨会”由贵州省哲学学会会长、阳明心学与当代社会心态研究院院长徐圻教授主持。十几位与会专家围绕“从心理学的视角来看阳明心学”“阳明心学中‘心’的问题”“阶层分化与当代中国社会心态的演变”“阳明良知心学的当代启示意义”“从阳明心学看社会心态问题研究”“阳明心学与社会研究”“关于精神取向的心态”“阳明心学与社会心态研究”“阳明心学与青年学生的心理建设”等问题，分别从

①郑东升：中共贵州省委党校教授；王大印：贵州大学在读硕士研究生。

哲学、文化学、心理学和社会学等不同视角切入作了精彩发言。

国际心理学联合会前副主席、北京师范大学著名心理学家张厚粲先生在发言中指出，开展对“阳明心学与当代社会心态”的研究，有利于我国人民加强修身养性，提高个人品质，从而改善整个社会风气、社会面貌，推进道德水准的改变，使我们国家能更加和谐、富强；另一方面，心理学通过对阳明心学的研究，对自身的发展也有重要意义。因此，她呼吁我国广大心理学研究者多关注阳明心学与当代社会心态问题，“对这个事情我们心理学界一定要有点贡献”。

中山大学心理健康教育咨询中心的李桦教授也在会上就心理学与当代中国的社会心态和大众心理健康的相互关系等问题做了针对性的发言。

复旦大学哲学系的吴震教授、浙江省社会科学院的吴光和钱明两位研究员、南京大学哲学系的李承贵教授四位学者主要从哲学的角度表达了他们对“阳明心学与当代社会心态”这一主题的看法。吴震教授一方面对可以将其视为中国文化基石的“心”具有的积极与消极两重作用做了分析，另一方面也对“阳明心学与当代社会心态研究院”成立后的目标与实践等问题提出了自己的建议。吴光研究员则对“阳明心学”的内涵做了深入分析。他认为其跟以往的心学不同之处在于“阳明心学”中“心”字的本体是指“良知”，良知就是天理。所以我们可以把“阳明心学”概括为“良知心学”，它对当代最为重要的启示是提倡大家要凭良心做事，要本着良知去行事，要树立“敬畏意识”，提倡“底线的意识”。

中国社会学会副会长、北京大学社会学系的谢立中教授和华东师范大学社会发展学院的文军教授则主要从社会学的角度表达他们对“阳明心学与当代社会心态”这一主题的看法。谢立中教授的发言表达了三层意思：1. 阳明心学应该是一个学派，不是一个学科；2. 由于心学是跨学科的，因此心学可以适用于任何一个学科。它是一个学派，是一种世界观，一种方法论，可以用来指导任何一个学科的研究；3. 我们可能还应该努力在应用古今中外的学术资源来丰富和补充、发展心学理论。

华东师范大学中国现代思想文化研究所的杨国荣教授、贵州大学中国文化书院的张新民教授和台湾宜兰大学的陈复教授等三位学者主要从文化学的角度表达了他们对“阳明心学与当代社会心态”这一主题的看法。杨国荣教授在发言中对“心态”这一概念进行了解析。他认为，可以把“心态”理解为一种综合性的精神世界。具体而言，它至少包含三重内涵：1. 与“心态”相关的知识经验；2. “心态”包含价值取向，包括价值原则、价值理想等等；3. “心态”是和诸多个体联系在一起的，所以它总是和心理层面的个性特点相关联。此外，“心态”同时也是可以调节转换的，既可以通过个体自身处境和大的社会环境的变化而变化，也可以通过个体自身精神世界的变化而变化。后者可以通过提升个人的自我涵养、自我修养来不断提高自身的精神世界。在这个过程中，阳明心学隐含着比较丰富的思想资源。在这方面，我们可以看到这两者之间存在一种内在的关联性。

陈复在发言中指出，我们在探讨“阳明心学”时需要考虑“华人到底怎样重新建立自主的学术”这个核心问题：心学曾经是华人最后一拨原创性的学术思想，而我们今天经历了一百多年学术被殖民的处境，当我们重新思考这个议题时，怎么样去借鉴阳明学，让“阳明心学”的学术思想能够帮助华人自主复兴学术，是非常重要的。

主持人徐圻在对此次理论研讨会进行小结时指出，王阳明先生开创心学，里面就包含了培育良好个人心态和社会心态的知识与智慧，具有恒久的价值，应该成为建设当代和谐社会的宝贵文化资源。在此情形下，准确分析当代心态的原因，研究阳明心学的养料，重建良好的社会精神秩序，既是个人之梦，也是时代的呼唤。同时，发掘阳明心学的积极成分，并且实现创造性转化和创新性发展，有利于打造贵阳孔学堂的品质，也有利于传承和弘扬中华优秀传统文化。

虽然活动只有短短一天，但却丝毫没有影响来自不同学科的学者们对阳明心学与当代社会心态问题的思考和交流。不同学科的学者们从自己的角度出发来谈阳明心学和社会心态问题，彼此学科话语体系和研究范式的差异非但没有成为彼此交流理解的藩篱，反而相互启发、相互印证。尽管很难，但毕竟迈出了第一步，相信未来围绕阳明心学与当代社会心态不同学科间的融合性会更大！

（原载《心理学探新》2016年第3期）

叁 研究视阈

王阳明思想中的“独知”概念
——兼论王阳明与朱子工夫论之异同

□ 陈立胜[①]

摘要：“独知”成为一个修身学的概念，始于朱子慎独说。朱子讲“独知”，其旨趣一直扣紧在“意”之实与不实、诚与伪这一“善恶关”之省察上面。阳明进一步视“独知”为“吾心良知处”，“独知”成了“良知”之别名，成为一重要的哲学术语，而“独知”之范围（外延）与性质（内涵）均于朱子之原意有所滑转。“独知”之范围不再仅限于对初动之念或行迹未彰状态的觉察，而是涵括了整个心灵生活。“独知”工夫也不再通常仅仅限定在一念初动时的提防性、防御性之警觉上面，而且还具有体认、默识、涵养“心之本”（“良知”）这一积极功能。“独知”工夫乃是一即省察即涵养、即明即诚、即知即行的端本澄源的一元工夫，而有别于朱子省察与涵养、明与诚、知与行两轮一体的工夫。

关键词：王阳明、朱熹、独知、良知、慎独、工夫论

一、“独知”：从朱子到阳明

“独知”成为一个修身学的概念，始于朱子慎独说。朱子训《中庸》与《大学》“慎独”之“独”为“人所不知而己所独知之地”，此“己所独知之地”乃是一心理空间概念，专指人心中一念萌发状态。

依朱子，吾人心理活动可划分为两个时段：一者为“念虑未起”时段，此为“未发”；一者为念虑已起时段，此为“已发”。于念之“未发”，吾人当持敬以存养之，此为“戒慎恐惧”的工夫、致中的工夫、

①陈立胜：中山大学哲学系教授。

静工夫，其目标是“防之于未然，以全其体”；于“已发”（念虑之将萌），吾人当省察，此为“慎独”的工夫、致和的工夫、动工夫，其目标是“察之于将然，以审其几”。

“慎独”即慎此“独知之地”，即对惟吾人独知之意念“正”与“不正”、“实”与“不实”保持高度警觉。工夫由此入手，切己理会，方鞭辟入里，且不落后手。慎独之宗旨即始终让吾人之心纯粹不杂（“一于理而无所杂”），“杂”即“自欺”，何以言之？吾人之“意”诚，则如好好色，如恶恶臭，“纯一于善”，但由于习染与物欲之蔽，则“意”作为“心之所发”总有所“掺杂不实”，毕竟一念萌发之隐微之际，他人不及见、不及闻，故往往会为“常情所忽”：吾人自以为可以“欺天罔人”——此处“自以为”之“自”乃是“经验”/“知觉”之“自我”，“以为”亦是经验自我想当然之“以为”。殊不知“吾心之灵，皎如日月，既已知之，则其毫发之间，无所潜遁，又有甚于他人之知矣”[①]，故任何“意”之伪装与不实皆逃不过“吾心之灵”这一火眼金睛，“欺天罔人”于此明明白白之“独知”而言只是一种“自欺”，“吾心之灵”实不可欺。由此不可欺之“独知”入手，“必使几微之际，无一毫人欲之萌”，即“慎独”工夫。

朱子讲“独知”，其旨趣一直扣紧在“意”之实与不实、诚与伪这一“善恶关”（“圣凡关”“人鬼关”）之觉察上面，“吾心之灵”对此“善恶关”洞若观火之精察明觉之能力实际上已预设了此“独知”乃良知之自知。朱子甚至说“几既动，则己必知之”[②]，此即是说，在吾心（此处之“吾心”乃是人心、道心杂于方寸之间的“吾心”）萌发一念之际，吾心（此处之“吾心”乃是阳明意义上“良知”之心）则必有所觉察。问题来了，在吾人心灵生活之隐秘处，谁能省察“念”之“正”与“不正”，

①〔宋〕朱熹：《中庸或问》，载朱杰人等主编：《朱子全书》第六册，上海古籍出版社2002年版，第555页。

②〔宋〕黎靖德编：《朱子语类》卷六十二，载朱杰人等主编：《朱子全书》第十六册，第2033页。

谁能辨别“意”之“实”与“不实”，此“一念独知处”非“良知”而何？[①]在朱子“独知”处，阳明“良知”之概念已呼之欲出了。

二、“独知处”即是“吾心之良知处”

是的，王阳明明确将“良知”称为“独知”。弟子欧阳南野回忆道：

> 先师阳明公阐慎独之训，而为之言曰：“独知也者，良知也。戒慎恐惧，毋自欺而求自慊，所以致之也。”[②]

另一江右弟子黄直记载说：

> 工夫到诚意始有着落处。然诚意之本又在于致知也。所谓‘人虽不知而己所独知’者。此正是吾心良知处。然知得善，却不依这个良知便做去。知得不善，却不依这个良知便不去做。则这个良知便遮蔽了。是不能致知也。[③]

“人虽不知而己独知者”乃朱子对“慎独”之“独”的理解。今阳明视之为“吾心良知处”，“独知处”即是“良知处”，“独知”成了“良知”之别名，独知工夫（慎独、谨独[④]）即是致良知工夫，“独知”遂成为一重要的哲学术语，而其范围与性质均于朱子之原意有所滑转。这集中反映于他跟弟子黄洛村与陈明水的两则对话之中：

> 正之问：“戒惧是己所不知时工夫。慎独是己所独知时工夫。此说如何？”先生曰：“只是一个工夫。无事时固是独知。有事时亦是独知。人若不知于此独知之地用力，只在人所共知处用功，便是作

①陈来先生指出：朱子的“独知”观念中也隐含了某种是非之心的意义，阳明的思想继承并发展了这一点。见氏著：《有无之境：王阳明哲学的精神》，人民出版社1991年版，第171页。

②〔明〕欧阳德：《答彭云根》，载陈永革编校整理：《欧阳德集》卷三，凤凰出版社2007年版，第112页。据徐阶所记，邹东廓当初就格致、戒惧、慎独之说向阳明请益，阳明直接说：“独即所谓良知也。慎独者，所以致其良知也；戒谨恐惧，所以慎其独也。”见《明故南京国子监祭酒礼部右侍郎谥文庄邹公神道碑铭》，载董平编校整理：《邹守益集》卷二十七，凤凰出版社2007年版，第1379页。

③陈荣捷：《王阳明传习录详注集评》，台湾学生书局2006年版，第368—369页。

④“谨独”即“慎独”。朱子因避宋孝宗赵昚（“昚”即古“慎”字）之讳，而称“慎独”为“谨独”，后儒往往沿用之。

伪，便是‘见君子而后厌然’。此独知处便是诚的萌芽。此处不论善念恶念，更无虚假。一是百是，一错百错。正是王霸义利诚伪善恶界头。于此一立立定，便是端本澄源，便是立诚。古人许多诚身的工夫，精神命脉，全体只在此处。真是莫见莫显，无时无处，无终无始。只是此个工夫。今若又分戒惧为己所不知。即工夫便支离，亦有间断。既戒惧，即是知。己若不知，是谁戒惧？如此见解，便要流入断灭禅定。”曰：“不论善念恶念，更无虚假。则独知之地，更无无念时邪？”曰：“戒惧亦是念。戒惧之念，无时可息。若戒惧之心稍有不存，不是昏聩，便已流入恶念。自朝至暮，自少至老，若要无念，即是己不知。此除是昏睡，除是槁木死灰。”①

九川问：“近年因厌泛滥之学，每要静坐，求屏息念虑。非惟不能，愈觉扰扰。如何？”先生曰：“念如何可息？只是要正。”曰：“当自有无念时否？”先生曰：“实无无念时。”曰：“如此，却如何言静？”曰：“静未尝不动。动未尝不静。戒谨恐惧即是念。何分动静？”曰：“周子何以言‘定之以中正仁义而主静’？”曰：“‘无欲故静。’是‘静亦定，动亦定’的‘定’字，主其本体也。戒惧之念是活泼地。此是天机不息处。所谓‘维天之命，於穆不已’。一息便是死。非本体之念即是私念。”②

黄洛村的戒惧慎独两节、两时工夫说，系指朱子。不睹不闻，是指己所不知处，即喜怒哀乐之未发时的心理状态，此时须用戒惧之功；“己所独知”是他人之不睹不闻处，此处、此时须用慎守之功。这是两个节次的工夫：戒惧是无事的工夫、静时的工夫，慎独是“细微之事”，“微动”时（“迹未形而几已动”）的工夫。阳明的看法是，只有一个工夫，即“独知”的工夫，戒慎恐惧也是独知的工夫。在做如此断定的时候，阳明实际上并未改变朱子关于独知乃是己所独知、他人不知这一含义。他跟朱子一样，把独知的对象理解为只限于自己真切体验到的心理状态。只是朱子往往强调这种心理状态特指“动而未形、萌而未彰、有无之间”一念萌

①陈荣捷：《王阳明传习录详注集评》，第142页。

②同上，第286页。

动，而阳明则认为朱子所谓的已发与未发时的心理状态也同样是只限于自己知道的范围，故亦是独知。喜怒哀乐之已发，又何尝不是独知?他人固可察言观色知我之喜怒哀乐，然惟我自己方真切经历、体验此喜怒哀乐。更为重要的是，在阳明看来，“戒惧”也是“已发”，也是一念萌动，戒惧亦是念，故亦是独知工夫。这样，独知的工夫（慎独/戒惧、诚意）成了贯彻始终（已发/未发、有事/无事、动/静、寂/感）的一元工夫，此工夫便成了致良知工夫之同义词。在跟陈明水的对话中，阳明再次申明心灵生活并无“无念”的状态，戒慎恐惧也是“念”，并将戒慎恐惧之念视为“天机不息”之表现。

戒慎恐惧之为“念”，实应进一步界定。九川所问之“念”乃是具体的“念头”（“善念”或“恶念”）。依阳明高足王龙溪，念有二义：“今心为念”，是“见在心”，是“正念”；“二心为念”，是“将迎心”，是“邪念”。“正与邪，本体之明，未尝不知，所谓良知也。”[①]“戒惧之念”则是让此“良知”（亦即“独知”）始终贞定住心灵生活之力量，因此戒惧之念（实即“慎此独知”之别称），心体方能时时贞定其自身，方能物来顺应（是谓“正念”），应而中节，过而不留（是谓“念而无念”）。倘吾人心灵稍偏离此“见在心”而有所将迎意必，吾人良知当下即知之（是谓“独知之”），“戒惧之念”即让此独知不滑落，不稍纵即逝，而当下消弭之。故在严格意义上，“戒惧之念”不应与有善有恶、念起念灭的“意念”混同。它不是具体的念头：“心体上着不得一念留滞，就如眼着不得些子尘沙。些子能得几多，满眼便昏天黑地了。”又曰：“这一念不但是私念，便好的念头亦着不得些子。如眼中放些金玉屑，眼亦开不得了。”[②]

可以说，戒惧之念就是这样一种保持“心灵之眼”始终维持在虚灵不

---

①〔明〕王畿：《念堂说》，载吴震编校整理：《王畿集》卷十七，凤凰出版社2007年版，第501—502页。

②陈荣捷：《王阳明传习录详注集评》，第380页。

昧的能力。阳明后学胡庐山颇善发“独知”范畴涵括吾人心灵生活之整体义。有学者致书请教“中在仁前，仁在独知前”，庐山答曰：

> 此似未尝证验于心，而犹为文义与旧说牵绕故也。来书曰“独知是仁”，不识未知时作如何看？此乃专泥于先儒以意念动时为独知，即谓有有知时，又泥于先儒未发前气象一语，而谓有无知时，此大误也。夫心虚而灵者也，即独知是也，此独知者不论动与静、有念与无念、有事与无事，总之一虚而灵而已，决无有冥顽不知之候，即睡时人固谓冥也，然触而觉，呼而醒，不可得而冥也。今之学元嘿者，每自谓冥心坐忘，然知冥者又为谁?可知其不可冥者以虚而灵故也。是故当人心静时，纵无一念一事，此虚而灵者，昭乎不昧，未尝遗物。其与应事接物者无减，故曰“未应不是先”。当人心动时，纵有万机、万应，此虚而灵者，昭乎不昧，未尝倚物，其与未应事接物者无增，故曰“已应不是后”。殆如镜之明体，不拘有物无物，总只一明，岂有专属知一边之说？此知即是天之明命，人之明德，亦即是源头，更何别有源头可寻？亦如镜之明，即是源头，又岂另有镜源头耶？若如吾子言有未知前一段，则人心必有冥然不觉，槁木死灰时矣，此安得为源头？亦犹镜子以不明为源头，可乎？今之语静与寂者适近乎此，此在二氏尚斥为静缚顽空，若吾儒宁有此哉？[①]

即便在睡时，人亦有觉醒之能力，故能一呼而醒，一叫便应；即便习坐忘之人，每谓冥心坐忘，然既自谓冥、忘，则对其冥、忘已有所自知。心灵即“心虚而灵者”（虚灵），一如明镜，昭乎不昧，不拘有物无物，总只一明；独知亦如此，不拘念虑动与不动，总只一知。如此，“独知”与“心灵”之“灵昭不昧”的能力实异名而同指。

在朱子处，“不睹不闻”属“静”，为未动念时；“独”属“动”，为初动念时。“独知”之范围通常仅限于对此初动之念或行迹未彰状态的觉察。在阳明这里，戒慎恐惧也属于“念”，于是“独知”之范围遂涵括

---

①〔明〕胡直：《答人问独知》，《衡庐精舍藏稿》，载《景印文渊阁四库全书》第1287册，（台湾）商务印书馆1986年版，第488—489页。

了整个心灵生活。

> 朱子于未发之说，其始亦尝疑之，今其集中所与南轩论难辩析者，盖往复数十而后决，其说则今之《中庸注疏》是也。其于此亦非苟矣。独其所谓“自戒惧而约之，以至于至静之中；自谨独而精之，以至于应物之处”者，亦若过于剖析。而后之读者遂以分为两节，而疑其别有寂然不动、静而存养之时，不知常存戒慎恐惧之心，则其工夫未始有一息之间，非必自其不睹不闻而存养也。吾兄且于动处加工，勿使间断。动无不和，即静无不中。而所谓寂然不动之体，当自知之矣。未至而揣度之，终不免于对塔说相轮耳。①

阳明在此所引朱子《中庸注疏》并不完整，原文为：

> 自戒惧而约之，以至于至静之中无少偏倚，而其守不失，则极其中而天地位矣。自谨独而精之，以至于应物之处无少差谬，而无适不然，则极其和而万物育矣。盖天地万物，本吾一体，吾之心正，则天地之心亦正矣；吾之气顺，则天地之气亦顺矣，故其效验至于如此。此学问之极功、圣人之能事，初非有待于外，而修道之教亦在其中矣。是其一体一用虽有动静之殊，然必其体立而后用有以行，则其实亦非有两事也。②

朱子之原文已明确指出“戒惧之约”与“谨独之精”并非“两事”，明此，则可体阳明信函中“后之读者遂分为两节”表述之谨慎。朱子《中庸注疏》并未明确将戒惧与慎独分为两节工夫，“非有两事”，言之凿凿，但朱子以“戒惧”为致中工夫，以“慎独”为致和工夫，则又不免给人两节工夫之印象，况《中庸或问》与《朱子语类》中亦不乏两事、两节说，故阳明认为这种表述“过于剖析”。这种剖析太过之病源自朱子以时间先后之“未发”“已发”范畴刻画心灵生活。阳明强调戒惧亦是

---

①〔明〕王守仁：《答汪石潭内翰书》，载吴光等编校：《王阳明全集》卷四，上海古籍出版社1992年版，第147页。

②〔宋〕朱熹：《中庸章句》，载朱杰人等主编：《朱子全书》第六册，第33页。

“念”，实际上是要颠覆朱子未发、已发范畴之使用方式。在阳明这里，未发、已发不再是心灵生活的两个时段（“静”时与“动”时），“心，无动静者也。其静也者，以言其体也；其动也者，以言其用也”[①]。未发、已发乃是体用一源、显微无间之关系。未发之中即是良知，而良知乃无分于有事无事、无分于寂感、无分于动静、无分于先后内外而浑然一体者：

> 未发之中，即良知也。无前后内外，而浑然一体者也。有事无事，可以言动静。而良知无分于有事无事也。寂然感通，可以言动静。而良知无分于寂然感通也。动静者所遇之时。心之本体，固无分于动静也。理无动者也，动即为欲。循理则虽酬酢万变，而未尝动也。从欲则虽槁心一念，而未尝静也。动中有静，静中有动，又何疑乎？有事而感通，固可以言动。然而寂然者未尝有增也。无事而寂然，固可以言静。然而感通者未尝有减也。动而无动，静而无静，又何疑乎？无前后内外，而浑然一体，则至诚有息之疑，不待解矣。未发在已发之中。而已发之中，未尝别有未发者在。已发在未发之中。而未发之中未尝别有已发者存。是未尝无动静，而不可以动静分者也。[②]

其实，“有事”“无事”亦是顺着朱子的说法而来的。[③]倘站在阳明心学之立场，事由心发，而心又必发为事，无心外之事，亦无事外之心，故曰“必有事焉”。用阳明的话说：“戒惧克治，即是常提不放之功，即是必有事焉，岂有两事邪？”[④]阳明每每强调“戒慎恐惧”是贯彻动静的工夫（“无间于动静”）。阳明在致弟子舒国用的信中明确区分出两种“恐

①〔明〕王守仁：《答伦彦式》，载吴光等编校：《王阳明全集》卷五，第182页。

②陈荣捷：《王阳明传习录详注集评》，第220页。

③需要指出的是，朱子未尝不明“必有事焉”之精神，但其工夫论述极喜欢两边之辩证地说而期收到不落于一边之效果，其有事、无事说亦是如此。问：“敬通贯动静而言。然静时少，动时多，恐易得挠乱。”曰：“如何都静得？有事须着应。人在世间，未有无事时节；要无事，除是死也。自早至暮，有许多事。不成说事多挠乱，我且去静坐？敬不是如此。若事至前，而自家却要主静，顽然不应，便是心都死了。无事时敬在里面，有事时敬在事上。有事无事，吾之敬未尝间断也。”（〔宋〕黎靖德编：《朱子语类》卷十二，载朱杰人等主编：《朱子全书》第十四册，第374页。标点略有改动）

④陈荣捷：《王阳明传习录详注集评》，第231页。

惧”：一是《大学》之“恐惧忧患”，一是《中庸》之“戒慎恐惧”。

> 程子常言：“人言无心，只可言无私心，不可言无心。”戒慎不睹，恐惧不闻，是心不可无也。有所恐惧，有所忧患，是私心不可有也。尧舜之兢兢业业，文王之小心翼翼，皆敬畏之谓也，皆出乎其心体之自然也。出乎心体，非有所为而为之者，自然之谓也。敬畏之功无间于动静，是所谓“敬以直内，义以方外”也。敬义立而天道达，则不疑其所行矣。①

敬贯动静本是朱子工夫论中浓墨重彩之一笔，阳明今曰“敬畏之功无间于动静”，朱子之敬功何尝不是如此？阳明强调敬畏、戒惧乃出乎“心体之自然”，甚至还说戒惧就是本体②，朱子以人之气呼便出、吸便入喻敬功，亦未尝忽视此敬之“自然”一面。可以说戒慎恐惧无间于动静乃两人工夫论之共识。二人之异同在于：阳明将在朱子那里本只是心之已发的“独知”工夫、一节工夫提升为全体工夫，独知工夫不仅与朱子未发前之“涵养工夫”（即“偏言”之“戒惧工夫”）合并，而且也与朱子“格物穷理”工夫会同。以方问曰：“先生之说格物，凡《中庸》之慎独，及集义博约等说，皆为格物之事。”先生曰：“非也。格物即慎独，即戒惧。至于集义博约，工夫只一般。不是以那数件都做格物底事。”③

倘立于朱子立场，当如何看阳明格物即慎独、即戒惧之说？朱子作为专言之戒惧工夫（即敬的工夫）自贯通于动静、寂感、有事无事，故有格

①〔明〕王守仁：《答舒国用》，载吴光等编校：《王阳明全集》卷五，第190—191页。

②问：“‘不睹不闻’，是说本体，‘戒慎恐惧’，是说功夫否？”先生曰：“此处须信得本体原是不睹不闻的，亦原是戒慎恐惧的。戒慎恐惧，不曾在不睹不闻上加得些子。见得真时，便谓戒慎恐惧是本体，不睹不闻是功夫。”（参见陈荣捷：《王阳明传习录详注集评》，第326页）又见：“不睹不闻是本体，戒慎恐惧是工夫；戒慎恐惧是本体，不睹不闻是工夫。”［〔明〕王阳明：《言行辑录要下》，载吴光等编校：《王阳明全集（新编本）》卷四十一，浙江古籍出版社2010年版，第1691页］

③陈荣捷：《王阳明传习录详注集评》，第374页。

物时敬以格之，诚意时敬以诚之之说，[①]则对阳明“格物”即“戒惧”说朱子自会首肯，而对“格物”即“慎独”说，倘“即”字作“不离”解，则“格物”离不开“慎独”，朱子亦不会对此持异议。只是朱子强调就工夫之架构而论，“格物”是“明”此心之工夫，“慎独”是“诚”此心之工夫，两者之间自有分际。阳明则注重诚、明一如，两者之间不容区隔。于是，“独知”工夫最终与朱子那里作为“专言”的“戒惧”工夫泯而为一，[②]成了贯彻始终的一元工夫，未发、已发遂只是一个工夫。或问未发已发。

> 先生曰：“只缘后儒将未发已发分说了。只得劈头说个无未发已发，使人自思得之。若说有个已发未发，听者依旧落在后儒见解。若真见得无未发已发，说个有未发已发，原不妨。原有个未发已发在。”问曰：“未发未尝不和。已发未尝不中。譬如钟声，未扣不可谓无，既扣不可谓有。毕竟有个扣与不扣，何如？”先生曰：“未扣时原是惊天动地。既扣时也只寂天寞地。”[③]

这些看似吊诡之言无非是要让弟子体认“即体而言用在体”（未发未尝不和）与“即用而言体用”（已发未尝不中）之体用不二之真谛，从而彻底超越动静、寂感、有无、先后、内外、有事无事之二见，摆脱朱子戒惧与慎独工夫之分际说（所谓“后儒见解”）。对此，王龙溪曾有精确之观察：

> 晦翁既分存养省察，故以不睹不闻为己所不知，独为人所不知，而以中和分位育。夫既己所不知矣，戒慎恐惧孰从而知之？既分中和

①〔宋〕黎靖德编：《朱子语类》卷十三，载朱杰人等主编：《朱子全书》第十四册，第392页。阳明认为朱子将格物致知与正心诚意区隔为两节，格物遂有逐外忘反之弊：“纵格得草木来，如何反来诚得自家意？”（陈荣捷：《王阳明传习录详注集评》，第368页）

②笔者曾指出，在朱子那里“戒惧”（戒慎恐惧）工夫有“专言”与“偏言”之别：作为“专言”的戒惧工夫（敬的工夫）则普适于整体心灵生活，作为“偏言”的戒惧工夫则专指“念”之未起时的“涵养”工夫。见陈立胜：《作为修身学范畴的“独知”概念之形成：朱子慎独工夫新论》，《复旦学报》2016年第4期。

③陈荣捷：《王阳明传习录详注集评》，第352页。

> 位育矣，天地万物孰从而二之？此不待知者而辨也。先师则以不睹不闻为道体，戒慎恐惧为修道之功。不睹不闻即是隐微，即所谓独。存省一事，中和一道，位育一原，皆非有二也。晦翁随处分而为二，先师随处合而为一，此其大较也。①

而就独知之性质论，朱子将“独知”工夫通常限定在一念初动时的警觉上面。这种警觉在朱子的文字中更多的是提防性的、防御性的（所谓“检防人欲”、所谓“禁止其苟且自欺之萌”、所谓“遏人欲之将萌”，所谓“防意如城”），它有点类似于弗洛伊德意义上的“超我”，在“潜意识”与“意识”之间起到审查官（censor）的作用。而在阳明这里，由于戒慎恐惧也被纳入了“独知”的范畴，于是在朱子那里本是静存的工夫、涵养本原的工夫（“全其体”工夫）也成了独知的工夫。质言之，朱子那里“全其体”与“审其几”两节工夫统摄于阳明之独知工夫（致良知工夫）之中。这就意味着在阳明的“独知”工夫中除了继续具有朱子的提防性、防御性的这一消极功能之外，还具有体认、默识、涵养“心之本”（“良知”）的这一积极功能。②

---

①〔明〕王畿：《书婺源同志会约》，载吴震编校整理：《王畿集》卷二，第39页。

②今人多认为跟延平（当然亦跟阳明）通过涵养去体证“中体”不同，朱子之涵养工夫只是“空头的涵养”，只是“保持一常惺惺的态度”，“并没有确定的实质内容”（刘述先：《朱子哲学思想的发展与完成》，台湾学生书局1995年版，第114、128页）。实际上，这也不只是今人的看法。王龙溪在论及涵养工夫时曾指出：“涵养工夫贵在精专接续，如鸡抱卵，先正尝有是言。然必卵中原有一点真阳种子方抱得成，若是无阳之卵，抱之虽勤，终成假卵。学者须识得真种子，方不枉费工夫。明道云‘学者须先识仁’，吾人心中一点灵明便是真种子，原是生生不息之机。种子全在卵上，全体精神只是保护得，非能以其精神帮助之也。”（〔明〕王畿：《留都会纪》，载吴震编校整理：《王畿集》卷四，第98—99页）“如鸡抱卵”语出养生家，朱子曾用于描述涵养工夫；“先正尝有是言”，当指朱子。显然在王龙溪看来，朱子之涵养乃是无真阳种子之空头的涵养。明末清初三大儒之一李二曲在门人请示涵养省察工夫时，亦指出：“也须先识头脑。否则，‘涵养’是涵养个甚么？‘省察’，是省察个甚么？若识头脑，‘涵养’，涵养乎此也；‘省察’，省察乎此也。时时操存，时时提撕，忙时自不至于逐物，闲时自不至于着空。”头脑即是“良知”。（〔清〕李颙撰、陈俊民点校：《二曲集》卷三，中华书局1996年版，第26页）朱子之涵养、主敬是否真如论者所谓只是一“空头的涵养”？鄙人认为此须再做检讨。概言之，朱子之涵养持敬固起到收摄保任之功能，所涵养、保任之“心之本”固亦只是一“虚灵知觉”之心，而具体的性理内涵则须由“致知格物”的穷理、明理工夫提供，但此只是一静态性的、结构性之说法。倘吾人将朱子之“明明德”说、“顾諟天之明命”说、涵养与省察说、居敬与致知穷理关系说类聚而观，亦不难发现涵养之中自有“端倪”（义理）可体、可养。涵养与省察实是一层累递进、交互渗透的动态的、发生的关系。限于本文之主题与篇幅，本文无法深入讨论朱子戒慎戒惧工夫（涵养、敬）与格物致知工夫之关系，亦无法就此议题而论阳明跟朱子工夫之异同。

要之，朱子之“独知”概念已经蕴含着向阳明“良知”概念过渡之契机。就二人使用“独知”一词，其异同可从独知范畴之“外延”（范围）与“内涵”（性质）两方面见出：

第一，就外延论，朱子之“独知”范畴乃用于刻画心灵生活“念之将萌”乃至“已起”时段，故慎独的工夫亦特指“诚意”一节。阳明将戒惧亦视为“念”，于是“独知”成为普适于整体心灵生活之范畴，“独知”范畴为全副的心灵生活之自知、自证领域。阳明之所以要做出如此改动，与世人不善会朱子戒惧、独知工夫之两轮一体性，而误为不相干之两截，致使工夫有换手间断之虞有关，故有纠偏之用意。

第二，由于“独知”外延之扩大（即涵括了朱子所谓的“未发”时段的戒惧工夫、涵养本原的工夫、静存的工夫），故在阳明那里独知的性质与朱子相比亦有所不同。朱子之独知工夫侧重于提防性、防御性的一面，阳明之独知工夫则兼静存动察于一身，立体端本与省察克治乃独知工夫之一体两面。

两人在“独知”上的理解之异同还集中体现在对“几”之观念的阐释上面。朱子之“几”乃是有善有恶的意念之几，阳明之“几”乃天理流行、良知萌动之几。在朱子处，几微之间，因人心道心杂然共在于方寸之间，故极易使人陷溺而不自知，故于此“发而未发之际”须“慎上加慎”，免得落入后着，一发而不可收拾。在阳明处，“几”乃良知之萌动，吾人心体（良知、天理、明德、性体）实乃一生生不息之体，在待人接物之生存活动之中，此生生不息之体当“机”而发，是为“几”，知此“几”、体此“几”则自有端本澄源之功。这一区别尤其体现在二人对《周易·系辞下》“几者，动之微，吉之先见者也”的不同理解上面。朱子常常将“独知”与“几微之际”并提，并反复强调“几”乃“已发之端”，乃善恶萌生之端，故“几”严格意义上乃是一经验性的、善恶混杂的意念初生态，并坚持说《周易·系辞下》中“吉之先见者”的“吉”字下面漏一“凶”字（《汉书》引《周易·系辞下》即云“几者，动之微，吉凶之先见者也”）。

> 几自是有善有恶。[①]
>
> 几者，动之微。微，动之初，是非善恶于此可见；一念之生，不是善，便是恶。[②]
>
> “几者动之微”，是欲动未动之间便有善恶，便须就这处理会。若到发出处，更怎生奈何得？所以圣贤说“谨独”，便是要就几微处理会。[③]
>
> 几是动之微，是欲动未动之间，便有善恶，便须就这处理会。若至于发著之甚，则亦不济事矣，更怎生理会？所以圣贤说“戒慎乎其所不睹，恐惧乎其所不闻”。盖几微之际，大是要切。[④]

这些关于“几”（“几微”）的说法，均着重指出“几”之“凶”之一面，故须惺觉、审察、理会，一毫不谨，便会流于恶、流于自欺。阳明则明确视“几”为良知之萌动处。或问至诚前知。先生曰：“诚是实理。只是一个良知。实理之妙用流行就是神。其萌动处就是几。诚神几曰圣人。圣人不贵前知。祸福之来，虽圣人有所不免。圣人只是知几遇变而通耳。良知无前后。只知得见在的几，便是一了百了。”[⑤]良知、实理之萌动曰几，则“几”自是“吉”而无“凶”，其积极的意涵甚为昭明。

三、“独知处”究竟如何用功？

就独知工夫之“入手处”而论，朱子论独知工夫时，尤其注重对“意”之亏欠现象（亦即“自欺”现象）的察觉，“独知”也因此构成了“诚意”关口至为关键的一环，意之“实”（“实”即“诚”）与“不

---

①〔宋〕黎靖德编：《朱子语类》卷七十六，载朱杰人等主编：《朱子全书》第十六册，第2589页。

②〔宋〕黎靖德编：《朱子语类》卷九十四，载朱杰人等主编：《朱子全书》第十七册，第3149页。

③同①。

④同②。

⑤陈荣捷：《王阳明传习录详注集评》，第336页。

实”（“不实”即“欠”，即“自欺”），无有不自知者，故独知亦是“自知”。众所周知，朱子《大学》八目之中，尤重“格物”（致知）与“诚意”（正心），前者是“知之始”，后者是“行之始”。就正心诚意一环，朱子更明确点出诚意是“紧要工夫”：

> 问：“心，本也。意，特心之所发耳。今欲正其心，先诚其意，似倒说了。”曰：“心无形影，教人如何撑拄。须是从心之所发处下手，先须去了许多恶根。如人家里有贼，先去了贼，方得家中宁。如人种田，不先去了草，如何下种。须去了自欺之意，意诚则心正。诚意最是一段中紧要工夫。下面一节轻一节。”①
>
> 问：“心者，身之主；意者，心之发。意发于心，则意当听命于心。今曰‘意诚而后心正’，则是意反为心之管束矣。何也？”曰：“心之本体何尝不正。所以不得其正者，盖由邪恶之念勃勃而兴，有以动其心也。譬之水焉，本自莹净宁息，盖因波涛汹涌，水遂为所激而动也。更是大学次序，诚意最要。学者苟于此一节分别得善恶、是非、取舍分明，则自此以后，凡有忿懥、好乐、亲爱、畏敬等类，皆是好事。大学之道，始不可胜用矣。”②

段落一所言工夫须从“心之所发处下手”，而下手方式即是类似于“去贼”“去草”之“拔去恶根法”，这个方法也就是阳明所说的“省察克治法”③。段落二中“心之本体何尝不正”更是阳明“必就心之发动处方可着力”所诉诸之根据（详下）。阳明就“正心”与“诚意”关系所发之

---

①〔宋〕黎靖德编：《朱子语类》卷十五，载朱杰人等主编：《朱子全书》第十四册，第488页。

②同上，第490页。

③一日论为学工夫。先生曰：“教人为学不可执一偏。初学时心猿意马，拴缚不定。其所思虑多是人欲一边。故且教之静坐息思虑。久之，俟其心意稍定。只悬空静守，如槁木死灰，亦无用。须教他省察克治。省察克治之功，则无时而可间。如去盗贼，须有个扫除廓清之意。无事时，将好色好货好名等私，逐一追究搜寻出来。定要拔去病根，永不复起，方始为快。常如猫之捕鼠。一眼看着，一耳听着。才有一念萌动，即与克去。斩钉截铁，不可姑容与他方便。不可窝藏。不可放他出路。方是真实用功。方能扫除廊清。到得无私可克，自有端拱时在。虽曰‘何思何虑’，非初学时事。初学必须思省察克治。即是思诚。只思一个天理。到得天理纯全，便是何思何虑矣。”（陈荣捷：《王阳明传习录详注集评》，第75—76页）阳明这里以“去盗贼”“捕鼠”之喻来阐明省察克治之功，与朱子诚意说如出一辙。另阳明亦用“伐树拔根”之喻摹状省察克治法，见陈荣捷：《王阳明传习录详注集评》，第58—59页。

议论，大致皆未越出朱子之矩矱：

> 工夫难处，全在格物致知上。此即诚意之事。意既诚，大段心亦自正，身亦自修。①
>
> 守衡问：“《大学》工夫只是诚意。诚意工夫只是格物修齐治平。只诚意尽矣。又有正心之功。有所忿懥好乐，则不得其正。何也？”先生曰：“此要自思得之。知此则知未发之中矣。”守衡再三请。曰：“为学工夫有浅深。初时若不着实用意去好善恶恶，如何能为善去恶？这着实用意，便是诚意。然不知心之本体原无一物，一向着意去好善恶恶，便又多了这分意思，便不是廓然大公。《书》所谓‘无有作好作恶’，方是本体。所以说有所忿懥好乐，则不得其正。正心只是诚意工夫里面，体当自家心体，常要鉴空衡平，这便是未发之中。”②

这两段文字皆清楚表明正心工夫亦由诚意入手。通观阳明讲“正心”工夫的文字，其要均扣在就诚意中体当自己心体这一向度上。具体而言，正心工夫即是常令自家心体“廓然大公，无有些子不正处”，“不可滞于有，有不可堕于无”（所谓“鉴空衡平”），然而，“至善者心之本体也”，心之本体哪有不善？故如要正心，本体上却又无可用工，“必就心之发动处才可着力也”，而就心之发动处着力，则恰是诚意工夫之所在。

不过，在朱子那里，诚意工夫固然关键，但必与格物致知对举而成两轮一体工夫方平正无弊，无格物致知之功，则义理无由明，“此心愦愦，何事于操存也”③。阳明之异于朱子处在于：

---

①陈荣捷：《王阳明传习录详注集评》，第111页（标点略有改动）。

②同上，第140—141页。

③〔宋〕黎靖德编：《朱子语类》卷十五，载朱杰人等主编：《朱子全书》第十四册，第481页。在朱子那里，《大学》修身八目有两大关口：一是“致知关”，一是“诚意关”：致知是梦觉关，诚意是恶善关。透得致知关则觉，不然则梦。透得诚意之关则善，不然则恶。透过致知关所觉之义理，诚意则不会陷入盲目，两者之关系是知行之关系：知之愈明，则意愈诚，行愈力。然两关工夫不可固化为两个不相干的阶段。舜功问：“致知、诚意是如何先后?”曰：“此是当初一发同时做底工夫，及到成时，知至而后意诚耳。不是方其致知，则脱空妄语，猖狂妄行，及到诚意方始旋收拾也。”（同上，第485页）故鄙人以“两轮一体工夫”概括朱子工夫论之特色。

第一，将“格物”工夫归结为“诚意”。观龙场悟道后至致良知教提出之前，“诚意”无疑是阳明工夫论之中心。蔡希渊问：“文公《大学》新本，先格致而后诚意工夫。似与首章次第相合。若如先生从旧本之说，即诚意反在格致之前。于此尚未释然。”先生曰：“《大学》工夫即是明明德。明明德只是个诚意。诚意的工夫只是格物致知。若以诚意为主，去用格物致知工夫，即工夫始有下落。即为善去恶，无非是诚意的事。如新本先去穷格事物之理。即茫茫荡荡，都无着落处。须用添个敬字，方才牵扯得向身心上来。然终是没根源。若须用添个敬字，缘何孔门倒将一个最紧要的字落了，直待千余年后要人来补出？正谓以诚意为主，即不须添敬字。所以举出个诚意来说。正是学问的大头脑处。于此不察，真所谓毫厘之差，千里之缪。大抵《中庸》工夫只是诚身。诚身之极即是至诚。《大学》工夫只是诚意。诚意之极便是至善。工夫总是一般。今说这里补个敬字，那里补个字诚，未免画蛇添足。”[①]《大学》工夫只是诚意，《中庸》工夫只是诚身，阳明更有“诚是心之本体”[②]的说法。他反复强调“诚意”是“《大学》之要”，“工夫到诚意始有着落处”，又说圣人之学“只是一诚而已”。[③]早在跟徐曰仁论学时，阳明即指出“格物是诚意功夫”[④]。正德八年，42岁的阳明更是标举“立诚”二字接引弟子：

> 仆近时与朋友论学，惟说“立诚”二字。杀人须就咽喉上著刀，吾人为学当从心髓入微处用力，自然笃实光辉。虽私欲之萌，真是洪炉点雪，天下之大本立矣。若就标末妆缀比拟，凡平日所谓学问思辩

①陈荣捷：《王阳明传习录详注集评》，第154—155页。

②同上，第144页。

③同上，第305、402页。

④徐曰仁自叙云：“爱因旧说汩没，始闻先生之教，实是骇愕不定，无入头处。其后闻之既久，渐知反身实践。然后始信先生之学，为孔门嫡传。舍是皆傍蹊小径，断港绝河矣。如说格物是诚意的工夫。明善是诚身的工夫。穷理是尽性的工夫。道问学是尊德性的工夫。博文是约礼的工夫。惟精是惟一的工夫。诸如此类，始皆落落难合。其后思之既久，不觉手舞足蹈。”

者，适足以为长傲遂非之资，自以为进于高明光大，而不知陷于狠戾险嫉，亦诚可可哀也已！[①]

即便在滁州教门人习静坐，阳明亦是从省察与诚意一环指点。孟源问："静坐中思虑纷杂，不能强禁绝"，阳明答："纷杂思虑，亦强禁绝不得；只就思虑萌动处省察克治，到天理精明后，有个物各付物的意思，自然精专无纷杂之念；《大学》所谓'知止而后有定'也"。正德九年（1514），在《答王天宇》的信中，王阳明亦说："君子之学以诚意为主，格物致知者，诚意之功也。"同年还致书王纯甫，叮嘱说："只兀兀守此昏昧杂扰之心，却是坐禅入定，非所谓'必有事焉'者也。"[②]可以说，阳明早期工夫论中"诚意"是最关键的一环，这与朱子诚意、格致对举的做法自然不同。

第二，进一步由"诚意"而溯至"致知"。因对朱子致知与诚意两关说颇为熟稔，故弟子每每就阳明单举"诚意"一元工夫而生疑惑："天理人欲知之未尽"，如何可用诚意工夫？[③]专一涵养而不务讲求义理，如何可避免认欲作理？[④]无穷理之工夫，何由居敬？[⑤]诸如此类的疑惑均源自上引朱子"此心愦愦，何事于操存也"之问题意识。这一类疑问或成为阳明由"诚意为本"转向"致知为本"的一个重要因缘。何以言此？吾人对比两个《大学古本序》与《大学问》对"工夫次第"之阐述（见下表），稍加辨析，便一目了然。

①〔明〕王守仁：《与黄宗贤》，载吴光等编校：《王阳明全集》卷四，第152页。

②〔明〕王守仁：《与王纯甫（三）》，载吴光等编校：《王阳明全集》卷四，第157页。

③陈荣捷：《王阳明传习录详注集评》，第95—96页。

④同上，第116—117页。

⑤同上，第137—138页。

两个《大学古本序》与《大学问》对“工夫次第”之阐述

《大学古本序》（正德十三年）	《大学古本序》（嘉靖二年）	《大学问》（嘉靖六年）
《大学》之要，诚意而已矣。诚意之功，格物而已矣。诚意之极，止至善而已矣。正心，复其体也；修身，著其用也。以言乎己，谓之明德；以言乎人，谓之亲民；以言乎天地之间，则备矣。是故至善也者，心之本体也；动而后有不善。意者，其动也；物者，其事也。格物以诚意，复其不善之动而已矣。不善复而体正，体正而无不善之动矣，是之谓止至善。 圣人惧人之求之于外也，而反覆其辞。旧本析，而圣人之意亡矣！是故不务于诚意，而徒以格物者，谓之支；不事于格物，而徒以诚意者，谓之虚；支与虚，其于至善也远矣！合之以敬而益缀，补之以传而益离。吾惧学之日远于至善也，去分章而复旧本，傍为之什以引其义，庶几复见圣人之心，而求之者有其要。噫！罪我者，其亦以是矣。	《大学》之要，诚意而已矣。诚意之功，格物而已矣。止至善之则，致知而已矣。正心，复其体也。修身，著其用也。以言乎己，谓之明德；以言乎人，谓之亲民；以言乎天地之间，则备矣。是故至善也者，心之本体也。动而后有不善，而本体之知，未尝不知也。意者，其动也；物者，其事也。致其本体之知，而动无不善。然非即其事而格之，则亦无以致其知。故致知者，诚意之本也；格物者，致知之实也。物格则知致意诚。而有以复其本体，是之谓止至善。 圣人惧人之求之于外也，而反覆其辞。旧本析，而圣人之意亡矣！是故不务于诚意，而徒以格物者，谓之支；不事于格物，而徒以诚意者，谓之虚；不本于致知，而徒以格物诚意者，谓之妄。支与虚与妄，其于至善也远矣！合之以敬而益缀，补之以传而益离。吾惧学之日远于至善也，去分章而复旧本，傍为之什以引其义。庶几复见圣人之心，而求之者有其要。噫！乃若致知，则存乎心悟。致知焉，尽矣。	盖身、心、意、知、物者，是其工夫所用之条理，虽亦各有其所，而其实只是一物。格、致、诚、正、修者，是其条理所用之工夫，虽亦皆有其名，而其实只是一事……故欲修其身者，必在于先正其心也……盖心之本体本无不正，自其意念发动，而后有不正。故欲正其心者，必就其意念之所发而正之……然意之所发，有善有恶，不有以明其善恶之分，亦将真妄错杂，虽欲诚之，不可得而诚矣。故欲诚其意者，必在于致知焉……今欲别善恶以诚其意，惟在致其良知之所知焉尔。何则？意念之发，吾心之良知既知其为善矣，使其不能诚有以好之，而复背而去之，则是以善为恶，而自昧其知善之良知矣。意念之所发，吾之良知既知其为不善矣，使其不能诚有以恶之，而复蹈而为之，则是以恶为善，而自昧其知恶之良知矣……然欲致其良知，亦岂影响恍惚而悬空无实之谓乎？是必实有其事矣。故致知必在于格物……

原序工夫之中心在于诚意："……不本于诚意，而徒以格物者，谓之支；不事于格物，而徒以诚意者，谓之虚。"修身工夫以诚意为本，离此本而格物，则为支离；舍格物而徒空头诚意，则既缺乏事上磨炼之功，又流于枯槁虚寂之偏，是谓"虚"。嘉靖二年①新序最重要的改动是在"诚意"外又标出"诚意之本又在于致知"："诚意之极，止至善而已矣"句后补以"止至善之则，致知而已矣"，"心之本体也，动而后有不善"句后补以"而本体之知，未尝不知也"，而原来较为笼统的"格物以诚意，复其不之动而已矣"被修订为"至其本体之知，而动无不善，然非即其事而格之，则亦无以致其知。故致知者，诚意之本也；格物者，致知之实也……"，"本于诚意"则被易为"务于诚意"，并补以"本于致知"这一关键环节："……不务于诚意，而徒以格物者，谓之支；不事于格物，而徒以诚意者，谓之虚；不本于致知而徒以格物诚意者，谓之妄……噫！乃若致知，则存乎心悟。致知焉，尽矣。"由此数语之改可观阳明工夫论之转进。

毫无疑问，这些改动的核心在于加入了"致知"一环，并因此而重新调整了诚意、致知、格物之关系。前此之"诚意为本"与今之"致知为本"有何异同？前文所引"工夫到诚意，始有着落处。然诚意之本，又在于致知也"，"诚意"与"致知"之关系究竟如何理解？"不本于致知而徒以格物诚意者，谓之妄"又作何解？这在新序之中只是点到为止，而在傍释之正文亦未有正面之阐述，②以致当今学者有"未及深究"之感慨。其实，新序在"动而后有不善"所补"而本体之知，未尝不知也"一句是

①《王阳明全集》一书认为新序所作时间系嘉靖二年（1523），但亦有学者认为是正德十六年（1521）（束景南：《阳明佚文辑考编年》下，上海古籍出版社2012年版，第678—679页），但阳明本人短序三易其稿的说法，让学界怀疑束说有武断之嫌。（邓国元：《王阳明〈大学古本旁释〉献疑与辨证》，《中国哲学史》2014年第1期）今之系年仍从《王阳明全集》。

②改定的《大学古本傍释》也只有稍许变动，即在"古之明明德于天下……致知在格物"论工夫次第一章，增加了一段"致知"跟诚意、正心关系之文字："如意用于事亲，即事亲之事格之，必尽夫天理，则吾事亲之良知无私欲之间而得以致其极。知致，则意无所欺而可诚矣；意可诚，则心无所放而可正矣。"

问题之关键：动后有善念有恶念，而作为本体之良知对此善念、恶念当下即有觉察，没有这种良知“未尝不知”之觉察，“诚意”便会陷入盲目。故阳明才会说“不本于致知而徒以格物诚意者，谓之妄”，这也正是朱子“此心愦愦，何事于操存也”之意思。

到《大学问》，新序“事于格物”“务于诚意”“本于致知”的说法不见了，代之而来的是“身、心、意、知、物”只是“一物”，“格、致、诚、正、修”也只是“一事”说，这就从根本上杜绝了工夫多歧之误解。而“致知”与“诚意”关系则有进一步之论述：性无不善，心之本体本无不正，故本体上无可用功，而“意”为心之“所发”，“正”与“不正”只有在“一念发动处”表现出来，故诚意只能在“发处”用功，正心之工夫也必就此心之发动处，方可着力。一念而善，则好之如好好色；一念而恶，则恶之如恶恶臭，此亦即是“诚意”。然而“诚意”之所以可能，“心之发动处”之所以能够成为工夫之“着落处”，必有一预设，即吾人对此一念发动处当下即有觉察而能“明其善恶之分”，如茫然无察，事后方觉，则着力、用功均成为空谈。“真妄错杂，虽欲诚之，不可得而诚矣”，此显系以《中庸》“不明乎善，不诚乎身”阐释《大学》“致知”（明乎善）与“诚意”（诚乎身）之关系。“诚意”工夫只能由此“明此善恶之分”的“明”处入手，知其为善，则诚善之，知其为恶，则诚恶之，而丝毫不昧其知善知恶之良知，此即是“致知”。

《大学问》与新序相比，还有另一个重大变化，即新序中的“乃若致知，则存乎心悟”一语不再出现，这确实耐人寻味。罗念庵曾对新序出现这句“心悟”之语颇感诧异，谓“似与初本若两人然”①，然而此语究作何解？为何到《大学问》阳明又不复提出？阳明后学之中不乏将此语理解为“一悟本体即是功夫”之人。倘如此解，则“诚意”成为“以功夫合本体”，这难免启人“诚意”非究竟功夫之遐思。此钱德洪观察最为细致，

①〔明〕钱德洪编次，〔明〕罗洪先考订：《阳明先生年谱》中卷，明嘉靖四十三年毛汝麒刻本。

他曾指出阳明立教揭“诚意”为《大学》之要，致知格物是诚意之功，门弟子闻此言“皆得入门用力之地”，但阳明没后，门弟子于“本体提揭过重”“闻者遂谓诚意不足以尽道，必先有悟而意自不生”，又谓“格物非所以言功，必先归寂而物自化”。德洪对这种“不事诚意而求寂与悟”之功法斥为“不入门而思见宗庙百官”[①]。钱子之告诫并未得到广泛认同，阳明后学多认为阳明此处“引而不发，待人自悟”之“致知存乎心悟”说乃是其见解高明处，是“尽洩底蕴以俟后学”之语。撇开钱子此处暗中所批评的龙溪（龙溪“先天正心”与“后天诚意”之区别，即德洪所谓不事诚意而求悟之典型）与双江（“致虚守寂”“格物无工夫”，即德洪所谓“不事诚意而求寂”）不论，刘师泉悟性修命、立体致用之性命兼修说实亦有将此“悟”专门视为一种修身法门之倾向，至其弟子王塘南则明确援引阳明“存乎心悟”说来证成其“性贵悟而后天贵修”之立论，并声称“致知主悟，诚意主修”，阳明致知诚意的一元工夫遂被分为先天与后天两种工夫。凡此种种议论已说明阳明新序之中“致知存乎心悟”一语的确可称“险语”。鄙人以为阳明对一悟透体一门始终持谨慎态度，故面临龙溪所谓“四无”之请，阳明答曰：“汝中所见，我久欲发，恐人信不及，徒增躐等之病，故含蓄到今。此是传心秘藏，颜子、明道所不敢言者。今既已说破，亦是天机该发泄时，岂容复秘？”这里阳明明确说“一悟本体即是功夫”之教虽“久欲发”，但“含蓄到今”。天泉证道发生于嘉靖六年九月，而《大学问》作为“师门教典”，“学者初及门，必先以此意授”，开始是口口相传，及阳明起征思、田，即天泉证道同年之八月，阳明方同意刻录成书。也就是说，《大学问》在时间上要早于天泉证道，这就意味着“致知存乎心悟”一语不应被理解为“尽洩底蕴以俟后学”之语，不然何来“久欲发”但“含蓄到今”之言？在鄙人看来，“致知存乎心悟”只不过是说“格、致、诚、正、修”之一元工夫最终必人实体

①钱明编校整理：《徐爱·钱德洪·董沄集》，凤凰出版社2007年版，第123页。

而得之，别无他途，此同于《孟子》“梓匠轮舆，能与人规矩，不能使人巧”一语之所谓（朱子说规矩法度可告可传，巧则在其人之自悟，“盖下学可以言传，上达必由心悟”。见其《孟子章句》）。在此意义上，可以说钱德洪对此语的解读还是平实可信的：“灵通妙觉，不离于人伦事物之中，在人实体而得之耳，是之为心悟。世之学者，谓斯道神奇秘密，藏机隐窍，使人渺茫恍惚，无入头处，固非真性之悟。若一闻良知，遂影响承受，不思极深研几，以究透真体，是又得为心悟乎?”[①]

阳明因不善朱子格物说而致格竹子失败[②]，这一惨痛教训使得其工夫论之问题意识始终扣紧在心髓入微这一向度（所谓“工夫只在一念入微处”），而朱子“独知”之说恰恰彰显了修身工夫最为隐秘、最为切己的一面。阳明标举“此独知处便是诚的萌芽”，是诚身立命的工夫所在，并将“独知”范畴之外延与内涵均加以改变，其工夫之一元性、切己性由此而得以显豁，要之，“格致”与“诚正”收摄为“明诚”一如、知行合一之工夫。阳明再传弟子查铎云：

> 戒惧原是本体：觉悟而不戒惧，则所悟者犹是虚见；戒惧而非觉悟，则戒惧者犹是强制。殊不知戒惧即觉悟，觉悟不息则戒惧自不息矣。非觉悟之后，复有戒惧。亦非觉悟之后无复有所谓戒惧也。不知戒惧即本性自然之不息，则所谓觉悟者亦非本性自然之觉悟矣。[③]

觉是觉非（知是知非），同时即是“是是非非”（是者，是之；非

---

①钱明编校整理：《徐爱·钱德洪·董沄集》，第121—122页。

②阳明格亭前竹子七日劳思致疾而无所得，其后遂认定朱子格物说有忘内逐外之支离之弊。其实，朱子虽有上而无极、太极，下而至于一草、一木、一昆虫之微，亦各有理，故须要格，一物不格，则阙了一物道理之说，但他亦反复强调格物先从身上格去，又说一物格而万理通，虽颜子不能。在《答陈齐仲书》书中，朱子更是说：“格物之论，伊川意虽谓眼前无非是物，然其格之也，亦须有缓急先后之序，岂遽以为存心于一草木器用之间而忽然悬悟也哉？且如今为此学而不穷天理、明人伦、讲圣言、通世故，乃兀然存心于一草木、一器用之间，此是何学问？如此而望有所得，是炊沙而欲其成饭也。”（〔宋〕朱熹撰：《晦庵朱先生文公文集》卷三十九，载朱杰人等主编：《朱子全书》第二十二册，第1756页）阳明格竹子可谓存心于一草一木也，亦诚宜为朱子所嗤矣。故阳明格竹子失败非为朱子格物说误，实为误会朱子格物说所误。

③〔明〕查铎：《会语》，载《四库未收书辑刊》第十六册，北京出版社2000年版，第482页。

者，非之），明诚一如、知行合一之工夫就是此种即觉悟即戒惧的本体工夫。

四、由“独知”而知“独”

在“发处”“发时”用功，绝不是在经验层面上打转，亦不仅仅是提防性、防御性地审查意念初发时之真伪性质，而是由此“发时”“发处”去体证、体认、涵养、默识良知之本体、心之本体，悟得良知真头面。故阳明在强调“发时”“发处”用功的同时，亦往往指出为学要有“本原”、须“得个头脑工夫”；[①]要养“喜怒哀乐未发之中”[②]；“只要在性上用功”“但要‘识得心体’”“只要成就自家心体”；[③]“要此心纯是天理，须就理之发见处用功……随他发见处，即就那上面学个存天理”，要“在自心上体当”，“就己心之动处，辨别出天理来”“只在此心纯天理上用功”“就自己心地良知良能上体认扩充”；[④]要做“立命的功夫”，要存养、凝聚，“结圣胎”，而此存养、凝聚之功亦不外是“念念存天理”，亦“只从此一念存养扩充去耳”；[⑤]“须常常保守着这个真己的本体”[⑥]；要“在良知上体认”，“只要在良知上用功”，“透得这个真机”，在动处“真见得良知本体”，“体认得自己良知明白”。[⑦]这些贯彻阳明不同时段的工夫指点语，固出于不同的语脉，亦各有其不同的侧重，但却有一不变的基调，即“发见处”用功既是省察的工夫（诚意的工夫），同时又是涵养的工夫（体认、涵养、默识本体的工夫），“省察是

①陈荣捷：《王阳明传习录详注集评》，第126页。

②同上，第68页。

③同上，第74、82、97页。

④同上，第41、69、404、129页。

⑤同上，第379、57页。

⑥同上，第146页。

⑦同上，第241、310、325、411、205页。

有事时涵养，涵养是无事时省察”[①]，即此之谓也。

在“发处”“发时”用功，在根本上是要体认、挺立“未发”者。“未发”与“已发”只是一体用关系，而非先后关系，故工夫不再具有朱子意义上的时间性上的差异（用阳明本人的话说是“无先后内外”）。也正基于此，阳明甚至明确否定了朱子所谓的戒慎恐惧是针对“未发”而言的“致中”工夫，而持“因用以求其体”“致和正所以致中”之立场：

> 直问：“戒慎恐惧是致和，还是致中？”先生曰：“是和上用功。”曰：“《中庸》言致中和。如何不致中？却来和上用功？”先生曰：“中和一也。内无所偏倚。少间发出，便自无乖戾。本体上如何用功？必就他发处，才着得力。致和便是致中。万物育，便是天地位。”直未能释然。先生曰：“不消去文义上泥。中和是离不得底。如面前火之本体是中。火之照物处便是和。举着火，其光便自照物。火与照如何离得？故中和一也。近儒亦有以戒惧即是慎独非两事者。然不知此以致和即便以致中也。”他日崇一谓直曰：“未发是本体。本体自是不发底。如人可怒。我虽怒他，然怒不过当，却也是此本体未发。”后以崇一之说问先生。先生曰：“如此却是说成功。子思说发与未发，正要在发时用功。”[②]

在“发处”“发时”用功，正是“未发”工夫之所在，被朱子系于“未发”时的“戒慎恐惧”工夫，在阳明这里被明确系于“已发”时工夫（可谓“未发工夫已发上用”），于是，在朱子那里因时间（未发时/静时、已发时/动时）而有分际的致中、致和工夫遂被合并为一个工夫（可谓“致和即是致中”）。王龙溪对乃师“中和一也”之工夫说有进一步之阐述：“吾儒喜怒哀乐未发之中一言，乃是千圣之的，范围三教之宗，非用戒惧慎独切实功夫，则不可得而有。有未发之中，而后有发而中节之和，工夫只在喜怒哀乐发处体当，致和正所以致中也。内外合一，动静无端，

①陈荣捷：《王阳明传习录详注集评》，第72页。

②同上，第403页。

原是千圣学脉。世之学者口谈未发之中，而未尝实用戒惧慎独之功，故放心无从收，而使夜气无所养。若是实用其功，不从见解言说抹过，由戒惧慎独以出中和，正是养夜气、收放心实际理地，正是动静合一真脉路。”① 只有在“事上”“发上”不断省察而获得对良知本体主宰力量之积极的体认、体证与默识，所谓的“未发之中”才得到有效之存养。故对于弟子单纯靠静坐存心之工夫，阳明往往不予认可，并屡屡指出：宁静存心只是“定得气”，私心杂念仍“潜伏”在心灵深处，遇事必会“依旧滋长”，故不能“徒知养静”，而不用“克己工夫”，“须在事上磨”，“随事事物物精察此心之天理”。②

在阳明体用一元论思维③架构下，并不存在一个寡头的本体，任何针对本体的工夫必在发用上面入手。本体作为天理、良知、性体本身，即是一生生不息的力量，无时无刻不处在“发用流行”之中。“天地气机，元无一息之停。”“人心自是不息。虽在睡梦，此心亦是流动。如天地之

①〔明〕王畿：《书陈中阁卷》，载吴震编校整理：《王畿集》卷十六，第478页。

②陈荣捷：《王阳明传习录详注集评》，第66—67、62、75、176页。或问未发已发。先生曰：“只缘后儒将未发已发分说了。只得劈头说个无未发已发，使人自思得之。若说有个已发未发，听者依旧落在后儒见解。若真见得无未发已发，说个有未发已发，原不妨。原有个未发已发在。”问曰：“未发未尝不和。已发未尝不中。譬如钟声，未扣不可谓无，既扣不可谓有。毕竟有个扣与不扣，何如？”先生曰：“未扣时原是惊天动地。既扣时也只是寂天寞地。”（陈荣捷：《王阳明传习录详注集评》，第352页）“动静只是一个。那三更时分空空静静的，只是存天理。即是如今应事接物的心。如今应事接物的心，亦是循此天理。便是那三更时分空空静静的心。故动静只是一个，分别不得。”（陈荣捷：《王阳明传习录详注集评》，第307页）显然，在阳明看来，人之心灵生活虽因所处境遇而流动不居，但作为心灵生活的主宰（未发之中、良知）却并不因境遇异而变迁。宁静存心也罢，事上磨炼也罢，均是要培养此心之“主宰”能力。倘弟子明于此理，阳明亦不反对静坐存心之工夫。刘君亮要在山中静坐。先生曰：“汝若以厌外物之心去求之静，是反养成一个骄惰之气了。汝若不厌外物，复于静处涵养，却好。”（陈荣捷：《王阳明传习录详注集评》，第320页）一友静坐有见，驰问先生。答曰：“吾昔居滁时，见诸生多务知解口耳异同，无益于得。姑教之静坐。一时窥见光景，颇收近效。久之，渐有喜静厌动，流入枯槁之病。或务为玄解妙觉，动人听闻。故迩来只说致良知。良知明白。随你去静处体悟也好。随你去事上磨炼也好。良知本体，原是无动无静的。此便是学问头脑。”（陈荣捷：《王阳明传习录详注集评》，第324页）

③就思维方式论，由于朱子中和新说将未发已发视为心灵生活先后相续的两个时段，而阳明则全然视未发已发是一体用范畴，由此，朱子认为“致中”（专言之“戒惧”）乃是未发之工夫（静工夫），“致和”（独知）乃已发之工夫（动工夫），两者不应漫然无别待之。阳明则坚持存省一事，中和一道，动静一如。关乎阳明之思维方式，可参林月惠：《王阳明的体用观》，载《诠释与工夫》，（台湾）“中央研究院”文哲研究所2008年版，第147—180页。

化，本无一息之停。”[①]阳明标举一元的独知工夫自是基于此心体流行不息之实事（用“见在的几”描述良知正是彰显其生生不息的性质），同时又是出于工夫动静一如之考量。阳明认为，朱子将“独知”仅限于一念萌动之觉察上面，并将“戒惧”区隔为“己所不知”之做法，势必造成工夫上的“支离”与“间断”。此处所谓“支离”，即“歧出为二”，本是一元工夫而人为区隔成两节；既为“两节”，则两节之间必有“换手”一环、必有“歇手”之时，有换手一环、歇手之时，则必致工夫有“间断”之弊，便非“致一”之道。如非要就朱子所区隔的“戒惧”与“独知”二节而论不可，阳明则会说未起经验性意念之前的“戒惧之念”与跟经验性意念同起的“省察之念”皆是“独知”之工夫之所在，在“发处”“发时”用功，即在“独知处”用功。说到底，“戒惧之念”与“省察之念”均是扣紧“独知”不让之滑落、不让之堕入泯然无觉状态之努力。说到底，在阳明处，“独知”在本质上乃是心灵生活之中一直为而不有、潜行默运的自身贞定之向度，因为心之所发有善有不善，而吾心之良知无有不自知者。这种对“善”与“不善”之“知”即是“独知”，此种“独知”人人本具，但唯因常人受私欲遮蔽，往往让这种“独知”漫忽而过，遂流于自欺，而“戒慎恐惧”无非是慎此“独知”之工夫，亦即是致良知工夫：“独知之知，至静而神，无不良者。吾人顺其自然之知，知善知恶为良知，因其所知，而为善去恶为致良知。”[②]

五、结语

综上所述，我们可将阳明“独知”概念疏通如下：

（一）“独知”之“独”具有独立无待的绝对义、超越义、独一无二义。独知之为“独”，乃在于这种“知”跟“意念”“见闻之知”不

①陈荣捷：《王阳明传习录详注集评》，第402页。

②〔明〕王阳明：《言行录辑要下》，载吴光等编校：《王阳明全集（新编本）》卷四十一，浙江古籍出版社2010年版，第1691页。

同。后者随境而有起灭，杂而无统，故属于情识流转之范畴，《易》之“憧憧往来”是也。“独知”则始终如一，此“一”乃是统摄“杂多”（“意念”“见闻之知”）之“一”（“良知即是独知时，此知之外更无知”），此“一”即是“良知”在“意识流”中始终贞定其自身的力量。良知作为心灵生活之主宰者一定是一“独体”（“良知无有不独，独知无有不良”，“独即所谓良知也”），一独立无待、独一无二的主宰力量，正因为它是一种超然独存、与物无对的“独立”力量，故能不为情迁，不为境异，而在意识的大海之中始终起到“定海神针”的作用（“人人自有定盘针，万化根原总在心”）。

（二）这种绝对无待、超然独立的力量又普遍而恒在于吾人意识生活之中，故又可说“独知”具有内在义。“普遍”系指吾人一念之发之同时，其善恶与否，吾人之良知无有不自知者，这种对“意念”的即时的省察能力[①]乃是人人本具的。阳明说：“良知者心之本体。即前所谓恒照者也。心之本体无起无不起。虽妄念之发，而良知未尝不在。但人不知存，则有时而或放耳。虽昏塞之极，而良知未尝不明。但人不知察，则有时而或蔽耳。”[②]又说：“良知在人。随你如何，不能泯灭。虽盗贼亦自知不当为盗。唤他做贼，他还忸怩。”[③]可见，这种“自知”“省察”的活动乃内在于所有人（即便是昏塞之极之人、即便是盗贼亦不例外）之心灵生活之中；“恒在”系指这种“独知”的力量乃统摄整个心灵生活之始终，“亘万古，塞宇宙，而无不周”，可以说，哪里有意念，那里就有省察/独知的力量。

故“独知”之“内在义”不外是说，独知乃普遍地存在于所有人的、整体的心灵生活之中。

---

①耿宁称之为“内意识”。参见氏著：《王阳明的第二个良知概念：对本己意向中的伦理价值的直接意识（本原意识、良心）》，载《人生第一等事》，倪梁康译，商务印书馆2014年版。

②陈荣捷：《王阳明传习录详注集评》，第214页。

③同上，第293页。

（三）“独知”之“独”实是一“既超越又内在”之“独”：“无声无臭独知时，此是乾坤万有基”，独知作为“超越”之“独体”，一“寂寞中的独体”（“无声无臭”）恰亦是“乾坤万有基”，故是一种即寂即感、“超越而内在”（所谓“无而未尝无”）的力量；“不离日用常行内，直造先天未画前”，独知在日用常行之中，为而不有，故亦是一即感即寂、“内在而超越”（“所谓有而未尝有”）的力量。

（四）“独知”之“独”亦意味着“独”为“己”所知的“唯独”义，即现象学意义上的本己意识。以“独知”指点“良知”更能显豁良知之心髓入微的切己性、不可让渡性（“知得良知却是谁，自家痛痒自家知”），故工夫只能在此隐微向度上用，否则，在“共知”“共见”处用功，只能流于肤浅、装点与作伪。

一言以蔽之，在王阳明思想中，“独知”概念就是指这样一种先天的、人人本具的（普遍的）、自知自证的贞定吾人心灵生活之寂而常感、感而常寂的力量。

〔原载《中山大学学报（哲学社会科学版）》2016年第5期〕

“诚意”
——欣赏与问道阳明心学的津梁

□ 李承贵[①]

摘要： “诚意”作为阳明心学的核心范畴，不仅成为儒学心学化解释的基本依据，而且成为理解心学实学特质的有效路径，更是欣赏与评价阳明心学的可靠津梁。“诚意”内涵的展开，不仅显示了其在道德伦理上的特殊价值，也暴露了其在科学产生、制度建设方面的乏力。由此进一步赋予阳明心学尝试性判断：怀揣客观世界的主体性哲学、在内容与特质上皆有限的实学和试图消解人性中善恶张力的智慧。

关键词： 诚意、阳明心学、津梁

顾东桥曾赞赏王阳明说：“近时学者务外遗内，博而寡要，故先生特倡‘诚意’一义，针砭膏肓，诚大惠也。”[②]对于顾东桥的美言，王阳明是这样回应的：“吾子洞见时弊如此矣，亦将何以救之乎？然则鄙人之心，吾子固已一句道尽，复何言哉！复何言哉！若‘诚意’之说，自是圣门教人用功第一义。但近世学者乃作第二义看，故稍与提掇系要出来，非鄙人所能特倡也。”[③]王阳明虽然将顾东桥的评价视为知己，但他提醒顾东桥：将“诚意”视为圣人教人用功的第一义并非他的发明，乃是圣学本有之义。那么，作为圣门教人用功第一义的“诚意”究竟有怎样的内涵？其在阳明心学体系中扮演着怎样的角色？我们又能从中收获哪些启示？本文拟对这些问题展开探讨。

---

①李承贵：南京大学哲学系教授。

②〔明〕王守仁：《传习录中》，载吴光等编校：《王阳明全集》卷二，上海古籍出版社1992年版，第41页。

③同上。

一、“诚意”进驻阳明心学

21岁时格竹子的经历让王阳明对朱子“格物”式的问学方法产生了怀疑，而谪贬龙场的遭遇则让王阳明对儒家学问的觉悟发生了根本性改变。正是在龙场，他对格物致知、知行关系等儒学的关键性命题有了自己的觉悟，特别是《五经臆说》所表现出来的思想，清晰地呈现了阳明心学立场与精神形成的脉络。比如，他解释《易》中“明出地上，《晋》，君子以自昭明德”说：“日之体本无不明也，故谓之大明。有时而不明者，入于地，则不明矣。心之德本无不明也，故谓之明德。有时而不明者，蔽于私也。去其私，无不明矣。”[①]“明”是内在本有，偶有不明乃是私意所蔽。这宣示的无疑是典型的心学价值旨趣与解释方法，而这样的价值旨趣与解释方法内在地规定了阳明建构其学说时所选择概念或命题的标准，“诚意”即是在这种背景下荣幸地成为了阳明用以展开其心学思路的概念。那么，“诚意”是怎样进驻阳明心学的？其在阳明心学中获得了怎样的地位？

（一）“诚意”的出场

查阅王阳明学术经历不难发现，自1503年始，他就开始关注“诚”这一范畴：“天道虽远，至诚而不动者，未之有也！”[②]就是说，若能做到“至诚”，哪怕是遥远的天道也将被感动。自此，“诚”正式进入王阳明思想世界并逐渐让位于“诚意”，并居于特殊位置。1508年，王阳明说：“圣人感人心而天下和平，至诚发见也。”[③]即言圣人感化人心而致天下和平是“至诚”之德的表现，换言之，“至诚”能够产生让圣人感化人心并致天下太平的结果。1511年，王阳明说：“是故非专则不能以精，非精则不能以明，非明则不能以诚，故曰‘唯精唯一’。精，精也；专，一也。

①〔明〕王守仁：《五经臆说》，载吴光等编校：《王阳明全集》卷二十六，第980页。

②〔明〕王守仁：《答佟太守求雨》，载吴光等编校：《王阳明全集》卷二十一，第801页。

③同①。

精则明矣，明则诚矣，是故明，精之为也；诚，一之基也。一，天下之大本也；精，天下之大用也。”[①]在这里，有了“诚”才能有“一”，有了“一”才能“精”，有了“精”才能“明”。就是说，“一”是天下大本，而“诚”是“一”的根基。“诚”之重要性不言而喻。1512年，王阳明说：“孔子告颜渊‘克己复礼为仁’，孟轲氏谓‘万物皆备于我’‘反身而诚’。夫己克而诚，固无待乎其外也。”[②]这是说一个人能够约束自己而“慎独”，那就无需接受外物影响，也无需向外求索。1513年，王阳明说：“夫诚者，无妄之谓。诚身之诚，则欲其无妄之谓。诚之之功，则明善是也。”[③]“诚”即“无妄”，“诚身”是“明善”，“诚”是可以使“身”本真无邪、纯洁至善的修行工夫。1514年，王阳明说：“鄙意但谓君子之学以诚意为主。格物致知者，诚意之功也。”[④]“诚意”是君子之学的主脑，格物致知不过是“诚意”的手段或工夫。1515年，王阳明说：“意未有悬空的，必着事物，故欲诚意，则随意所在某事而格之，去其人欲而归于天理，则良知之在此事者无蔽而得致矣。此便是诚意的功夫。”[⑤]“意”之所在即事物，因而所谓“诚意”必须是随意之所在的事物去“格”，以除去人欲回到天理，这样的话，也就是“致良知”了。1518年，王阳明说：“《大学》之要，诚意而已矣。”[⑥]即言《大学》的根本就是“诚意”二字。同年，王阳明说：“惟以诚意为主，而用格物之工，故不须添一‘敬’字。”[⑦]相对“格物”言，“诚意”是灵魂，是核心，强调“诚意”对于“格物”的优先性。1523年，王阳明仍然强调《大学》的根

①〔明〕王守仁：《送宗伯乔白岩序》，载吴光等编校：《王阳明全集》卷七，第229页。

②〔明〕王守仁：《别黄宗贤归天台序》，载吴光等编校：《王阳明全集》卷七，第233页。

③〔明〕王守仁：《与王纯甫二》，载吴光等编校：《王阳明全集》卷四，第156页。

④〔明〕王守仁：《答王天宇二》，载吴光等编校：《王阳明全集》卷四，第163页。

⑤〔明〕王守仁：《传习录》，载吴光等编校：《王阳明全集》卷三，第90页。

⑥〔明〕王守仁：《大学古本原序》，载吴光等编校：《王阳明全集》卷三十二，第1196页。

⑦〔明〕王守仁：《大学古本傍释》，载吴光等编校：《王阳明全集》卷三十二，第1194页。

本是“诚意”二字：“《大学》之要，诚意而已矣。”[①]1527年，王阳明说：“今欲别善恶以诚其意，惟在致其良知之所知焉尔。”[②]就是说，如要区分善恶以“诚意”，只在落实“良知”所知者。

如上考察表明，阳明“诚意”论历经了一个由简单到复杂、由浅易到深刻的过程：早期主要是关于“诚”内涵的认识与强调，如感动力量、专心致志、反身向内等；接着是对“诚”性质的认识，如无妄、明善等；其后便是“诚意”的出场，将“格物致知”纳入“诚意”叙述语境的同时，对“诚意”“格物”“致知”加以定性，进而宣告《大学》功夫就是“诚意”；最后，随着对“诚意”与“致良知”关系理解的深入，“诚意”与“致良知”共同成为表述阳明心学思想的基础性范畴。可见，“诚”和“诚意”是阳明思想世界“出镜”最为频繁的范畴，从而在阳明心学中表现为一种“复述效应”[③]，并成为阳明心学中不可或缺的概念。

（二）“诚意”与心学难题

那么，“诚意”何以成为其思想中不可或缺的概念呢？或者说，阳明为什么将“诚意”提到如此关键的位置呢？这或许与王阳明对“意”特性的理解密切关联。在王阳明看来，“意”是人从动机到行为的关键环节，是一种需要严密把守的心理。这是因为，从“意”与本心、良知、事物诸品的关系看，“意”处于贯通上下、连接左右的枢纽地位。王阳明说：“心者，身之主也，而心之虚灵明觉，即所谓本然之良知也。其虚灵明觉之良知应感而动者，谓之意。有知而后有意，无知则无意矣。知非意之体乎？意之所用，必有其物，物即事也。如意用于事亲，即事亲为一物；意用于治民，即治民为一物；意用于读书，即读书为一物；意用于听讼，即听讼为一物。凡意之所用，无有无物者：有是意即有是物，无是意即无是

①〔明〕王守仁：《大学古本序》，载吴光等编校：《王阳明全集》卷七，第242页。

②〔明〕王守仁：《大学问》，载吴光等编校：《王阳明全集》卷二十六，第973页。

③李承贵：《四重效应：探寻思想性质的四个维度》，《学术评论》2012年第2期。

物矣。物非意之用乎？”[①]在这个论述中，“意”是本心的现实化，是良知的功用化，是事物性状的决定者。因此，“意”必须与本心一致并表现为良知，而且必须保证其所涉“事物”是“正”。可是，“意”是有善恶的，王阳明说：“然意之所发，有善有恶，不有以明其善恶之分，亦将真妄错杂，虽欲诚之，不可得而诚矣。”[②]这是说，“意”由“心”发出后即表现为善恶，因而需要对“意”进行分辨，这样“诚意”才有的放矢，才有目标。如此说来，“意”不仅成为连接本心、良知和事物的中枢，而且因为这个中枢地位决定了“意”的关键性。因为如果“意”为恶而不能回到本心，不能与良知成为一体，便会导致其所涉事物为恶。这样，使“意”回到本心便成为必须，而使“意”回到本心的方法就是“诚意”。王阳明说：“意未有悬空的，必着事物，故欲诚意，则随意所在某事而格之，去其人欲而归于天理，则良知之在此事者无蔽而得致矣。此便是诚意的功夫。”[③]就是说，“诚意”应该就着“意”所涉事物诸如事亲、治民、读书、听讼等解决问题，不能事亲的要他遵守孝道，不能治民的要他为民造福，不能读书的要他沉册修德，不能听讼的要他公正办案，等等。既然回到本心需要“诚意”，既然使“意”表现为良知也是“诚意”，既然使“意”之所在事物表现为“正”仍然需要“诚意”，那么，如果说使“本心”之善得到保护与发扬是阳明心学核心课题的话，“诚意”便是阳明用于解决这个课题的根本方法。正所谓：“《大学》工夫即是明明德。明明德只是个诚意。诚意的工夫只是格物致知。若以诚意为主，去用格物致知的工夫，即工夫始有下落。即为善去恶，无非是诚意的事。”[④]概言之，“诚意”的核心地位完全是阳明心学解决难题的需要使然。

①〔明〕王守仁：《传习录中》，载吴光等编校：《王阳明全集》卷二，第47页。

②〔明〕王守仁：《大学问》，载吴光等编校：《王阳明全集》卷二十六，第971页。

③〔明〕王守仁：《传习录下》，载吴光等编校：《王阳明全集》卷三，第91页。

④〔明〕王守仁：《传习录上》，载吴光等编校：《王阳明全集》卷一，第38—39页。

（三）“诚意”与“三纲领八条目”

在“三纲领八条目”中，朱熹特别重视“格物致知”，比如他说：“致，推极也。知，犹识也。推极吾之知识，欲其所知无不尽也。格，至也。物，犹事也。穷至事物之理，欲其极处无不到也。物格者，物理之极处无不到也。知至者，吾心之所知无不尽也。知既尽，则意可得而实矣，意既实，则心可得而正矣。”（《大学章句注》）朱熹将“致知”解释为“推极吾之知识，欲其所知无不尽”，将“格物”解释为“穷至事物之理，欲其极处无不到”。由此看来，“致知”与“格物”是两种工夫，而且，“知至”即“吾心所知无不尽”，“格物”则是“穷理”，即以人的认识能力去认识、求索事物之理。可见，朱熹对“格物致知”的解释是知识论的解释，而在这个解释中，“格物”成为“八条目”的根本。但这种向外求索的方向是王阳明所不能接受的，阳明说：“天下无性外之理，无性外之物。学之不明，皆由世之儒者认理为外，认物为外，而不知‘义外’之说，孟子盖尝辟之，乃至袭陷其内而不觉，岂非亦有似是而难明者欤？不可以不察也！”[①]因而他必须做出调整。

先就“八条目”看。在朱熹那里，“格物”是“八条目”的中心，但在阳明这里被“诚意”所取代。王阳明说：“《大学》之要，诚意而已矣。”[②]既然《大学》的核心就是“诚意”，那么“诚意”与“格物致知”的关系究竟怎样呢？在阳明看来，如果说“诚意”是一种工夫，那么其下手的地方便是“格物”：“诚意工夫实下手处惟格物。”[③]因此王阳明反复说：“诚意之功，格物而已矣。”[④]“诚意之功，只是个格物。”[⑤]用王阳明的比喻就是，“诚意”是求饱，“格物致知”便是“饮食”，他说“鄙

①〔明〕王守仁：《传习录中》，载吴光等编校：《王阳明全集》卷二，第77页。

②〔明〕王守仁：《大学古本原序》，载吴光等编校：《王阳明全集》卷三十二，第1197页。

③〔明〕王守仁：《大学古本傍释》，载吴光等编校：《王阳明全集》卷三十二，第1194页。

④同②。

⑤〔明〕王守仁：《传习录上》，载吴光等编校：《王阳明全集》卷一，第6页。

意但谓君子之学以诚意为主，格物致知者，诚意之功也。犹饥者以求饱为事，饮食者，求饱之事也”[①]。也就是说，“诚意”是目的，“格物致知”是手段。这样，王阳明通过对“格物致知”与“诚意”位置的调换，确立了“诚意”在《大学》中的核心地位。阳明说：“君子之学以诚身。格物致知者，立诚之功也。譬之植焉，诚，其根也；格致，其培壅而灌溉之者也。”[②]由此，王阳明进一步强化了“诚意”的本体地位，从而内在地规定了解释“格物致知”的方向。

再看“诚意”与其他条目的关系。与“正心”的关系。阳明说：“书所谓‘无有作好作恶’，方是本体。所以说‘有所忿懥好乐，则不得其正’。正心只是诚意工夫里面体当自家心体，常要鉴空衡平，这便是未发之中。”[③]就是说，“心体”是至善的，即“正”，但如有邪念萌发，便不是“正”，而“正心”即“诚意”工夫中“体当自家心体”，即“诚意”能去邪念而回到“本心”，所以说“正心”即在“诚意”工夫中。与“修身”的关系，阳明说“修身工夫只是诚意。就诚意中体当自己心体，常令廓然大公，便是正心”[④]。由于“正心”才能“修身”，而“正心”通过“诚意”才能达到，因此，“修身”工夫自然也只是“诚意”了。这样，就将“诚意”与格物、致知、正心、修身等关系重新进行了规定。其根本观念就是，“诚意”是中心，格物、致知是“诚意”的工夫，正心、修身则是“诚意”的内在逻辑成果。此即所谓：“工夫难处，全在格物致知上。此即诚意之事。意既诚，大段心亦自正，身亦自修。但正心修身工夫，亦各有用力处。修身是已发边。正心是未发边。心正则中。身修则和。”[⑤]就是说，格物、致知并不容易做到，因为它的目标是“诚意”，

①〔明〕王守仁：《答王天宇二》，载吴光等编校：《王阳明全集》卷四，第163页。

②〔明〕王守仁：《书王天宇卷》，载吴光等编校：《王阳明全集》卷八，第271页。

③〔明〕王守仁：《传习录上》，载吴光等编校：《王阳明全集》卷一，第34页。

④〔明〕王守仁：《大学古本傍释》，载吴光等编校：《王阳明全集》卷三十二，第1195页。

⑤〔明〕王守仁：《传习录上》，载吴光等编校：《王阳明全集》卷一，第25页。

但如果执行得很好，就可以实现“意诚”。而“意诚”自然心正，自然身修。可见，王阳明通过“诚意”将格物、致知、正心、修身解释为具有内在逻辑关系的整体，它们是一以贯之的，而且规定了这个整体的精神方向。

既然《大学》的核心任务在于“诚意”，那么“三纲领”与“诚意”应该表现为怎样的关系呢？阳明也有其明确的，与“明明德”的关系。王阳明说：“《中庸》言‘不诚无物’，《大学》‘明明德’之功，只是个诚意。”[①]“三纲领”第一条是“明明德”，王阳明直截了当地说“明明德”就是“诚意”。所谓“明明德”，就是使美德得以彰显。王阳明引《中庸》“不诚无物”，即言“诚”才会有物，才可能“明明德”，这是从本体意义上讲；更为重要的是，“诚意”就是将邪念清除，使本心得到恢复，从而也就使美德得以彰显，因而可以说“明明德”就是“诚意”了。与“亲民”的关系。王阳明说：“亲民只是诚意。”[②]所谓“亲民”，就是使人弃恶从善，而“诚意”就是将邪念清除，使本心得到恢复，从而也就使人弃恶从善，所以，“亲民”当然也是“诚意”了。与“止于至善”的关系。王阳明说：“诚意之极，止至善而已矣。”[③]何谓“止于至善”？“止于至善”就是使人达到最高的道德境界。如上所言，“诚意”就是将邪念清除，使本心得到恢复，无作善作恶，自然就“止于至善”了。这样，王阳明将“三纲领”也收归于“诚意”之下。正所谓“格致以诚其意，则明德止于至善，而亲民之功亦在其中矣。”[④]亦如阳明后学孙应鳌所说：“故治国必先齐家，必先修身，必先正心，以见诚意之当先也。”[⑤]质言之，做到了“诚意”，才能修身，才能齐家治国平天下。总之，《大学》中的“三纲领”“八条目”，经过阳明

①〔明〕王守仁：《传习录上》，载吴光等编校：《王阳明全集》卷一，第7页。

②〔明〕王守仁：《大学古本傍释》，载吴光等编校：《王阳明全集》卷三十二，第1196页。

③〔明〕王守仁：《大学古本原序》，载吴光等编校：《王阳明全集》卷三十二，第1197页。

④同②，第1194页。

⑤〔明〕孙应鳌：《四书近语》卷一，载吴雁南主编：《阳明学研究丛书：孙应鳌文集》，贵州教育出版社1996年版，第170页。

以“诚意”为中心的诠释，不仅格局得以重新调整，使面貌焕然一新，而且被赋予了新的生命。

如上考察表明，“诚意”成为阳明心学中具有特殊地位的范畴，与阳明对于儒家思想主体性特质的觉悟有关。在先秦儒家思想中，主体性、内在自觉、道德自律等是孔孟所注重者，因而就这个意义上说，“诚意”不过是满足了阳明这种哲学需求而已。当阳明对其所理解的儒学主体性、自觉性需要通过一套学说加以阐发并弘扬的时候，“心学”应运而生。由于“心学”持论“人心本正”，并进一步信奉克己即可复礼从而达到“仁”的主体性，因而从观念或心理上解决问题的要求便成为必然。这样，“诚意”在先秦儒家语言系统中便成为最合适的选项。

二、“诚意”与阳明心学的特质

诚如上述，王阳明重视“诚意”，并非故意标新立异，实在是阳明思想的特殊性质使然。王阳明说：“如新本先去穷格事物之理。即茫茫荡荡，都无着落处。须用添个敬字，方才牵扯得向身心上来。然终是没根源。若须用添个敬字，缘何孔门倒将一个最紧要的字落了，直待千余年后要人来补出？正谓以诚意为主，即不须添敬字。所以举出个诚意来说。正是学问的大头脑处。于此不察，真所谓毫厘之差，千里之缪。”[①]在阳明看来，相比于“穷理格物”，“诚意”可以防止人们毫无目标地茫茫荡荡，也无需添加“敬”字画蛇添足，所以“诚意”才是圣人之学的大头脑处，进而回到圣人之学的轨道上来。

（一）“诚意”与“问题解决”心学化

对阳明而言，需要解决的问题很多，比如，急功近利、沉湎章句、知而不行、支离经典、心外求物、本心不彰等，都是阳明面对的棘手问题。阳明认为，这些问题的存在，都是因为没有确立“心外无物”本体观

①〔明〕王守仁：《传习录上》，载吴光等编校：《王阳明全集》卷一，第38—39页。

念。可是，如何让人相信“心外无物”呢？换言之，如何将所有的问题归结到“心”呢？王阳明通过“诚意”解决了这个问题。他说：“身之主宰便是心；心之所发便是意；意之本体便是知；意之所在便是物。”[①]这句话中出现了身、心、意、知、物等概念，事实上就是修身、正心、诚意、致知、格物的重新排列，在王阳明的语境中，身由“心”主宰，“意”由“心”发出，“知”是“意”的本体，“意”之所涉者皆为“物”。不难看出“意”之地位的特殊性：对“心”而言，它是派生物，但它是“心”的外在表现；对“良知”而言，“意”是末用，但“良知”不仅为“心”所发，还是具有知觉能力的本体，行使监督“意”的职能；对“物”而言，“意”是“生产”者，即“意”之涉着与否，决定“物”之有无，而“意”的性质，决定“物”的性质，从而将“物”纳入“意”范围内处理。概言之，“意”是身、心、知、物诸范畴的中心，而且是敏感环节，是问题之源，因而“诚意”便成为王阳明解决问题的根本方式。具体表现为：第一，从解决问题的内容看，化“事”为“意”。阳明说：“意之所用，必有其物，物即事也。如意用于事亲，即事亲为一物；意用于治民，即治民为一物；意用于读书，即读书为一物；意用于听讼，即听讼为一物。凡意之所用，无有无物者：有是意即有是物，无是意即无是物矣。物非意之用乎？”[②]就是说，所有的“物”或“事”都因为“意”而生，没有“意”即没有“物”或“事”；既然所有“物”或“事”都是“意”的产物，这就意味着发生在“物”或“事”上的问题应该从“意”下手。王阳明说：“故欲正其心在诚意。工夫到诚意，始有着落处。”[③]第二，从解决问题的方法看，化实际问题为观念问题。阳明说：“良知者，孟子所谓‘是非之心，人皆有之’者也。是非之心，不待虑而知，不待学而能，

①〔明〕王守仁：《传习录上》，载吴光等编校：《王阳明全集》卷一，第6页。

②〔明〕王守仁：《传习录中》，载吴光等编校：《王阳明全集》卷二，第47页。

③〔明〕王守仁：《传习录下》，载吴光等编校：《王阳明全集》卷三，第119—120页。

是故谓之良知。是乃天命之性，吾心之本体，自然灵昭明觉者也。凡意念之发，吾心之良知无有不自知者。其善欤，惟吾心之良知自知之；其不善欤，亦惟吾心之良知自知之。是皆无所与于他人者也。”[①]就是说，“意”发出后有善恶，但“意”是动机，是一种难于捉摸的心理。靠什么来辨认、监督这个“意”呢？良知！王阳明说：“意念之发，吾心之良知既知其为善矣，使其不能诚有以好之，而复背而去之，则是以善为恶，而自昧其知善之良知矣。意念之所发，吾之良知既知其为不善矣，使其不能诚有以恶之，而复蹈而为之，则是以恶为善，而自昧其知恶之良知矣。若是，则虽曰知之，犹不知也，意其可得而诚乎？今于良知之善恶者，无不诚好而诚恶之，则不自欺其良知而意可诚也已。”[②]先验的“良知”具有精觉明察的能力，可以辨认出“意”之善恶，进而依“良知”所知为善去恶，这就是“诚意”。可见，由于王阳明将所要解决的问题都归结到“意”，从而将实际问题化为观念问题。第三，从解决事物的程序言，王阳明主张从观念环节着手。阳明说：“吾心之处事物，纯乎理而无人伪之杂，谓之善，非在事物有定所之可求也。处物为义，是吾心之得其宜也，义非在外可袭而取也。格者，格此也；致者，致此也，必曰事事物物上求个至善，是离而二之也。”[③]阳明认为，“心”解决问题乃是依“理”而为，此即是“善”。比如，解决问题表现为“义”，即“本心”使然，而非由问题（物事）上取得。这也就是说，处理事物之“恶”，是以“心”为主导，而不是以事物为左右，是根据心中之“理”决定事物的善，而不是等事物的善恶成型之后再行动。这说明，王阳明更倾向于从观念环节解决问题。既然在解决问题的内容、方法、程序三面都表现为从意识或动机着手，这就意味着阳明的确通过“诚意”将所有问题收归到“心”了，诚如阳明所

①〔明〕王守仁：《大学问》，载吴光等编校：《王阳明全集》卷二十六，第972页。

②同上。

③〔明〕王守仁：《与王纯甫二》，载吴光等编校：《王阳明全集》卷四，第156页。

说："在夷中三年，颇见得此意思，乃知天下之物本无可格者。其格物之功，只在身心上做；决然以圣人为人人可到，便自有担当了。"①

（二）"诚意"与"格物致知"心学化

在阳明看来，朱熹对"格物致知"的解释导致了儒学的支离化，使孔孟的真精神被淹没，因而要恢复儒学的本色、传承孔孟的精神，必须重新解释"格物致知"。王阳明说：

> 《大学》之所谓"身"，即耳、目、口、鼻、四肢是也。欲修身，便是要目非礼勿视，耳非礼勿听，口非礼勿言，四肢非礼勿动。要修这个身，身上如何用得工夫？心者身之主宰，目虽视而所以视者心也，耳虽听而所以听者心也，口与四肢虽言动而所以言动者心也，故欲修身在于体当自家心体，常令廓然大公，无有些子不正处。主宰一正，则发窍于目，自无非礼之视；发窍于耳，自无非礼之听；发窍于口与四肢，自无非礼之言动：此便是修身在正其心。然至善者，心之本体也，心之本体，那有不善？如今要正心，本体上何处用得功？必就心之发动处才可着力也。心之发动不能无不善，故须就此处着力，便是在诚意。……意之所发，既无不诚，则其本体如何有不正的？故欲正其心在诚意。工夫到诚意，始有着落处。然诚意之本，又在于致知也。所谓人虽不知，而己所独知者，此正是吾心良知处。然知得善，却不依这个良知便做去；知得不善，却不依这个真知便不去做，则这个真知便遮蔽了，是不能致知也。吾心良知既不得扩充到底，则善虽知好，不能着实好了，恶虽知恶，不能着实恶了，如何得意诚？故致知者，意诚之本也。然亦不是悬空的致知，致知在实事上格。如意在于为善，便就这件事上去为，意在于去恶，便就这件事上去不为。去恶固是格不正以归于正，为善则不善正了，亦是格不正以归于正也。如此，则吾心良知无私欲蔽了，得以致其极，而意之所发，好善、去恶，无有不诚矣！诚意工夫，实下手处在格物也。②

这段话可做如下解析：由"修身"与"正心"引出"诚意"。阳明

---

①〔明〕王守仁：《传习录下》，载吴光等编校：《王阳明全集》卷三，第121页。

②同上，第119—120页。

认为，“修身”必须通过“正心”实现，而“正心”必须通过“诚意”完成；也就是说，“诚意”之所以必要，乃是因为“心”之所发的“意”出了问题，即“意”可能为恶，因而需要“诚意”。由“诚意”引出“致知”“格物”。阳明认为，“诚意”必须通过“致知”实现，就是说，由于“意”有善恶，而良知是“意”之本体，具有明觉精察的能力，因而这个善恶只有“良知”才能发现或体察，“良知”体察“意”之善而好善，“良知”体察“意”之恶而恶恶，这就是“致良知”，也就是“诚意”。这样，“致知”只是发现或体察“意”之善恶的观念行为。但由于“意”必涉着事物，因而“致知”必须在实事上格，比如“意”在于为善或为恶，都需在具体的事上去做，或去恶，或为善。“格物”正是根据“良知”所知的善去为善，根据“良知”所知的恶去除恶。比如，“意”之所在“事亲”，“格物”就是根椐“良知”的判断此“事亲”的行为是善还是恶，如是善，即扬之；如是恶，即正之。这就是“格物”，也是“致知”，也是“诚意”。可见，由于“致知”“格物”都是因为“意”所发生的工夫，因而“致知”只需要觉察“意”之性质情状即可，而“格物”只需根据“良知”所知“事物”之恶加以纠正、所知事物之善加以扩充即可。这样，“致知”不是向外“推极吾之知识”，“格物”也不是向外“穷至事物之理”，而具有了反身向内的特质，即与心学“心外无物，心外无事，心外无理”的本体论一致。因此说，王阳明通过对“诚意”与“格物”“致知”关系的调整与解释，使“格物”“致知”成为具有心学特质的范畴。这就是为什么“格物”无须添“敬”字即为工夫的原因——“惟以诚意为主，而用格物之工，故不须添一‘敬’字”[①]，也是“致知”无需外求的原因——“知是心之本体。心自然会知。见父自然知孝，见兄自然知弟，见孺子入井自然知恻隐。此便是良知不假外求”[②]。

①〔明〕王守仁：《大学古本傍释》，载吴光等编校：《王阳明全集》卷三十二，第1194页。

②〔明〕王守仁：《传习录上》，载吴光等编校：《王阳明全集》卷一，第6页。

（三）“诚意”与“儒家学说”心学化

按照阳明的观点，孔孟之学即是心学，因而这里“使儒家学说心学化”的表述似乎有些怪异。然而相对于程朱理学而言，则仍然表现出它的必要与意义。与朱熹相比，王阳明对于儒家经典、概念、命题、学说的解释完全表现出心学的特质。而这种特质的形成，与“诚意”密切关联。王阳明不仅通过“诚意”将所有问题的解决归于“心”，从而与“心外无物”完全相符，而且通过“诚意”使“格物致知”成为向内用功的工夫，从而与“心即理”完全相符。因而阳明说：“夫天地之道，诚焉而已耳；圣人之学，诚焉而已耳。诚故不息，故久，故征，故悠远，故博厚。是故天惟诚也，故常情；地惟诚也，故常宁；日月惟诚也，故常明。”①足见“诚意”的角色有多么重要。“诚意”的中心地位在很大程度上决定了王阳明对儒家经典、概念、命题及学说等理解的全面心学化。这里我们罗列数例以明其义。

关于《大学》。王阳明多次重复一句话：“《大学》之要，诚意而已矣。”这句话在《大学古本傍释》②中可找到它的注脚，所谓“亲民只是诚意”，所谓“明明德只是诚意”，所谓“止于至善只是诚意”，所谓“诚意之功，只是个格物”，所谓“格物致知者，诚意之功也”，所谓“正心只在诚意工夫里面”，所谓“修身工夫只是诚意”。而在“所谓平天下在治其国者，上老老，而民兴孝；上长长，而民兴弟；上恤孤，而民不倍。是以君子有絜矩之道也”上的批语是“工夫只是诚意”，在“秦誓曰：若有一个臣，断断兮无他技；其心休休焉，其如有容焉。人之有技，若己有之；人之彦圣，其心好之；不啻若自其口出，寔能容之，以能保我子孙黎民，尚亦有利哉！”上的评语是“能诚意者”；对于“人之有技，媢嫉以恶之；人之彦圣，而违之，俾不通；实不能容，以不能保我子孙黎民，亦

①〔明〕王守仁：《南冈说》，载吴光等编校：《王阳明全集》卷二十四，第908—909页。

②参见〔明〕王守仁：《大学古本傍释》，载吴光等编校：《王阳明全集》卷三十二，第1192—1196页。

曰殆哉！”的评语是“不能诚意者”，等等。毋庸赘言，王阳明心中的《大学》即“诚意”之学。

在王阳明看来，从“诚意”的角度看，《中庸》与《大学》无分别。他说：

> 《大学》之所谓“诚意”，即《中庸》之所谓“诚身”也。《大学》之所谓“格物致知”，即《中庸》之所谓“明善”也。博学、审问、慎思、明辨、笃行，皆所谓明善而为诚身之功也，非明善之外别有所谓诚身之功也。格物致知之外，又岂别有所谓诚意之功乎？《书》之所谓“精一”，《语》之所谓“博文约礼”，《中庸》之所谓“尊德性而道问学”，皆若此而已。是乃学问用功之要，所谓毫厘之差，千里之谬者也。①

在这里，王阳明除了判定《大学》的“诚意”与《中庸》的“诚身”完全同义之外，也把《中庸》所谓“明善”“尊德性而道问学”“博学审问慎思明辨笃行”，《尚书》所谓“精一”，《论语》所谓“博文约礼”等等，通通作了“诚意”方向的解释。由此可见，对于阳明而言，非仅《大学》“诚意”而已，所有儒家经典也不过“诚意”而已。

关于“格于上下”。王阳明说：

> 《书》言“格于上下”“格于文祖”“格其非心”，格物之格实兼其义也。良知所知之善，虽诚欲好之矣，苟不即其意之所在之物而实有以为之，则是物有未格，而好之之意犹为未诚也；良知所知之恶，虽诚欲恶之矣，苟不即其意之所在之物而实有以去之，则是物有未格，而恶之之意犹为未诚也。②

阳明认为，“格物”之“格”包含了《尚书》中“格于上下”“格于文祖”“格其非心”的意涵。而“良知”所知的善，虽然主观上喜好它，

---

①〔明〕王守仁：《答王天宇二》，载吴光等编校：《王阳明全集》卷四，第164页。

②〔明〕王守仁：《大学问》，载吴光等编校：《王阳明全集》卷二十六，第972页。

却不随“意”之所在之物而行之，那还是没有“格物”，喜好之意也不能说是“诚”。“良知”所知之恶，虽然讨厌它，却不随“意”之所在之物而去之，也不能说是“格物”了，讨厌之意不能说是“诚”。可见，王阳明先断定《尚书》中的三个命题都包含在“格物”之中了，继而对“格物”内涵进行“诚意”方向的演绎，这也就是将“格于上下”“格于文祖”“格其非心”作了“诚意”涵义的解释与规定。

关于“集义”。王阳明说：

> 夫“必有事焉”只是“集义”，“集义”只是“致良知”。说“集义”则一时未见头恼，说“致良知”即当下便有实地步可用工；故区区专说“致良知”，随时就事上致其良知，便是“格物”；着实去致良知，便是“诚意”；着实致其良知而无一毫意必固我，便是“正心”；着实致良知，则自无忘之病；无一毫意必固我，则自无助之病。故说“格、致、诚、正”则不必更说个“忘、助”……若时刻就自心上集义，则良知之体洞然明白，自然是是非非几毫莫遁，又焉有不得于言，勿求于心，不得于心，勿求于气之蔽乎？孟子“集义”“养气”之说，固大有功于后学，然亦是因病立方，说得大段，不若《大学》“格、致、诚、正”之功，尤极精一简易，为彻上彻下，万世无弊者也。①

王阳明认为，孟子“集义”注重“事上”用功，不是就自心上用功，因而还是“以义为外”，因而就有所谓“忘”“助”。不过，如果明白“致良知”的微义，着实致其良知，那么就可以做到“诚意”，从而也就无一毫“意”“必”“固”“我”，此即是“正心”，这样即可去除“忘”“助”之病。因此，做到“致良知”以“诚意”，即在自心上“集义”，那么“良知”之体便光芒宇宙，是非善恶都无处可逃。可见，王阳明对孟子“集义”的心学特性并不满意，因而他要将“集义”向外求索的弊病清除，而清除的手段就是“致良知”，即“诚意”。

①〔明〕王守仁：《传习录中》，载吴光等编校：《王阳明全集》卷二，第83—84页。

关于“知至至之”。《周易》中有“知至至之”命题，王阳明解释说：“《易》曰：‘知至至之’。‘知至’者，知也；‘至之’者，致知也；此知行之所以合一也。若后世致知之说，止说得一知字，不曾说得致字，此知行所以二也。”[①]按照阳明的理解，“知至”是知，是名词；“至之”是致知，是动词；这就是为什么知行之所以合一。进而说，“致知”，不能只说一个“知”字，而且要说“致”，这样才不会将知行分为二。而“致知”是“诚意”之本，“格物”是诚意之功，因此，王阳明将“知至至之”解释成“致知”（知）与“至之”（行）的合一，就是将其视为“诚意”的工夫。所谓“格物致知者，诚意之功也。”[②]而不是向外求知的工夫，阳明说：“易言‘知至至之’，‘知至’者，知也；‘至之’者，致也。‘致知’云者，非若后儒所谓充扩其知识之谓也，致吾心之良知焉耳。”[③]这样就不仅使“知至至之”心学化，阳明使《易》心学化的意图亦显而易见了。

不难看出，王阳明通过对儒家经典、命题、概念及学说的解释，实现了儒家学说的心学化，而完成这一工作的绝对功臣就是“诚意”，所以他说：“故圣人之学，只是一诚而已。”[④]圣人之学，就是一个“诚”字。亦如阳明后学孙应鳌所言：“诚意者，圣学之所以通人己、合内外、该本末、贯始终者也。”[⑤]

三、“诚意”与阳明心学的实学特质

阳明心学强调“心外无物、心外无事”，怎么会有“实学”的性质？正如清代学者批评为“师心自用”，而现代学者大多也将心学与理学对照

①〔明〕王守仁：《与顾惟贤》，载吴光等编校：《王阳明全集》卷二十，第999页。

②〔明〕王守仁：《答王天宇二》，载吴光等编校：《王阳明全集》卷四，第163页。

③〔明〕王守仁：《大学问》，载吴光等编校：《王阳明全集》卷二十六，第971页。

④〔明〕王守仁：《传习录下》，载吴光等编校：《王阳明全集》卷三，第97页。

⑤〔明〕孙应鳌：《四书近语》卷一，载吴雁南主编：《阳明学研究丛书：孙应鳌文集》，第166页。

而责心学乃空疏之学。那么，阳明心学究竟是空疏之学？还是实学？这里仍然以“诚意”为根据，对此问题展开讨论与回应。

（一）“诚意”即扬善抑恶

既然“意”之所在即“物”、即“事”，因而“诚意”便是随物而“诚”、因事而“诚”。王阳明说：“意未有悬空的，必着事物，故欲诚意则随意所在某事而格之，去其人欲而归于天理，则良知之在此事者无蔽而得致矣。此便是诚意的功夫。”[①]就是说，“意”所涉处为物为事，因而“意”从来就没有悬空的；既然“意”之所涉者都是事物，那么“诚意”自然就是随“意”所在之事而格而致，以去人欲归天理。换言之，“去人欲归天理”正是“诚意”所要做的实事。可是，怎样随物事而去人欲呢？王阳明说：

> 然欲致其良知，亦岂影响恍惚而悬空无实之谓乎？是必实有其事矣。故致知必在于格物。物者，事也，凡意之所发必有其事，意所在之事谓之物。格者，正也，正其不正以归于正之谓也。正其不正者，去恶之谓也。归于正者，为善之谓也。夫是之谓格……良知所知之善，虽诚欲好之矣，苟不即其意之所在之物而实有以为之，则是物有未格，而好之之意犹为未诚也。良知所知之恶，虽诚欲恶之矣，苟不即其意之所在之物而实有以去之，则是物有未格，而恶之之意犹为未诚也。今焉于其良知所知之善者，即其意之所在之物而实为之，无有乎不尽。于其良知所知之恶者，即其意之所在之物而实去之，无有乎不尽……然后物无不格，而吾良知之所知者无有亏缺障蔽，而得以极其至矣。夫然后吾心快然无复余憾而自谦矣，夫然后意之所发者，始无自欺而可以谓之诚矣。[②]

这就是说，“致良知”不是恍惚而悬空无实的，必有其事。何谓“必有其事”？“致知”诉诸于“格物”，这个“物”即是“事”；为什么这

① 〔明〕王守仁：《传习录下》，载吴光等编校：《王阳明全集》卷三，第103页。

② 〔明〕王守仁：《大学问》，载吴光等编校：《王阳明全集》卷二十六，第972页。

个“事”需要“格”？因为有善恶。因此，所谓“格物”，就是“格意之所在之物”，就是格“意”之善恶。对于“意”之恶，就“意”之所在处正其不正以归于正；对于“意”之善，就“意”之所在处而扩充之；这就是“格物”，就是“致良知”，就是“诚意”。因此，既然“诚意”是就“意”之所在之事实际地扬善去恶，当然不能说是空洞的。

（二）“诚意”即阻止伦理遗弃

事实上，阳明心学还处于成长时期，即有空疏的质疑，而这种质疑完全玷污了阳明心学的宗旨，因而王阳明不得怠慢。他说：

> 致知格物，正所以穷理，未尝戒人穷理，使之深居端坐而一无所事也……昏闇之士，果能随事随物精察此心之天理，以致其本然之良知，则虽愚必明，虽柔必强，大本立而达道行，九经之属可一以贯之而无遗矣。尚何患其无致用之实乎？彼顽空虚静之徒，正惟不能随事随物精察此心之天理，以致其本然之良知，而遗弃伦理，寂灭虚无以为常，是以要之不可以治家国天下。孰谓圣人穷理尽性之学，而亦有是弊哉！①

就是说，“意”所在必然有“事”，而“意”的本体是良知，因而“致良知”，就是使“意”回到其本体，这就是所谓“诚意”。但“致知”需要诉诸于“格物”，“格物”即意味着“穷理”，“穷理”是为了“致良知”。因此，所谓“致良知”就随事随物精察心之天理，从而遵循并实践伦理，进而达到治国平天下的目的，这就是“穷理尽性”、就是“格物致知”、就是“诚意”。阳明说：

> 意之所在便是物。如意在于事亲，即事亲便是一物；意在于事君，即事君便是一物；意在于仁民爱物，即仁民爱物便是一物；意在于视听言动，即视听言动便是一物。所以某说无心外之理，无心外之物。《中庸》言“不诚无物”，《大学》“明明德”之功，只是个诚

①〔明〕王守仁：《传习录中》，载吴光等编校：《王阳明全集》卷二，第47页。

意。诚意之功，只是个格物。[①]

这就是说，诸如事亲、事君、仁民爱物、视听言动等道德伦理规范，都是“意”所涉着的“物”，而“意”为“心”所发，因此心外无物、心外无理。但对于这些人伦物理的推行与实践，自然就是“明明德”，而“明明德”即是“诚意”，“诚意”只是“格物”。换言之，“诚意”就是“格物”，就是“明明德”，就是将这些伦理道德加以推行与实践。概言之，“诚”则有物，有伦理，有秩序。因此，“诚意”既不是使人深居端坐而一无所事，也不是遗弃伦理以寂灭虚无为常，而是实有其事。

（三）“诚意”即处理实际事务。

“意”之所在必有其事，因而“诚意”不可能空疏，因而“诚意”必须随其事而诚之，而“诚意”自然是处理和解决事务。比如温清奉养，阳明指出，人想温清、想奉养，这就是“意”，而实践温清奉养，才是“诚意”。王阳明说：

盖鄙人之见，则谓意欲温清，意欲奉养者，所谓“意”也，而未可谓之“诚意”；必实行其温清奉养之意，务求自慊而无自欺，然后谓之“诚意”。知如何而为温清之节，知如何而为奉养之宜者，所谓“知”也，而未可谓之“致知”。必致其知如何为温清之节者之知，而实以之温清，致其知如何为奉养之宜者之知，而实以之奉养，然后谓之“致知”。温清之事，奉养之事，所谓“物”也，而未可谓之“格物”。必其于温清之事也，一如其良知之所知，当如何为温清之节者而为之，无一毫之不尽；于奉养之事也，一如其良知之所知，当如何为奉养之宜者而为之，无一毫之不尽，然后谓之“格物”。温清之物格，然后知温清之良知始致；奉养之物格，然后知奉养之良知始致。故曰“物格而后知至”。致其知温清之良知，而后温清之意始诚；致其知奉养之良知，而后奉养之意始诚，故曰“知

①〔明〕王守仁：《传习录上》，载吴光等编校：《王阳明全集》卷一，第6页。

至而后意诚”。[①]

王阳明以温凊、奉养的不同表现形式解释“意”和“诚意”的不同，意欲温凊、意欲奉养是“意”，“行其温凊奉养之意并务求自慊而无自欺”是“诚意”。前者是观念、动机，也是“知”，后者是行为，也是“致知”。而于“温凊之事”按照良知之所知当如何为温凊之节者而为之，无一毫之不尽；而于“奉养之事”按照良知之所知当如何为奉养之宜者而为之，无一毫之不尽，这就是“格物”。而且，“意”之所在的“物”或“事”，不仅是忠、孝、悌、慈等伦理规范，也包括实际的事务。王阳明说：

> 我何尝教尔离了簿书讼狱悬空去讲学？尔既有官司之事，便从官司的事上为学，才是真格物。如问一词讼，不可因其应对无状，起个怒心；不可因他言语圆转，生个喜心：不可恶其嘱托，加意治之；不可因其请求，屈意从之；不可因自己事务烦冗，随意苟且断之；不可因旁人谮毁罗织，随人意思处之。这许多意思皆私，只尔自知，须精细省察克治，惟恐此心有一毫偏倚，杜人是非，这便是格物致知。簿书讼狱之间，无非实学；若离了事物为学，却是着空。[②]

针对有学者质疑阳明脱离生活实践讲学问，他强调从未教人离开实际生活讲学。比如，如果有官司上的事务，就必须结合官司事务讲学，必须从官司事务上“诚意”。具体言之，在处理官司的实践中，不能喜怒无常，也不能亲疏有别，因为这都是私意的表现，而应该杜绝是非，秉公执法，这就是“格物致知”，这就是“诚意”。可见，阳明所谓“诚意”，与空疏之学不可同日而语。

如上分析表明，王阳明“诚意”所“诚者”为三大实事：一是意念之善恶，二是意念之伦理，三是意念之事务。因此，阳明心学不是空疏之

①〔明〕王守仁：《传习录中》，载吴光等编校：《王阳明全集》卷二，第48—49页。

②〔明〕王守仁：《传习录下》，载吴光等编校：《王阳明全集》卷三，第95页。

学，而是道地的实学。因此，不能因为王阳明主张“心外无物”而判断其为空疏之学，反而正是因为“诚意”内涵的规定与发扬，使阳明心学得以彰显其生命的精神。

四、由“诚意”延伸的思考

如上讨论表明，阳明心学的建构是以“诚意”为基石的，此即“诚意”之于阳明心学的特殊地位。而具有这种特殊地位的“诚意”，显然不仅是我们欣赏阳明心学的绝佳视角，也应该是我们问道阳明心学的有益路径。那么，由“诚意”为路径去理解阳明心学，我们究竟能获得哪些有价值的“道”呢？

（一）道德伦理上的价值

在阳明心学中，“诚意”的道德性质非常鲜明，即“诚意”是从意念处对待善恶问题，使人时刻保持本善之心，使人动机表现为善的面相，从而使现实生活行为具有道德性。因而从道德伦理的角度考察分析它的意义可能是比较合适的。那么，其在道德伦理上表现出怎样的价值呢？其一是道德信念的确立。“诚意”即意味着“意”有善恶，这是“诚意”论的基本设定。这个设定内涵的逻辑是：发出“意”之心体为至善、为良知，因而“诚意”的提出即意味着人之本心为善；而且，“诚意”工夫是依“良知”的判断去“诚”，而这个“良知”就在每个人心中。因此，接受并信奉“诚意”说，必然承认“善”对于人价值的终极意义，从而使“善在我心”成为人的本体性信念。王阳明说：“故虽小人之为不善，既已无所不至，然其见君子，则必厌然掩其不善，而著其善者，是亦可以见其良知之有不容于自昧者也”[①]。这就是说，小人虽然在为恶时毫无顾忌，但在见到君子时仍然掩饰不善的行为而张扬其善的行为，这正说明人有向善的信念。其二是道德动机的关切。“诚意”论所强调的是从“意”即动机

①〔明〕王守仁：《大学问》，载吴光等编校：《王阳明全集》卷二十六，第972页。

处着手解决问题，即以“良知”跟踪变幻莫测的意念，当其“恶相”萌发时，即按照“良知”的判断抑制之、扼杀之；当其“善相”萌发时，即按照“良知”的判断扩充之、推行之。换言之，灭恶于未萌之际，兴善于已萌之先，如此便可使道德动机永远处于“善”的状态。人所共知，道德动机影响并决定道德行为，善的动机虽然不能绝对带来善的道德行为，但恶的动机绝不可能带来善的道德行为，因此，道德动机的性质必然影响道德行为的性质。而“诚意”就是希望在道德动机中解决问题，不使恶的意念转化为现实行为，从而减少道德建设成本，此即其所内涵的道德价值。其三是道德自觉性的增弘。“诚意”要求用自己的“良知”觉察“意”之善恶，即根据“良知”所知的恶不去做，根据“良知”所知的善努力去做，这完全取决于人自己。“诚意”也是“慎独”，所谓“诚意只是慎独工夫，在格物上用，犹《中庸》之‘戒惧’也。君子小人之分，只是能诚意与不能诚意”[①]。人在不在一个样，人看见没看见一个样，这就需要绝对的自制力。可见，“诚意”将行善去恶的权力完全交给了主体，它意味着对人的绝对信任，让人从内心感受到肯定与激励，从而极大地增弘着主体对于善的自觉。总之，“诚意”内涵着人有先天善性、由动机处扬善抑恶、行善去恶取决于人的自觉等道德价值。

（二）科学知识上的不足

由于“诚意”重点是将问题置于“意念”中解决，而且所解决的问题是道德方面的问题，因而其在科学知识上的表现主要是消极的。这是因为：第一，“诚意”关闭了连接自然界的通道。“诚意”的前提是“意”有善恶，而这个“意”是心所发出的意识，是心理活动，王阳明自信从“意”处解决问题就能万事大吉。这就是说，这个“意”不含有任何自然世界中的变化、规律、奥秘等问题，因而“诚意”不自觉地关闭了连接自然界的通道。第二，“诚意”取消人与自然之间的张力。由于“诚意”只

①〔明〕王守仁：《大学古本傍释》，载吴光等编校：《王阳明全集》卷三十二，第1193页。

是解决“意”之所在物事，尽管“意”之所在物事丰富多彩，但无一不是人伦物理，即人文世界的物事，或者说都是“主体自身的事物”，因而“诚意”中没有自然界万事万物及其变化，更看不到蕴藏于自然界的种种奥秘，亦即没有人与自然的对立，从而取消了人与自然的张力，进而导致“诚意”语境中对心外世界的否定。人们心中装的只有“意”，自然不可能产生对“天”的思考，对宇宙奥秘的好奇，从而堵塞了产生自然科学知识的道路。第三，“诚意”以道德问题取代了自然科学问题。之所以要“诚意”，乃是因为“意”有善恶，因而“诚意”所要解决的问题是道德问题。既然“诚意”的任务是道德问题，而且这个问题的解决意味着更无他事，因而“诚意”语境中舍去了自然世界中的问题。正如熊十力说：

> 自本心而言，一切物皆同体，言无心外之物是也。若自发用处说，则心本对物而得名，心显而物与俱显，不可曰唯独有心而无物也。……夫不承有物，即不为科学留地位。此阳明学说之缺点也。[①]

可见，将“诚意”置于科学知识所需条件下考虑，其不足便显露出来。牟宗三曾提出“良知自我坎限”说，正是对“良知的傲慢”于义理上内在局限的真切觉悟。当然，这并不是责成“诚意”为这种错误承担责任，而是指出其可以完善的方向，因为王阳明完全有条件将朱熹“格物”说与其“诚意”说统一起来。

（三）行为制度上的缺失

不能笼统地说王阳明不注重行为，不关切制度，因为“诚意”论就是忧心潜在的恶转变为现实的恶，就是忧心潜在的恶对于规范的侵害。但王阳明不能将知与行、意念与行为的差别进行区分，或者根本不愿进行区分，从而疏于对行为、对制度方面的思考与建设。具体言之则是：

其一，“诚意”疏于制度的建构。这应该是阳明“诚意”论所留下

①熊十力：《熊十力全集》第三卷，湖北教育出版社2001年版，第667页。

的另一需要完善的课题。“诚意”将问题集中在观念中解决，而且坚信在动机、观念中解决问题是最省事、最有效的办法，因而王阳明将其工作重点放在“意”上，即放在观念上，从而忽略了制度方面的建设。与制度相比，王阳明更信赖人心，认为人先天具有善性的心体，可以让制度变得可有可无。问题是，制度作为培育、规范、制约人行为的方式或手段，对人而言是非常重要的。因为，意念因心理、生理、物理等原因而具有的变化性、不可测性使“诚意”并不是完全可靠的，“诚意”的成果只有相对性，这也为无数事实所证明。因此，“诚意”的同时应该建设约束性的制度，将“良知”之善延伸至制度。正如钱穆所说：“如何去求真知，朱子分外里两面言。阳明太偏从里面了，斯失之。又若撇弃人事，专从外面去求事物之理，则其理易见。若从内面心性外面事物和合求之，则其理难见。故理会这事，须兼人文自然联合理会，使得莹净。苟若弃置外面于不顾，则里面也不得莹净矣。”[①]阳明心学只有里面没有外面，因而缺失了制度方面的考虑。

其二，“诚意”忽于行为的关切。之所以要“诚意”，就是担心“恶意”现实化，因而“一念发动处便是行”，即将所有可能转变为现实的恶行统统消灭在“意念”中。在王阳明看来，从“意”上解决问题，即是从根源上解决问题，因而就没有必要在“行”上多花心思，这也就是王夫之批评的“销行以归知”。因而在“诚意”论语境中，对行为的关注是欠缺的，自然谈不上在行为上有什么实质性的建设，如对行为的监督规范、对行为的惩罚措施等。行为与意念当然有密切关系，但意念总是受着物理、生理等因素影响，人的内在欲望变化使意念变得不可捉摸。人任何时候都可能言行不一致，背离意念而自行其是，因而“诚意”论在行为方面也表现出识度不够。

其三，“诚意”弱于实际的操作。“诚意”虽然表现为实学性质，但

①钱穆：《宋代理学三书随札》，《钱穆先生全集》，生活·读书·新知三联书店2002年版，第14页。

对于“意”之所在“事物”的处理，并没有提供具有可操作性的技艺。按阳明的意思，“意”之所在即是事，无“意”无事，因而随“意”格之，“意”之所在为事亲，那么就在事亲上“格”，就是说，假如你在事亲上表现不孝，那就得使你孝，这就是“正其不正以归于正”。可是，如果一个人不孝，怎样让他从不正归于正呢？或者说怎样“诚意”呢？王阳明没有进一步提出解决这个问题的方案。他只是说“良知”知道，然后按“良知”去做，即可回到本心。可见，“诚意”论主要还是提供了解决问题的方向或智慧，而没有告诉人们具体处理或解决问题的操作程序与技巧。必须说明的是，我们透过“诚意”分析阳明心学之不足，并非要求阳明心学基于这些“不足”进行完善，而是提示我们：作为哲学学说而言，阳明心学仅仅是一种形态，我们希望产生不同于阳明心学的其他类型的哲学学说，当然我们更欢迎阳明心学以开放的心态来完善自己的义理系统。

（四）作为“哲学意义”的心学

以“诚意”为中心，我们发现了阳明学在科学知识、行为制度等方面存在不足，而在道德伦理方面则表现出积极性价值。就学科而言，“心学”的正宗身份应该是哲学，因而我们有责任进一步对“哲学意义”上的心学进行思考与评估。当然，这种思考与评估仍然是以“诚意”为中心的。

第一，“心学”是一种怀揣客观世界的主体性哲学。“心外无物，心外无事，心外无理”，这是阳明心学被定义为主观唯心论的根据，也是被批评其否定客观世界的根据。那么，“心外无物”是怎样提出来的呢？王阳明认为，“意”由“心”发出，而“意”之所在即是物、即是事，也就是说，物或事的“出现”与“意”存在“理论上”的因果关系，没有“意”即没有物或事，而“意”发自于“心”，如此便顺理成章地推出“心外无物”。可见，“心外无物”是借助“意”这个“中介”而得出的结论。换言之，确定“心外无物”的性质，必须诉诸于“诚意”与物或事的关系。按照阳明的意思，“意”之所在即是物，而“意”有善恶，因而需要“诚意”；而“诚意”必须通过“致知”与“格物”，“致知”根据良知发现和监督“意”之善恶，“格物”则是根据良知所知而为，即所谓“正其不正以归于正”。可见，“诚意”是完全由人自己做主的一种工夫。而且这种工夫完全表现在意识层面，因为“诚意”即在“意”上用功，而“心”之本体（良知）是解决“意”问题的决定力量，这就意味着心学解决问题的范围局限于主观领域。概言之，心学解决问题的范围与方式都表现为主体性，因而可名之为主体性哲学。不过，“意”之有善恶并非天之所命，乃是与物或事的接触而形成的化学反应，这就是说，“诚意”虽然是观念的，但问题是现实的，即“诚意”乃是因为现实的问题所引起的“意”性质的变化而成为必须，这就说明，“诚意”倾诉了心学对心外世界的牵挂与关怀。因此，由“诚意”的蕴意可以看出，心学不存在本体论意义上否定客观世界的问题，相反，心学是一种怀揣客观世界的主体性哲学。

第二，“心学”是一种在内容与特质上皆有限的实学。本文讨论并认同心学的实学性质，但那只是就中国哲学固有“格局”的判断。虽然本文不认同视心学为空疏之学的观点，但它或许正是引发我们检讨心学实学特质的契机，即心学是什么意义上的实学？诚如我们所论，“心学”之为实学，表现为去恶存善，表现为践行伦理，表现为实际事务，但所谓“去恶存善”“践行伦理”“实际事务”，或是纯观念上的“实事”。或是准观念上“实事”，即它们都不属于人与自然打交道的“实事”，这样的“实事”，自然不会产生实验的、实证的实学，因而心学只能是经世致用的实学，只能是人伦世界的实学，即是有限的实学。而且，“诚意”之“诚”主要取“无妄”意，即谓人于其所言所行应该“本来如此”，如阳明说：

> 夫诚者，无妄之谓。诚身之诚，则欲其无妄之谓。诚之之功，则明善是也。故博学者，学此也；审问者，问此也；慎思者，思此也；

明辨者，辨此也；笃行者，行此也。皆所以明善而为诚之之功也。故诚身有道，明善者，诚身之道也；不明乎善，不诚乎身矣。非明善之外别有所谓诚身之功也。诚身之始，身犹未诚也，故谓之明善；明善之极，则身诚矣。①

由此看来，“诚”的内容、过程与目标，都与自然世界毫无关联。因此，当清代末期出现以“主张研究和重视西方科学”为特征的经世实学时，我们完全可以视之为阳明心学实学特质的延承与扩充，而不必为反动。这样说来，吾人视阳明心学为有限之实学，不仅是陈述其客观事实，亦是诉说其希冀。

第三，“心学”是一种试图消解人性中善恶张力的智慧。唐人李翱曾明确提出“性善情邪”说，并进一步提出“弗思弗虑”的方法，这个主张显然是坚持“性本善”的路线。在王阳明这里，“情”由“意”取代，因而仍然是坚持“性本善”路线，所谓“盖心之本体本无不正，自其意念发动，而后有不正”②。笼统地讲，“意”与“情”都是心理状态，不过，“情”更加具象化，“意”更加抽象化，因而在“意”处去恶存善当然更为根源，也更为节省成本。问题在于谁去发现“意”之善恶？阳明的答案是“良知”。他说：“意与良知当分别明白。凡应物起念处，皆谓之意。意则有是有非，能知得意之是与非者，则谓之良知。”③也就是说，只有“良知”能够觉察“意”之善恶。而“良知”不仅是心之本体，也是“意”之本体，所谓“心者，身之主也，而心之虚灵明觉，即所谓本然之良知也。其虚灵明觉之良知应感而动者谓之意；有知而后有意，无知则无意矣。知非意之体乎？”④而“良知”还是“自家的准则”，这就是说，“诚意”本质上只是就观念上解决善恶问题。概言之，阳明一方面将善恶

①〔明〕王守仁：《与王纯甫二》，载吴光等编校：《王阳明全集》卷四，第156—157页。

②〔明〕王守仁：《大学问》，载吴光等编校：《王阳明全集》卷二十六，第971页。

③〔明〕王守仁：《答魏师说》，载吴光等编校：《王阳明全集》卷六，第217页。

④〔明〕王守仁：《传习录中》，载吴光等编校：《王阳明全集》卷二，第47页。

视为心之所发的“意”，从而坚持维护“人性本善”的基本主张，另一方面又将善恶留在观念或心理区域加以处理，这说明，他虽然说“意”接触事物而有善恶，但人性中有善有恶才是他本质的坚持，而“诚意”即意味着善恶问题的解决可在意识中完成。这就意味着，阳明察觉人性中存在善恶的张力，并由“意”将此张力或矛盾外化并进而提出解决的方案。人性善恶仍然是个谜题，虽然不能说阳明解决了这一难题，但阳明的思考与主张无疑是值得仍然困惑于这一难题的我们重视的。

（原载《浙江社会科学》2016年第6期）

经典世界的心学化解读

——以王阳明龙场悟道与《五经臆说》的撰写为中心

□ 张新民[①]

摘要： 龙场大彻大悟后，王阳明遂默记“五经”以求相互印证，这可视为一种以个人体悟与“圣言量”互察互照，即主观和客观相互勘验以求自我定位的重要方法，它代表了经典世界与心性世界在价值论上的契合，体现了经典心学化解读历史发展的新趋势。《五经臆说》成于龙场悟道之后不久，暗含有强烈的政治关怀。而阳明反复强调的“‘六经’即心之纪籍”“‘六经’即心之常道”“尊经即是尊道”，则体现了一个时代学术思想的脉律跳动，反映了心学运动解经典范的重新建立。直到晚近，这一心学思想仍发出极大的声光回响，成为人类寻找安身立命之道必须时时回顾的重要精神经验和思想传统。

关键词： 王阳明、龙场悟道、《五经臆说》、经典解读、心学思想

《五经臆说》一书，乃是王阳明龙场悟道之后，为印证自己的心性证悟所得，即前人所谓“居龙场三年，动忍增益，中夜得致知格物之旨，默证‘五经’，无不合”[②]，所撰成的一部早期重要经学著作。[③]从十八岁与娄谅讨论程朱之学，开始向慕圣人生命境域，至三十七岁在龙场大悟格物

---

①张新民：贵州大学中国文化书院教授。

②〔清〕邵廷采：《明儒王子阳明先生传》，载《思复堂文集》卷一，浙江古籍出版社2010年版，第3页。

③有关阳明经学思想的研究，学界历来成果不多。较可参阅的相关研究，主要有蔡仁厚：《王阳明“经学即心学”的基本义旨》，（台湾）《中华文化复兴月刊》1975年第9期；蔡方鹿、付春：《王阳明经学思想新探》，《江汉论坛》2009年第6期；［韩］李愚辰：《关于王阳明〈五经臆说〉的研究》，《贵阳学院学报》2015年第1期；余英时的《龙场悟道与理学转向》一文，亦论及阳明的《五经臆说》，可一并参阅，见余英时：《宋明理学与政治文化》，（台湾）允晨文化实业股份有限公司2004年版，第276—297页。

致知真义，以为圣人之道即内在于人之根本自性，阳明花了近二十年的时间，才踏上了一条重建儒家心性形上学的不归之路。也就是说，只有到了龙场悟道之后，阳明才决定性地用自己的生命契入以孔孟为代表的儒家精神传统，开始以“心”为本体依据创造性地建构自己的哲学体系，并以良知为中心题域，不断展开思想性言说，[①]最终则在朱子学“笼络”绝大多数读书士子的世界之外，别张一军，再树典范，成为历史上罕见的重新开创儒家心学学派崭新天地的学坛领袖人物。因此，尽管本文的撰写目的只是结合《五经臆说》考查阳明龙场悟道后的境界现量，并非全面检讨其完整的经学思想体系，但也希望能够深入前贤广袤的精神世界，梳理出时代风气转移变化的根本原因。在方法论上则一方面坚持以心学解释心学的立场，力求重新探寻以心史与文献默察互证的解释学新路径，另一方面也重视具体的历史脉络可能营造出来的思想言说语境，尽可能地揭示经典世界解读与心性世界建构双向互动的复杂关系，从而更好地把握心学思想扎根的生命本体来源和具体文化土壤，吸取我们今天重建精神（心灵）哲学必需的本土文化经验与学术思想资源。

一、 默记“五经”以印证心性

正德三年（1508）三月，王阳明蒙冤，投荒万里到达龙场，经历百死千难而大彻大悟后，为了比照考量自己证入形上道体所得是否客观可靠，遂在书籍匮乏的条件下默记“五经”，以求与自己的证量彼此发明印证，结果是无有一处不相吻合。这显然是一种个人体悟与经典文献相互发明，主观与客观互照互察，当下实存境界与“圣言量”互印互证，心性世界与

①“致良知教”的正式确立，当在阳明五十岁以后。然龙场悟道之后，实已初具端倪，有阳明自己“吾良知二字，自龙场以后，便已不出此意，只是点此二字不出”之言可证。故阳明后期思想的发展，也可说是通往良知之路的发展，以良知为中心题域不断寻找施教方法的发展，所谓“言说”也可视为广义的生命境界的外显性展开，与人的实存状况相关的契理契机的话语表达。阳明之说，见〔明〕钱德洪：《刻文录叙说》，载吴光等编校：《王阳明全集》卷四十一，上海古籍出版社1992年版，第1575页。见张新民：《〈儒家圣人思想境域的正法眼藏〉：王阳明的良知与致良知学说及其现代意义》，载《阳明学刊》第三辑，巴蜀书社2008年版。

经典世界比勘验证的思想判断方法[①]。如果判断所得出的结论是积极正面而非消极负面的，自然会强化他对自己证悟所获结果的主观自信与客观评判，帮助他在生命的澄明之境中进一步如实合理地把握和调整自己的存在状态。质言之，阳明之“默记‘五经’之言证之，莫不吻合”[②]，从积极方面看，可说他的证悟所得，不仅契应心性本源，而且也符合经典真义，必然能够转化为生命的具体活动或实践行为，从而更自觉地维护和弘宣儒家道统；从消极方面看，则一旦脱离心性本源的现量判断，有违经典的本真原义，其未来的生命行为便难免不会偏离真正的儒者之道，因而有必要随时做出各种调整或修正的行动。值得注意的是，先秦孔孟之说皆属“心性论”形态而非“天道观”形态，[③]而经典虽然只是纸上之法，毕竟不能脱离人心之理，则阳明以“心”为“体”的证悟，不但契合儒家早期基本经典，同时也代表儒学一贯固有的正统。所谓“莫不吻合”云云，显然并非偶然一时之虚语。

有必要强调的是，透过阳明为学“三变”[④]的生命发展历程进行整体分析，不难知道，从出入于二氏到返归儒家正学，最终大彻大悟而生命气象焕然一新，又证之儒家经典无不吻合，这也是历代开创时代风气的大儒

---

①张新民：《视野交融下的哲学、宗教与科学》，载《阳明学刊》第四辑，巴蜀书社2009年版。

②〔明〕钱德洪辑：《年谱一》，载吴光等编校：《王阳明全集》卷三十三，第1228页。

③劳思光认为：“学者不用‘儒学’一词则已，倘用‘儒学’一词而非别立新义，则所谓‘儒学’者自只能以先秦孔孟之说为最后依据。孔孟之说，皆属‘心性论’形态，非‘天道观’形态。周张二程诸人，莫不力尊《易传》《中庸》，于是始有以‘天道观’为中心之儒学；朱熹更编成‘四书’，杂收道教图书以解《易》，塑造一全不合历史真相之‘道统’。于是孔孟之‘心性论’ 立场反而为此中成说所掩。以‘天道观’为儒学正统，是宋儒承汉以下伪说传统之工作结果。学者入此牢笼，即不知孔孟言心性，本以‘主体性’为最高观念。”此采其说。见劳思光：《新编中国哲学史》第三卷，广西师范大学出版社2005年版，第307页。

④阳明早期为学的“三变”，钱德洪曾有概括之语说：“少之时驰骋于辞章，已而出入于二氏，继乃居夷处困，豁然有得于圣人之旨，是三变而至于道也。”〔明〕钱德洪：《刻文录叙说》，载吴光等编校：《王阳明全集》卷四十一，第1574页。钱穆：《王学的三变》，载张新民选编：《阳明精粹·名家今论》，孔学堂书局2014年版，第22—26页。

常用的方法。[①]而儒家思想传统所提供的巨大动力资源固然重要，但大乘佛教及禅宗在证悟入道方法论上的辅助作用也不可轻忽，虽然阳明最终的生命抉择乃是弃释归儒，但二者亦非彻头彻尾全然对立，终其一生对佛教的批判，均主要集中在家国天下形下世界的责任伦理方面，一旦涉及广大空寂、无声无臭的形上道体，则从来甚少异辞。或可借用马一浮的表述，以便更好地说明问题：

> 不明乎道，何名为儒！苟曰知性，何恶于禅！儒与禅皆从人名之，性道其实证也。六艺皆所以明性道，舍性道而言六艺，则其为六艺者，非孔子之道也。性者人所同具，何借于二氏！二氏之言而有合者，不可得而异也；其不合者，不可得而同也。汉之黄老、魏晋之玄言，并与后世依托道家者异。异义学善名理，禅则贵直指而轻谈义，不肯以学自名，二家者，俱盛于唐，及其末流，各私其宗以腾口说，恶得无辨？然其有发于心性之微者，不可诬也！故宋初诸儒皆出入二氏，归而求之六经。固知二氏之说，其精者皆六艺之所摄也，其有失之者由其倍乎六艺也。然后为六艺之道者，定其言性道至易简而易知易从，极其广大则无乎不备。[②]

马氏一方面认为儒家六艺（“六经”）可统摄一切学术，另一方面又认为六艺又统摄于一心，则释、老二氏之学，似亦不能自外于六艺。其说之学理依据究竟何在，姑暂不置论。但所谓“二氏之言而有合者，不可得而异也；其不合者，不可得而同”，而二氏均有“发于心性之微者”，则为不易之论。比照阳明龙场悟道前后的思想发展历程，可知他对佛教的批判，如同对朱子之学的批判一样，乃是一种扬弃式的批判，吸取多方面思

①明儒黄绾曾强调：“宋儒之学，其入门皆由于禅：濂溪、明道、横渠、象山则由于上乘；伊川、晦庵则皆由于下乘。”（〔明〕黄绾著，刘厚祜、张岂之点校：《明道编》卷一，中华书局1959年版，第12页）晚近陈寅恪先生亦指出：“中国自秦以后，迄于今日，其思想之演变历程，至繁至久，要之，只为一大事因缘，即（两宋）新儒学之产生，及其传衍而已”“自得佛教之裨助，而中国之学问，立时增长元气，别开生面”。均可见佛教精深义理的传播吸收，乃是宋明儒者重建自身形上世界的一大旁助因缘。分见陈寅恪：《冯友兰中国哲学史下册审查报告》，载《金明馆丛稿二编》，上海古籍出版社1980年版，第250页；吴学昭：《吴宓与陈寅恪》，清华大学出版社1992年，第11页。

②马一浮：《〈儒林典要〉序》，载《马一浮集》第二册，浙江古籍出版社1996年版，第30—31页。

想资源以求综合性创新的批判，在心性之学的精微至当之处，仍多有不失儒家立场的吸收与创造性的发展，尽管佛教与朱子之学一外一内，一异质一同质，在他看来仍有截然不同的区分，不能不厘清主次而有以区别之。[①]至于凭借“五经”[②]以明道，根本要旨仍在发明心性，同时也综合了主观客观以决定取舍，依据经典世界来阐发自己的证悟所得，更多的是“六经注我”而非“我注六经”[③]。揆诸古今，即马一浮所谓“宋初诸儒皆出入二氏，归而求之六经”，历代大儒持类似做法者，显然不乏先例，阳明在方法论上，并没什么孤明先发之处。但立足于心学立场绎经立说，遂使儒学发展由理学折转而入于心学，代表了一个时代学术思想文化的转向，仍以阳明龙场悟道之后的做法最为典型。故《五经臆说》虽散佚甚多，在阳明本人亦不太重视，但其在中国学术思想发展史上的重要性，仍决不可轻易忽视。

二、 透过文字直返本心

大彻大悟后的阳明，既然已具备了心性本源与经典解读高度吻合的昭明灵觉的察照视域，当然也就意味着无限创造活力的重新获得。以这一特有的心灵视域和创造活力审视先儒的经典注疏训释，他以为未能尽是或不符合己意之处颇多，于是乃就记忆所得重新为其疏解，遂在龙场书籍查阅及道友切磋都极为匮乏的条件下，撰成《五经臆说》一书。遗憾的是，原书凡四十六卷，今见存者十三条，乃阳明逝世后，钱德洪从废稿中检出，略加过录编次者。足证他自己根本就不甚重视是书，乃至越到晚年就越“自觉学益精，工夫益简易，故不复出以示人”。书虽藏之箱箧，仍多

①参见张新民选编：《阳明精粹·哲思探微》，孔学堂书局2014年版，第200—214页。

②马一浮所说的六艺，即阳明《五经臆说》之“五经”，盖《乐》早佚，遂省“六”为“五”。而六艺者即“六经”之别名也。

③陆九渊曰：“或问先生，何不著书？对曰：‘六经注我，我注六经。’”参见〔宋〕陆九渊：《语录下》，载《陆九渊集》卷三十五，中华书局1980年版，第399页。

有散佚。不出示于他人的具体原因，钱德洪曾向他请教过。他的回答是："只致良知，虽千经万典，异端曲学，如执权衡，天下轻重莫逃焉，更不必支分句析，以知解接人也。"十分明显，站在心学立场来看，最重要的仍是自己的自证自得，即使是圣贤经典，也必须以心印心，不徒在文字上打转，以知解接引学人。这是他总结早年向外格物穷理的繁琐，以后则返本心性而以约驭繁，获得心统万物盎然义趣的必然结果。简易直截的证道入道工夫，植根于心性本体的森罗万象，不仅体大，即用亦大，相亦大，足可将体、用、相一气融彻贯通。故德洪事后曾不无感慨地说："吾师之学，于一处融彻，终日言之不离是矣。即此以例全经，可知也。"①

《五经臆说》虽从未授诸生，但毕竟是他用心学方法研究"五经"之心得，仍可从中一窥悟道后证量工夫的深浅，同时也能看出他后来形成"致良知"思想的变化发展线索。其自撰之《五经臆说序》，今尚见存于文集。不妨具录如下：

> 得鱼而忘筌，醪尽而糟粕弃之。鱼醪之未得，而曰是筌与糟粕也，鱼与醪终不可得矣。"五经"，圣人之学具焉。然自其已闻者而言之，其于道也，亦筌与糟粕耳。窃尝怪夫世之儒者求鱼于筌，而谓糟粕之为醪也。夫谓糟粕之为醪，犹近也，糟粕之中而醪存。求鱼于筌，则筌与鱼远矣。龙场居南夷万山中，书卷不可携，日坐石穴，默记旧所读书而录之。意有所得，轧为之训释。期有七月而"五经"之旨略遍，名之曰《臆说》。盖不必尽合于先贤，聊写其胸臆之见，而因以娱情养性焉耳。则吾之为是，固又忘鱼而钓，寄兴于曲蘖，而非诚旨于味者矣。呜呼！观吾之说而不得其心，以为是亦筌与糟粕也，从而求鱼与醪焉，则失之矣。②

观文中语气，似为离开龙场之后，始回顾往事而写定。然亦足证悟

①以上引文，均见〔明〕钱德洪：《五经臆说十三条》之序，载吴光等编校：《王阳明全集》卷二十六，第976页；《钱德洪语录诗文辑佚》，载钱明编校整理：《徐爱·钱德洪·董沄集》，凤凰出版社2007年版，第200页。

②〔明〕王守仁：《五经臆说序》，载吴光等编校：《王阳明全集》卷二十二，第876页。

道之后，他曾一度花费精力，做过“五经”训释的工作。但训释经典的目的，仍在发明本心本性内具的义理，而非徒滞于外部的名相文字。文中所谓“已闻者”，显然主要指他曾遍读过的朱子之书，而“世之儒者”云云，则暗喻一味执泥于朱注，而不知反本心性真实的近世学者。再证以他的诗句：“曾向图书识面真，半生长自愧儒巾；斯文久已无先觉，圣世今应有逸民。一自支离乖学术，竞将雕刻费精神；瞻依多少高山意，水漫莲池长绿苹。”①则可见他所说的“不必尽合于先贤，聊写其胸臆之见”，实际亦暗指龙场悟道之后，他已深刻地反省到“向之求理于事物者误也”②，从此告别朱子颇“费精神”而又过于“支离”的生命境界提升路径，而走上了一条剥落文字语言而直指本心、觉悟生命真义的简易圣学大道。而他后来之所以不甚重视已经成书的《五经臆说》稿本，乃至竟付“秦火久矣”，则是因为“只致良知，虽千经万典，异端曲学，如执权衡，天下轻重莫逃焉，更不必支分句析，以知解接人”③。易言之，即语言文字虽能指涉本体，但毕竟不能代替本体，诚如马一浮先生所说：“见性非目，执指非月，一切言语，无非诠表。博文有待于人，约礼须是自证，知识只是比量，证悟乃是现量。见烟知火，发白知衰，均是比量；至于饮水知暖，则是现量，不容讲说；说道谈义则是圣言量。”④如要真正证入人人皆有的形上本体，则不能不凭借逆向体认的心性证悟工夫。而一旦如实透入内在彻上彻下的良知本体，同时又直下落实“致良知”的“事上磨练”的实践工夫，则显然不必再在表面的语言世界中“支分句析”，而应摄俗归真，即返归心性固有的殊胜形上圣境，契入超越之本体世界，然后再回真入俗，即依据本体自然流行发用，始终不丧失应有的现实关怀热情，不仅为

①〔明〕王守仁：《再过濂溪祠用前韵》，载吴光等编校：《王阳明全集》卷十九，第718页。

②〔明〕钱德洪辑：《年谱一》，载吴光等编校：《王阳明全集》卷三十三，第1228页。

③〔明〕王守仁：《五经臆说十三条》，载吴光等编校：《王阳明全集》卷二十六，第976页；又见《钱德洪语录诗文辑佚》，收入钱明编校整理：《徐爱·钱德洪·董沄集》，第200页。

④马一浮：《语录类编·儒佛篇》，载《马一浮集》第三册，第1058—1059页。

人类世俗社会提供基本的价值，而且也为改造现实世界奠定其扎根的心性本体依据。故经典与良知尽管均可作为世俗世间是非轻重权衡标准的存在依据，但严格说来，前者仍不过是后者的外在化客观显现而已。如果要同样证入圣言量，仍必须超越语言文字，返归自心固有之形上本体。与“六经”均可统摄于圣人的本心本性一样，良知说也是阳明契入形上世界后的现量言说，二者固然可以互勘互验，但却不能代替人的自觉自证。

由此可知，从成圣成贤的方法论看，朱子的法门显然是渐修法，不能不让人感到“博”而“杂”，阳明的路径则为顿悟法，的确更能使人感到“约”而“简”。阳明晚年撰《大学问》，凡一生学问宗旨，大体已在其中。钱德洪则径称：

> 《大学问》者，师门之教典也。学者初及门，必先以此意授，使人闻言之下，即得此心之知，无出于民彝物则之中，致知之功，不外乎修齐治平之内。学者果能实地用功，一番听受，一番亲切。师常曰：“吾此意思有能直下承当，只此修为，直造圣域。参之经典，无不吻合，不必求之多闻多识之中也。”门人有请录成书者。曰：“此须诸君口口相传，若笔之于书，使人作一文字看过，无益矣。”①

可见阳明并非不重视经典，但更强调透过经典直入心性，将经典的世界与心性的世界合为一事，真正在身心性命上切实用功，做到优入圣域，“内圣”“外王”融合一处，不可徒在语言文字上打转，乃至以小知自私之心向外驰求，迷失在外部的观念世界之中，沦溺于自己的知见偏执之内。而无论内圣外王，都必须实地用功，当然就不能脱离儒家的济世淑人事业，实际即为致良知内外伦理责任浃然一体的主动承担。

如果说“理”是所诠，“名”是能诠，则得“理”即可忘“名”，一如得“鱼”即可忘“筌”，“醪”尽而“糟粕”自当弃之一样。倘若滞

①〔明〕钱德洪：《大学问·跋语》，载吴光等编校：《王阳明全集》卷二十六，第973页；《钱德洪语录诗文辑佚》，载钱明编校整理：《徐爱·钱德洪·董沄集》，第199页。

“名”忘“理”，执“筌”失“鱼”，徇“人”丧“己”，是“丹”非“素”，出“主”入“奴”，乃至以狂见为胜解，以恶觉为智证，自甘封蔀，无有出期，不但不能激活心性光明，反而滋长迷惘缚误，即使多读经典，不过乱抓表面文字，显然与阳明立说的宗旨不符，当然就是他所要反对的了。

经典文本语言文字之外，尚有圣门慎言不传之心法，不能鹦鹉学舌假借他人，只能实入其境界田地方得。如阳明所说：“用功到精处，愈着不得言语，说理愈难。若着意在精微上，全体功夫反蔽泥了”，“学问也要点化，但不如自家解化者，自一了百当。不然，亦点化许多不得”。[①]他一再叮嘱强调的，显然便是儒家最为重视的自得之学。至于“古人所谓不传之学者何？盖即自得之学也。唯须自得，故不可传，故曰向上一路，千圣不传”[②]，不仅儒家如此，禅宗亦是如此。

三、《五经臆说》的政治学微义

因此，龙场大彻大悟之后，阳明尽管撰有《五经臆说》一书，但根本的目的并非解经，而在印证发明心性，所谓记问辩说云云，不过余事而已。“随着他的心学走向成熟，理论重心由援引经学与人辩论以证己说，转向用自己的心学衡定经学并重新诠释经学。”[③]故阳明尝概叹：“学问功夫，我已曾一句道尽，如何今日转说转远，都不著根？”“既知致良知，又何可讲明？良知本是明白，实落用功便是。不肯用功，只在语言上转说转糊涂”。[④]诚可谓“不假名言，则真理不能显现；执着名言，则醍醐反成毒药。克实而言，儒佛周孔，等是闲名，不有证悟，总为糟粕。”[⑤]具见龙

①〔明〕王守仁：《传习录下》，载吴光等编校：《王阳明全集》卷三，第115页、114页。

②马一浮：《语录类编·儒佛篇》，载《马一浮集》第三册，第1057页。

③彭鹏：《王阳明以心学解〈易〉内在理路探析》，载《周易研究》2015年第6期。

④〔明〕王守仁：《传习录下》，载吴光等编校：《王阳明全集》卷三，第109页。

⑤马一浮：《语录类编·儒佛篇》，载《马一浮集》第三册，第1054页。

场悟道乃是阳明证入觉源性海的一大关键，解经的目的当然即为直透圣贤用心，一方面希望能启发学人打开自己彻天彻地的自性光明，将悟境真实活泼地示现他人，一方面强调心性实践的工夫根本就不离民彝物则，必须积极从事修、齐、治、平的人间秩序再造事业。所谓“优入圣域”云云，亦当熟玩圣人境界气象，真正在工夫上有所透入，决非一味爬疏文字所能达致，亦非仅在语言上讲明即可了事。

《五经臆说》今存十三条，限于篇幅，兹仅举其首条如下，阳明之解经方法，或可从中略窥一斑：

> 元年春王正月〇人君即位之一年，必书元年。元者，始也，无始则无以为终。故书元年者，正始也。大哉乾元，天之始也。至哉坤元，地之始也。成位乎其中，则有人元焉。故天下之元在于王；一国之元在于君；君之元在于心。元也者，在天为生物之仁，而在人则为心。心生而有者也，曷为为君而始乎？曰：“心生而有者也。未为君，而其用止于一身；既为君，而其用关于一国。故元年者，人君为国之始也。当是时也，群臣百姓，悉意明目以观维新之始。则人君者，尤当洗心涤虑以为维新之始。故元年者，人君正心之始也。”曰：“前此可无正乎？”曰：“正也，有未尽焉，此又其一始也。改元年者，人君改过迁善，修身立德之始也，端本澄源，三纲五常之始也；立政治民，休戚安危之始也。呜呼！其可以不慎乎？”①

孔子修《春秋》，每书“元年春王正月”，《左传》：“周正月，不书即位，摄也。”②《公羊》：“元年者何？君之始年也。春者何？岁之始也。王者孰谓？谓文王也。曷为先言王而后言正月？大一统之谓也。”③阳明承接前人解经路数，自然不能不有所发挥，如果稍加归纳或总结，则至少有以下两点值得注意。

①〔明〕王守仁：《五经臆说十三条》，载吴光等编校：《王阳明全集》卷二十六，第976—977页。

②黄侃校点：《春秋左传·隐公》，载《黄侃手批白文十三经》，上海古籍出版社1983年版，第1页（标点略有改动）。

③同上。

（一）从客观方面看，孔子将人君即位之一年一月，改为“元年正月”，实寄寓了极深的政治文化理想。所谓“元”实即“始”，既代表形上之天道，又必在形下世界展开和落实，即孔子“天何言哉，四时行焉，百物生焉”[①]；《大易》“大哉乾元，万物资始，乃统天”，“至哉坤元，万物资生，乃顺承天”。无论 “资始”或“资生”，都显示了天地的“生物之仁”。但无始则必然无终，以“始”为“正”，即内蕴形上天道落实于现实世界，必须开出美好的人间社会秩序，人类永无止境的自我完善乃是天命下贯的宗教性庄严责任的微意。其中最重要者，即人君一旦在天地之中成位，作为与乾元、坤元相应的人元，当然便不能不德配天地，必须依据天地精神推行至大公之政治。因为王既关乎天下之元，君也为一国之元所系，则无论形上之乾元或形下之坤元，均为政治权力合法性与正当性的判断依据，也是为政不可不“正”的正义性和合理性的衡量标准。

（二）从主观方面看，天下之元或一国之元既系于君王之一身，而身之主宰理所当然即是人人均有的昭明灵觉之心，而所谓君之“元”者，亦不能不归诸其必然具有的人性本心。因此，无论“万物资始” 或“万物资生”之“元”，其在天即为能够生物成物之仁，其在人则为可以发用流行之心，所以诚意正心的工夫遂不能不大讲特讲，以“仁爱”为根本原则的王道政治亦不可不倡。天道的圆满和现实人生的不完善，决定了人君必须永无止境地做好进学修德的工夫。《春秋》“元年”一辞之训释，亦同时兼有三层涵义：1.“人君改过迁善，修身立德之始”；2.“端本澄源，三纲五常之始”；3.“立政治民，休戚安危之始”。而阳明“其可以不慎乎”的慨叹，不仅表明了他深刻的政治关怀，同时也显示了他的政治批判立场，即为政必“正”，施政必“仁”，上必符合形而上的天道，下则不能不修身立德，故必须同时以形上形下两条标准，展开王学阵营中的黄绾所说的“正王法”的工作。阳明之言显然充满了深刻的忧患意识，代表了一

①《论语·阳货》，载程俊英、蒋见元点校：《论程集释》第四册，中华书局1990年版，第1227页。

代学者对权力核心行为时刻警惕和愿意匡正的基本价值诉求。[①]

《春秋》“文成数万，其指数千”[②]，乃“夫子经世之志，处变之书也”。而暗含在其中的根本目的，则为“正君臣、父子之大伦”。盖孔子“不堪世变之感，思欲正之，无可奈何，故托鲁史为《春秋》”[③]。即使“元年春王正月”寥寥六字，历来释家成文者亦数量颇多。远者如董仲舒，就明白指出：

> 《春秋》何贵乎元而言之？元者，始也，言本正也。道，王道也。王者，人之始也。王正则元气和顺，风雨时，景星见，黄龙下。王不正则上变天，贼气并见。五帝三王之治天下，不敢有君民之心。[④]

近者如康有为，则强调《春秋》：

> 推本于元以统乎天，为万物本，终始天地，本所从来，穷极混茫，如一核而含枝叶之体，一卵而具元黄之象，而核卵之始，又有本焉，无声无臭，至大至奥。孔子发此大理，托之《春秋》，故改“一”为“元”焉。此第一义。孔子以天下皆宜定于一，故属万物于天元，亦属亿兆于人元。王者，往也，天下所归往谓之王，此圣人教主为天下所归往也，乃能当此王者，乃可改元立号以统天下，此第二义也。[⑤]

他们都认为天人大义，昭昭明白，凡为君王者，均应继天奉元，育养万物，否则不但不符合形上之天道本体，权力的合法性亦将荡然无存。故为王者不可不“正”，其统既“正”，万物皆应，则无不得其“正”。故

---

①以上引文分别见〔明〕黄绾：《春秋原古序》，载张宏敏编校：《黄绾集》卷十三，上海古籍出版社2014年版，第252页；〔明〕黄绾：《读春秋》，载张宏敏编校：《黄绾集》卷十，第173页、第253页。

②〔汉〕司马迁：《太史公自序》，载《史记》卷一三〇，中华书局1959年版，第3279页。

③〔明〕黄绾：《读春秋》，载张宏敏编校：《黄绾集》卷十，第171页。

④〔汉〕董仲舒：《王道第六》，载苏舆撰，钟哲点校：《春秋繁露义证》，中华书局1992年版，第100—101页。

⑤康有为：《春秋笔削大义微言考·隐公》，载姜义华、张荣华编校：《康有为全集》第六集，中国人民大学出版社2007年版，第10页。

“正”之涵义，亦当兼具两端：一是“王正”，即权源的出发点乃天下所系，当然也就不能不“正”；反之，代表秩序核心的权源倘若不正，便不能不意味着天下国家的失序紊乱，因此，必从心源开始便杜绝或防范一切政治危机出现的可能，无论任何时候都不能将道德性的规约从政治制度中剥离出来；再即“正王”，即权源核心之上尚有一更高的形上本体，一般称之为“天道”“天德”或“天命”，乃是世俗政治权力合法性的本初根源，必须时时以此为衡量标准规约君王，使其由生命歧出的不正返归本源固有的“正”，避免形下世界偏离形上世界可能导致的灾难，强调政治文化应然之理必须符合天道创生不已的本然之理，以确保国家天下权力结构的秩序能正常合理运作。

四、“六经”皆心之纪籍

从董（仲舒）、王（阳明）、康（有为）三家对《春秋》“正始”说的解释看，尽管他们三家的现实挑激及与之相关的家法进路各有不同，各自发挥的程度也有差异，但前后结论仍可说是大体一致。略去中间大量的历史环节，阳明可谓颇能承上启下者。[①]更直接地说，他们三家均以形上之天道作为人间社会理想秩序的正当性依据，强调儒家一贯重视的道德政治本来即具有普遍性与绝对性，警惕丧失了合法性的无道德的政治可能带来的现实危害成灾难，展示了中国文化命脉始终一贯的即超越即存在的精神大义。前人每谓阳明心学空谈心性，严重者甚至束书不观，不识阳明本人亦极为稔熟经典，怀有强烈的现实政治关怀意识。“虚文胜而实行衰”[②]在他看来乃是乱世的一大重要根源，因而终其一生均在努力将经义引向人生社会实践的发展方向，可见前人误读误解之深，当不能不重新予以发覆澄清。

---

①《春秋》一书自宋代以来，出于“尊王攘夷”之现实需要，即不断有人发挥其微言大义，形成大量相关撰述。惜限于主题及篇幅，暂无从详举。当另撰专文，以明源流焉。

②“天下之大乱，由虚文胜而实行衰也。使道明于天下，则‘六经’不必述。删述‘六经’，孔子不得已也。”〔明〕王守仁：《传习录上》，载吴光等编校：《王阳明全集》卷一，第7页。

不过，比较上述三家，阳明既持心学体证立场，又其经典心学化的解释学特征，显然亦极为突出。在他看来，外在的形上天道必然内具于人的本心本性，可以凭借最切身、最本源的价值发生学意义上的生命运作机制来加以体证或领会，即使龙场悟道之后他以证量工夫说出的“圣人之道吾性自足”[①]，当然也可视为“心外无理”“心外无物”的另一形式的表述。[②]考察其前后源流，则可说“学以尽性也，性者存发而无内外，故博文约礼、集义养气之训，孔孟之所以教万世学之者。而或少异焉，是外性也，斯异端矣”[③]。阳明自己后来也说：“圣人之学无人己，无内外，一天地万物以为心”[④]“理无内外，性无内外，故学无内外；讲习讨论，未尝非内也；反观内省，未尝遗外也。夫谓学必资于外求，是以己性为有外也，是义外也，用智者也；谓反观内省为求之于内，是以己性为有内也，是有我也，自私者也，是皆不知性之无内外也。故曰：精义入神，以致用也；利用安身，以崇德也；性之德也，合内外之道也。此可以知格物之学矣”[⑤]。足证他以心学立场为立论的出发点，以解释《春秋》“正始”之说，一方面强调“君之元在于心”，故不可不绳以“正心”的工夫，而“正心”即正其待物处事之心，遂不能不以“洗心涤虑以为维新”，即在心性本源深处力行善本，从而始终保持“新新顿起”的生机活力；一方面又突出了内外合一的大道宗旨，即形上天道与心性本体无间无隔，彻上彻下，无内无外，本自圆满，无少欠缺，均对人间秩序权源核心的君王构成了神圣永恒的规范力量，成为评判和考量其政治行为合法或正当与否的天道人心标准。质言之，《春秋》大书特书“元年春王正月”，不仅提供了权力行为必须符合形上天道的本体依据，构成了不可一刻违背的天道天德生物成物

①〔明〕钱德洪辑：《年谱一》，载吴光等编校：《王阳明全集》卷三十三，第1228页。

②张新民：《意义世界的建构：论王阳明的“心外无理、心外无物说》，载《孔学堂》2014年创刊号。

③〔清〕孙应奎：《刻阳明先生传习录序》，载吴光等编校：《王阳明全集》卷四十一，第1586页。

④〔明〕王守仁：《重修山阴县学记》，载吴光等编校：《王阳明全集》卷七，第256页。

⑤〔明〕王守仁：《传习录》中，载吴光等编校：《王阳明全集》卷二，第76页。

的仁义法则，同时也暗示了天赋人性至善乃是为政不可不“正”的最基本的价值根源，强化了人君在位不可一日放废的正心诚意的修身工夫，最终的目的则为由一己之善拓展为天下人类共同之善，从个人之“正”推广为人间社会秩序应有之“正”。而无论形上之天道或本体之心性，一皆以生生不息创化万物为心，以“元、享、利、贞”的展开和实现为生命过程，以生民休戚安危为本，以国家兴衰治乱为忧，不可不一之以道德，淳之以仁义，汲汲于人间合理秩序的重建工作，将天、王、君、人四者纳入“正”的大道坦途，否则便违背了天道，远离了天德，丢失了人性，乖戾了本心，不能不是生命的病相、存在的异化，非特权力无合法性，即行为亦无正当性。可见龙场悟道之后，即使在政治权力高压气候极为恶劣，莫须有的罪名迫害随时可能发生的环境中，[①]阳明也依然未放弃人生应有的世间关怀，始终坚守儒家“修齐治平”的精神发展方向。阳明十一岁即以成圣成贤为人生第一等事，但毕竟中间多有曲折反复，只有到了龙场大彻大悟之后，他才以本安于性分义命的坦荡人生态度，始终坚定不移地行走在圣贤救世的不归之路上。

透过以上分析，我们已不难看到，阳明并非不重视经典的义理解读，只是强调经典义理解读之外，尚必须注意文字背后圣贤的生命精神与人格气象。他对“六经”的具体看法，王龙溪（畿，字汝中）尝有记载说：

> 予尝闻之师（阳明）曰：“经者，径也，所由以入道之径路也。圣人既已得道于心，虑后人之或至于遗忘也，笔之于书，以诏后世。故‘六经’者，吾人之纪籍也。汉之儒者，泥于训诂，徒诵其言，而不得其意，甚至屑屑于名物度数之求，其失也流而为支。及佛氏入中国，以有言为谤，不立文字，惟直指人心以见性，至视言为葛藤，欲

①钱德洪叙述阳明龙场悟道经过，便特别强调“时瑾憾未已”，足证政治气候之严峻与残酷，即使万里流放投荒，也并非就意味着政治迫害的结束，不能不成为笼罩在士人心中的一团阴影。见〔明〕钱德洪辑：《年谱一》，载吴光等编校：《王阳明全集》卷三十三，第1228页。

从而扫除之，其失也流而为虚。支与虚，其去道也远矣。”[①]

龙溪乃阳明的亲炙弟子，自谓“（阳明）夫子还越，惟予与君（钱德洪）二人最先及门”[②]。其与阳明过从既多且密，所记又得自阳明亲口所言，自然完全可据信。按照阳明的说法，经既为入道之路径，岂能不熟诵精玩？然既已由路跃入道境，又曷能死于句下？故无论汉儒的支离琐碎，抑或禅门的执虚滞空，在他看来均不免持之太过，势必造成歧异偏差，不是遗忘了本心本性的证量工夫，便是丢失了圣言量印证的必要环节。所以他走的乃是一条“中道”路线，即“六经”既为圣人得道于心的客观化文本记录，目的在于传诸后世以免其遗忘，后人当然也就应该据此发明印证本心本性，将他人之经典转化为自己内心的“纪籍”，做到本心本性与经典载籍的合二为一，避免“支”与“虚”两种弊病，才能踏上步入道境而最终成圣的正途。

五、“六经”乃心之常道

依据“经”即“径”的诠释学训读，“六经”本为载道之工具，由经入道才是熟玩经典的一大关键，最终仍以“自得”之学为目的论归宿。束书不观固然是人生的大患，两脚书橱亦未尝不是俗世的病态。阳明的经学观显然植根于他的心学立场，经典与心性的相互发明才是读经解经的正途。诚如其《稽山书院尊经阁记》一文所说：

经，常道也。其在于天谓之命，其赋于人谓之性，其主于身谓之心。心也，性也，命也，一也。通人物，达四海，塞天地，亘古今，无有乎弗具，无有乎弗同，无有乎或变者也。是常道也，其应乎感也，则为恻隐，为羞恶，为辞让，为是非；其见于事也，则为

①〔明〕王畿：《明儒经翼题辞》，载吴震编校整理：《王畿集》卷十五，凤凰出版社2007年版，第421页。

②〔明〕王畿：《刑部陕西司员外郎特诏进阶朝列大夫致仕绪山钱君行状》，载吴震编校整理：《王畿集》卷二十，第585页。

父子之亲，为君臣之义，为夫妇之别，为长幼之序，为朋友之信。是恻隐也，羞恶也，辞让也，是非也；是亲也，义也，序也，别也，信也；一也。皆所谓心也，性也，命也。通人物，达四海，塞天地，亘古今，无有乎弗具，无有乎弗同，无有乎或变者也，是常道也。是常道也，以言其阴阳消息之行焉，则谓之《易》；以言其纪纲政事之施焉，则谓之《书》；以言其歌咏性情之发焉，则谓之《诗》；以言其条理节文之著焉，则谓之《礼》；以言其欣喜和平之生焉，则谓之《乐》；以言其诚伪邪正之辩焉，则谓之《春秋》。是阴阳消息之行也，以至于诚伪邪正之辩也，一也。皆所谓心也，性也，命也。通人物，达四海，塞天地，亘古今，无有乎弗具，无有乎弗同，无有乎或变者也，夫是之谓"六经"。"六经"者非他，吾心之常道也。故《易》也者，志吾心之阴阳消息者也；《书》也者，志吾心之纪纲政事者也；《诗》也者，志吾心之歌咏性情者也；《礼》也者，志吾心之条理节文者也；《乐》也者，志吾心之欣喜和平者也；《春秋》也者，志吾心之诚伪邪正者也。君子之于"六经"也，求之吾心之阴阳消息而时行焉，所以尊《易》也；求之吾心之纪纲政事而时施焉，所以尊《书》也；求之吾心之歌咏性情而时发焉，所以尊《诗》也；求之吾心之条理节文而时著焉，所以尊《礼》也；求之吾心之欣喜和平而时生焉，所以尊《乐》也；求之吾心之诚伪邪正而时辩焉，所以尊《春秋》也。盖昔者圣人之扶人极，忧后世，而述"六经"也，犹之富家者之父祖虑其产业库藏之积，其子孙者或至于遗忘散失，卒困穷而无以自全也，而记籍其家之所有以贻之，使之世守其产业库藏之积而享用焉，以免于困穷之患。故"六经"者，吾心之记籍也，而"六经"之实则具于吾心；犹之产业库藏之实积，种种色色，具存于其家。其记籍者，特名状数目而已。而世之学者，不知求"六经"之实于吾心，而徒考索于影响之间，牵制于文义之末，硁硁然以为是"六经"矣。是犹富家之子孙不务守视享用其产业库藏之实积，日遗忘散失，至于窭人丐夫，而犹嚣嚣然指其记籍曰："斯吾产业库藏之积也"，何以异于是！呜呼！"六经"之学，其不明于世，非一朝一夕之故矣。尚功利，崇邪说，是谓乱经；习训诂，传记诵，没溺

> 于浅闻小见以涂天下之耳目，是谓侮经；侈淫辞，竞诡辩，饰奸心，盗行逐世，垄断而自以为通经，是谓贼经。若是者，是并其所谓记籍者而割裂弃毁之矣，宁复知所以为尊经也乎！[①]

经所欲表达者，当为天地间的常道，本来就与人存在的命、性、心相互贯通，或者说命、性、心三位一体，均为“道”存在的不可或缺的场域，不仅可以在存在论上相互感通，而且在本体论上根本就是一体，均蕴含着万物一体的本源性真相，显示出同一流行发用的活泼妙趣。心之缘事显德，亦如经之载道寓理，既是常道无处不在之化现，人生当然也就可以即存在即超越。这也是《中庸》所谓“君子之道费而隐，夫妇之愚，可以与知焉，及其至也，虽圣人亦有所不知焉”[②]。将其与阳明之说相较，立即显示出前后一贯的义理脉络。而道与心通，心与道合，道通天下万事万物而为一，心亦统摄天下万事万物而为一。世俗世间一切道德实践活动，内容虽多，名目亦繁，然分之均可总括为心、性、命三者，合之则统摄于人之一心，亦无一不与不变之常道相通，乃不变之常道之显现。则心与经之所以能够相互印证发明，根本的原因仍为道可贯通一切存在而为一。后来的王龙溪也主张“性命合一”之说，认为“性与命，本来是一”，强调“一则推夫天理之自然，一则本诸自然之性理，使人从重处用力，以归于合一之宗，此是孟子立法最善形容处。非性待命补，命待性救，故欲分而二之也”[③]，显然就受到了师门的感染或熏陶。至于文中提到的恻隐、羞恶、辞让、是非四端之心，则为孟子以来历代大儒设教不能不引之说，大义亦为要人涵养察识自心本性，始终“不失赤子之心，阳明之致良知，皆是这个意思”[④]，而可见其经学观之立根处，仍不能自外乎人人均有的本心与本性。

①〔明〕王守仁：《稽山书院尊经阁记》，载吴光等编校：《王阳明全集》卷七，第254—255页。

②〔宋〕朱熹：《中庸章句》，载陈立校点：《四书章句集注》第一册，辽宁教育出版社1998年版，第22—23页。

③以上引文均见〔明〕王畿：《性命合一说》，载吴震编校整理：《王畿集》卷八，第188页。

④乌以凤辑录：《问学私记》引马一浮语，载《马一浮集》第三册，第1138页。

从根本上说，经乃常道，本质上即为心之常道；经为纪籍，本质上亦为心之纪籍。前者代表了心性圣言量的固有真实，本来就长存于每一个人的心性之中；后者不过是心性圣言量真实的外在化文字表述，当然最终仍以透过文字直返心性真实为根本究竟。[①]二者一而二，二而一，不可析为两事，不能判为两物。“凡圣贤立言，皆为救世而发”[②]，阳明所说归根结底，根本的要义仍在于激活每一个体的心性真实，不仅维护人存在的自信与尊严，而且挖掘价值，创造源源滚滚不断涌出的活泉，从而以人文化成的方式重建合理健康的人间社会秩序。

六、 尊经即是尊道

依据阳明心学立场的经学观进行分析，我们已不难知道，“六经”合而言之，不可不谓为常道；若略作区分，则各有功能。例如《易》言阴阳消息之行，《书》言纪纲政事之施，《诗》言歌咏性情之发，《礼》言条理节文之著，《乐》言欣喜和平之生，《春秋》言诚伪邪正之辨，亦不离心、性、命三者，而均可贯通为一，为人之一心所统摄，本来即是“吾心之常道”。可见从心物一元的角度观察，无论载道之经或具众理之心，阳明均决然不会容许将其析为两橛。而尊重“六经”所载之道，即是究明吾人心中之理；究明吾人心中之理，即是尊重“六经”所载之道。故“六经”所载的行、施、发、著、生、辨六个条目，即是吾人心中所要做的行、施、发、著、生、辨六件大事。可见“六经”者，不过吾心之纪籍而已，与各种乱经、侮经、贼经的做法比较，阳明认为以心学方法读经解经，才代表了儒家精神命脉的正统，不仅重新树立了严格意义上的尊经行为范式，而且也足以改变“六经”之学久不明于世的歧出社会文化现象。具见如果以“得鱼忘筌，得兔忘蹄可也，矜鱼兔之获而反追咎筌蹄，以为

①张新民：《视野交融下的哲学、宗教与科学》，《阳明学刊》2009年第4辑。

②〔明〕王畿：《性命合一说》，载吴震编校整理：《王畿集》卷八，第187—188页。

多事，其可乎哉”[①]之说责阳明，则非但不足以服阳明，即揆诸事实亦不当受之。

值得注意的是，阳明固然依据心学立场解读经典，强调“‘六经’者，吾心之记籍也”，但也指出“圣人之扶人极，忧后世，而述‘六经’”，希望将经典的资源转化为人间合理秩序建构的实践性动力，即所谓“经正，则庶民兴；庶民兴，斯无邪慝矣”[②]。适可见他之所以提倡尊经，一方面是与本心本性相互印证发明，直接贞定和提高人的主体性，一方面则始终抱持世间关怀热情，暗寓了用世的现实微意，依然是“修己”与“治人”兼顾，“内圣”与“外王”一体，既非局于内而遗其外，更遑论溺于外而遗其内。而其中之关键乃在“明道”，“明道”则必然内外合为一体，必须见诸“行事”，不能脱离人的生命行动，不能缺少实践的环节：“子以明道者使其反朴还淳而见诸行事之实乎？抑将美其言辞而徒以譊譊于世也？天下之大乱，由虚文胜而实行衰也。使道明于天下，则‘六经’不必述。”[③]这是中国文化自孔子以来“志于道”的一贯传统，即使尊经亦不可偏离其应有的发展方向，最重要的是必须转化为宗教性的“明道救世”的具体社会实践活动，才能最大化地彰显圣贤述经垂后的良苦用心和微言大义。

由此可见，阳明龙场大彻大悟之后，乃返而求诸“六经”，遂多有发明印证，大有自得之乐。足证真积力久，果能契入道境，衡以代表圣言量的经典，则必能相互贯通豁然。惟“‘六经’者非他，吾心之常道也”及“‘六经’者吾心之纪籍”等豪迈语句，虽影响后世甚深且巨，但也引起了不少人的质疑，难免有解释上的歧义。实则这不仅是他个人大彻大悟之后必有的经学见解，同时也是当时多数人因应时代变化而达致的共识。譬如与阳明同时稍前的何乔新便说：

①〔明〕罗钦顺：《与王阳明书》，载《困知记·附录》，中华书局1990年版，第111页。

②〔明〕王守仁：《稽山书院尊经阁记》，载吴光等编校：《王阳明全集》卷七，第255页。

③〔明〕王守仁：《传习录上》，载吴光等编校：《王阳明全集》卷一，第7页。

> “六经”未作，而圣人之道蕴于一心，“六经”既作，而圣人之道昭乎万世。盖经以载道，道本于心，苟非圣人作经以明斯道，又何以为天地立心，为生民立命，为万世开太平也哉？……“六经”，心学也。是故说天莫辨乎《易》，由吾心即太极也。说事莫辨乎《书》，由吾心政之府也。说志莫辨乎《诗》，由吾心统性情也。说理莫辨乎《春秋》，由吾心分善恶也。说体莫辨乎《礼》，由吾心有天序也。导民莫过乎《乐》，由吾心备太和也。是惟圣人一心，皆理也；众人理虽本具，而欲则害之。故圣人即本其心之所有，而以“六经”教之。其人之温柔敦厚，则有得于《诗》之教焉。疏通知远，则有得于《书》之教焉。广博易良，则有得于《乐》之教焉。洁静精微，则有得于《易》之教焉。恭俭庄敬，则有得于《礼》之教焉。属辞比事，则有得于《春秋》之教焉。秦汉以来心学不传，不知“六经”实本于吾之一心，所以高者涉于空虚而不返，卑者安于浅陋而不辞，京房溺于名数，世岂复有《易》，孔、郑专于训诂，世岂复有《书》《诗》，董仲舒流于灾异，世岂复有《春秋》。《乐》固亡矣。至于大、小戴氏之所记，亦多未纯世，岂复有全《礼》哉？经既不明则不正，经既不正则国家安得而善治，乡闾安得有善俗乎？文中子曰：九师兴而《易》道微，三传作而《春秋》散，齐、韩、毛、郑，《诗》之末也，大戴、小戴，《礼》之衰也，《书》残于古、今，《乐》失于齐、鲁。夫岂无征而言之哉？此六经之大略也。[①]

何氏主要活动于成化、弘治年间。他虽引宋儒张载的“为天地立心，为生民立命，为万世开太平”为说[②]，但总体意思则已朝着心学化的言说方向，作了淋漓尽致的阐释与发挥。而无论阳明或何乔新，都一方面认为“经为义理之总汇，熏习既久，即知见、习气不知不觉间可逐渐消除”；一方面又以为“必须将经义一一切己体会，返躬实践，方有益处，否则专

①〔明〕何乔新：《策府十科摘要·六经》，载《椒邱文集》卷一，文渊阁《四库全书》本。

②〔宋〕张载：《近思录拾遗》，载章锡琛点校：《张载集》，中华书局1978年版，第376页。作者按：“为生民立命”之下，原文尚有“为去圣继绝学”一句。

求文字训诂，转增知见，无益也”。[①]至于何氏所谓“六经”皆心学之说，则显然与阳明之言相得益彰，大有先河后海，彼此发明之妙趣，这说明至迟弘治年间，士人学风已开始发生变化，心学运动的气候条件已在酝酿形成，阳明不过推波助澜，以更吸引人的思想典范、更简易直接的方法，凝聚了大批士人群体，转辗深入社会民间，将其推至发展的巅峰而已。这一点其实前人早已有所觉察，例如顾炎武便径称：

> 自弘治、正德之际，天下之士厌常喜新，风气之变已有所自来。而文成以绝世之资，倡其新说，鼓动海内。嘉靖以后，从王氏而诋朱子者，始接踵于人间。而王尚书（世贞）发策谓：‘今之学者偶有所窥，则欲尽发先儒之说而出其上；不学则借一贯之言以文其陋；无行则逃之性命之乡，以使人不可诘。’此三言者，尽当日之情事矣。[②]

稍后的四库馆臣也认为自汉京以后垂二千年，经学源流学凡有六变。其中“自明正德、嘉靖以后，其学各抒心得，及其弊也肆。空谈臆断，考证必疏，于是博雅之儒，引古义以抵其隙，国初诸家，其学征实不诬，及其弊也琐”[③]。他们对王门后学弊端的批评正确与否，由于牵涉的问题太多，暂无从详细分析讨论。[④]但有明一代学风自弘治、正德年间开始出现明显变化，而尤以嘉靖年间——阳明龙场悟道开始传播其思想学说之后——心学思潮开始风行大江南北显得最为突出，则是无可争辩的事实。

七、 中国思想世界的心学化转型

透过前人的分析，我们已不难知道，从16世纪开始，亦即王阳明龙场悟

①乌以凤辑录：《问学私记》引马一浮语，载《马一浮集》第三册，第1138页。

②〔清〕顾炎武：《朱子晚年定论》，载《日知录集释》卷十八，第666页。

③张新民：《论〈四库全书总目〉的学术批评方法》，载《中华典籍与学术文化》，广西师范大学出版社1998年版，第261—278页。

④张新民选编：《阳明精粹·哲思探微》，第1—39页。

道之后，中国思想界明显产生了巨大的变化，不仅陆王一系渐次壮大足可与程朱分庭抗礼[①]，即治经方法也形成了“各抒心得”的心学运动局面。以为阳明凭借一人之力即可改变百年学术思想风气，其说或难免有所夸大，但强调阳明乃是嘉靖以后学术文化风气变动的重要触媒因素，则显然于事实出入不大[②]。例如康有为便明白指出：“白沙、阳明未出，皆朱子之学；陈、王二人出，始讲陆学，自正德年间中分也。”[③]与阳明的学问取向类似，白沙一生学术思想的发展，也有一先宗朱（熹）后宗陆（九渊）的深刻生命体验变化。其学最贵自然，强调“人与天地同体，四时以行，百物以生常令此心在无物处，便运用得转耳。学者以自然为宗，不可不着意理会”[④]；遂归本于自得，“自得故资深逢源，与鸢鱼同一活泼，而还以握造化之枢机，可谓独开门户，超然不凡”[⑤]。他的入道方法主要为“静中养出端倪”，吃紧处全在涵养，尝自谓其证悟经历云：“舍彼之繁，求吾之约，惟在静坐，久之，然后见吾此心之体隐然呈露，常若有物，日用间种种应酬，随吾所欲，如马之御衔勒也。”[⑥]或许正是有鉴于此，黄宗羲更明白指出，白沙与阳明之学，实“最为相近”；而着眼于学术整体发展趋势，他也认为“有明之学，至白沙始入精微至阳明而后大”[⑦]。具见明代学风的转型巨变，虽可溯至白沙，然如若要掀翻天地乾坤，则仍有待晚出的阳明。易言之，白沙摆脱朱学而自成一派，开转移风气之先河，当有发端之劳；阳明于理学之外另辟心学新天地，四方学者翕然应之，更有收成之功。概括言之，康氏所谓“正德年间中分”

---

①余英时：《中国近世宗教伦理与商业精神》，载《士与中国文化》，上海人民出版社2003年版，第395—511页。

②余英时认为“明代理学划时代的转变是王阳明一手创造成的”，似扬之过高，稍嫌夸大。但他又强调“阳明本人在思想上的转折点则起于正德三年的龙场顿悟”，不妨称“为儒学史上最有名的一次顿悟”，即使以后的为教“三变”，也“不过是学说内部的调整，与龙场顿悟也不可同时而语”，则与事实相符，值得参阅。见余英时：《宋明理学与政治文化》，第276—278页。

③张柏祯整理：《南海师承记·讲明儒学派》，载《康有为全集》第二集，中国人民大学出版社2007年版，第255页。

④〔明〕陈献章：《与湛民泽七》，载孙通海点校：《陈献章集》卷二，中华书局1987年版，第192页。

⑤〔清〕黄宗羲：《师说·陈白沙献章》，载沈芝盈点校：《明儒学案》，中华书局1985年版，第4页。

⑥〔明〕陈献章：《复赵提学佥宪》，载孙通海点校：《陈献章集》卷二，第145页。

⑦〔清〕黄宗羲：《白沙学案上》，载沈芝盈点校：《明儒学案》，第4页。

之说，即以龙场悟道为一大历史性坐标，从此形成理学心学二水分流的学术思想格局，当仍为与历史真际吻合的不易笃论。①

不可否认，阳明龙场悟道后，其思想的发展成熟，心学运动尽管一时席卷天下，但王门后学后来的发展仍时有升降起浮，“狂禅”的学风倾向多遭世人诟病。但如果认真分析阳明龙场悟道后有关儒家经义的各种言说，当然也可包括他后来倡导“事上磨练”②的整体义理旨趣，则仍可说他并不否认阅读经典的重要，同时也更重视经典阅读之后生命行为的具体实践。实践的要求本身是对生命即存在即超越可能性的一种积极贞定。质言之，“六艺之道不是空言，须求实践。实践如何做起？要学者知道自己求端致力之方，只能将圣人吃紧为人尽力处拈提出来，使合下便可用力”③。经典的阅读可以膨胀为自己的口头空言，但也能够活化自己的生命实践，关键是合下用力由工夫证入本体，再依本体起用具现为人类社会生活的现世行为。④

在龙场经历百死千难的大彻大悟后，阳明早已将一生之宠辱生死置之度外。他用一己之生命行动的实践方式，不仅见证了人能尽性入道的存在可能，进一步拓宽了儒家修身践行的广阔发展空间，同时也尽可能地吸取传统经典的思想资源，自觉地维护和接续儒家道统及圣贤命脉，并将其证悟所得“举而措之天下之民”，开始积极从事“觉民行道”的济世事业。⑤

①受阳明的影响，以心学立场解经，即在阳明学说传播的早期，便已开始见诸学人的著述。如与阳明交往颇多并服膺其学的黄绾便明白指出：“《易》者，天地之道，圣人之心法也，其用至广，无所不该，故圣人用之以卜筮，非颛为卜筮设也。”可证解经范式的转移，乃是与心学运动的发展同步的。至于黄宗羲称：“盈天地间皆心也，变化不测，不能不万殊。”则可见愈到王学传播的后期，心学的解释对象便愈泛化，非特涉及儒家经典，而且涵盖天地万物。黄绾前说，参见〔明〕黄绾：《读易》，载张洪敏编校：《黄绾集》卷十，第163页；黄宗羲后说则见〔清〕黄宗羲：《黄梨洲先生原序》，载沈芝盈点校：《明儒学案》，第9页。

②“人须在事上磨练做功夫，乃有益。”（〔明〕王守仁：《传习录下》，载吴光等编校：《王阳明全集》卷三，第92页）

③马一浮：《宜山会语·忠信笃敬》，载《马一浮集》第一册，第57页。

④阳明强调“未有学而不行者也”，所谓“行”显然可指实践，但也不妨解释为行为或行动，均可见他对生命实践行为的重视。（〔明〕王守仁：《传习录中》，载吴光等编校：《王阳明全集》卷二，第45页）

⑤阳明后来发挥孟子“亲亲仁民”大义，主张恢复大学古本，认为“亲民”即为“‘明明德于天下’。有如孔子言‘修己以安百姓’，‘修己’便是‘明明德’，‘安百姓’便是‘亲民’”，均可见他自龙场悟道之后，便已开始积极从事“觉民行道”的儒家济世事业。（〔明〕王守仁：《传习录上》，载吴光等编校：《王阳明全集》卷一，第1—2页）

由此可见，龙场悟道乃是中国思想上最具典范意义的大事因缘，实际上已意味着心学思潮风行天下的开始，即使后来风靡一时的“致良知”学说，追本溯源亦当发端于阳明身处龙场绝境大悟“圣人之道，吾吐自足”之时[①]。而王门后学尽管后来分门别派甚多，亦多将龙场悟道视为心学形成的标志性符号，不但从中获得了悟道行道的启发性灵感，同时更层累地积淀了大量直观智慧的经验，既丰富了心学运动的具体思想内容，也构成了一个时代的学术文化传统。因此，如果说龙场悟道乃是传统中国固有学术思想进入新阶段的重要标志性事件[②]，那么阳明以心学方法绎经亦折射出了时代变动发展的新趋势[③]。特别是“‘六经’皆心之纪籍”“‘六经’即心之常道”“尊经即是尊道”等一系列命题的提出，更体现了一个时代学术思想的脉律跳动，反映了经典心学化解读的典范置换转型。他的经学观从入清开始、直到晚近仍不断发出前后相接的声光回响。譬如大儒马一浮就特别强调：“天下万事万物，不能外于六艺，六艺之道，不能外于自心。天地一日不废，此心一日不亡，六艺之道亦一日不绝。人类如欲拔出黑暗而趋光明，舍此无由也。”[④]他的话与阳明之说构成了一个前后相续的知识系谱，反映了盛极一时而又始终难以为继的心学思想，晚近以来依然不绝如缕，并拥有了新的时代气息与学术特点。或许蛰伏既久必有复苏，否极之后泰则自来，心性思想文化资源的培育与滋养，无论任何时候都为人类社会所必需。

〔原载《南京师范大学学报（社会科学版）》2016年第3期〕

①〔明〕钱德洪辑：《年谱一》，载吴光等编校：《王阳明全集》卷三十三，第1228页。

②参见张新民：《思想史上的惊雷：王阳明龙场悟道简论·王学之旅》，贵州民族出版社2009年版；张新民：《论王阳明龙场悟道的深远历史影响》，载《阳明学派研究：阳明学派国际学术研讨会论文集》，杭州出版社2011年版。

③康有为曾指出：“朱子之说，为士人说法；陆子之学，人人皆可，王学亦然。”王学之所以能风行大江南北，其中一大原因即其较朱学更简易直接。而阳明之所以能从朱子的琐碎繁复脱颖而出，仍当以龙场悟道为一大关键。康氏“人人皆可”的观察，诚可谓敏锐至极。其说见《南海师承记》卷二，载《康有为全集》第二集，第253页。

④马一浮：《宜山会语·忠信笃敬》，载《马一浮集》第一册，第55页。

王阳明“知行合一”的本意及其指向

□ 丁为祥[①]

摘要：“知行合一”是最具有阳明学特色的主张，也需要其全部学说的整体指向来理解。但在以往的研究中，人们往往将“知行合一”作为一个孤立的理论命题来理解，从而形成所谓道德知行、主客观知行以及道德实践中之知行统一等各种不同角度的疏解。实际上，如果将“知行合一”放在阳明思想发展的脉络中来把握，那么，以“行著习察”为特征的“身心之学”就代表着其“知行合一”的基本关怀，而表里如一之“慎独”、内外一致之“诚意”，也就代表着其“知行合一”的根本指向，由此才有所谓“知与行如何分得开”的“一个工夫”之说。但是，由于王阳明的“慎独”“诚意”主要是借助传统的知行概念加以表达的，因而不仅造成了人们在理解上的各种纠缠，而且也影响到其正面作用的发挥。

关键词：王阳明、知行合一、本意、指向

一、对“知行合一”的两种不同疏解

“知行合一”是一个最具有阳明学特色的主张，同时也是其哲学中最难理解、最难以把握的主张。从黄宗羲起，就形成了一种从道德之知与道德之行相统一角度来理解的知行合一说，比如他说：“先生致之于事物，致字即是行字，以救空空穷理，只在知上讨个分晓之非。”[②]从黄宗羲“以救空空穷理”的评点来看，其对王阳明“知行合一”的道德实践指向确实有着非常清醒的自觉，但一涉及对“知行合一”的具体疏解，则其理解的

①丁为祥：陕西师范大学哲学系教授。

②〔清〕黄宗羲：《明儒学案·姚江学案》，载沈善洪、吴光主编：《黄宗羲全集》第七册，浙江古籍出版社2005年，第201页。

不到位之处马上就显现出来了。比如他分析说：

> 以知识为知，则轻浮而不实，故必欲以力行为工夫。良知感应神速，无有等待，本心之明即知；不欺本心之明即行也，不得不言知行合一。此其立言之大旨。①

从黄宗羲对当时学界“以知识为知，则轻浮而不实”现象的批评以及其对“知行合一”之“本心之明即知；不欺本心之明即行”的理解来看，他显然是从道德实践所必须之“知”“行”统一角度来理解“知行合一”说的。这一理解在基本方向上没有问题；但作为对“知行合一”的疏解却存在着很大的问题。因为如果从“本心之明即知”与“不欺本心之明即行”相统一的角度来理解王阳明的知行合一说，那么所谓“知行合一”也就仅仅成为一个以见之于客观的“行”来对主体内在之“知”——所谓“本心之明”的“践行”与落实问题了。从王阳明的良知学来看，由于良知既是“随你如何不能泯灭”的“古今人人真面目”，②同时又是人之“随时知是知非”③的是非准则，那么在这一背景下，“知行合一”充其量也就成为一个落实良知、践行良知的道德实践指向，而不是王阳明所屡屡强调的“一个工夫”④之“知”与“行”两面的一时并在性，无怪乎他能将王阳明的致良知归结为“致字即是行字”。

在这一标准下，由于道德实践无疑是有待人来实现的，因而所谓“知”与“行”的合一也就全然落实在如何“践行”良知一边，而不再是“知”与“行”的“合一并在”性了。正因为黄宗羲对“知行合一”的这一理解，所以当他读到程颐“人谓要力行，亦只是浅近语。人既能知见，岂有不能行？”⑤亦即所谓“知之深，则行之必至，无有知而不能行者”时

①〔清〕黄宗羲：《明儒学案·姚江学案》，载沈善洪、吴光主编：《黄宗羲全集》第七册，第201页。

②〔明〕钱德洪辑：《年谱二》，载吴光等编校：《王阳明全集》卷三十四，上海古籍出版社1992年版，第1279页。

③〔明〕王守仁：《语录》一，载吴光等编校：《王阳明全集》卷一，第4—5页。

④〔明〕王守仁：《答友人问》，载吴光等编校：《王阳明全集》卷六，第209页。

⑤〔清〕黄宗羲：《宋元学案·伊川学案》，载沈善洪、吴光主编：《黄宗羲全集》第三册，第728页。

就深深地感叹说："伊川先生已有'知行合一'之言矣"。[①]如此一来，王阳明原本专门针对程朱理学"知先行后"说所提出的"知行合一"主张，也就再次回归于知先行后——所谓知与行前后统一的结论了。

黄宗羲从道德实践所必须之"知""行"统一角度来理解王阳明的知行合一说无疑是正确的，但问题在于，他是在根本没有厘清王阳明知行涵义特殊性的条件下来疏解知行合一说的，因而最后也就只能以所谓道德之知与道德实践之行的先后统一为归了。对王阳明来说，其实这正是一种典型的知先行后说；至于其结果，则必然会导致其所严厉批评的"以为必先知了然后能行……故遂终身不行，亦遂终身不知"[②]的结局。

由于黄宗羲既属于心学后裔同时又明确地坚持着道德实践的方向，因而其理解虽然不准确、不到位，却并不存在方向性的问题。但到了气学的集大成者王夫之，由于气学与心学本来就存在着哲学立场上的差别与对立，因而其对"知行合一"的评价实际也就成为一种误解基础上的批评了。比如王夫之说：

> 若夫陆子静、杨慈湖、王伯安之为言也，吾知之矣。彼非谓知之可后也，其所谓知者非知，而行者非行也。知者非知，然而犹有其知也，亦悄然若有所见也；行者非行，则确乎其非行，而以其所知为行也。以知为行，则以不行为行，而人之伦、物之理，若或见之，不以身心尝试焉。[③]

由于王夫之的知行概念原本就建立在"能""所"相区别的基础上，因而其所谓"知"与"行"也就相当于主客观之别基础上的认识与实践概念。[④]在这一基础上，他能够发现王阳明的"知行合一"是"知者非知，而

①〔清〕黄宗羲：《宋元学案·伊川学案》，载沈善洪、吴光主编：《黄宗羲全集》第三册，第728页。

②〔明〕王守仁：《语录》一，载吴光等编校：《王阳明全集》卷一，第4—5页。

③〔清〕王夫之：《尚书引义·说命中二》，载《船山全书》第二册，岳麓书院1988年版，第312页。

④王夫之说："境之俟用者曰'所'，用之加乎境而有功者曰'能'。"又说："'所'不在内，故心如太虚，有感而皆用；'能'不在外，故为仁由己，反己而必诚。"（〔清〕王夫之：《尚书引义·召诰无逸》，载《船山全书》第二册，第376、380页）

行者非行”，应当说是一种比较准确的认知。但由于受制于其客观求知性立场，因而王夫之并没有探讨王阳明之所以如此的原因，而是直接依据其认知性立场来进行批评。于是，这就有了“以知为行，则以不行为行，而人之伦、物之理，若或见之，不以身心尝试焉”的结论。

从客观认知的角度看，王夫之说王阳明的“知行合一”是“知者非知，而行者非行”，无疑是一种正确的认知，这也说明王阳明的“知”“行”概念确有其特殊的涵义规定。但由于受制于自己的对象认知立场，因而这一准确的认知并没有引导王夫之进一步探究其何以如此的原因，而是直接将其引向了评判性的批评；至于其结论，站在主客观之别的立场来看，如果说王阳明的“知行合一”确实存在着“以不行为行”的因素，那么其所谓“人之伦、物之理，若或见之，不以身心尝试”的结论恐怕就连王夫之本人都无法接受了。至于其“不以身心尝试”的指责，与其说是一种批评，不如说是一种理论上的归谬。因为从王阳明到黄宗羲，都屡屡申明其“知行合一”正是为了救治当时学界的“空空穷理”之病。这样看来，无论是理解还是批评，所谓“不以身心尝试”的结论恐怕都是无法成立的。

二、“知行合一”提出的内在理路

前人关于“知行合一”的研究之所以会得出上述两种截然相反的结论，一方面在于研究者过分关注其知与行究竟是如何“合一”的；另一方面，则是因为人们将“知行合一”作为一个孤立的理论命题来解析了，从而也就游离于其提出的具体语境之外。明乎此，我们自然应当从王阳明“知行合一”提出的具体语境中来理解其基本涵义。

在这方面，王阳明独特的思想进路及其具体关怀可能起着非常重要的制约作用。1505年，王阳明提出了其一生中的第一个为学主张。如果说王阳明对圣贤之学的探索也有一个基本的出发点，那么这个出发点就应当是

“身心之学”，是真正能够落实于人生、贯注于身心日用间的学问。关于“身心之学”的提出，《王阳明年谱》有如下记载：

> 学者溺于词章记诵，不复知有身心之学。先生首倡言之，使人先立必为圣人之志。闻者渐觉兴起，有愿执贽及门者。至是专志授徒讲学。①

这是王阳明第一次提出自己的为学主张，也代表着他对圣贤之学的一种基本理解。但这一为学主张主要包括两个方面的思想内容：其一即“使人先立必为圣人之志”；其二则是明确地提出了“身心之学”的方向。如果说“使人先立必为圣人之志”就是其圣贤之学的基本出发点，那么“身心之学”就不仅表明他对圣贤之学的基本理解，而且也代表着圣贤之学的人生落实与具体入手。而从其对“学者溺于词章记诵，不复知有身心之学”的感慨来看，则其所谓“身心之学”首先也就意味着对当时学界各种弊端进行纠偏的希冀。

十五年后，在与“朱学后劲”罗钦顺关于《朱子晚年定论》和《大学古本》的激辩中，王阳明又对其“身心之学”作了一个较为准确的说明。他指出：

> 夫道必体而后见，非已见道而后加体道之功也；道必学而后明，非外讲学而复有所谓明道之事也。然世之讲学者有二：有讲之以身心者；有讲之以口耳者。讲之以口耳，揣摸测度，求之影响者也；讲之以身心，行著习察，实有诸己者也，知此则知孔门之学矣。②

在这里，所谓“道必体而后见”“道必学而后明”，当然都是在“体道”中“见道”、在“体道”中“明道”的意思。但最为重要的一点在于，王阳明是以“揣摸测度，求之影响”与“行著习察，实有诸己”为“口耳之学”与“身心之学”划出了一个明确的界限；尤为重要的一点还

①〔明〕钱德洪辑：《年谱一》，载吴光等编校：《王阳明全集》卷三十三，第1226页。

②〔明〕王守仁：《语录》二，载吴光等编校：《王阳明全集》卷二，第75页。

在于，其所谓“行著习察”一说，正可以说是关于“身心之学”的一个精确定义。因为所谓“行著习察”固然也可以从“体道”与“实有诸己”的角度得到说明，但其“行著”与“习察”两种不同的指向则正准确地对应着人生中的“身”“心”两面，可以说是身、心两面的一以贯之或一时并到性。

那么，这个“行著习察”与“知行合一”究竟有何关联呢？请看王阳明对其“知行合一”的论述：

> 行之明觉精察处，便是知；知之真切笃实处，便是行。若行而不能精察明觉，便是冥行，便是“学而不思则罔”，所以必须说个知；知而不能真切笃实，便是妄想，便是“思而不学则殆”，所以必须说个行；元来只是一个工夫。凡古人说知行，皆是就一个工夫上补偏救弊说，不似今人截然分做两件事做。[①]

这是王阳明55岁时对“知行合一”的论述，因而也完全可以说是其关于“知行合一”的“晚年定论”。但这里知与行的相互渗透与一时并在性，正可以说是对其“身心之学”之“行著”与“习察”两面一时并到特征的一个具体说明，所以就既要排除仅仅心到的“妄想”同时又要排除仅仅身到的“冥行”，从而认为，所谓“行”也就必须同时伴随着“明觉精察”（“习察”）之自我省察——“知”的意向；而所谓“知”也就必须同时伴随着“真切笃实”（“行著”）之外向推致——“行”的意向。显然，这两个方面的一时并在性，就既是“知行合一”的典型表现，同时也是对“身心之学”的一个具体说明。

到了这一步，我们就可以清楚地看出，王阳明的“知行合一”根本就不是从所谓主客观的角度提出的，也不是要求所谓主观之知与客观之行的一时并在性或者说是以见于之客观的行作为对主观之知的落实与践行，而是从人生中的此在主体所必然涵括的身、心两面之同时并在角度所提出的

①〔明〕王守仁：《答友人问》，载吴光等编校：《王阳明全集》卷六，第208页。

“自觉” （“习察”）与“笃行”（“行著”）的一时并在性——其之所以既要排除“冥行”又要排除“妄想”，并始终强调“知行原是两个字说一个工夫，这一个工夫须著此两个字，方说得完全无弊病”[①]，正说明其“知行合一”所要求的就是身与心、内与外以及主观与客观两面的一时并在性。

显然，这样一种主张，不仅是对那种“知行为二”——所谓“知”时缺乏“行著”、而“行”的时候又缺乏内在省察之“知”现象的明确批评，同时也是对那种坚持从主客观角度来划分知行作法的一个明确否弃——王阳明原本就不是从主客观的角度提出知行合一说的，而是从“身心之学”之“行著习察”特征所必然涵括的身、心并到来论证“自觉”与“笃行”的一时并在性。正因为“知行合一”的这一特征，所以无论是指向主体内在的“自觉”意向还是指向主体之外的“笃行”意向，都不是单纯的主客观所能说明的，而是一方必然同时关涉并且也渗透在另一方之中。这也许就是王阳明能够以“行著习察”为特征的“身心之学”贯彻其一生的根本原因；至于其所谓身与心的并到、内与外的并在——所谓“自觉”与“笃行”的一时并在性，也就是其“知行合一”最基本的指谓。

三、知行合一说的传统依据

那么，王阳明何以能够完全无视两宋以来建立在主客观之别基础上的认知传统与划分标准呢？此中的原因当然是复杂的、多方面的。但最根本的一点在于，王阳明“行著”与“习察”一时并到的“身心之学”根本就不是从对象认知的角度提出的，而是从人之生存向度所必须的身心一致角度提出的。

这种关注人之身心性命的生存维度既不是对象认知所能满足的，也不是对象认知所能说明的。从一定意义上说，它是超越对象认知及其主客观

①［明］王守仁：《答友人问》，载吴光等编校：《王阳明全集》卷六，第209页。

维度的。而王阳明在论述“知行合一”作为人生进德修业之“一个工夫”时所极力排除的“妄想”与“冥行”以及其所坚持的“自觉”与“笃行”的一时并在性，也都是从身心统一的角度提出的。从这个角度看，所谓“知行合一”无论是作为一种认知方式还是修养工夫，都是身心并到而知行合一的。

不仅如此，王阳明的“知行合一”还存在着更为深广的根源与背景，这就是儒家源远流长的“慎独”“诚意”传统。当然，如果从概念规定的角度看，那么“知行合一”与“慎独”“诚意”似乎全然无关，但如果从其内在要求来看，则“知行合一”也就可以说是“慎独”“诚意”的具体表现或者说是另一种表达。比如对于人的“好好色，恶恶臭”现象，《论语》中完全是作为人的一种自然性向及其表现提出的；到了《大学》，则又全然是作为儒家修养功夫之“诚意”“慎独”的具体表现来运用的，所以《大学》中就有“如恶恶臭，如好好色”一说。而到了王阳明哲学中，则全然是将“如恶恶臭，如好好色”作为其“知行合一”之具体表现的“真知行”来运用的，并用“见好色”与“好好色”、“闻恶臭”与“恶恶臭”的一时并在特征来说明知与行的不可分割性。这说明，其“知行合一”实际上主要是依据《大学》之“慎独”“诚意”传统提出的。请看王阳明对《大学》慎独、诚意传统之“知行合一”式的运用：

> 故《大学》指个真知行与人看，说“如好好色，如恶恶臭”。见好色属知，好好色属行。只见那好色时已自好了，不是见了后又立个心去好。闻恶臭属知，恶恶臭属行。只闻那恶臭时已自恶了，不是闻了后别立个心去恶……知行如何分得开？此便是知行的本体，不曾有私欲隔断的。[①]

在这里，内向自觉的“见好色”（知）与外向推致的“好好色”（行）、内向自觉的“闻恶臭”（知）与外向推致的“恶恶臭”（行）的

---

①〔明〕王守仁：《传习录上》，载吴光等编校：《王阳明全集》卷一，第4页。

一时并到性，就既是主体“实诚其意”的表现，同时也是“知行合一”的必然要求。所以《大学》原本用来说明慎独、诚意的“见好色”与“好好色”、“闻恶臭”与“恶恶臭”之“诚中形外”传统，也就全然被王阳明作为“知”与“行”合一并在表现的“真知行”来运用了。

正因为这一点，所以王阳明说：“人但得好善如好好色，恶恶如恶恶臭，便是圣人。”①显然，这里所谓“好善如好好色，恶恶如恶恶臭”，其实都从《中庸》《大学》而来，也都是主体“实慎其独”“实诚其意”的表现，而慎独、诚意则既是《中庸》《大学》所共同标举的基本精神，同时也是王阳明“知行合一”的经典依据。至于从《中庸》的“莫见乎隐，莫显乎微，故君子慎其独也”到《孟子》的“有诸内，必形诸外”（《孟子·告子下》）再到《大学》所强调的“诚于中，形于外”之内外一致与一时并到性，其实正构成了王阳明“知行合一”的理论基础。

从《中庸》《大学》之慎独、诚意传统出发，必然要强调“践形”，而孟子对“践形”的说明，同时也就成为对“知行合一”的一种具体说明了：“君子所性，仁、义、礼、智根于心，其生色也，睟然见于面，盎于背，施于四体，四体不言而喻。”（《孟子·尽心上》）在这里，所谓“见于面，盎于背、施于四体”当然就是君子“仁义礼智根于心”的具体表现，但就其作为“君子所性”的落实与表现而言，同时也就是一个实“诚”其意、实“践”其“形”之内外一致的“知行合一”过程，是主体之内在德性不容已地通过外在的“面”“背”与“四体”全面地彰显出来。对王阳明来说，所谓“践形”只是指内在德性不容已地彰显于“面”“背”与“四体”之间，而“知行合一”则是要求这一彰显过程中“自觉”与“笃行”、“行著”与“习察”的一时并在性，并且是对其一时并到特征的一种明确规定。

如果我们将对“知行合一”的这一理解对应于更为深远的儒家传统，

①〔明〕王守仁：《传习录下》，载吴光等编校：《王阳明全集》卷三，第97页。

那么，所谓“知行合一”其实也就是子思的“德之行”。请看子思建立在“形于内”基础上的“德之行”：

> 仁形于内谓之德之行，不形于内谓之行。义形于内谓之德之行，不形于内谓之行。礼形于内谓之德之行，不形于内谓之行。智形于内谓之德之行，不形于内谓之行。圣形于内谓之德之行，不形于内谓之德之行。①

在这里，子思为什么一定要对儒家的主要德目——所谓仁义礼智都一概强调其必须“形于内”呢？并且还认为，只有“形于内”才是真正的“德之行”，否则，充其量也仅仅是一种单纯的“行”——所谓“冥行”或“伪行”而已。之所以如此，一方面当然是为了强调“德之行”必须具有内在的基础及其主体的充分自觉——这正可以说是王阳明“知行合一”所极力排除之“冥行”的表现；另一方面，也只有这种“形于内”的德性之源，才可以确保其见之于外在世界的“德之行”之“源泉滚滚，不舍昼夜”。

这样，从子思“形于内”的“德之行”到孟子“仁义礼智根于心”的“践形”也就构成了儒家道德修养世界之内外两面相互渗透、相互规定的一种逆运算：一方面，“形于内”的“德之行”必然强调道德根源的内在性，而由“践形”所表现的“德之行”则主要在于突出内在德性之外向贯注的不容已性；二者的相互渗透、相互规定与一时并到特征，就既是王阳明知行合一说的传统依据，同时也是对其“知行合一”的一种恰切说明。

在这一背景下，王阳明的“知行合一”也就获得了其较为全面的意义。一方面，它以明确存在着先后次第的知行关系来表达其内外在世界之当下统一与完全一致的关怀，其主要针对的就是在知先行后——所谓“践行”背景下所形成的“知而不行”问题，从而试图将所谓“践行”扭转到“践形”传统上来。但是，由于他完全不加甄别地运用了格物致知背景下的知行概念，从而又导致了“纷纷异同”的格局。但王阳明对“知行合

① 荆门市博物馆编：《五行》，载《郭店楚墓竹简》，文物出版社1998年版，第149页。

一”的倡导与努力则是值得充分肯定的，因为其努力不仅表现出将认知基础上的“践行”全然收归于“德之行”基础上的“践形”原则之下，而且也表现了儒家除恶务尽、扬善至极的关怀。在宋明理学的背景下，这就明确地表现出了一种将道德实践日用化与信仰化的蕴涵。对今天的儒学研究而言，认知基础上的“践行”固然值得重视，但建立在内在德性基础上的“践形”同样不能忽视，因为它不仅构成了我们民族精神的信仰支撑，而且也是“尊德性而道问学”传统之不可或缺的两面。

（原载《孔学堂》2016年第3期）

生成与差等：对船山批评阳明学的再思考

□ 谷继明[①]

摘要：船山对于阳明及其后学的批评十分激烈，其中包括知行学说、无善无恶、赤子之心等方面。如果严格地从哲学史角度来考察，船山的批评确有过激之处，对阳明的理解也有不精确的地方。但除了哲学史的澄清，我们还应当在船山的批评中挖掘更深层的意义，亦即其中所展现出的与阳明的对立。这种对立是实际存在的：从对人性的看法来说，船山主张性日生日成，可以视为一种“开放主义”，而与阳明的“本来主义”有区别。这种日生日成的学说，隐含着性不必然同一的观点。性有差等，与“满街都是圣人”所构建的政治哲学是两种类型。船山所期望的政治，与明后期受阳明后学鼓荡的政治局势截然有别。也正是分析到这一步，船山批评的针对性也才豁显出来。

关键词：王船山、王阳明、性日生日成、明清之际

阳明学在明清之际受到不少批评，其角度各有不同，比如从政权灭亡的角度、从学术变异的角度等。然而在从思想、义理角度反思阳明学的思想家中，船山无疑比较重要。船山作为同样杰出的思想者，其批评不仅仅具有批评的意义，其批评本身就是思想的创生。对船山之批评的讨论，已经有一些学者涉及，比如刘梁剑[②]、张昭炜[③]等。然其中还有些未发之义，故笔者不揣谫陋，在时彦的基础上略表管见。

---

①谷继明：同济大学人文学院副教授。

②刘梁剑：《“无善无恶心之体”：船山与阳明关于心学的智性对话》，《贵阳学院学报（社会科学版）》2015年第6期。

③张昭炜：《船山批评阳明学的三个层次及检讨》，《衡阳师范学院学报》2012年第5期。

一、销行归知与猖狂妄行

船山对于阳明的批评，最著名的莫过于有关“知行合一”的批评：

> 若夫陆子静、杨慈湖、王伯安之为言也，吾知之矣。彼非谓知之可后也。其所谓知者非知，而行者非行也。知者非知，然而犹有其知也，亦惝然若有所见也；行者非行，则确乎其非行，而以其所知为行也。以知为行，则以不行为行，而人之伦、物之理，若或见之，不以身心尝试焉。浮屠之言曰：“知有是事便休。”彼直以惝然之知为息肩之地，而顾诡其辞以疑天下，曰：“吾行也，运水搬柴也，行住坐卧也。大用赅乎此矣。”是其销行以归知，终始于知，而杜足于履中蹈和之节文，本汲汲于先知以废行也。而顾诎先知之说，以塞君子之口，而疑天下。其诡秘也如是。如之何为其所罔，而曰“知先行后”，以堕其术中乎。①

欲衡量船山的批评是否得当，首先要厘清阳明“知行合一”的意思。陈来指出：“知行合一”的宗旨其实有两个方面：从为善的角度来说，就是“知而不行，实是未知”；从去恶的角度来说，则是“一念发动处便是行了”。阳明学针对朱子学的问题而提出知行合一，其基本精神是强调行而不是强调知。②

在论述阳明知行合一宗旨的时候，陈来检讨船山的批评，认为关键的问题在于二人对于知行范畴的使用不同。阳明在对行的规定中容纳了心理行为，给他人造成了只强调心理行为的印象；但阳明要求人在事上磨练，主张知行并进，在这些方面船山的批评显然是不适用的。③诚如陈先生所论，船山的批评很大程度上缘于他对阳明思想的误解，或者说两人概念使用有差别。然船山批评是否得当是问题的一个方面，他批评的目的则是另一方面。今在陈先生分析的基础上，从船山的视角来看待这个批评。

---

①〔清〕王夫之：《尚书引义》，载《船山全书》第二册，岳麓书社2011年版，第312页。

②陈来：《有无之境》，生活·读书·新知三联书店2009年版，第120—122页。

③同上，第124页。

船山在前引《尚书引义》一段区分知行之后，讲了两种类型的知："知之方有二，二者相济也，而抑各有所从：博取之象数，远征之古今，以求尽乎理，所谓格物也；虚以生其明，思以穷其隐，所谓致知也。"① 也就是说，《大学》的格物与致知同为知行关系中"知"的部分。船山在读《大学》中是如此说的："大抵格物之功，心官与耳目均用，学问为主，而思辨辅之，所思所辨者皆其所学问之事；致知之功则唯在心官，思辨为主，而学问辅之，所学问者乃以决其思辨之疑。"②《尚书引义》与《读四书大全说》是同一个时期的作品，所以这两处表达可以相互参详。据此，格物是在心官作用之下，以耳目之官为主要内容的活动，这也可以称为"闻见之知"；致知则主要是心官的作用，接近于狭义的"德性之知"。船山进一步认为，朱子学之弊在于单行格物，阳明学之弊在于单行致知。船山对于朱子学的批评，阳明是认同的，因为阳明也说过朱子学"少头脑"③，即溺于闻见知识的追求而忽视了本心的培育。但是船山说阳明"非格物，则知非所用而荡智以入邪"④，阳明恐怕不同意。这不仅是指责阳明缺少了行的一段工夫，在知的方面也产生了偏颇，即仅仅守住虚明。如果进一步看船山的分析，则这个问题可以这样理解：朱子学的"玩物丧志"和阳明学的"孤明"，不仅是格物、致知各有其偏，更是因为他们脱离了行——这个行，主要是指人伦的实践。格物脱离了人伦的实践变成玩物丧志，致知脱离了人伦的实践变成恍惚虚明，即所谓"离行以为知，其卑者，则训诂之末流，无异于词章之玩物而加陋焉；其高者，瞑目据悟，消心而绝物，得者或得，而失者遂叛道以流于恍惚之中。"⑤

不仅阳明学，朱子学者也是不会认为自己缺少"行"这一截的。然而

①〔清〕王夫之：《尚书引义》，载《船山全书》第二册，第313页。

②〔清〕王夫之：《读四书大全说》，载《船山全书》第四册，第406 页。

③〔明〕王阳明：《传习录下》，载吴光等编校：《王阳明全集（新编本）》卷三，浙江古籍出版社2010年版，第108页。

④〔清〕王夫之：《尚书引义》，载《船山全书》第二册，第313页。

⑤同上，第314页。

船山有如此鲁莽，以至于无中生有地编造罪名对两大传统皆加以责难吗？从一个优秀哲学家所具有的品质而言，船山不会这样。而这里的问题，还是在于我们如何看待船山的这些言说。当船山批评朱子学、阳明学皆缺少“行”的时候，不是说他们都没有行，而是知与行如何配合。在朱子学那里，当知偏为格物而被后学发展为“玩物丧志”的时候，此时获得的知去指导行，必然是不会产生作用的。比如一个人背诵的《四书集注》《朱子语类》再多，若不反之于心，则此学问对于他生活在世还是没有大的用处。对于阳明学而言，知有可能偏为内部孤独的自省而被后学发展为现成良知，此时通过瞬间或当下的一点虚明便去行动，很可能会认情识作真知，走向肆无忌惮、猖狂妄行。

二、现成良知与赤子之心

阳明学以良知为绝对起点。就先天而言，良知是每一个人都具有的，这是孔孟以来（至少是理学以来）儒门的共同认识。但在后天来说，每个实践着的主体如何具备完满的良知，则有不同的答案。

阳明学，特别是龙溪一脉，认为良知是浑全的整体，每个人完全具足。故而良知朗现是一齐朗现，不可能说露出一半还遮蔽着一半；同时良知既是每人自足的，不假外求。是以对于实践着的主体而言，他一瞬间就能够使良知的全体大用呈现出来；且这时的呈现，不过是原初的那个清净圆明本体。这是龙溪的“良知见在”应有之义。尽管这并不即是“现成良知”[①]，但它还是极容易滑向“现成良知”的方向。

良知的朗现是通过向内而不求于外的瞬间一悟，生知的圣人固然不需要这个重新悟得的工夫，但这个工夫也需要极高的天分，非颜、曾、思、孟不能。对一般人而言，良知既被遮蔽，则其灵光乍现的时候并不是太多，疑似灵光乍现的时候却不少。此时若强调一瞬悟入即得全体大用，而

①彭国翔：《良知学的展开》，生活·读书·新知三联书店2005年版，第389页。

少了道德教条或权威的轨约、告诫，便很容易把一些疑似之知当作良知。同时又因为阳明学重行，这种疑似之良知便迅速地转化为肆无忌惮的行为。阳明和龙溪固然不当为此负责，但这确实是明末道德堕落现象增多的思想根源。

吴震先生曾指出阳明后学的两种倾向：一是即用求体，表现为行动主义；一是立体达用，表现为主静主义。[①]船山批评阳明学虽然有时候指责其“销行以归知”，但更反对猖狂妄行。他表面上批评阳明学不“行”，但实际上却嫌阳明学的“知”也太敷衍。如他解说《周易》的“渐”卦时说：“以二体之卦德言之，有艮止之德，而后巽以入焉。居安资深而左右逢原也，渐之所以利也。世之为学者不知此义，灭裂躐等，而鄙盈科之进为不足学。自异端有直指人心见性之说，而陆子静、王伯安附之，陷而必穷，动之不善，宜矣。”[②]阳明学的末流讲顿悟，是为了贪图便宜，结果悟到的只是浅薄之见、疑似之惑，所以船山特别重视“渐”而反对“顿”，也反感以一字宗旨或秘传而展开的教法。故他又谓：“邪说诐行，皆有首而违天则者也。如近世陆、王之学，窃释氏立宗之旨，单提一义，秘相授受，终流为无忌惮之小人，而凶随之，其炯鉴已。”[③]

阳明学中的顿悟，自然是由于良知作为绝对的起点，是以良知上无法着工夫。荒木见悟指出，良知“创造时间却不依附于时间，孕育工夫却不被工夫创造”[④]。这样本心就要求是“无善无恶”的。阳明唯恐后学误解此语，故从不同的方面加以解释，比如说“无善无恶者理之静，有善有恶者气之动。不动于气，即无善无恶”“只是好恶一循于理，不去又着一分意思”。[⑤]这颇类似大程的“圣人之常，以其情顺万物而无情”，具有一种

①吴震：《阳明后学研究》，上海人民出版社2003年版，第29页。

②〔清〕王夫之：《尚书引义》，载《船山全书》第二册，第427页。

③〔清〕王夫之：《周易内传》，载《船山全书》第一册，第50页。

④〔日〕荒木见悟：《佛教与儒教》，杜勤、舒志田等译，中州古籍出版社2005 年版，第294页。

⑤〔明〕王阳明：《传习录上》，载吴光等编校：《王阳明全集（新编本）》卷一，第32页。

“自然”的工夫论意义。着了善恶的意思，或者说有了意必，就会妨碍整全良知的获得，或者说良知的发用会因之受阻而偏。

但因为汉语表达的模糊性，阳明在工夫和状态上使用的“无善无恶”，却被一部分接受者理解为实然意义的无善无恶。如果实体上无善无恶，将会导致价值的解体、秩序的崩溃。对这一点，不只是船山有批评，阳明部分后学以及刘宗周等都有反省。船山注《正蒙》：

> “诸子浅妄，有有无之分，非穷理之学”，曰：“浅则据离明所得施为有，不得施为无，徇目而心不通；妄则诬有为无。庄、列、淮南之流以之；而近世以无善无恶为良知者，亦惟其浅而成乎妄也。”①

在船山看来，良知是实有，是至善，而阳明学以无善无恶说良知，是“诬有为无”。他又说：

> 姚江所云“无善无恶是良知”者，直以诬道。……“人之所不学而能，不虑而知者”，即性之谓也。学、虑，习也。学者学此，虑者虑此，而未学则已能，未虑则已知，故学之、虑之，皆以践其所与知、与能之实，而充其已知、已能之理耳。……良即善也。良者何也？仁也，义也。能仁而不能不仁，能义而不能不义；知仁而不知不仁，知义而不知不义：人之性则然也。……“性善”二字括此一章之旨，而彼所云“无善无恶是良知”者，不待破而自明矣。②

这里有一个小差异：阳明四句教说的是“无善无恶心之体，知善知恶是良知”，而船山指责阳明的时候是“无善无恶是良知”。这的确是会误解阳明的话，但船山在这里主要是批评龙溪，兼及阳明。龙溪的“四无”谓“若悟得心是无善无恶之心，意即是无善无恶之意，知即是无善无恶之知，物即是无善无恶之物”③，正与船山所谓“无善无恶是良知”吻合。刘

①〔清〕王夫之：《张子正蒙注》，载《船山全书》第十二册，第30页。

②〔清〕王夫之：《读四书大全说》，载《船山全书》第四册，第1127页。

③〔明〕王畿：《天泉证道纪》，载吴震编校整理：《王畿集》卷一，凤凰出版社2007年版，第421页。

梁剑指出，船山对阳明的话头固然有语义上的误解，但对于王畿的批评却并非无的放矢。[①]

与良知批判相关的，是船山对于赤子之心的解读。孟子说大人不失赤子之心，对于“赤子之心”是一种褒扬的态度。船山却引申出了另一个方向：大人固然不失赤子之心，但仅仅有赤子之心是不够的。他由此批评了两种错误的解释倾向：一是认为赤子之心就是圣人的全部；一是将赤子自然而然、不假安排的啼哭喜笑看作是心。前者类似于老子说的“婴儿”，后者则是以情识和知觉运动来说心。这两者共同结合起来，便走向了异端，“若认大人、赤子了无不同，则已早侵入异端界也”，“孟子说个‘赤子之心’，是从天道上见得，不容向一啼、一笑讨消息”。[②]船山这里只是批评《大全》中朱子学者的解释，以及佛老，但他写作此段时脑海中肯定想着罗汝芳。“赤子之心，有无合一”[③]是近溪的学术宗旨和特点，尽管“赤子之心”说有着复杂的内容和面向。船山“辟象山、阳明之谬，斥钱、王、罗、李之妄”[④]，对于罗近溪的学说应该是熟悉的。

阳明后学的一部分出现被许多学者所诟病的现象，我们从学理上自然可以归咎为他们对阳明学说理解的不准确乃至违背师说。但从思想传播的角度看，其起始点未必不能与阳明有所关联。盖阳明学的教法是随机指点，但指点时的义理传授，必然要表现为语言。所以“宗旨”是根本的义理，却也需要拈几个字来承载。脱离指点语境的文字，在社会上传播的时候被误解，实在是常有的事。因此，对于一个具有审慎、节制品质的思想宗师来说，如果不能保证所有层面的人对某一句宗旨性话语有准确的了解，必然要谨慎地在小范围内、天资较高的徒弟之间进行传授。这就是教

①刘梁剑：《“无善无恶心之体”：船山与阳明关于心学的智性对话》，《贵阳学院学报（社会科学版）》2015年第6期。

②〔清〕王夫之：《尚书引义》，载《船山全书》第四册，第1018—1019页。

③张学智：《明代哲学史》，中国人民大学出版社2012年版，第252页。

④〔清〕王敔：《大行府君行述》，载《船山全书》第十六册，第73页。

法时机的重要性所在。阳明本人对此问题有清醒的认识[①]，但是他死后，教法的泛滥越来越收不住。

三、致良知与日生日成

除了思想传播上，船山批评的合理性之外，我们就船山的批评还有什么值得反思的地方呢？笔者认为，抛开船山言论中激烈的成分，船山的批评表现了两位哲学家的根本分歧，这才是关键所在。

彭国翔先生在区分龙溪与双江、念庵不同的时候，借用了西方两种哲学形态的分别：本质主义与存在主义。[②]这是颇为有用的一个区分，或者说借用西方哲学的概念点出了区别的关键。阳明与船山的分歧，有些与此类似。

阳明确实是强调“在事上磨”的。但“在事上磨”之前，这个良知显然是绝对起点，所以致良知作为“致吾心之良知于事事物物，事事物物皆得其理”而实地践履的时候，良知虽一直在起作用，但本身似乎是不增不减的。不可否认，良知在格物的过程中会有“扩充”。如张学智先生所点明的：“良知知是知非的能力并不是天赋的，要在实践中逐渐获得。良知反应外物的能力，是一个不断扩充以至其极的过程。良知是道德理性与知识理性的统一。”[③]但阳明也常说：“这良知人人皆有，圣人只是保全无些障蔽，兢兢业业、亹亹翼翼，自然不息，便也是学，只是生的分数多，所以谓之‘生知、安行’；众人自孩提之童，莫不完具此知，只是障蔽多，然本体之知自难泯息，虽问学克治，也只凭他，只是学的分数多，所以谓之‘学知、利行’。”[④]他还有“浮云蔽日”的比喻，更有“圣人之心如明

①阳明说：“汝中之见，是我这里接利根人的；德洪之见，是我这里为其次立法的……利根之人，世亦难遇。本体功夫一悟尽透，此颜子、明道所不敢承当，岂可轻易望人。人有习心，不教他在良知上实用为善、去恶功夫，只去悬空想个本体，一切事为俱不着实，不过养成一个虚寂；此个病痛不是小小，不可不早说破。”（〔明〕王阳明：《传习录下》，载吴光等编校：《王阳明全集（新编本）》卷三，第129页）

②彭国翔：《良知学的展开》，第385页。

③张学智：《明代哲学史》，第115页。

④〔明〕王阳明：《传习录下》，载吴光等编校：《王阳明全集（新编本）》卷三，第105页。

镜。只是一个明，则随感而应，无物不照”之说。[①]由此可见，阳明是一种“本来面目”的思维方式。黄宗羲的哲学虽然较之阳明有了不少的变化，但仍然在此根本问题上与阳明一致。他在反驳陈确时说：“性之为善，合下如是，到底如是，扩充尽才，而非有所增也，即不加扩充尽才，而非有所减也。”[②]

船山则不然，我们前举他批评“赤子之心”有针对罗近溪的意思。就是在那段批评中，他说道：

> 孟子亦止道“性善”，却不得以笃实、光辉、化、不可知全摄入初生之性中。《中庸》说“昭昭”之天，“无穷”之天，虽无闲别，然亦须分作两层说。此处漫无节奏，则释氏“须弥入芥子”“现成佛性”之邪见，皆繇此而生。愚每云“性日生，命日受”，正于此处分别。在天之天“不贰”，在人之天“不测”也。[③]

也就是说，赤子之心固然是善，但仅仅是秉性之初时那一微小的光芒，不足以当人生的全体大用。这个起点，不论称作心，还是性，还是良知，[④]在最初的时候都是微小的，都需要在人生中不断地充实自身。这个变化，不是真金从一两变成十两，而是金本身的性质也会发生变化，这虽不是说从善变为恶，但善的内部也有丰富的无限性。同时这个变化是没有尽头或限度的，直到死的时候还造化于太虚。更具体地，船山说：

> 夫性者，生理也，日生则日成也。则夫天命者，岂但初生之顷命之哉！……夫天之生物，其化不息，初生之顷，非无所命也。何以知其有所命？无所命，则仁、义、礼、智无其根也。幼而少，少而壮，壮而老，亦非无所命也。何以知其有所命？不更有所命，则年逝而性亦日忘也。形化者，化醇也；气化者，化生也。二气之运，五

①〔明〕王阳明：《传习录上》，载吴光等编校：《王阳明全集（新编本）》卷一，第13页。

②沈善洪、吴光主编：《黄宗羲全集》第十册，浙江古籍出版社2012年版，第159页。

③〔清〕王夫之：《读四书大全说》，载《船山全书》第四册，第1019页。

④船山认为，就其来源而言谓之命，就其客观纯善的内容来说叫作性，就善性的承载者和发动的机窍而言则谓之心，也可以说是良知。

行之实,始以为胎孕,后以为长养,取精用物,一受于天产地产之精英,无以异也。形日以养,气日以滋,理日以成;方生而受之,一日生而一日受之。受之者有所自授,岂非天哉?故天日命于人,而人日受命于天。故曰:性者生也,日生而日成之也。[①]

其《读四书大全说》亦曰:

未死之前统谓之生,刻刻皆生气,刻刻皆生理;虽绵连不绝,不可为端,而细求其生,则无刻不有肇造之朕。若守定初生一日之时刻,说此为生,说此为始,则一受之成型,而终古不易,以形言之,更不须养,以德言之,更不待修矣。[②]

船山的这种说法,不仅和阳明不同,与朱子也有差别。其主要的目的不仅是要给工夫论确定依据,而且对于本体层面的体察也大为不同。可以说,阳明、朱子的心性说是“本来主义”的,而船山属于“开放主义”的。这有点类似于彭国翔所作本质主义与存在主义的区分,但又有不同。因为阳明的学说不宜称作“本质主义”,而船山学说也非存在主义。所以我们将这种区别改称“本来主义”和“开放主义”。

由此我们再来审视文章一开始的知行合一问题,或许能超越船山看似冤枉阳明的批评文字,而读出更深一层的义涵。船山要强调的是,心性需要在实践和学习的过程中不断地充实自身,滋养自己的性;同时生长的心性又反过来指导行,这是一个不断地发生知行交融且相互滋养的过程,知不是一时而获得,行也不是一时而迈出。[③]在船山看来,阳明(后学)将良知视作可以一时悟得全体、复其本初的东西。阳明说自己的致良知从百死千难中得来,这固然强调了实践的磨炼,但阳明后学会认为获得的这个良知仍是原初的那一个。在这里,良知是否参与实践的区别,仅仅是表面

①〔清〕王夫之:《尚书引义》,载《船山全书》第二册,第299—300页。

②〔清〕王夫之:《读四书大全说》,载《船山全书》第六册,第753页。

③这个容易使人想到朱子的“知行互发”,但在朱子那里这个互发扩充的是知,而作为性和天理,依然是毫无增减的。在船山这里,性体本身就在增减。

的；而更深层的在于定位良知到底是终始一如的，还是自身自始便能面向未来且不断开放和生长的。

四、性之差等

船山认为人性、良知是发展的，但每个人会因发展状况的不同而有等级差别。这个差别不是像所有宝珠都一样光明只是障蔽有所不同的差别。因为宝珠虽因蒙尘而有差别，但本质上是平等的；船山学说则认为人性从本质上就有可能有等级——尽管就善而言是相同的。正是因为船山认为良知或者心性是有等差的，故不可能人人皆一下悟入。

此想法并不能说违背了儒家的义理，毋宁说，它也算是先秦儒学有可能的一个面向，并且在汉唐儒学中有根据。孔子说“性相近也”，宋明的理学家一般将此认为性就是同一、平等的；但船山却指出：

> 孟子之言性，近于命矣。性之善者，命之善也，命无不善也。命善故性善，则因命之善以言性之善可也。若夫性，则随质以分凝矣。一本万殊，而万殊不可复归于一。《易》曰“继之者善也”，言命也；命者，天人之相继者也。“成之者性也”，言质也；既成乎质，而性斯凝也。质中之命谓之性，亦不容以言命者言性也。故惟“性相近也”之言，为大公而至正也。①

他时常强调孟子之性善与《易》之“继善成性”的不同，并且更赞同《易传》的言说。在此处，船山也更认可“性相近”。因为理在气中，性是即理即气的存在，每个人的气虽在根源上相同，但有轻重、宽狭的区别。故每个人的性，在根源上虽同，在后天中却产生不同的差别，这也就是“一本万殊，而万殊不可复归于一”的意思。这里的差别，主要是成性，抑或说性的展开程度的等次。既然有差别，则必然要有一部分“先觉”去觉一部分“后觉”。反观阳明后学的说法，却真可以与近代以来要

①〔清〕王夫之：《读四书大全说》，载《船山全书》第六册，第864页。

求的平等精神相通。

这二者的区别在政治思想层面表现的差别不可小觑。阳明学本身包含着对于藩篱的破坏和对于权威的质疑，从它如何在明末能风行民间，就可略知一二了。船山则持批判的态度，从而构建起一种精英主义的教化政治。《思问录内篇》曰：

> “所欲与聚，所恶勿施”；然匹夫匹妇，欲速见小，习气之所流，类于公好公恶而非其实，正于君子而裁成之。非王者起，必世而仁，习气所扇，天下贸贸然胥欲而胥恶之，如暴潦之横集，不待其归壑而与俱泛滥；迷复之凶，其可长乎？是故有公理，无公欲；公欲者，习气之妄也。不择于此，则胡广、谯周、冯道，亦顺一时之人情，将有谓其因时顺民如李贽者矣；酷矣哉！①

王学在明末出现的问题，看来不仅仅是教法的脱离节制，且从根本的哲学层面就有可能产生这种情况。船山则显然要针砭此弊，恢复君主与贤良士大夫共治天下的政治理想。这个理想，基本可以用司马光所构建的“体图”模式来表达。“体图”列王、公至士、庶人共十等，谓：“一以治万，少以制众，其惟纲纪乎！”②近代的许多船山研究，多视船山为资本主义萌芽的代表、启蒙思想的同道、现代性的前驱。与此相较，嵇文甫、蔡尚思等先生的眼观十分犀利。嵇文甫曾注意到船山与黄梨洲同为“启蒙思想家”，但“在对于群众性政治运动的看法上颇有些歧异。梨洲热烈赞扬某些群众性和党派性的政治斗争，而船山则持否定的或批判的态度”③。蔡尚思则指出“船山浓厚的以三纲为中心的礼教思想”④。老前辈实事求是的态度十分可贵，尽管他们基本是从否定的方面来看待这个问题。

嵇先生比较了船山和梨洲，我们也可以更具体地提及一点，即他们对

①〔清〕王夫之：《思问录》，载《船山全书》第十二册，第428页。

②〔汉〕司马光：《潜虚》，四部丛刊影宋本，第3页。

③嵇文甫：《论王船山与黄梨洲政治思想中的一个歧异点》，载《王船山学术讨论集》，中华书局1965年版，第457页。

④蔡尚思：《王船山思想体系》，湖南人民出版社1985年版，第27页。

于明亡的反思。黄梨洲、顾亭林等将明亡之祸归于阳明后学，主要的指责是他们不学无术、空疏无实，导致国家衰微。船山虽也归罪于阳明学，但角度似同实异。船山所反对的，是阳明后学陷入猖狂妄行之后，带来的纲纪陵迟、上下之别泯灭，要言之即共同体的败坏。船山所理解的儒学是一种精英政治：君主的权力虽然要受到限制，但却不能无限制地向下开放，以至于人人都可以议政；政治、教化的主体，应当在贤良士大夫手中。船山憎恶的主要有这几类群体：党争、农民起义（“大盗”）、异族。显然，在他的眼里，儒学要维护共同体的秩序，以走向善治，而非鼓励“犯上”和“作乱”。

关于船山人性论与政治哲学的关系，其实还有许多很复杂、深刻的地方，但本文既在于揭示船山学与阳明学的差异，就姑俟其他文章进一步展开这个问题。

（原载《孔子研究》2016年第6期）

王阳明的艺术美论

□ 陆永胜 刘小伟[①]

摘要：“艺道合一”是王阳明艺术美论的中心思想和价值诉求，“以心释艺”是其诠释方法、心学立场的体现。目标、方法、立场的辩证统一使阳明的道艺观富于辩证性：心的本体性在某种意义上强化了艺的精神附属性，取消了艺的自在独立性；心（道）作为游于艺的内在价值依据，使艺成为道的承载者或呈显为道的外化形态；由此，艺不但是对道的把握方式之一，而且透显出主体的生命意识，最终又和道圆融为一。王阳明的艺术美论既有对中国传统艺术美论的继承，也有对宋代“道”抑制“艺”的理论的突破，并因生命意识、情感的参与而具有浓郁的审美意趣。王阳明的音乐美论和书画美论集中体现了上述思想，并在心学衍化史的观照下而呈现出开新的价值意义。

关键词：王阳明、艺道合一、以心释艺

文能载道，艺亦能载道，研究王阳明的美学思想不能不关注他的艺术美学思想。王阳明是一个在哲学、政治、军事等领域取得了不朽功绩的“圣人”，然而，在本质上他依然是一个古代的士人。琴、棋、书、画、诗、赋、茶、酒是一个古代的读书人必备的修身养德之方，阳明自然也精通此道。据阳明年谱，我们知道阳明对于一般意义上的六艺：礼、乐、射、御、书、数也是样样娴熟。但因为历史久远、文献不足和当时的记录条件有限，有些方面的具体详情已无从考证。笔者拟据现有资料从阳明的音乐美学、书画美学两个方面对其艺术美学思想稍作展开讨论，从中探讨阳明之艺与道的关系。王阳明不以艺术家著称于世，但他是真正的儒家，他没有专门的艺术理论，但他以心释艺，体现出其独特的思想光辉。

---

①陆永胜：贵阳学院阳明学与黔学研究院教授；刘小伟：贵阳学院法学院教师。

一、王阳明的音乐美论

现有资料表明，王阳明是精于音律和地方戏曲的，并对之有独到的见解。这为我们讨论阳明的音乐美学思想提供了事实依据。阳明从其“心”（良知）出发，认为“艺”（包括音乐），乃至“六经”都是达于道的途径和手段。这种道高于艺，但又不离于艺的思想表明了阳明的理学家和传统士人身份。阳明的音乐美学思想主要体现在三个方面：心为乐体的音乐本质观、体用合一的乐教思想和乐（yuè）道合一的乐（lè）境观。阳明的音乐美学思想突显出其鲜明的心学立场、道统立场和乐教思想，浸润着浓郁的艺术精神和审美意识。

（一）王阳明的音乐实践

音乐是最接近心灵的艺术，因此也成为教化人心的最佳途径。据钱明先生考证，自幼生活于富有戏剧传统的浙东宁绍地区的王阳明具有多样的艺术天赋，八岁即作《象棋诗》，并擅长“歌演剧戏”，在少年时，则经历了从“戏游”到“立志”的转变。在阳明的一生中，歌诗、戏剧不离其左右，身边也聚集了一些极富音乐才能的人，如钱德洪的父亲钱蒙，弟子魏良辅、舒芬、季本、唐顺之等人。钱先生由此认为王阳明是精通音律，具有一定的音乐才能的。[①]钱先生的推论入情入理，但因为当时音声记录技术的限制，其实并无音声资料可作直接的证据。不过从现有的文字资料记载来看，阳明是善于歌诗的。如在阳明《年谱》中多处记载阳明讲会时师生“歌诗”的情景，如嘉靖三年（1524）八月，“中秋月白如昼，先生命侍者设席于碧霞池上，门人在侍者百余人。酒半酣，歌声渐动。久之，或投壶聚算，或击鼓，或泛舟。先生见诸生兴剧，退而作诗，有‘铿然舍瑟春风里，点也虽狂得我情’之句”[②]。阳明高弟钱德洪对此歌诗细节有

①钱明：《王阳明及其学派论考》，人民出版社2009年版，第190—215页。

②〔明〕钱德洪辑：《年谱三》，载吴光等编校：《王阳明全集（新编本）》卷三十四，浙江古籍出版社2010年版，第300页。

更详细的描述："酒半行，先生命歌诗。诸弟子比音而作，翕然如协金石。少间，能琴者理丝，善箫者吹竹，或投壶聚算，或鼓棹而歌，远近相答。"[①]此外阳明还有许多诗作也记录了其歌诗的能力和才华，如《与诸生歌于天泉桥》《醉后歌用燕思亭韵》《守文弟归省携其手歌以别之》《登云峰二三子咏歌以从欣然成谣二首》等。也许对于当时的读书人来说，歌诗诵唱，伴以古琴，可能根本算不上艺术才能，它们仅仅是读书人学习古文韵律的习常方法。甚至古代的士人精通音律也不足为奇，如《虞山书院志》中就记载了阳明的"九声四气歌法"，并对其作了详细阐释，阳明高弟王畿和明末心学殿军刘宗周亦都曾对之作出高度评价。[②]其实阳明不但能歌诗，精通音律，还创作有散曲。据《年谱》记载，阳明初到龙场时，跟随他的两个童子接连生病，阳明"恐其怀抑郁，则与歌诗；又不悦，复调越曲，杂以诙笑，始能忘其为疾病夷狄患难也"[③]。阳明当时曾作有《套数·恬退》五阕：

【南仙吕·甘州歌】归来未晚，两扇门儿，虽设常关。无萦无绊，直睡到晓日三竿。情知广寒无桂攀，不如向绿野前学种兰。从人笑，贫似丹，黄金难买此身闲，村庄学，一味懒。清风明月不须钱。

【前腔】携筇傍水边，叹人生翻覆，一似波澜。不贪不爱，只守着暗中流年。虀盐岁月一日两餐，茅舍疏离三四间。田园少，心底宽，从来不会皱眉端。居颜巷，人到罕，闭门终日枕书眠。

【解三酲犯】把黄粱懒炊香饭，恁教他恣游邯郸，假饶位至三公显，怎如我野人闲。朝思暮想人情一似掌样翻，试听得狂士接舆歌未阑，连云栈，乱石滩，烟波名利大家难，收冯铗，筑傅版，尽教三箭定天山。

【前腔】叹浮生总成虚幻，又何须苦自熬煎。今朝快乐今朝宴，明日事且休管。无心老翁一任蓬松两鬓斑。直吃到绿酒床头磁

①〔明〕钱德洪：《刻文录叙说》，载吴光等编校：《王阳明全集（新编本）》卷五十二，第2089页。

② 钱明：《王阳明及其学派论考》，第202—203页。

③〔明〕钱德洪辑：《年谱一》，载吴光等编校：《王阳明全集（新编本）》卷三十二，第1234页。

瓮干。妻随唱，子戏斑，弟酬兄劝共团圆。兴和废，长共短，梅花窗外冷相看。

【尾声】叹目前机关汉，色声香味任他瞒，长笑一声天地宽。[①]

“南仙吕·甘州歌”“解三酲犯”是曲牌，[②]至今犹存。从曲词内容看，该曲模拟“野人”的口气，极尽诙谐戏谑，描画出了山林野老恬退的欢愉之情，丝毫没有贬谪之苦。这正和阳明“复调越曲，杂以诙笑”，以疏解童子之抑郁的情景相符合。由此可见，阳明是有一定的音乐才能和音乐实践的。但笔者的着眼点不是发现阳明的音乐才华，而是探讨阳明的音乐美学思想。笔者认为，即使阳明不是一个音乐家，也不能否定他对于音乐的本质和教化功能的认识和推广实践。阳明对于音乐的认识正是从其心学立场出发，由乐体——乐教（乐化、乐学）——乐道，最终指向乐境。

（二）心为乐体的音乐本质观

阳明对于音乐本质的认识，主要还是从心学出发“以心释艺”。首先，阳明认为心体才是音律的标准：

问《律吕新书》，先生曰：“学者当务为急，算得此数熟，亦恐未有用，必须心中先具礼乐之本方可。且如其书说多用管以候气，然至冬至那一刻时，管灰之飞，或有先后，须臾之间，焉知那管正值冬至之刻？须自中心先晓得冬至之刻始得。此便有不通处。学者须先从礼乐本原上用功。”[③]

《律吕新书》是朱熹的弟子蔡元定所著，其中分析了音律与节气的

①束景南：《阳明轶文辑考编年》，上海古籍出版社2012年版，第283页。另阳明还作有散曲《套数·归隐》十一阕，考之于内容，表达出对权阉的愤怒和隐逸思想，可能作于正德元年至正德二年。正德元年，阳明因上疏救戴铣等而逆刘瑾受廷杖下狱，正德二年，阳明赴谪至钱塘遇曾识于铁柱宫的道士，“与论出处，且将远遁”。在道人的劝说下，“遂决策返”，赴谪龙场。该散曲应作于此期间。见〔明〕王阳明：《套数·归隐》，载吴光等编校：《王阳明全集（新编本）》卷四十七，第1919页。

②所谓“前腔”即指重复使用同一曲牌时，从第二首开始即叫“前腔”，故第二阕的词牌为“南仙吕·甘州歌”，第四阕的词牌为“解三酲犯”。

③〔明〕王阳明：《传习录上》，载吴光等编校：《王阳明全集（新编本）》卷一，第21—22页。

关系。书中介绍了古人用律管测定冬至的方法，即把芦苇灰放进律管内，当冬至来临时，阳气上升，律管中的芦苇灰就会随着气流而飞扬出来。这种测定节气的方法体现出“气”在万物中的主宰作用，因为不管是芦苇灰、律管还是节气变化都是“气”的流动使然，体现出气本体的思想。另一方面，物（律管、芦苇灰）的变化反映出自然规律的变化，其中蕴含着“格物致知”的思想，因此，《律吕新书》的观点受到了王廷相和朱熹的赞许。但阳明却不以为然，他从实际经验出发，认为管灰之飞有先后，冬至之刻是确定的，如何能以不确定的管灰之飞来确定冬至之刻呢？所以，阳明认为学者为乐，应从“心中先具礼乐之本”上用功，只有把握了礼乐的本源，才能对音律有本质的把握。由此我们可以看出，阳明是把音乐和音声相区别的，他所关注的是乐的本质，而不是声的本质。在这一点上，阳明的观点明显区别于汉斯立克的声本体，而和嵇康的乐本体思想有较大的相似之处。嵇康提出“声无哀乐”论，认为“声无哀乐”不是没有情，而是没有哀乐之情，它所表现的是一种“平淡”“无为”“无欲”“应物而不累于物”的超脱的情感。这种超脱情感的本源则是心体之和。所以，嵇康提出“乐之为体，以心为主”。只有心体的清静平和才能有“乐之无情”之情。而嵇康的融合儒道两家的“和”所追求的是声和—心和—人和—政和的社会功能。[①]嵇康的音乐美学思想对于我们理解王阳明的音乐思想具有很大的启发之处，特别是他的以心体（和）为乐之本体的思想及其音乐的社会功能思想。事实上，在某种意义上，儒家包括王阳明在内，正是按照这样的思维逻辑认识音乐的。

其次，阳明认为乐之本体即是心体之和。《传习录》载：

> 先生曰：“你说元声在何处求？”对曰：“古人制管候气，恐是求元声之法。”先生曰：“若要去葭灰黍粒中求元声，却如水底捞月，如何可得？元声只在你心上求。”曰：“心如何求？”先生曰：

① 陆永胜：《橘积之辨——嵇康与汉斯立克的音乐美学思想比较》，《安顺学院学报》2007年第2期。

"古人为治，先养得人心和平，然后作乐。比如在此歌诗，你的心气和平，听者自然悦怿兴起。只此便是元声之始。《书》云'诗言志'，志便是乐的本。'歌永言'，歌便是作乐的本。'声依永，律和声'，律只要和声，和声便是制律的本。何尝求之于外？"曰："古人制候气法，是意何取？"先生曰："古人具中和之体以作乐。我的中和，原与天地之气相应；候天地之气，协凤凰之音，不过去验我的气果和否。此是成律已后事，非必待此以成律也。今要候灰管，先须定至日。然至日子时，恐又不准，又何处取得准来？"①

元者，始也，善之长也。元声就是音乐的最根本的音律，是音乐创作的基础。求元声是音乐创作的第一步，也是关键的一步。阳明在这里再次否定了古人的制管候气的求元声之法，明确表明"元声只在你心上求"。为什么要在心上求？因为人心和平处才是元声之始，只有心气和平时作乐，才能让人悦怿兴起。之所以能产生这样的效果，在于每一个人的中和心体是与天地之气相应的，这也成为阳明提倡乐教的前提。古人制管候气之法不过是验证自己的气是否平和，所以在根本上，元声之确定还在于心，因此说乐之本体即是心体之和。阳明的这一观点在接纳弟子舒芬时曾再次表达过："元声岂得之管灰黍石间哉？心得养则气自和，元气所由出也。《书》云'诗言志'，志即是乐之本；'歌永言'，歌即是制律之本。永言和声，俱本于歌。歌本于心，故心也者，中和之极也。"②正因为乐本于心之中和，因此"制礼作乐，必具中和之德，声为律而身为度者，然后可以语此"③。在这里，阳明又进一步对制乐之人的养心修德提出了要求，这也是从侧面对乐的内容提出了要求，但他基于的原则是一贯的。

（三）体用合一的乐教思想

在阳明良知学的观照下，良知心体无执无碍，中和自若，且人人同具。

①〔明〕王阳明：《传习录下》，载吴光等编校：《王阳明全集（新编本）》卷三，第124—125页。

②〔明〕钱德洪辑：《年谱二》，载吴光等编校：《王阳明全集（新编本）》卷三十三，第1286页。

③〔明〕王阳明：《传习录中》，载吴光等编校：《王阳明全集（新编本）》卷二，第57页。

但心体容易被恶的欲望所遮蔽，因此在某种意义上，纯化外在环境和影响也是进行教化的途径。这就为进行音乐教化提供了前提。因为心体至善，人心向善，只要施以好的影响，便能导民化俗，起到修齐治平的社会效果。因此，对于音乐的教化作用，王阳明首先强调的是音乐本身的“善”：

> 先生曰：“古乐不作久矣。今之戏子，尚与古乐意思相近。”未达，请问。先生曰：“《韶》之九成，便是舜的一本戏子。《武》之九变，便是武王的一本戏子。圣人一生实事，俱播在乐中。所以有德者闻之，便知他尽善尽美与尽美未尽善处。若后世作乐，只是做些词调，于民俗风化绝无关涉，何以化民善俗？今要民俗反朴还淳，取今之戏子，将妖淫词调俱去了，只取忠臣孝子故事，使愚俗百姓人人易晓，无意中感激他良知起来，却于风化有益。然后古乐渐次可复矣。”①

“戏子”本是阳明所反对的，因为在阳明看来，戏子违反了知行合一的真知真行原则，如他说：“若只是那些仪节求得是当，便谓至善，即如今扮戏子，扮得许多温凊奉养的仪节是当，亦可谓之至善矣。”②但这里，阳明则又肯定戏子与古乐相近，显然是从艺术形态的角度肯定戏曲这一艺术形式的。这说明戏曲在当时民间是很普遍的，而且具有很大的感染力。因此，阳明认为要使民俗反朴还淳就必须去掉后世那些于民俗风化绝无关涉的妖淫词调，代之以《韶》《武》之类的高雅古乐，辅以通俗易懂的戏曲形式，百姓人人易晓，良知才能被激发起来，达到移风易俗的作用。阳明这种基于致良知思想，以戏曲的艺术形式“格民心之非”“助益社会风化”的戏曲音乐理论，对后世具有很大的影响力，也是他极力推广乐教的理论前提。

正是在这一思想指导之下，阳明极力为孔门家法辩护，反对郑卫之音，强调雅乐对社会的教化作用：

---

①〔明〕王阳明：《传习录下》，载吴光等编校：《王阳明全集（新编本）》卷三，第124页。

②〔明〕王阳明：《传习录上》，载吴光等编校：《王阳明全集（新编本）》卷一，第4页。

> 《诗》非孔门之旧本矣。孔子云:“放郑声,郑声淫。”又曰:“恶郑声之乱雅乐也。郑、卫之音,亡国之音也。”此是孔门家法。孔子所定三百篇,皆所谓雅乐,皆可奏之郊庙,奏之乡党,皆所以宣畅和平,涵泳德性,移风易俗,安得有此?是长淫导奸矣。此必秦火之后,世儒附会,以足三百篇之数。盖淫逸之词,世俗多所喜传,如今闾巷皆然。“恶者可以惩创人之逸志”,是求其说而不得,从而为之辞。[①]

在阳明看来,只有孔子删定的雅乐,才可以奏之郊庙,奏之乡党,从而起到宣畅和平,涵泳德性,移风易俗的社会教化作用。而像郑、卫之音的淫逸之词只能败坏风俗,导致亡国。阳明认为,不但一般的民众适合雅乐教化,音乐教育在儿童时期就应该进行了:

> 今教童子,惟当以孝、弟、忠、信、礼、义、廉、耻为专务。其栽培涵养之方,则宜诱之歌诗以发其志意,导之习礼以肃其威仪,讽之读书以开其知觉。今人往往以歌诗习礼为不切时务,此皆末俗庸鄙之见,乌足以知古人立教之意哉!……故凡诱之歌诗者,非但发其志意而已,亦以泄其跳号呼啸于咏歌,宣其幽抑结滞于音节也;……凡此皆所以顺导其志意,调理其性情,潜消其鄙吝,默化其粗顽,日使之渐于礼义而不苦其难,入于中和而不知其故。[②]
>
> 凡歌诗,须要整容定气,清朗其声音,均审其节调;毋躁而急,毋荡而嚣,毋馁而慑;久则精神宣畅,心气和平矣。……凡习礼歌诗之数,皆所以常存童子之心,使其乐习不倦,而无暇及于邪僻。教者如此,则知所施矣。虽然,此其大略也;神而明之,则存乎其人。[③]

阳明认为对于童子的教育要以孝、悌、忠、信、礼、义、廉、耻为内容,以歌诗的形式进行,这样不但可以顺应小孩子的性情,还可以在跳号呼啸中宣泄其幽抑结滞,从而发其意志,获得潜移默化的教育作用。对于

①〔明〕王阳明:《传习录上》,载吴光等编校:《王阳明全集(新编本)》卷一,第11页。

②〔明〕王阳明:《传习录下》,载吴光等编校:《王阳明全集(新编本)》卷三,第95—96页。

③同上,第97页。

读书的小孩子，歌《诗》可以使其无瑕及于邪僻，乐学向善，时间长了就可以达到精神宣畅，心气平和的效果。

不但儿童教育需要音乐，老年人亦一样需要音乐的熏陶，以调养身心。王阳明在家书中多次告诫家人劝慰他的父亲要多戏游，以快适性情，调养天和：

> 老年之人，只宜以宴乐戏游为事，一切家务皆当屏置，亦望时时以此开劝，家门之幸也。……时尝游嬉宴乐，快适性情，以调养天和。[①]

王阳明的音乐教育不是知识技能的教育，而是一种情感生命的教育。王阳明从良知本体出发，认为乐之本体是心体之和。同时，音乐也是达于心体之和的途径和手段，这和"'六经'者，吾心之记籍也""'六经'者非他，吾心之常道也""万理由来吾具足，'六经'原只是阶梯"具有异曲同工之妙。而且在事实上，阳明也确实认为："《易》也者，志吾心之阴阳消息者也；《书》也者，志吾心之纪纲政事者也；《诗》也者，志吾心之歌咏性情者也；《礼》也者，志吾心之条理节文者也；《乐》也者，志吾心之欣喜和平者也；《春秋》也者，志吾心之诚伪邪正者也。"[②]乐不但是心之欣喜和平的体现，而且还能够使人达到欣喜和平的心态，乐的本质和乐的效用是一致的，这样的乐才是阳明提倡的乐，这才是阳明提倡乐教的出发点和目的。心和才能乐和，乐和才能人和，人和才能民和，民和才能政和。音乐的教化作用最终是和政治、伦理道德联系在一起的。

（四）乐道合一的乐境

王阳明的乐教中其实包含着一体两面：乐化和乐学，二者是同一过程的两个层面。从乐教的对象来讲，侧重于教化，以化民善俗，激发良知为目的；从乐教的主体来讲，侧重于学习，所学者道也，也就是通过做乐之事的磨炼，达到对道（良知、天理）的把握：

---

①〔明〕王阳明：《又与克彰太叔》，载吴光等编校：《王阳明全集（新编本）》卷二十六，第1037页。

②〔明〕王阳明：《稽山书院尊经阁记》，载吴光等编校：《王阳明全集（新编本）》卷七，第271页。

先生曰："只'志道'一句，便含下面数句功夫，自住不得。譬如做此屋，'志于道'是念念要去择地鸠材，经营成个区宅。'据德'却是经画已成，有可据矣；'依仁'却是常常住在区宅内，更不离去。'游艺'却是加些画采，美此区宅。艺者，义也，理之所宜者也，如诵诗、读书、弹琴、习射之类，皆所以调习此心，使之熟于道也。苟不'志道'而'游艺'，却如无状小子；不先去置造区宅，只管要去买画挂做门面，不知将挂在何处？"①

在阳明看来，艺是以道为统率的，艺要在理之所宜的范围内，才是符合道义的。一个人"游于艺"必然要以"志于道"为前提，这样才有为学的方向，才能明道，否则便是为学方向不明。乐作为艺的一种，亦是如此。只要立志于道，游于乐不但不会迷乱身心，反而能够"调习此心，使之熟于道"。这种乐学的方法就是致良知的方法，"致吾心之良知于事事物物也。吾心之良知，即所谓天理也。致吾心良知之天理于事事物物，则事事物物皆得其理矣"②。良知先具，立志于良知，则念念不忘致良知，事事为为致良知，乐学也就自然转化为乐道了。所以当黄以方问阳明"博学于文"和"行有余力，则以学文"的关系时，阳明说：

《诗》《书》、六艺皆是天理之发见，文字都包在其中。考之《诗》《书》、六艺，皆所以学存此天理也。不特发见于事为者方为文耳。"余力学文"，亦只"博学于文"中事。③

六艺既是"天理之发见"，也是"学存此天理"。音乐作为六艺的一种，自然也是如此，所以乐学就是学存此天理，这既是乐教的目的，也是良知的内在要求。当主体顺应良知而为，追求音乐中的天理时，游于艺的游就不再是简单的吹拉弹唱，而是满足人的道德情感需要、生命需要的游。在道德理性和生命的光辉下，乐（yuè）学转化为了乐（lè）学、乐

①〔明〕王阳明：《传习录下》，载吴光等编校：《王阳明全集（新编本）》卷三，第109—110页。

②〔明〕王阳明：《传习录中》，载吴光等编校：《王阳明全集（新编本）》卷二，第49页。

③同①，第130页。

（lè）道。这是良知毫无亏欠，圆满自足状态的呈现。在这种状态下，乐不仅仅是一个表达情感的词汇，而且转化为了一种状态。这种状态是良知主体道德理性得以满足的状态，心安的状态，也是心体“和”的状态。阳明认为这种心体之乐正如良知一样，人人具有。它不同于七情之乐，但也不外于七情之乐：

> 乐是心之本体，虽不同于七情之乐，而亦不外于七情之乐。虽则圣贤别有真乐，而亦常人之所同有。但常人有之而不自知，反自求许多忧苦，自加迷弃。虽在忧苦迷弃之中，而此乐又未尝不存，但一念开明，反身而诚，则即此而在矣。①

作为心之本体的乐是超越一切有情的，相对于七情之乐，它是“无情”之乐。只有当主体反身而诚，证得良知圆满自足，由潜在良知呈现为显在良知时，主体才能够把握到这种心体之乐。这种乐在某种意义上可以说就是“心安理得”，良知本体未发即中，已发即和，从心所欲不逾矩，处于中和之乐的境界。“此心安处即是乐也”②，人之大喜或大悲都不能否定此乐的存在。如果说“乐道”时还存在着主体和道有隔，那么当主体把握了良知自在，无时不乐时，就进至于道德和审美圆融合一的最高境界了。

王阳明的音乐美学思想是在其良知思想的范导下建构起来的，音乐以良知为本体，同时也是致良知的方式途径之一。良知是判断乐之善恶的标准，同时也是音乐教化的追求目标。只有致得良知，才能化民善俗，发挥良知学的社会改良作用，个体才能不断提高德性修养，臻至乐的境界。

二、书画美论

书画艺术不同于音乐艺术之处在于其成果形式的可视性，从保留至今的大量书法艺术作品和少量绘画作品来看，阳明先生也是精于此道的。

①〔明〕王阳明：《传习录中》，载吴光等编校：《王阳明全集（新编本）》卷二，第76页。

②〔明〕王阳明：《传习录下》，载吴光等编校：《王阳明全集（新编本）》卷三，第122页。

但正如音乐艺术一样，书画艺术在王阳明的思想世界中也不是居主要地位的，它们和音乐一样都是修身养性的手段之一。我们给予阳明书画艺术这样的地位，并不是因为阳明的有关言论，而是相对于阳明的良知而言的。毋庸置疑的是，在阳明的书画作品中，充盈着他对良知的体悟，而作品本身就是道体的呈现。这也是我们依据阳明的书画艺术讨论其美学思想的依据和必要性，抑或说是我们讨论阳明书画艺术美学思想的前提。在阳明心学视阈中，艺术不但透显出主体的生命意识，而且也是对道的把握方式之一，最终又和道圆融为一。在道—艺的模式中，阳明的书画艺术，特别是其书法艺术是对宋代“道”抑制“艺”的书法理论的突破，而达到了道艺合一的境界。在阳明后学高扬良知主体的思想背景下，阳明的道艺合一的书画艺术不可避免的被推向个性的极端建构，艺的呈现形态超越了道的范导。正是在这样的意义上，阳明的书画艺术在中国艺术思想史上是一个重要的转折点，具有重要的承上启下的作用。

（一）书画遗存

阳明的遗墨留存至今的数量还是比较丰富的。据计文渊先生的统计，阳明的书法作品约有一百件，保存于国内及海外，特别是日本的众多博物馆和私人收藏者皆持有之。据钱明先生的整理统计，阳明先生的绝大部分书法真迹被收入计文渊编著的《王阳明法书集》《吉光片羽弥足珍——新发现的王阳明诗文墨迹十种》、启功主编的《中国书法大全》、楚默主编的《中国书法全集》和白鹿洞书院印行的《白鹿洞书院名碑法帖》等作品中。另外，贵州人民出版社出版的《王阳明谪黔遗迹》（1999年版）和《贵阳阳明祠·阳明洞碑刻拓片集》（2002年版）等作品中也有部分书法墨迹。同时，钱明先生还特别提到了在江西、安徽、河北、河南、浙江发现的五处没有刊出的墨迹。[①]另外，香港的张克伟先生在《王阳明江西遗存考略》[②]和《王阳明浙省

①钱明：《王阳明及其学派论考》，人民出版社2009年版，第216—218页。

②张克伟：《王阳明江西遗存考略》，载赵平略编：《王学研究》，西南交通大学出版社2011年版。

遗迹遗墨叙录》[①]两篇文章中也记述了10余处阳明遗墨手迹。

在绘画方面，阳明遗留下来的墨迹相对较少。据现有的记载可知有三幅：《云山遐祝》《行乐图》和一幅山水画，而只有其山水画尚保存于台北故宫博物院。另外，阳明还为浙派画家吴伟的《文会赠言图》和吴派画家唐寅的画作分别作有题画诗，[②]另有《题雁啣芦图》[③]和其山水画自题一首[④]，这些题诗体现出阳明较高的艺术修养和艺术鉴赏能力。但值得惋惜的是，阳明的题画诗基本是就画作的内容和意境而作，鲜有画论。而在现有的文献中，阳明专门的画论和对阳明画作的评论也几乎是没有的。文献的匮乏使我们很难深入了解阳明的绘画成就和其书画美学思想。

对于阳明先生的书画艺术历程，计文渊先生曾有过详细的阐述：

> 王阳明幼承庭训，书法自开蒙之际便从楷书打下了扎实的基底，早年曾受过虞世南、颜真卿的影响，同时又汲取了欧阳询、柳公权的峭拔劲利的风骨，行笔深著稳健，结体端庄清劲。传世如《时雨堂记》《纪功碑》等正书作品，显得风神高华，蔚然庄严，深具大家风范。王阳明在三十岁前后，对于艺文、释道一度爱好。目前还能欣赏到他创作的山水立轴，其闲情逸趣跃然纸上；书风又不同程度受到李东阳等人的影响，意态安详，整体风格工稳劲健，已初露其个性风貌。特别在贬谪龙场其间，对人生感受的彻悟，以狷介超脱的人生态度，在书法上表现得淋漓尽致。其草书《何陋轩记》《象祠记》等，行笔疾如风雨，矫若龙蛇，纵横跌宕，变化万端，能另辟蹊径，挥洒出神韵超逸，气势豪迈得佳作，具有明显的创新精神。中后期所作的《龙江留别诗卷》《回军上杭诗轴》等，随意自然，又用笔精湛，不失法度，结体向背互参，笔法藏露得体，不难发现，他对《十七帖》

①张克伟：《王阳明浙省遗迹遗墨叙录》，载赵平略编：《王学研究》，西南交通大学出版社2013年版。

②前诗参见钱明：《王阳明及其学派论考》，第234页；后诗载于三处，且文本有所不同。一处名为《题唐寅山静日长图册》，载吴光等编校：《王阳明全集（新编本）》卷四十五，第1830页；另两处名为《题唐寅画册》，分别载于《王阳明谪黔遗迹》，贵州人民出版社1999年版，第97页和《贵阳阳明祠·阳明洞碑刻拓片集》，贵州人民出版社2002年版，第17页。

③〔明〕王阳明：《题雁啣芦图》，载吴光等编校：《王阳明全集（新编本）》卷四十三，第1749页。

④〔明〕王阳明：《山水画自题》，载吴光等编校：《王阳明全集（新编本）》卷四十五，第1830页。

> 研习的深厚功力。其他行书代表作有《矫亭记》《四箴卷》《纪梦诗题壁》等作品，深得李北海（邕）、黄山谷（庭坚）笔意，蕴藉而隽逸，豪放而舒展。王阳明直至去逝前所作的书札，依然是雅静洒脱，从容平和。[①]

计文渊先生是国内搜集和研究阳明书法艺术的知名学者，他根据阳明的人生经历，将之分为四个阶段，在每一阶段中把阳明的人生体验、学说思想与他的书画艺术密切结合，意在给人以人书合一的印象。事实上，不管是从“字如其人”的书法理论，还是阳明心学出发，计先生的评价都是很恰切的。他注意到了阳明思想发展历程对其书法的影响，特别是以龙场悟道为标志分为前后风格迥异的两个阶段，前期以稳健而又不失规矩为特点，后期豪迈舒展而又不失雅静平和。何以至此，阳明说：

> 我在南都已前，尚有些子乡愿的意思在。我今信得这良知真是真非，信手行去，更不着些覆藏。我今才做得个狂者的胸次，使天下之人都说我行不掩言也罢。[②]

“南都已前”当为正德五年阳明升南京刑部主事以前，作为阳明十几年后的回忆，此和龙场悟道的时间基本一致。而“今”指阳明平定“宸濠之乱”，经历“张许之难”之后，此时的阳明终于拈出了“良知”二字，自龙场之后的胸意终于得以明确。也就是说，在龙场悟道之后，阳明已找到了良知主宰，精神面貌因之大变，生死即可不记挂于心，何况人间桎梏。可见，阳明的艺术世界和他的精神世界是谐和一致的。认识到这一点很关键，它是我们理解阳明书法艺术精神的钥匙。

（二）艺道合一

胡宗宪在嘉靖二十年编撰《阳明先生批武经序》中说：“一日购求先生遗书，犹二千石，龙川公出《武经》一编相示，以为此先生手泽存焉。

---

①计文渊：《王阳明书法评传》，载《王阳明法书集》卷首，西泠印社1996年版。

②〔明〕王阳明：《传习录下》，载吴光等编校：《王阳明全集（新编本）》卷三，第127页。

启而视之，丹铅若新，在先生不过一时涉猎以为游艺之资，在我辈可想见先生矣。”[①]阳明之书法作品在当时已是被高价收藏的珍品，当然也是王门后学对先生思念之情的寄托物。但在阳明，仅仅是“一时涉猎以为游艺之资”，这和阳明早年“泛滥辞章”“出入二氏”的经历是一致的。所以，阳明一生对于书法理论所谈甚少，且以举例说理为主。如阳明十七岁时迎娶诸氏于江西时，曾在其外舅府中学书，他说：

> 吾始学书，对模古帖，止得字形。后举笔不轻落纸，凝思静虑，拟形于心，久之始通其法。既后读明道先生书曰：“吾作字甚敬，非是要字好，只此是学。”既非要字好，又何学也？乃知古人随时随事只在心上学，此心精明，字好亦在其中矣。[②]

阳明这里讲书法，重在心而不在书。学书只是为学的一方面，为学要在心上做。只有心存诚敬，拟形于心，心通其法，才能最终超越字形，弃绝对古帖的形似，而达到与主体精神一致的神似。阳明此时对于心学显然已是有所感悟的。阳明后来志于道，“吾焉能以有限精神为无用之虚文也”[③]，尽弃辞章之学，但并没有弃绝书法，王畿曾说：“先师尝论运笔之法，运肘为上，运腕次之，运指又次之。以虚为用，虚始能运，实则不能运也。”[④]这是阳明唯一明确讨论书法的表述。王畿是阳明正德十六年归越后拜入门下的，因此，此语录当在阳明晚年，这说明阳明一生都和书法艺术不离不弃的。其实这正好解释了阳明为什么有这么多的书法作品遗留于世，也与计文渊先生的表述相印证。其实，作为古代心学集大成者的王阳明，受儒家传统影响，基于修身、养性、为德、成圣的需要，是不可能真正摈弃文学艺术的，这同时也是传统儒家诗教和乐教的要求。

虽然王阳明不以书法为志，但在“无意”中成就了极高的书法成就。

①〔明〕王阳明：《附录二》，载吴光等编校：《王阳明全集（新编本）》卷五十二，第2122页。

②〔明〕钱德洪辑：《年谱一》，载吴光等编校：《王阳明全集（新编本）》卷三十二，第1227页。

③同上，第1231页。

④〔明〕王畿：《跋名贤遗墨漫语》，载吴震编校整理：《王畿集》卷十五，凤凰出版社2007年版，第411页。

如明代陈继儒在《湖海阁藏贴》所录阳明《与德润克明手札》下附有题跋一则："文成先生立德、立言、立功，华夷所震，不知其书法直入右军、太令（王献之）之室，至人如海，不可思议也。"[①]将阳明的书法和王羲之、王献之相提并论，可见时人对阳明书法的评价之高。万历《绍兴府志》亦有类似的评价："新建善行书，出自《圣教序》，得右军骨，第波坚微不脱张南安（弼）、李文正（东阳）法耳，然清劲绝伦。"[②]时人对于阳明书法的评价固然很高，但阳明弟子及其后学则不以为然。如徐渭曾说：

> 古人论右军以书掩其人，新建先生乃不然，以人掩其书。今睹兹墨迹，非不翩翩然凤翥而龙蟠也。使其人少亚于书，则书且传矣；而今重其人，不翅于镒，称其书仅得于铢，书之遇不遇，固如此哉！然而犹得号于人曰：此新建王先生书也，亦幸矣。马君博古君子也，裒先生之书如此其多，将重先生之书耶？抑重先生之人耶？[③]

书与人，孰重孰轻，世人皆是从价值功利的角度看的。人亚于书，书则传，右军就是这样。人胜于书，书随人显，阳明即是这样。这种世俗的观点往往掩盖了书法的真正价值。王畿曾引用阳明的观点，对这种现象进行讥评：

> 右军履历卓然，载在《晋史》，识见才望，系晋室安危者三十余年。观其永和气象，怀抱超然，齐彭殇、一得丧，盖几于道者。惟其精于墨妙，世人止以绝技称之，掩其平生。阳明先师尝戏言曰："富人用金作酒器，嫌其太质，以五采点饰之，人但称其为采妆器皿，而亡其金体之贵。"右军之谓也。[④]

五采掩盖了酒器的美质，犹如书法掩盖了右军其人。这在阳明看来，却是道的被遮掩。甚至阳明弟子董榖批判某些学者对于阳明手墨"不窥其志气

① 计文渊：《吉光片羽弥足珍——新发现王阳明诗文墨迹十种》，载钱明等编：《王阳明的世界》，浙江古籍出版社2009年版。

② 张元忭、孙鑛撰：《绍兴府志》，万历刻本。

③〔明〕徐渭：《书马君所藏王新建公遗墨》，载《徐渭集》第二册，中华书局1983年版，第576页。

④〔明〕王畿：《与莫廷韩》，载吴震编校整理：《王畿集》卷十二，第334页。

之所在，而徒翰墨玩焉，亦横目耳，未可夸于贾胡也”[①]，都是基于此立场。

阳明从心学出发，让艺术随心性而流出，自然，舒展，呈现出主体的真性情。正如余秋雨所评说的：

王阳明书法无疑是以王羲之为根基的，其中以得力于《圣教序》为最多，但他又多方汲取宋代书家直到李东阳的笔意，更把自己在精神领域所达到的境界浸润到字里行间，一派高贵，一派自由，一派儒雅，一派放逸。人生的感悟、思维的解脱，全部化作了笔墨风度。我想，在书法中寻找王阳明的生命信号，应该是特别准确和亲切的。[②]

高贵、自由、儒雅、放逸，这是阳明的笔墨风度，也是阳明的气质，更是良知的品格。书法中有阳明的生命信号，也有良知的主体精神。可以说，阳明的书法真正达到了艺与道的统一。明末学者归庄曾说：“阳明先生一代儒宗，而亦工于书法如此，岂非艺即道耶？”[③]艺与道的统一，使阳明的书法艺术冲破了道对于艺的禁锢，得到了精神的升华。清儒彭绍升在《明两大儒手贴跋》中对王阳明的书法和高景逸的书法做了对比，从中我们可以看到阳明其书、其学、其人格和精神气象：

王先生书，如踞太上之顶，挹东海之波，蘸墨于太虚空中，掷笔于阎浮界外，一戈一磔，具有化机。高先生书，周规折矩，中流自在，往往得钟太傅遗意。其生平论学也亦然。从自己胸中流出，盖天盖地去，其王先生之谓欤!非先王之法服不敢服，非先王之法言不敢道，口无择言，身无择行，其高先生之谓欤！……不知两先生之学者，不可与论两先生之书。[④]

高景逸周规折矩，中流自在，其书如此，其学如此，其人亦如此。阳

①董榖：《跋许杞人翁所藏阳明手墨卷》，载《碧里后集·达存下》，明嘉靖四十四年董鲲刻本。

②余秋雨：《王阳明书法集序》，载计文渊编：《王阳明法书集》。

③〔清〕归庄：《跋阳明先生书》，载《续修四库全书》第1401册，上海古籍出版社2002年版。

④［日］篷累轩编：《姚江杂纂》，载（日本）《阳明学》第59号，大正二年十月一日刊。

明之书豪迈洒脱，其学源自胸中，铺天盖地，一如其良知精神。阳明之书与道的圆融使之升华为超越艺术，也超越道德的审美境界。

王阳明书法艺术对艺与道的圆融，在中国书法美学史上具有重要的地位。正如沈语冰所说：“自此以往，中国古典书法美学不再以尽善尽美的儒学道统为念，也不再以温柔敦厚的儒家中和之美为尚，书法艺术的道一艺模式一旦打破，铺张扬厉、抒情写意的艺术才得到了用武之地。”[①]阳明书法艺术的道艺合一是其致良知思想在书法艺术上的落实，其对个体精神的高扬，在某种程度上又为王门后学彻底打破道艺平衡创造了条件。特别是在泰州王门、李贽等人的推动下，中国的美学史、艺术史都面临着冲破传统的阵痛和重构的艰难。正如《四库全书总目》评价阳明后学中的著名书法家徐渭所言：“盖渭本俊才，又受业于季本，传姚江纵恣之派，不幸而学问未充，声名太早，一为权贵所知，遂侈然不复检束。及乎时移事易，侘傺穷愁，自知决不见用于时，益愤激无聊，放言高论，不复问古人法度为何物。”[②]徐渭的恣肆扬厉，正是对阳明道义合一的书法理念的突破。

王阳明以“心”为理论基石和诠释立场的艺术美学思想的突出特征在于审美向度的内向性、审美标准的内在性和审美境界的内生性，具有超功利的审美意趣，其音乐美学思想和书画美学思想都体现出了这一特点。作为一个思想家而非艺术家，王阳明的艺术美论属于美学思想史的范畴，而非美学理论的领域。因此，在儒家思想史的视阈中，王阳明的艺术美论对传统儒家美学中重美育、德育的思想有继承，然亦有创见——这突出表现在其将理、德、美合一于心，建构起理美、德美、艺美合一的美学思想。

〔原载《贵阳学院学报（社会科学版）》2016年第4期〕

①沈语冰：《历代名帖风格赏析》，中国美术学院出版社1999年版，第63页。

②〔清〕永瑢、纪昀编：《四库全书总目》，中华书局1965年版。

肆

研究著作

《王阳明美学思想研究》

作者：陆永胜　出版社：社会科学文献出版社2016年

该书是研究王阳明美学思想的专著，二十四万字。正文分十个部分，包括《一花映世界：儒学流变中的阳明心学》《人文世界：明代的儒学活动》《心体世界：良知品格与美学意蕴》《德美世界：道德与审美的圆融》《人格世界：人格美的追求》《艺术世界：书心乐道》《意义世界：人从存在走出》《审美境界：仁、诚合乐》《一花耀世界：阳明美学的当代价值》九章和《结语》。

作者指出王阳明美学思想是儒学思想史演变的结果，是中国美学思想由理学美学向阳明后学美学、朴学美学转向中的重要一环，是明代思想文化不可或缺的一部分。“良知”是王阳明心学美学的本体依据和逻辑起点，良知的二重性品格—普遍性品格与个体性品格—为阳明美学在道德与审美论域的展开提供了理论依据，是解读王阳明心学美学思想的出发点。在二重性良知的规定下，阳明美学呈现出道德与审美圆融的特征，并表现为由其生发的新人文精神——它们贯穿并呈现于阳明美学所展开的人格世界、艺术世界、意义世界、审美境界等题域中，决定了阳明美学思想的总体特色。王阳明美学的审美本体（本然良知）—审美工夫—审美境界（显在良知）的理论品格是其思想发展演化的逻辑序列，良知和致良知功夫是核心范畴。在良知的观照下，致良知功夫在“心与理”“心与物”两个向度展开，体现出心照万物，万物映心的新型审美主客体关系，并表现为心体的自我内向纯化和心对物的外向圆融两种意义世界的建构进路。境界正是在此工夫过程中从“在”到“有”地呈现于意义世界的。阳明美学思想的特征及其意义世界建构的进路决定了其以道德与审美的圆融境界为最高追求和呈现形态，并具体表现于仁境、诚境和乐境三种境界形态中。作者最后指出，王阳明美学思想以其思想特色体现出其在中国美学思想史中的价值和地位，以其对人之道德和审美的关怀给予当代人安顿心灵，反思存在意义以启示。

《王阳明佛教观研究：“同异”与“是非”之辨》

作者：熊贵平　出版社：社会科学文献出版社2016年

该书是研究王阳明思想与佛学关系的专著，包括《导论》《综论》和《“道”的内在化与圣人经书的相对化》《“同异”之辨向“是非”之辨的转变》《无求同异于儒释，求其是者而学焉》共五章。作者以正德十五年（1520）阳明于虔州开悟“致良知”宗旨为时间节点，以比较阳明此前此后的圣人观和佛教观为进路，探讨佛教与阳明学的关系，展现王阳明思想的生成动态和学术特色。

该书中，作者从王阳明的圣人观出发，通过对圣人的本质——“道”的分析与归纳，考察了“道”的内在化对王阳明的是非观和佛教观的影响，揭示出了“道”论与是非观、佛教观之间的内在逻辑关联，从而得出全书的核心结论：人们对异质文化是排斥还是接纳以及排斥和接纳的范围和程度，就其深层动因来说，与其所持有的“道”论（真理观）密切相关。进而，作者指出王学不是“阳儒阴释”，而是儒学的一种新形态；它与佛教禅宗相似或相同是因为两者都把“道”内在化了。同时，它也不是“儒体佛用”，而是“儒因佛缘”，即它是在“成为圣人”这一儒学的动因中生发出来的，佛教因素在其形成过程中只是起了助缘的作用；经过改造的佛教因素成为王学的有机成分，但不是核心要素。

《七情之理——王阳明道德哲学的现象学诠释》

作者：陈清春　出版社：人民出版社2016年

该书将现象学方法全面运用于王阳明道德哲学的研究，在借鉴与改造现象学观点的基础上（主要是舍勒的价值感受理论，即感受现象学），作者对阳明道德哲学进行了全面的现象学考察、分析与诠释，力图由此建立起现代化的王阳明道德哲学体系。

全书由六部分构成，除导论外，其他内容根据王阳明道德哲学的现象论、原理论、本体论、工夫论、境界论的思想逻辑结构分为五章十八节。导论部分具体论证和说明了该书的主要哲学观点。第一章围绕“心外无物”命题分析并诠释了王阳明道德哲学的现象论；第二章围绕“心外无理”命题分析并诠释了王阳明道德哲学的原理论，即价值原理与实践原理；第三章围绕“心之本体”观念分析并诠释了王阳明道德哲学的本体论；第四章以王阳明的思想发生史为线索，梳理、分析并诠释了其道德哲学的的工夫论；第五章围绕理想人格和理想境界的类型理论分析与诠释了王阳明道德哲学的圣人的人格论和境界论。

《儒学道德论：王阳明心学之道德主体性研究》

作者：陈媛媛　出版社：人民日报出版社2016年

该书是以道德主体性为视角研究阳明心学的道德主体性价值的学术著作。正文由七章二十四节和结语组成，共二十七万字。

第一章《绪论》部分，介绍了该书的问题意识、研究意义和研究方法、结构安排等。第二章《道德主体性思想产生的历史前提与发生契机》，对道德主体性概念进行了界定，介绍了阳明道德主体性思想产生的历史前提与发生契机。第三章《身之主宰便是心》，论述并指出心即理、心与性、一元论的体用观等思想是阳明道德主体性思想的形上学基础。第四章《心之所发便是意——道德主体性的发动》，分析了意在阳明道德主体性思想中的核心地位，以及与此关联的已发未发、致中和等问题和阳明的理欲观与仁成说。第五章《意之本体便是知》，分析了阳明的良知学说以及“为善去恶”的修养工夫。第六章《意之所在便是物》，分析了阳明的格物致知观、心外无物说，阐释了阳明从主体性道德实践哲学的立场对佛道与墨家思想的评价、知行关系的重构与道德修养的方法和目标揭示。第七章《道德主体性思想的定格及其历史余响》，申述了四句教是阳明道德主体性思想的凝练与定格，并分析了阳明的道德主体性思想对晚明士人心态的塑造，及其对当代道德建设的价值与意义。

《〈传习录〉十讲》

作者：何善蒙　出版社：孔学堂书局2016年

该书原名《〈传习录〉讲义》，是作者在贵阳孔学堂讲授王阳明《传习录》的学术成果，正文以讲义的形式编排，分十个主题，每个主题为一讲，共二十一万八千字。

第一讲的主题是《朱子理学的问题与阳明心学的兴起》，通过回顾中晚唐以来儒学的复兴与转型以及理学的发展历程，由朱子理学的内在问题入手，揭示阳明学兴起的逻辑起点。第二讲《〈朱子晚年定论〉》，阐述了阳明的重要著作《朱子晚年定论》对阳明学的生存、发展和传播的重要意义。第三讲《心即理》，分析了阳明对心的观念的界定，以及心在阳明学思想体系中的地位。第四讲《心外无物》，阐述了阳明对心物关系的理论建构，以及“心外无物”的内涵与意义。第五讲《致良知教》，阐述了阳明提出良知学说的过程及其对阳明心学的代表性意义。第六讲《知行合一》，从历史脉络上阐述了《知行合一》在阳明思想中占有的重要地位，也分析了王龙溪在总结阳明思想时，将“知行合一”置于“致良知”之后的意图所在。第七讲《本体工夫论》，阐述了阳明对本体和工夫的系统看法。第八讲《活泼的生活世界》，分析了阳明以良知的发用流行对生活世界的价值改造与重构。第九讲《万物一体论》，分析了阳明从良知角度理解万物一体的内涵与意义。第十讲《四句教》阐述了阳明四句教在阳明心学中的重要地位，及其在思想史上的重要影响。

《心·学·政——明代黔中王学思想研究》

作者：陆永胜　出版社：中华书局2016年

该书是研究黔中王学思想的专著。全书包括前言、结语和正文五章七个部分，共四十二万字。作者指出，“心”“学”“政”是明代黔中王学思想展开的三个重要论域。具体来说，黔中王学形成、发展、式微于其中的语境具有双重性：一为时代共性语境，一为地域个性语境，两种语境交融互动形成的“典型环境”赋予了黔中王学思想以时代共性和地域个性，成就了黔中王学这一“典型学派”，同时也为其思想在“心”“学”“政”论域的展开铺设了客观环境和思想背景。

作者指出，黔中王学思想在发展演变过程中呈现出双重结构：首先是显性结构，即时代语境、地域语境与个体学行相结合，依历时顺序呈地域分布的动态思想传承。整体上表现为黔中五大王学重镇的形成、发展和学派、个体思想的传承与理论的具体展开。具体表现在四个方面：本体的转向、功夫的转变、学之形态的变化、道与势的内在互动与紧张贯彻始终等。其次为隐性结构，即黔中王学诸儒思想在求同存异原则下建构起来的具有内在逻辑的学派思想体系，此为共时的整体静态呈现。整体上表现为以心为本体和理论内核，以知行合一为致思维度，以本体论、功夫论、实践论为载体和目标的理论展开，具体呈现出三个向度：“心学合一”“心政合一”“学政合一”等，这三个向度具有逻辑的相互独立性，但在具体实践形态中是相互交融的。作者认为，黔中王学思想的显性结构侧重个性的呈现，隐性结构侧重共性的抽象，二者的圆融互动使“心”“学”“政”三个论域密切联系，呈现出“心学”“心政”“学政”的理论形态和“修身”“为学”“为政”等实践形态，并表现出“心统学政”的理论特质和“重行致用”的实践特质，最终导向的是儒家“内圣外王”的经典命题。

《由凡至圣：阳明心学功夫散论》

作者：张卫红　出版社：生活·读书·新知三联书店2016年

该书是作者已发表于学术期刊的关于王阳明及其后学致良知工夫的相关研究成果，共九篇论文，十四万字。

第一篇《由凡至圣：王阳明体悟本心的工夫阶次——以王龙溪〈悟说〉〈滁阳会语〉为中心的考察》，原载于《中国哲学史》2013年第3期，以王龙溪《悟说》与《滁阳会语》揭示阳明“悟前（解悟等）—证悟—保任—彻悟—忘悟”构成的由凡至圣的完整工夫阶次。第二篇《阳明学者罗念庵体悟良知的工夫历程》，原载于《中国哲学史》2014年第4期，以王龙溪《悟说》所总结的工夫四阶次为基本框架，梳理了罗念庵工夫实践的完整经历以及心理体验和身心转化过程。第三篇《良知与自证分——以王阳明良知学为中心的论述》，原载于《世界宗教研究》2015年第4期，以唯识学之第六识（意识）自证分作为分析架构诠释阳明良知学说。第四篇《当下一念之别：阳明学现成良知之辨的关键问题——以王龙溪与聂双江、罗念庵的争论为中心》，原载于《浙江学刊》2007年第4期，从“体知”的视角深入分析争论双方对“当下一念”的不同指涉。第五篇《“念念致其良知”何以可能？——再谈见在良知说的核心焦点与体认维度》，原题为《“见在良知”说的核心焦点与体认维度》，发表于《中山大学学报（社会科学版）》2015年第3期，由“念念致其良知”何以可能出发，探析实践良知的本体论依据与动力。第六篇《“信得及良知”的理论与实践内涵——从王阳明到王龙溪的论述》，原载于《学术研究》2016年第2期，指出信得及良知作为工夫实践的前提和动力，是阳明后学的基本共识，王龙溪将其精微化，证成了先天立心工夫的依据。第七篇《以良知开物成务——阳明学者以心性贯通事功的道德实践与工夫障难论析》，原载于《道德与文明》2015年第5期，指出阳明学者以心性贯通事功、以正人心来改变社会的理念和实践，昭示出了道德与事功原本一体的实践可行性。第八篇《江右王门学者邹东廓之戒惧说论析》，原载于台湾中央大学儒学研究中心《当代儒学研究》第14期，是对江右王学领军人物邹东廓为学宗旨的系统阐述。第九篇《儒道交融：罗念庵一体两面的终极关怀》，原载于《广西大学学报（哲学社会科学版）》2014年第6期，指出罗念庵的终极关怀呈现为一体两面：儒家万物一体的现世关切和道家忘情忘世的生死关切相互交融。

《韩国象山学与阳明学》

作者：［韩］金吉洛，李红军译　出版社：社会科学文献出版社2016年

该书是已故韩国学者、曾任韩国阳明学会会长金吉洛教授研究韩国象山学与阳明学的专著。全书分为三编十二章，二十六万三千字。

第一编“韩国象山学与阳明学”相当于总论。由《韩国象山学的接受与发展》《韩国阳明学的形成与发展》《韩国阳明学的特性》三章组成。第一章阐述了高丽末期象山学的接受与展开过程，以及朝鲜朝初期的象山学状况。第二章介绍了韩国阳明学的传入和接受过程，反映在不同学者身上的陆王学倾向，和霞谷郑齐斗的思想特性，以及江华学派和白岩朴殷植的阳明学特性。第三章围绕韩国阳明学的地位、内容以及阳明学与韩国阳明学之比较，揭示了韩国阳明学的特性。第二编“韩国陆王学的形成”，站在陆王学的立场上，重新考察了高峰奇大升、栗谷李珥、晚悔权得己、明斋尹拯、白湖尹镌等学者的哲学思想，系统阐述了内在于他们思想中的陆王学倾向及其特性。第三编“霞谷郑齐斗与韩国阳明学的发展”，首先以霞谷郑齐斗的理气论和心性论为中心，考察了阳明学的韩国化过程；其次，通过揭示霞谷郑齐斗、江华学派、阳明学实学派以及白岩朴殷植哲学思想中的近代志向性，重新梳理了韩国阳明学的特性，即韩国阳明学的近代精神。

《塑造日本人心性的阳明学》

作者：［日］吉田和男，张静、明磊译　出版社：东方出版社2016年

该书是作者基于复活、继承和发展日本国家精神，以阳明学为主题，对儒学在日本人精神的形成历程中所发挥的作用的研究。全书分为十二个部分，共十七万二千字。

第一部分，作者从日本人的领导观念、儒学与武士、儒教与日本人精神、战败于被荒废的日本精神、意识形态于国家精神五个方面，阐述了日本领导者的精神与阳明学的关系。第二部分以儒家经典《大学》作为“政治的学问”为中心，阐述了朱子学与阳明学为代表的儒学对日本的精神的

深刻影响。第三部分介绍了日本正式开展阳明学系统研究的第一人中江藤树的个人行止、思想特点、对阳明学的吸收与批判及其思想的传承。第四部分介绍了中江藤树的弟子熊泽蕃山基于经世济民而批判的吸收朱子学与阳明学思想的情况。第五部分介绍了江户时期的代表性阳明学者佐藤一斋的武士精英教育思想。第六部分介绍了大盐中斋革命思想的阳明学渊源及其对明治维新的影响。第七部分以开创日本“商人之道”的阳明学者石田梅岩为中心，介绍了阳明学深入普通百姓生活的情况。第八部分介绍阳明学对明治维新先驱吉田松阴的维新思想的影响。第九部分介绍了日本阳明学的典范西乡隆盛。第十部分介绍了明治维新后日本阳明学的多样化。第十一部分从日本人精神的应有形态回顾了以阳明学为代表的日本儒学的意义。第十二部分回到日本领导者的精神问题，分析了阳明学对现代日本精英阶层养成的重要性。

《王阳明与明末儒学》

作者：［日］冈田武彦，吴光、钱明、屠承先译　出版社：重庆出版社2016年

该书是已故日本著名学者冈田武彦先生的成名作及代表作。2000年首次引进中国，同年5月在上海古籍出版社出版。本次是由冈田武彦的中国大陆弟子钱明教授历时两年重新校译后的新版。全书包括《绪论》《王阳明与湛甘泉》《王门三派》《现成派系统》《归寂派系统》《修证派系统》《湛门派系统》《批判派与复古派》《东林学刘蕺山》九章。

该书以宋、元、明时期的思想文化，特别是儒学发展史为背景，在简明地概述宋明思想文化发展的脉络和特点的基础上，系统论述了阳明心学产生的历史原因及其内容、特点、社会影响、历史作用，进而论述

了阳明心学的分化、演变和明代中后期王门各派各家的离合同异、学术宗旨，并对阳明学、阳明后学与朱、陆之学，特别是明末其他儒学流派做了具体而微的对比。

《良知之道：王阳明的五百年》

作者：余怀彦　出版社：中国友谊出版公司2016年

该书立足于改革开放和经世致用的当代意识，从大历史观和全球视野阐扬阳明学的良知之道。原名《王阳明的五百年》，由贵州教育出版社于2009年4月首次出版，本次是作者做了内容和文字修订之后的再版。全书共六章二十九节，二十九万四千字。

第一章《痴心求索，一个中国文化的集大成者》，从王阳明思想学术形成的历程出发，分析了阳明心学的逻辑起点和问题意识与思想渊源。第二章《“龙场悟道”，一个创新的思想体系》，从阐释阳明的“心即理”、教育思想、“知行合一”等重要思想观念出发，接着辨析了当代学人对阳明事功的评价，进而阐述了阳明哲学对中国现代化的价值与意义。第三章《劈荆斩棘，中国近代化的拓荒人》，分析了阳明学对明代思想学术、文学、工商业以及贵州实学的广泛影响，进而阐释了王阳明对中国启蒙思潮的开启。第四章《阳明学为何走红日本》，从明治维新的思想动力、武士道精神与阳明学的关系、对日本文学界和思想界以及日本现代工商业的影响等方面，分析和阐释了阳明学对日本近现代以来广泛而持久的影响。第五章《“阳朱阴王”在韩国的流行》，分析了韩国儒家学者李退溪、尹拯、郑霞谷等几位对阳明学的不同立场与认识，叙述了阳明学在韩国的传播与传承，最后介绍了阳明学在现代韩国复兴的情况。第六章《进入西方精神世界的核心》，首先概述了阳明学在西方的传播与研究情况，接着对比了阳明学与宗教改革家马丁·路德和哲学家贝克莱、尼采、萨特等的思想，阐释了王阳明思想的世界性意义。结语部分，作者指出阳明学的良知之道是中国美好未来的指引，也是世界和谐发展的希望。

《晚明思想史论》

作者：嵇文甫　出版社：北京出版社2016年

该书是已故当代著名哲学家、历史学家嵇文甫先生系统整理和研究晚明时期思想史的专著，由《晚明思想史论》和《十七世纪中国思想史概论》两部著作组成。该书已多次出版，本次是北京出版社继2014年大家小书系列丛书的平装本后出版的精装本。全书共十九万六千字。

《晚明思想史论》论及晚明佛学的复兴、西学东渐等，包括《从王阳明说起》《王学的分化》《所谓狂禅派》《异军特起的张居正》《东林派王学修正运动》《晚明佛学界的几个龙象》《古学复兴的曙光》《西学输入的新潮》《余论》九章。附录《十七世纪中国思想史概论》是作者在中国大学授课的清代思想史讲义，包括《十七世纪中国思想变动的由来》《十七世纪中国思想界大势略述》《十七世纪中国学者的治学方法》《十七世纪中国学者的政治思想》《十七世纪中国学者的历史思想》《十七世纪中国学者的哲学思想》《十七世纪中西思想界的比较》七章。

该书总体论述了上自王阳明，中间经过李贽、张居正，东林党人，云栖、紫柏、藕益、憨山等四大师，杨慎、方以智、徐光启、利玛窦、孙夏峰等，直到黄宗羲、顾炎武、王夫之、颜习斋、唐甄、李二曲、全祖望、毛奇龄、阎若璩等明代中晚期和清初著名思想家的思想学说。

《〈证学编〉点校》

作者：〔明〕杨起元，谢群洋点校　出版社：上海古籍出版社2016年

杨起元作为阳明后学的重要代表，是阳明后学中值得重点研究的对象。遗憾的是，由于相关研究资料缺乏整理，其思想并未引起学界应有的重视，其研究也未能得到深入系统的展开。有鉴于此，本书选取了最能体现杨起元思想的《证学编》，综合运用现代古籍整理的方法，进行了深入系统的整理。本书是国内第一部尝试对杨起元著作进行系统整理的专著，为研究杨起元思想提供了第一手文献资料，对于推进杨起元思想研究的深入展开，具有重要的参考意义。同时，亦有助于拓展和深化阳明后学的研究，推进阳明学研究的进一步发展。

此次整理、点校的杨起元《证学编》，以佘本作为底本，在尽量保持原刻面貌的前提下，添加了现代汉语标点符号，订正其讹误。所用以参照的校本，主要是《杨复所全集》《全明文》以及《明儒学案》中的相关内容。对原刻中有明显误刻的个别字，径予改正。对其中个别难以释读的异体字、生僻字等，统一改为了通行字体。此外，为便于读者对杨起元其人其学的了解，将《四库全书总目·证学编四卷附证学论策一卷提要》编为《附录一》，将邹元标撰《嘉议大夫吏部左侍郎兼翰林院侍读学士贞复杨公传》、吴道南撰《明吏部右侍郎杨复所先生墓志铭》、李贽撰《杨侍郎公起元》、黄宗羲撰《侍郎杨复所先生起元》等编为《附录二》。

伍

研究辑刊

《阳明学研究》（第二辑）

主编：郭齐勇　出版社：中华书局2016年

本辑（阳明后学研究专辑）是继2015年《阳明学研究》（创刊号）之后的新一期学术集刊，该集刊由武汉大学阳明学研究中心和贵州龙场中国阳明文化园共同主办，武大阳明学研究中心主任欧阳祯人任执行主编。主要分为“真理与方法”“追本溯源”“史海钩沉”“学派追踪”“日本阳明学”和“书评”六个版块，包括《漫谈阳明学与阳明后学的研究》《“左派王学”的特色及其对晚明儒学发展的影响》《阳明学的“当下即是”精神——以“即是”为中心》《阳明学派的“讲学”与“讲会”》《嘉靖前期阳明后学的政治境遇》《阳明后学与杨应诏——嘉靖年间的理学与〈闽南道学源流〉之背景》《江右王门邹氏第二三代文献及其思想价值》《阳明后学与明代永新贺氏家传存世文献述略》《刘邦采佚文辑录》《为黄绾生卒年、表号、职官等正名》《百年刘宗周及蕺山学派研究平议》《论泰州学派平民儒者的政治理想及其矛盾》《复性与知几——陈明水之良知学析论》《阳明学的性格》《朱谦之和“日本阳明学”》《“身心之学”的精准阐发——读冈田武彦〈王阳明大传〉》十六篇文章，作者既包括名家学者，也不乏后起之秀。

《阳明学刊》（第八辑）

主编：张新民　出版社：贵州大学出版社2016年

《阳明学刊》系贵州大学中国文化书院（阳明文化研究院）主办的大型学术辑刊，主要以整理研究和发掘弘扬中华优秀传统文化特别是阳明学与阳明文化、儒学与儒家文化为职志。第八辑由贵州大学中国文化书院

（阳明文化研究院）、贵州省高等学校人文社科研究基地“中华传统文化与贵州地域文化研究中心”、江苏宏德文化出版基金会联合主办。

本辑共收录学术论文二十四篇，主要分为“王阳明研究”“阳明后学研究”“国外阳明学研究”“中国传统文化研究”及“研究生论坛”五个版块。收录的文章有：《见证本体后不可废量智——论熊十力对王阳明及其后学的批评》《迈向艰难曲折的圣学之路——王阳明早期心路历程研究》《王阳明对儒释道三教的判释与抉择》《王阳明对儒家政治文化的诠释——以“古本”〈大学〉“亲民”说为中心的考察》《〈镇远旅邸书札〉考略》《浙中王门学者叶良佩》《〈聂豹集〉底本错简脱讹及点校疑误举正》《阳明高弟季彭山〈中庸私存〉的诠释特质》《章太炎之“王学”思想演变及其意义刍议》《贵州“阳明书院”源流述略》《龙场大悟在王阳明思想形成中的位置》《德国学者大卫・巴托识〈良知与不知之知？〉》《“仁且智”与“丧家狗”：孔子圣人形象的立与破》《“思无邪”与“然后乐正”——论“思无邪”的真正内涵》《“和而不同”之舆论价值论考辨》《孟子论辩术探赜》《先秦时期儒墨道“爱”的人文生态观及其现代意义》《今本〈二程集〉所收〈易序〉考》《杨简的经学诠释及其思想》《李光地〈注解正蒙〉对张载本体论思想的继承与创新》《陈立夫对“四书”的现代诠释——以〈四书道贯〉为中心》《清明节的三重内涵及其思想阐释》《王充对“天”的解构》《〈左传〉“君子曰”建构的礼论系统》等。

《王学研究》（第四辑）

主编：赵平略、陆永胜　出版社：社会科学文献出版社2016年

《王学研究》由贵阳学院阳明学与黔学研究院主办，围绕阳明学研究，广泛征集国内外学者的论文，汇集阳明学研究成果。本辑有“阳明学

研究”“黔中王学研究”“儒学与当代”“儒学比较研究”四个栏目。收录了《心学思想世界的建构与拓展——以王阳明整合儒佛思想资源的学术活动为中心》《王阳明仁说的博爱理念》《王阳明的传统观及其现实意义》《王阳明“万物一体之仁”学说的性别伦理意蕴》《致良知与性善——阳明〈传习录〉对孟子道德哲学的深化》《王阳明的师道观及其实践——基于宋明理学史的考察》《“天下之大乱，由虚文胜而实行衰”——阳明文实观析评》《王阳明社会治理思想及其检视》《论王阳明“治世”“治心”“治天”的逻辑统一》《论王阳明心学主体性思想及其现代价值》《明代黔中王学思想的两大特质》《黔中王门李渭思想研究》《黔中王门弟子孙应鳌学行及著述考略》《朝闻夕可，不愧龙场——马廷锡的学术经历与思想旨趣》《中华道统思想与社会主义核心价值观》《儒家心学与中国人的精神家园》《阳明文化与社会主义核心价值观引论》《自由时间与辩证时间——马克思时间观与儒家时间观之比较》《普遍自由和普遍平等：后现代文化哲学范畴的核心价值——兼论全球化时代文化研究的应然思维方式》《和谐美：毕达哥拉斯和孔子的音乐美学思想辨析》二十篇文章。

《王学研究》（第五辑）

主编：赵平略、陆永胜　出版社：社会科学文献出版社2016年

本辑有四个栏目：“阳明学研究”“阳明后学研究”“儒学与中国哲学”“宋明理学研究”。收录了《王阳明经学思想散论》《王阳明“知行合一”与“致良知”学说的关系》《阳明心外无理论证中的逻辑谬误》《阳明心学美学与禅学美学》《湛若水、王阳明“格物”之辩》《朱熹的“良知”说及其与王阳明“良知”说的异同比较》《“心外无物”与“存在就是被感知”——王阳明与贝克莱对心物关系看法之比较》《邹元标实心

本体论的建构及其价值省察》《再论王艮“保身说”的得与失》《王心斋“帝者师”治世思想探微》《王龙溪社会治理思想探析》《中国哲学特性对科学方法的设限》《公共性问题的视野——对中国古代“公”“私”观念的慎思明辨》《礼与仁：人的生活活动的两个向度》《低调的美德和智慧——中国古代“忍耐”文化刍议》《先秦儒家“天命—革命说”小议》《性朴、性恶与向善：荀子人性学说的三个层次》《经典诠释的有效性何在？——基于北宋新儒学经典诠释内在机制的考察》《范式转换背景下的中庸观新形态——论北宋明教契嵩禅师的中庸观新范式》《王船山的认知思想研究》《王船山分配伦理思想探赜》《朱子明德观的内涵》《朱熹的公正思想——从作为社会主义核心价值观的公正讨论起》共二十三篇文章。

《阳明学研究新论》（第一辑）

主编：蒙秋明、毛有碧　出版社：江西教育出版社2016年

该文集从2015年《贵阳学院学报》“阳明学研究专栏”中选出二十八篇论文，分为“阳明思想研究”“阳明后学研究”“阳明学传承研究”“海外阳明学研究”四个部分。

内容包括：《王阳明“〈大学〉古本”说生成考》《何种“合一”？如何“合一”？》《王阳明〈传习录·答顾东桥书〉信中知行问题的分析》《问道心扉——王阳明知行观览略》《关于王阳明〈五经臆说〉的研究》《阳明南赣乡治检讨》《阳明文实观析评》《信念政治与社会教化——阳明学派的政治向度论略》《王龙溪“外王”理论与实践之特质》《江右思想家王打南三教会通思想探析》《邹元标实心本体论建构及其价值省察》《“良知现成”与“世间那有现成良知？”》《〈明儒学案〉缺载“黔中王门考论”》《论黄宗羲的王学观》《黄宗羲论王门后学之发展》

《阳明〈传习录〉对孟子道德哲学的阐发》《论王阳明“心体论”对孟子“本心”思想的发展》《杨慈湖对“克己复礼”的阐释及其理论意义》《“无善无恶心之体”：船山与阳明关于心学的智性对话》《孙中山知行学说对“知行合一”的发展》《牟宗三道德形上学视域下的阳明“致良知”涵意》《唯物认知范式对王阳明“知行合一”的解释及其问题》《祈江的阳明祠与阳明学的传播》《关于东亚世界的“阳明学”概念》《如何准确理解阳明学的顿教倾向》《韩国阳明学者霞谷郑齐斗的良知心学》《明末清初时期〈性理大全书〉的传播与接受》《论阳明学对幕末日本变革的影响》。

陆

附录

2016年度阳明学研究成果目录

中国大陆阳明学研究

一、王阳明思想研究

1. 毕世响：《阳明“四句教”的教育哲学意义——源头上的人和路上的人》，《贵州大学学报（社会科学版）》2016年第2期。

2. 陈华波：《论王阳明良知的“自信”》，《理论界》2016年第11期。

3. 陈科：《王阳明训子家书》，《先锋队》2016年第2期。

4. 陈骏：《阳明心学的良知思想探究》，辽宁大学硕士学位论文，2016年。

5. 陈清春、巩理珏：《先天与后天——王阳明哲学中“气”的含义》，《山西高等学校社会科学学报》2016年第2期。

6. 陈永：《大统一理论和阳明心学》，《科技经济导刊》2016年第18期。

7. 陈钊：《论〈传习录〉中重虚文轻实行》，《中外企业家》2016年第17期。

8. 程飞达：《良知视域下人生的四重境界》，《中小企业管理与科技（下旬刊）》2016年第1期。

9. 迟有道：《我心光明》，《工友》2016年第2期。

10. 崔光浩：《论王阳明“狂者胸次”的人格美学》，《新东方》2016年第3期。

11. 崔光浩：《铿然舍瑟春风里，点也虽狂得我情——论王阳明狂者胸次的美学精神及其心学理路》，海南师范大学硕士学位论文，2016年。

12. 邓建：《王阳明的流寓人生、书院情结与心学建构》，《文艺评论》

2016 年第 12 期。

13. 邓立:《论王阳明对“孝”的心学阐发——以〈传习录〉为中心的考察》,《贵州大学学报(社会科学版)》2016 年第 3 期。

14. 董平:《王阳明的一生》,《中国纪检监察报》2016 年 1 月 25 日。

15. 董平:《别把阳明心学理解偏了》,《光明日报》2016 年 11 月 7 日。

16. 董平:《“知行合一”的思想巨擘》,《浙江日报》2016 年 12 月 26 日。

17. 丁为祥:《王阳明:“知行合一”的本意及其指向》,《孔学堂》2016 年第 3 期。

18. 蓝法典:《论阳明心学语境下的“外王”之道》,《中华文史论丛》2016 年第 4 期。

19. 樊树志:《王阳明与晚明思想解放潮流》,《书城》2016 年第 3 期。

20. 付红玉:《王阳明良知学研究》,湖北大学硕士学位论文,2016 年。

21. 巩理珏:《王阳明气论研究》,山西大学硕士学位论文,2016 年。

22. 龚妮丽:《王阳明〈南赣乡约〉的乡村治理思想》,《贵阳学院学报(社会科学版)》2016 年第 3 期。

23. 郭齐勇:《王阳明的坎坷人生与思想智慧》,《光明日报》2016 年 5 月 19 日。

24. 洪国强:《阳明学异议者毛宪塑造“毗陵正学”的思想史意义》,《中华文史论丛》2016 年第 4 期。

25. 黄勇、崔雅琴:《论王阳明的良知概念:命题性知识,能力之知,抑或动力之知?》,《学术月刊》2016 年第 1 期。

26. 贯长远:《浅说阳明思想的继承与创新》,《贵州日报》2016 年 7 月 28 日。

27. 贾庆军、李靖:《阳明“无善无恶”到“有善有恶”之宇宙生成论阐释》,《宁波大学学报(人文科学版)》2016 年第 3 期。

28. 简逸光:《王阳明“夜气”解》,《孔子研究》2016 年第 4 期。

29. 金文瑜:《王阳明“致良知”思想研究》,西北师范大学硕士学位论文,2016 年。

30. 宽弘：《王学导向的心灵自由》，《文史杂志》2016 年第 6 期。

31. 匡建华:《浅析王阳明的“知行合一”》,《知行铜仁》2016 年第 1 期。

32. 赖区平：《王阳明关于“动静”的几种用法——从工夫面向的视角来看》，《船山学刊》2016 年第 5 期。

33. 蓝张明、徐钰：《王阳明“龙场悟道”及其影响：兼论当代阳明学研究概况》，《贵阳学院学报（社会科学版）》2016 年第 1 期。

34. 李承贵：《“诚意”——欣赏与问道阳明心学的津梁》，《浙江社会科学》2016 年第 6 期。

35. 李丕洋:《略论王阳明的教育思想及其特色》,《井冈山大学学报（社会科学版）》2016 年第 4 期。

36. 丽霞：《谁是王阳明》，《上海商业》2016 年第 6 期。

37. 李卓:《良知即天理 着实致良知》,《中国纪检监察》2016 年第 3 期。

38. 廖欢欢：《从〈教约〉一文管窥王阳明的教育思想》，《新西部（理论版）》2016 年第 5 期。

39. 梁冲焱等:《王阳明心学知行合一观对明清武术理论的影响》,《首都体育学院学报》2016 年第 3 期。

40. 刘莉萍等：《王阳明哲学体系的理论建构和学说特征》，《湖南大学学报（社会科学版）》2016 年第 5 期。

41. 刘瑞：《王阳明书法的哲学之美》，《中国书法》2016 年第 2 期。

42. 陆永胜、刘小伟：《王阳明的艺术美论》，《贵阳学院学报（社会科学版）》2016 年第 4 期。

43. 罗高强：《关于王学批评的考察及反思》，《贵阳学院学报（社会科学版）》2016 年第 2 期。

44. 骆文杰:《试论王阳明致良知思想——从“道德实践”上考察》,《九江学院学报（社会科学版）》2016 年第 2 期。

45. 马晓麟等：《岁月有痕》，《贵阳文史》2016 年第 1 期。

46. 马永平：《重悟司法良知的唤醒与养成之道——读〈传习录〉》，《时代法学》2016 年第 1 期。

47. 梅寒：《知行合一：王阳明传》，《理论与当代》2016 年第 11 期。

48. 那秋生：《阳明心学启示录》，《思维与智慧》2016 年第 15 期。

49. 欧阳辉纯：《论王阳明的民族观》，《孔子研究》2016 年第 2 期。

50. 欧阳辉纯：《论王阳明的圣人观》，《齐鲁学刊》2016 年第 3 期。

51. 欧阳辉纯：《论王阳明心学的理论渊源》，《求知导刊》2016 年第 7 期。

52. 潘立勇：《阳明心学美学的心本立场及其再评价》，《中原文化研究》2016 年第 2 期。

53. 潘起造：《对心学文化的认识要突破以唯心唯物论是非的藩篱》，《中共宁波市委党校学报》2016 年第 5 期。

54. 潘玉毅：《你来看此花时》，《绿化与生活》2016 年第 11 期。

55. 庞景超：《读懂王阳明：心若绽放 花自盛开》，《中国德育》2016 年第 10 期。

56. 蒲素平：《王阳明：三不朽之全能大儒》，《华北电业》2016 年第 1 期。

57. 黔驴：《王阳明心学的真谛》，《内蒙古人大》2016 年第 2 期。

58. 秦泗岩：《阳明心学平议》，黑龙江大学博士学位论文，2016 年。

59. 单永红：《王阳明心学再认识》，《学周刊》2016 年第 27 期。

60. 申祖胜：《“身心交关”视域下的王阳明哲学》，《船山学刊》2016 年第 4 期。

61. 田智忠、袭叶超：《妙在“有”“无”之间——从“天泉证道”到“严滩问难”》，《当代中国价值观研究》2016 年第 2 期。

62. 王博医：《浅析王阳明的“致良知”学说》，决策论坛——管理科学与工程研究学术研讨会会议论文，2016 年。

63. 王剑:《王阳明知行合一思想重释》,《中华文化论坛》2016年第8期。

64. 王路平:《论王阳明悟道弘道的心路历程》,《贵州师范大学学报（社会科学版）》2016年第5期。

65. 王路平：《王阳明“龙场悟道”》，《中国纪检监察报》2016年1月18日。

66. 王卿：《个体主体性的价值与走向——王阳明良知说研究》，山东大学硕士学位论文，2016年。

67. 王文琦:《良知从“见在”到“现成”》,《人文杂志》2016年第5期。

68. 王文琦：《从“见在”到“现成”：阳明良知教的演变》，陕西师范大学博士学位论文，2016年。

69. 汪学群:《陈献章学脉对王阳明思想的影响》,《湖南大学学报（社会科学版）》2016年第3期。

70. 王雅克、李建军、陈华森：《王阳明〈南赣乡约〉的基层社会治理思想研究》，《贵州社会科学》2016年第6期。

71. 王中原：《王阳明“致良知”的社会改良思想探析》，《求索》2016年第1期。

72. 王中原:《王阳明“致良知”的书院教育思想研究》,《大学教育科学》2016年第6期。

73. 王中原：《王阳明“格物致知”的道德修养理论探析》，《赣南师范学院学报》2016年第1期。

74. 文俊：《〈王阳明传〉解读阳明心学》，《湖北日报》2016年11月27日。

75. 吴灿灿:《王阳明有无思想的辨证法研究》,江南大学硕士学位论文,2016年。

76. 习罡华、李洋：《明代吉安书院青原会馆研究》，《地方文化研究》2016年第4期。

77. 向世陵：《王阳明仁说的博爱理念》，《哲学研究》2016 年第 9 期。

78. 谢军：《从道德认知与行动的视角看王阳明“知行合一”说的三个层面》，《唐都学刊》2016 年第 6 期。

79. 解扬：《王阳明诫族人：抵恶俗 拒物诱》，《中国纪检监察》2016 年第 2 期。

80. 徐达：《“心物之辩”：论王阳明“心”之本体对意义世界的开显》，《理论界》2016 年第 11 期。

81. 许宁、秦蓁：《论〈拔本塞源论〉的三个维度》，《孔学堂》2016 年第 2 期。

82. 徐晓虹：《“阳明心学”之心理学辨析》，《宁波大学学报（教育科学版）》2016 年第 6 期。

83. 颜德刚：《王阳明情论研究》，云南师范大学硕士学位论文，2016 年。

84. 闫睿颖：《阳明心学中的“情”》，《贵阳学院学报（社会科学版）》2016 年第 5 期。

85. 阎韬：《王阳明的明心见性之路》，《哲学分析》2016 年第 1 期。

86. 阳冰：《唤醒主体意识，万物生长靠太阳》，《互联网周刊》2016 年第 24 期。

87. 杨锦富：《阳明师友之教及其思想论述》，《贵州文史丛刊》2016 年第 3 期。

88. 杨维：《“致良知”——王阳明的教育哲学思想探析》，《黑龙江教育学院学报》2016 年第 6 期。

89. 杨洋：《王阳明之“乐”的三种境界》，《中国图书评论》2016 年第 11 期。

90. 杨洋：《从“天理”到“良知”——王阳明“良知”思想的演变及其美学意蕴》，《中国文化研究》2016 年第 4 期。

91. 叶勇：《王阳明“意”论研究》，贵州大学硕士学位论文，2016 年。

92. 一风：《从心出发 心即天理》，《互联网周刊》2016 年第 21 期。

93. 于海东：《体系融合自由之王阳明》，《文学教育（上）》2016 年第 7 期。

94. 赵宁：《王阳明“身体”哲学的生态维度》，《南京林业大学学报（人文社会科学版）》2016 年第 4 期。

95. 赵宁：《王阳明“万物一体”生态伦理思想研究》，山西大学硕士学位论文，2016 年。

96. 赵文宇、曾振宇：《孝是仁之“生意发端处”——王阳明仁孝关系思想探析》，《北京理工大学学报（社会科学版）》2016 年第 2 期。

97. 张尔璇：《论王阳明无善无恶思想的具体展开》，《浙江海洋学院学报（人文科学版）》2016 年第 2 期。

98. 张建华：《论阳明“四句教”中的本体与功夫之辨》，《西华师范大学学报（哲学社会科学版）》2016 年第 6 期。

99. 张建华、吴加进：《知行本来体段与自然的知行合一》，《中华文化论坛》2016 年第 5 期。

100. 张卫红：《“信得及良知”的理论与实践内涵——从王阳明到王龙溪的论述》，《学术研究》2016 年第 2 期。

101. 张龑：《气与变化气质——王阳明“致良知”学说源流一考》，《平顶山学院学报》2016 年第 6 期。

102. 张勇：《阳明心学研究视角新论》，《中州学刊》2016 年第 11 期。

103. 张昭炜：《传心堂法脉薪火相传：从王阳明至方以智》，《浙江学刊》2016 年第 4 期。

104. 周建树、宋敏：《良知学与王阳明理想世界的实现途径》，《新余学院学报》2016 年第 1 期。

105. 周玲：《王阳明心学的美善关系探析》，《贵阳学院学报（社会科学版）》2016 年第 5 期。

106. 周婷婷:《论王阳明的内圣思想》,《哈尔滨师范大学社会科学学报》2016 年第 1 期。

107. 周月亮:《王阳明龙场悟道的意义》,《唐山学院学报》2016 年第 1 期。

108. 周月亮：《阳明学的特点》，《唐山学院学报》2016 年第 4 期。

109. 朱思蓉：《“知行合一”的感悟》，中国水文化（2016 年专刊）——长江工会“智慧女性 书香家庭”读书征文获奖作品专刊。

110. 邹建锋、任毅：《论阳明夫子“致良知”学的意与念》，《贵州大学学报（社会科学版）》2016 年第 3 期。

二、阳明学与地域阳明学派

1. 龚文瑞:《王阳明在赣南兴学》,《中国纪检监察报》2016 年 3 月 14 日。

2. 兰军、邓洪波：《王学在杭州书院的传播》，《中国文化研究》2016 年第 2 期。

3. 李晓方：《“阳明过化之地”与“节义文章之乡”：明清瑞金县志对地方形象的建构》，《赣南师范学院学报》2016 年第 1 期。

4. 刘凤霞：《王阳明对贵州少数民族影响及文化遗存论略》，《贵州民族研究》2016 年第 1 期。

5. 钱明：《阳明学在温州地区的传播与展开》，《贵阳学院学报（社会科学版）》2016 年第 5 期。

6. 汪建初:《贵州人文精神的心学渊源》,《当代贵州》2016 年第 13 期。

7. 王胜军：《龙冈书院：成就王阳明的第一声呐喊》，《博览群书》2017 年第 7 期。

8. 王晓昕：《明代黔中王学与浙中王学的思想互动——以孙、李与钱、王为中心》，《贵州师范大学学报（社会科学版）》2016 年第 2 期。

9. 吴国富：《王阳明之白鹿洞书院聚讲》，《博览群书》2016 年第 5 期。

10. 赵宜聪：《浅析黔中阳明文化遗址保护与开发》，《西部皮革》

2016年第2期。

11. 张山梁：《平和：寇平而人和？》，《福建史志》2016年第3期。

12. 张山梁:《阳明学在平和的实践与传播》,《福建史志》2016年第6期。

三、阳明学与佛道思想

1. 郭应传：《依违于儒与佛、道之间的心路嬗变轨迹——以王阳明两次游历九华山为中心》，《安徽师范大学学报（人文社会科学版）》2016年第4期。

2. 侯丹：《从现量境、日常境看王阳明诗歌的禅宗美学境界》，《石河子大学学报（哲学社会科学版）》2016年第3期。

3. 柳旭：《晚明佛教与汤显祖“情至”文学创作的关联研究》，吉林大学博士学位论文，2016年。

4. 王立君：《阳明后学与道家道教思想关系研究》，华中师范大学硕士学位论文，2016年。

5. 张永志:《浅析“禅悦士风”对董其昌山水画风的影响》,《大众文艺》2016年第22期。

6. 周湘雁翔：《良知与如来藏——以本觉为中心》，《理论界》2016年第1期。

四、阳明学之现当代研究

1. 丁芳：《阳明心学视域下晚明戏曲升格现象研究》，《湖北民族学院学报（哲学社会科学版）》2016年第2期。

2. 胡治洪:《〈大学〉朱王之争与熊十力的评论》,《贵阳学院学报（社会科学版）》2016年第6期。

3. 黄明同：《孙中山与阳明心学》，《光明日报》2016年10月31日。

4. 黄勇：《再论动力之知：回应郁振华教授》，《学术月刊》2016年第 12 期。

5. 姜家君、乐爱国：《唐君毅、牟宗三对朱熹格致说的不同阐释》，《福建论坛（人文社会科学版）》2016 年第 11 期。

6. 马利文：《竺可桢对王阳明书院精神的传承与创新》，《浙江万里学院学报》2016 年第 6 期。

7. 马利文：《竺可桢对王阳明科学精神的传承与创新》，《浙江工商职业技术学院学报》2016 年第 3 期。

8. 马芹芬：《蔡元培美育思想与阳明心学之哲学渊源》，《绍兴文理学院学报（哲学社会科学）》2016 年第 5 期。

9. 任健：《论熊十力对阳明心学的创新与发展》，《遵义师范学院学报》2016 年第 2 期。

10. 施亚波：《王阳明教育思想对蒋介石的影响》，《浙江万里学院学报》2016 年第 2 期。

11. 万小清：《徐梵澄“精神哲学”解析》，华侨大学硕士学位论文，2016 年。

12. 魏义霞：《康有为视界中的王守仁》，《贵阳学院学报（社会科学版）》2016 年第 2 期。

13. 郁振华：《再论道德的能力之知——评黄勇教授的良知诠释》，《学术月刊》2016 年第 12 期。

14. 张卫红：《星落尘埃华满枝》，《书屋》2016 年第 8 期。

15. 朱浩：《章太炎之“王学”思想演变》，《江南大学学报（人文社会科学版）》2016 年第 1 期。

五、阳明后学研究

1. 蔡家和：《罗近溪〈大学〉诠释之研究——从“三纲领”到“诚意”》，《贵阳学院学报（社会科学版）》2016 年第 3 期。

2. 翟奎凤：《论阳明后学对〈周易〉乾卦义理的发挥》，《哲学研究》2016年第12期。

3. 陈海梅：《唐枢心学思想研究》，湖北大学硕士学位论文，2016年。

4. 陈寒鸣：《罗汝芳的社会参与精神及其思想的政治化倾向》，《贵阳学院学报（社会科学版）》2016年第3期。

5. 陈力祥、杨超：《船山对朱子、阳明“亲新之辨”二元对立模式的解构》，《中国哲学史》2016年第2期。

6. 董甲河：《论邹守益的慎独说建构》，《南昌大学学报（人文社会科学版）》2016年第5期。

7. 董甲河：《论欧阳德独知说的三个层次》，《贵阳学院学报（社会科学版）》2016年第2期。

8. 冯群：《聂豹社会控制思想研究》，重庆师范大学硕士学位论文，2016年。

9. 谷继明：《生成与差等：对船山批评阳明学的再思考》，《孔子研究》2016年第6期。

10. 谷继明：《清代思想的异调：王船山政治哲学再探》，《孔学堂》2016年第4期。

11. 郭佳鹏：《徐爱月岩诗刻考略》，《湖南科技学院学报》2016年第9期。

12. 郭秋桂：《论南大吉的心学思想》，《宝鸡文理学院学报（社会科学版）》2016年第6期。

13. 李俊瑛：《李贽“童心”视域下的人生哲学建构》，山东大学硕士学位论文，2016年。

14. 鲁凤龙：《论李贽与晚明“狂侠”士风的精神结构》，《楚雄师范学院学报》2016年第10期。

15. 李丽：《刘宗周“独体”概念辨析》，《孔子研究》2016年第4期。

16. 林东杰：《阳明后学邹元标思想与学行研究综述》，《贵阳学院学报（社会科学版）》2016 年第 1 期。

17. 刘梁剑：《本体的开显和哲学话语的创生：熊十力阳明学的一个面向》，《贵阳学院学报（社会科学版）》2016 年第 5 期。

18. 马晓英：《明儒罗近溪的乡约思想与实践》，《中国哲学史》2016 年第 3 期。

19. 彭传华：《王船山对王学良知说的批评》，《贵阳学院学报（社会科学版）》2016 年第 6 期。

20. 钱明:《阳明后学张元忭的生平与著述》,《浙江学刊》2016 年第 4 期。

21. 秦晋楠:《格物之"物"与"通彻无间"——罗钦顺格物思想再考察》,《商丘师范学院学报》2016 年第 8 期。

22. 申祖胜：《王栋"乐学"思想初探》，《商丘师范学院学报》2016 年第 1 期。

23. 苏醒：《华夏书画收藏的来源与流向》，《收藏家》2016 年第 2 期。

24. 孙钦香：《船山论"情"》，《东南大学学报（哲学社会科学版）》2016 年第 5 期。

25. 孙思：《晚明表现主义书风——以徐渭书风为代表的研究》，山东大学硕士学位论文，2016 年。

26. 唐司妮：《阳明后学胡直与濂溪故里》，《湖南科技学院学报》2016 年第 7 期。

27. 田丰：《王船山天人之辨与体用思想探微》，《汕头大学学报（人文社会科学版）》2016 年第 7 期。

28. 田丰：《王船山对"无善无恶"思想的继承与发展》，《船山学刊》2016 年第 1 期。

29. 田永红：《李渭在王学传承中的地位与作用》，《知行铜仁》2016 年第 6 期。

30. 王格：《周汝登对"心学之史"的编撰》，《杭州师范大学学报（社会科学版）》2016 年第 2 期。

31. 王晓昕:《朝闻夕可，不愧龙场——马廷锡的学术经历与思想旨趣》，《孔学堂》2016 年第 1 期。

32. 王宇:《如何致天理良知于事物之间——论黄绾对阳明思想的修正》，《浙江学刊》2016 年第 4 期。

33. 伍安祖、冯宁宁：《十六世纪阳明学的地质勘测——读彭国翔〈良知学的开展——王龙溪与中晚期阳明学〉》，《孔子研究》2016 年第 4 期。

34. 吴迪:《徐渭“真我论”的文艺观研究》，淮北师范大学硕士学位论文，2016 年。

35. 杨肇中：《阳明后学“无善无恶”说对晚明学术范型的影响》，《长安大学学报（社会科学版）》2016 年第 4 期。

36. 姚才刚：《黄宗羲对王门“四句教”的理解》，《湖北大学学报（哲学社会科学版）》2016 年第 2 期。

37. 张宏敏、李青云：《“慎独而致吾之良知”——中年黄绾对王阳明良知学的一种阐释》，《贵州大学学报（社会科学版）》2016 年第 1 期。

38. 张树俊：《“淮南三王”乐学思想之比较》，《菏泽学院学报》2016 年第 3 期。

39. 张永义：《从〈心学宗〉看方学渐的学派归属问题》，《船山学刊》2016 年第 1 期。

40. 赵南浩:《论胡直对罗钦顺的批判》，《贵州大学学报（社会科学版）》2016 年第 2 期。

41. 赵腾飞：《论李渔情欲观的形成》，《岳阳职业技术学院学报》2016 年第 5 期。

六、阳明学与域外文化研究

1. 黄新典：《阳明心学对日本明治维新的影响》，《中小企业管理与科技（上旬刊）》2016 年第 8 期。

2. 刘金才：《阳明学在日本的传播和对民众道德培育的影响》，《贵州文史丛刊》2016 年第 1 期。

3. 刘世明：《日本江户时代的〈尚书〉学研究》，《社会科学家》2016 年第 4 期。

4. 刘莹：《荻生徂徕思想的实学背景考量——另一种“近代”》，《河北民族师范学院学报》2016 年第 3 期。

5. 申绪璐：《19 世纪日本儒学思想的朱陆之争——以楠本硕水〈朱王合编〉为中心》，《贵州大学学报（社会科学版）》2016 年第 2 期。

6. 孙丽娟:《阳明学在日本企业中的实践》,《文化学刊》2016 年第 10 期。

7. 邢丽菊：《韩国阳明学的发展》，《光明日报》2016 年 10 月 31 日第 16 版。

8. 邢丽菊：《朝鲜时期阳明学的发展——以霞谷为中心的考察》，《贵阳学院学报（社会科学版）》2016 年第 1 期。

9. 姚源清、韦佳妤：《阳明学与日本国民道德建设》，《当代贵州》2016 年第 5 期。

10. 张可、庞博等:《阳明心学是对日本近代影响最大的哲学思想》,《贵州日报》2016 年 10 月 21 日第 3 版。

11. 张一帆：《18 世纪中韩知识阶层思想差异研究——以〈乾净衡笔谈〉为中心》，北京外国语大学学位论文，2016 年。

12. 周月亮：《简述阳明学在东亚的影响》，《唐山学院学报》2016 年第 5 期。

13. 朱玲莉:《中江藤树的伦理思想述评》,《伦理学研究》2016 年第 4 期。

七、阳明学比较研究

1. 陈立胜：《王阳明思想中的“独知”概念——兼论王阳明与朱子工

夫论之异同》，《中山大学学报（社会科学版）》2016 年第 5 期。

2. 黄长平：《阳明心学与存在主义比较研究述评》，《佳木斯大学社会科学学报》2016 年第 6 期。

3. 黄熹：《乡约的命运及其启示——从吕氏乡约到南赣乡约》，《江淮论坛》2016 年第 6 期。

4. 李元：《纯粹意志与经验意欲的张力——王阳明与梁启超论“私”之比较》，《理论界》2016 年第 9 期。

5. 林可济：《朱熹的〈格物补传〉和王阳明的〈大学问〉——围绕〈大学〉版本的两派分歧》，《福建论坛（人文社会科学版）》2016 年第 3 期。

6. 刘琳娜：《王阳明与宋明理学生死观之转向》，《孔子研究》2016 年第 4 期。

7. 刘新：《论孙奇逢对朱熹与王阳明思想的调和》，《科教文汇（下旬刊）》2016 年第 2 期。

8. 钱明：《王阳明遗像中的历史记忆与文化信息——从比较东亚阳明学的视角出发》，《贵州文史丛刊》2016 年第 2 期。

9. 孙钦香：《朱子、阳明与船山〈大学〉诠释之比较——以“明明德亲（新）民”关系为中心》，《厦门大学学报（哲学社会科学版）》2016 年第 3 期。

10. 王胜军等：《王阳明师道观及其实践——兼与朱子之比较》，《孔学堂》2016 年第 2 期。

11. 吴立群：《合内外之道—吴澄的“知行兼赅”与王阳明的“知行合一”比较》，《贵阳学院学报（社会科学版）》2016 年第 3 期。

12. 易飞：《王阳明仁学与朱子仁学之比较》，《理论界》2016 年第 11 期。

13. 乐爱国：《阳明论朱陆异同——从现代朱子学研究的角度看》，《贵阳学院学报（社会科学版）》2016 年第 4 期。

14. 张庆熊：《从“致知疑难”的求解看牟宗三与熊十力的异同》，《学术月刊》2016 年第 6 期。

15. 张树俊：《淮南三王良知思想之比较》，《湖州职业技术学院学报》2016 第 4 期。

16. 朱险峰：《王阳明哲学与解释学之比较》，《齐齐哈尔大学学报（哲学社会科学版）》2016 年第 9 期。

八、阳明学诠释研究

1. 杜安：《阳明心学的现代性转化和阐释》，《贵州日报》2016 年 11 月 18 日。

2. 何善蒙：《阳明文化的现代转化》，《孔学堂》2016 年第 2 期。

3. 贾庆军：《阳明良知之宇宙存有论和道德存有论释义》，《教育文化论坛》2016 年第 2 期。

4. 贾庆军：《阳明良知之宇宙存有论和道德存有论释义——兼论牟宗三之道德存有论》，《贵州大学学报（社会科学版）》2016 年第 1 期。

5. 贾庆军、李靖：《阳明四句教古今诠释评析》，《江汉学术》2016 年第 4 期。

6. 刘宗贤：《从良知说的情、理、欲机制看阳明道学革新的价值》，《贵州文史丛刊》2016 年第 1 期。

7. 任新民：《“见满街人都是圣人”一语之研析》，《贵阳学院学报（社会科学版）》2016 年第 5 期。

8. 沈顺福：《“天地之心”释义》，《中原文化研究》2016 年第 4 期。

9. 向辉：《“莫见乎隐、莫显乎微”浅论》，《关东学刊》2016 年第 6 期。

10. 吴潮雷、牛小侠：《王阳明“知行合一”观的多维阐释及伦理价值》，《山西大同大学学报（社会科学版）》2016 年第 5 期。

11. 吴尚志：《圆融思维：阳明“四句教”新释》，云南大学硕士学位论文，2016 年。

12. 尹丝淳、邢丽菊：《郑齐斗对阳明心学的独特诠释》，《贵阳学院学报（社会科学版）》2016 年第 5 期。

13. 张新民：《经典世界的心学化解读——以王阳明龙场悟道与〈五经臆说〉的撰写为中心》，《南京师大学报（社会科学版）》2016 年第 3 期。

14. 赵永刚：《王阳明〈答毛拙庵见招书院〉笺释》，《古典文学知识》2016 年第 5 期。

九、阳明学文献整理与研究

1. 方旭东：《王杏及其所编〈新刊阳明先生文录续编〉——对黔版〈阳明文录续编〉的进一步研究》，《杭州师范大学学报（社会科学版）》2016 年第 6 期。

2. 刘和富：《王阳明崇义建县时间考述》，《赣南师范学院学报》2016 年第 1 期。

3. 陆德富：《王阳明书札补正二则》，《中国典籍与文化》2016 年第 4 期。

4. 王申：《明末清初传教士在杭州刊刻书籍活动探赜》，《古籍整理研究学刊》2016 年第 4 期。

5. 吴震：《〈阳明后学研究〉修订版后记》，《历史文献研究》（37），《中国历史文献研究会专题资料汇编》2016 年第 6 期。

6. 张菁洲：《继锦堂刻本〈阳明先生道学钞〉校勘札记》，《怀化学院学报》2016 年第 12 期。

7. 张昭炜、钱明：《阳明后学文献的整理与研究》，《光明日报》2016 年 06 月 27 日。

8. 周湖越：《〈阳明心学丛书〉8 册》，《贵阳文史》2016 年第 1 期。

十、阳明学与文学研究

1. 包涵：《刘魁永州诗刻探析》，《湖南科技学院学报》2016 年第 3 期。

2. 常威：《论阳明心学与明代文学之耦合——正学、正心至正文的自然递嬗》，《贵州师范大学学报（社会科学版）》2016 年第 5 期。

3. 常威：《论阳明心学与明代散文流派的迭变》，《内江师范学院学报》2016 年第 11 期。

4. 陈才训：《明代劝善运动视阈下的通俗小说》，《文学遗产》2016 年第 5 期。

5. 陈润华：《阳明龙场悟道的前夜与精神准备——王阳明〈狱中诗〉解析》，《上海文化》2016 年第 11 期。

6. 陈训明：《从王阳明手书〈何陋轩记〉谈当代书法的书卷气问题》，《中国书法报》2016 年 9 月 27 日。

7. 郭桑：《晚明文人的民间倾向》，《宜春学院学报》2016 年第 1 期。

8. 胡伟：《明清之际的野史观初探》，华中师范大学硕士学位论文，2016 年。

9. 黄露：《清代浙东学派音乐思想研究》，浙江师范大学硕士学位论文，2016 年。

10. 江沁泽：《王阳明贵州时期文学研究》，湘潭大学硕士学位论文，2016 年。

11. 孔维克：《用画笔解读历史融会当代——〈心学宗师王阳明〉创作札记》，《中国艺术报》2016 年 12 月 19 日。

12. 廖欢欢:《从〈教约〉一文管窥王阳明的教育思想,《新西部(理论版)》2016 年第 5 期。

13. 刘凤霞：《〈瘗旅文〉中王阳明人格境界的解读》，《成都工业学院学报》2016 年第 1 期。

14. 刘蓉蓉：《从郑善夫的文学演变认识阳明心学对明代中晚期文坛的影响》，《常州工学院学报（社科版）》2016 年第 5 期。

15. 卢慧彬：《〈传习录〉“以象达意”式论述语言鉴赏》，《贵州文史丛刊》2016 年第 4 期。

16. 倪阳：《王阳明滁州诗歌评析》，《滁州学院学报》2016 年第 6 期。

17. 申旭庆：《技道齐运——论王阳明书法观》，《书法赏评》2016 年第 6 期。

18. 罗丽容：《从〈劝善记〉到〈牡丹亭〉——晚明思潮与戏曲出口》，《东华理工大学学报（社会科学版）》2016 年第 3 期。

19. 谢红生：《王阳明题咏的地名和风景》，《贵阳文史》2016 年第 5 期。

20. 薛青涛：《论阳明学派的文学观念——以王阳明及其弟子为中心的考察》，《文艺理论研究》2016 年第 3 期。

21. 万超：《论〈三言二拍〉的教化思想》，《集宁师范学院学报》2016 年第 6 期。

22. 王昊：《明代中后期宗教通俗文学的意图叙事分析》，《厦门大学学报（哲学社会科学版）》2016 年第 2 期。

23. 王委艳：《论中国 17 世纪通俗文学场的时代语境与运作模式——以话本小说为中心》，《文艺评论》2016 年第 4 期。

24. 王亚敏：《阳明心学对明代神魔小说〈西游记〉的影响》，《重庆城市管理职业学院学报》2016 年第 2 期。

25. 汪洋：《论王阳明诗歌的艺术渊源》，《中华文化论坛》2016 年第 1 期。

26. 闫赵玉：《鲁滨孙与孙悟空形象比较——以新教与心学对两部小说影响为考察基点》，《中山大学研究生学刊（人文社会科学版）》2016 年第 2 期。

27. 张彤彤：《从情感表达看明代学术思潮对明词的影响》，《黑龙江教育学院学报》2016 年第 6 期。

28. 张晓芮：《晚明书法形制变革及其成因研究》，广西师范大学硕士学位论文，2016 年。

29. 曾硕先：《论“寺庙”与王阳明的诗歌创作》，《浙江海洋学院学报（人文科学版）》2016 年第 3 期。

30. 曾硕先：《张采的叙事类散文探析——从“传状”文角度考察》，《鸡西大学学报》2016 年第 4 期。

十一、阳明学的当代价值研究

1. 半青：《阳明心学的当代价值》，《互联网周刊》2016 年 23 期。

2. 常国良：《王阳明教学思想探略》，《中国社会科学报》2016 年 5 月 19 日。

3. 常国良、封玮：《王阳明的道德教育思想及对高校德育的启示》，《黑龙江教育（高教研究与评估）》2016 年第 2 期。

4. 陈寒鸣：《发掘国学智慧 助筑“中国梦”——吴光先生〈国学新讲〉读后》，《船山学刊》2016 年第 6 期。

5. 陈声宏、蔡佳燕：《知行合一理念在通识教育中的运用》，《亚太教育》2016 年第 2 期。

6. 成哲：《基于“知行合一”视角下艺术类院校大学生创新创业实践研究》，《农村经济与科技》2016 年第 24 期。

7. 迟成勇：《王阳明教育哲学思想的当代启示》，《贵州日报》2016 年 7 月 21 日。

8. 丁愉等：《王阳明良知说与大学生社会责任感培养》，《长江大学学报（社会科学版）》2016 年第 1 期。

9. 董建：《王阳明的思想与社会主义核心价值观》，《世纪桥》2016 年第 9 期。

10. 段宇娟：《王阳明蒙学教育思想对小学思想品德教育的启示》，《濮阳职业技术学院学报》2016 年第 3 期。

11. 高齐天：《阳明心学对高校思政课教学感触教育模式的启示》，《兴义民族师范学院学报》2016 年第 3 期。

12. 韩红蕊、丁愉：《“知行合一”说对当前中国价值判断与价值行为的启示》，《南方论刊》2016 年第 5 期。

13. 何善蒙等：《从心学到心态学：阳明心学的当代转换》，《孔学堂》2016 年第 2 期。

14. 赖忠先：《在日常生活中致良知》，《中国纪检监察报》2016 年 1 月 4 日。

15. 李淼:《王阳明“知行合一”理论对大学生思想政治教育的借鉴研究》，河南大学硕士学位论文，2016 年。

16. 李权：《我们可以向王阳明学什么？》，《中国文化报》2016 年 11 月 7 日。

17. 李胜杰：《王阳明思想的传承自觉与现代意义》，《大众文艺》2016 年第 4 期。

18. 李婉萩：《从阳明心学契入青年大学生“中国梦”理想教育》，贵州财经大学硕士学位论文，2016 年。

19. 李小龙:《领导干部向王阳明学什么》，《当代贵州》2016 年第 3 期。

20. 刘辉：《用“阳明心学”智慧解决现代人心态问题》，《贵阳日报》2016 年 6 月 3 日。

21. 罗爱武等：《王阳明的社会治理思想及其现代价值》，《孔学堂》2016 第 2 期。

22. 马士力、王颖：《续写知行合一的新传奇——绍兴市阳明小学“儒学进校园”的思索与实践》，《岭南学刊》2016 年第 1 期。

23. 那秋生：《坐功入静》，《领导文萃》2016 年第 1 期。

24. 聂甜甜：《王阳明“致良知”思想对大学生自我道德教育的启示》，湖南师范大学硕士学位论文，2016 年。

25. 欧阳辉纯:《论王阳明心学之“心”的伦理内蕴及其现代价值》,《宁夏社会科学》2016 年第 2 期。

26. 潘小慧等:《王阳明“知行合一”说在道德建设中之意义》,《孔学堂》

2016 年第 4 期。

27. 屈思渊：《“知行合一”与〈实践论〉中的认识方法问题探析》，《办公室业务》2016 年第 24 期。

28. 邵建华：《加强自身修养，筑牢不想腐的思想防线》，《中国领导科学》2016 年第 10 期。

29. 史毅军、王林娟：《王阳明“心即是理”思想及其对当代教育启示》，《亚太教育》2016 年第 17 期。

30. 史余强：《取用王阳明心学之精华促进当代大学生优秀品德之生成——以宿迁高等师范学校“良愿前置教育”为例》，《内蒙古师范大学学报（教育科学版）》2016 年第 5 期。

31. 孙兰：《浅谈王阳明及其心学思想在企业人力资源管理中的应用探索与实践》，《商场现代化》2016 年第 18 期。

32. 王芳、张开顺：《以行促知 知行合一——高中志愿者活动的价值与实践探究》，《江苏教育研究》2016 第 Z2 期。

33. 王富强、李钦红：《王阳明“知行合一”论在我国当代道德建设中的意义》，《襄阳职业技术学院学报》2016 年第 6 期。

34. 汪立夏：《不读书的民族是没有前途的》，《南风窗》2016 第 24 期。

35. 王进：《阳明心学的当代意义》，《贵州日报》2016 年 2 月 18 日。

36. 吴光：《王阳明〈传习录〉的当代启示》，《中国纪检监察报》2016 年 1 月 4 日。

37. 肖良武：《阳明文化品牌构建与价值提升研究》，《贵阳学院学报（社会科学版）》2016 年第 6 期。

38. 谢辉：《基于“知行合一”大学生择业焦虑的预防与矫正》，《经营管理者》2016 年第 7 期。

39. 熊卓军：《“知行合一”投身“两学一做”学习教育》，《党史博采（理论）》2016 年第 6 期。

40. 许枫：《以传统之精神反哺当下精神文明》，《互联网周刊》2016年第24期。

41. 徐闻、彭湘玉：《王阳明“心学”历程对当代大学生的教育意义》，《河北企业》2016年08期。

42. 杨春媛：《王阳明教育哲学思想在当代教育的应用》，《现代交际》2016年第3期。

43. 杨道宇：《良知的自然生长倾向及其教育——兼论“教育即良知生长”与“教育即生长”的异同》，《教育学报》2016年第5期。

44. 杨军：《中国传统的国家治理思想及其现代意义研究》，《领导科学》2016年第20期。

45. 叶南客、肖伟华：《论中国传统文化对社会主义核心价值观教育现实困境的开解——基于王阳明“致良知”中德育方法论思想的考察》，《思想教育研究》2016年第4期。

46. 张海晏：《阳明的道德主体性及其当代意义——以“四句教”为核心》，《贵州文史丛刊》2016年第3期。

47. 张韬：《阳明心学的时代价值》，《浙江日报》2016年12月26日。

48. 张振兴：《王守仁教育思想在高中历史教学中的运用》，广西师范大学硕士学位论文，2016年。

49. 郑蕾：《王阳明的心学观与现代创意理论》，《社会科学家》2016第7期。

50. 邹贵波：《王阳明“知行合一”思想对当代大学生思想政治教育的启示》，贵州大学硕士学位论文，2016年。

51. 邹雯雯：《王阳明心学思想的当代价值》，《商》2016年第29期。

十二、阳明学与西方哲学

1. 陈良：《奥勒留的沉思》，《中国纪检监察报》2016年第1期。

2. 陈卫平：《王学对明清之际西学的接应及其意义》，《贵州文史丛刊》2016 年第 1 期。

3. 马梦洁：《康德自由观视角下心学对理性本体的超越》，《长江大学学报（社会科学版）》2016 年第 7 期。

4. 徐建勇、钟小辉：《论海德格尔与王阳明的“存在”维度》，《河南教育学院学报（哲学社会科学版）》2016 年第 4 期。

5. 姚兰：《论阳明心学与叔本华的意志论》，《齐齐哈尔师范高等专科学校学报》2016 年第 3 期。

6. 叶水涛:《教育即生长: 杜威与王阳明》,《华夏教师》2016 年第 11 期。

7. 张晓渝：《自律伦理学的两种可能形态：康德与王阳明》，《太原师范学院学报（社会科学版）》2016 年第 3 期。

8. 张尧：《中西文化比较视阈下的“德性”与“良知”——观照苏格拉底和王阳明的道德哲学》，《开封大学学报》2016 年第 3 期。

十三、阳明学与当代文化

1. 车谊:《探究结合王阳明与赣南地域文化的高中历史校本课程建设》,《学周刊》2016 年第 10 期。

2. 陈劲松、刘芳梅：《贵阳市阳明文化品牌传播策略研究》，《现代经济信息》2016 年第 22 期。

3. 陈劲松、刘芳梅:《贵阳市阳明文化品牌现状调查分析》,《经贸实践》2016 年第 13 期。

4. 陈劲松、刘芳梅:《贵阳市阳明文化品牌塑造策略探析》,《现代营销(下旬刊)》2016 年第 11 期。

5. 陈永:《标准粒子模型与阳明心学》,《科技经济导刊》2016 年第 18 期。

6. 杜正军：《乘王学之风 探发展之路》，《贵阳文史》2016 年第 2 期。

7.《发展阳明文化 打造国学高地》，《绍兴日报》2016 年 11 月 25 日。

8. 付松：《重德修文》，《当代贵州》2016 年第 14 期。

9. 耿尕卓玛：《中国思想文化研究所所长董平：警惕阳明学在社会传播中的神秘化倾向》，《长江日报》2016 年 5 月 10 日。

10. 贺培育、姚选民：《志不立，天下无可成之事》，《新湘评论》2016 年第 19 期。

11. 蒋志伦：《贵州修文县："重德修文"大讲堂引领道德风尚》，《党建》2016 年第 6 期。

12. 李小龙:《阳明文化价值的当下思索》,《贵州日报》2016 年 1 月 14 日。

13. 刘凤霞：《他年贵竹传异事 应说阳明旧草堂——王阳明在黔遗迹保护与旅游开发现状探析》，《西安文理学院学报（社会科学版）》2016 年第 3 期。

14. 刘辉:《丰富阳明文化 构建精神高地》,《贵阳日报》2016 年 1 月 18 日。

15. 刘庆鹰：《弘扬贵州人文精神贵在坚持实践》，《当代贵州》2016 年第 19 期。

16. 刘珊伊：《大力培育赣南王阳明文化品牌》，《赣南日报》2016 年 10 月 30 日。

17. 刘胜江：《把握"两学一做"的文化内涵》，《理论参考》2016 年第 5 期。

18. 娄果:《"五个知行合一"凝聚正能量》,《当代贵州》2016 年第 43 期。

19. 梅子满、吴华清：《"文化自信"宁波力量》，《宁波日报》2016 年 11 月 24 日。

20. 潘建：《践行知行合一 弘扬阳明文化——省政协委员和专家谈王阳明龙场悟道及对贵州文化的影响》，《贵州政协报》2016 年 08 月 5 日。

21. 彭芳蓉:《王阳明与贵州人文精神》,《贵州日报》2016 年 01 月 15 日。

22. 彭芳蓉等:《阳明文化添多彩雅韵》,《贵州日报》2016 年 3 月 11 日。

23. 彭芳蓉:《知行合一的当代价值——阳明学成为黔浙文化交流热点》,

《贵州日报》2016 年 1 月 8 日。

24. 钱科峰：《打造阳明故里，让圣贤与文豪并重》，《绍兴日报》2016 年 2 月 29 日。

25. 秦德胜：《弘扬阳明文化 践行“知行合一”》，《绍兴日报》2016 年 4 月 28 日。

26. 饶昌东:《展现文化魅力 传承人文精神》,《当代贵州》2016 年第 25 期。

27. 宋臻：《海内外学者热议“阳明思想与世界文明建设”》，《中国文化报》2016 年 12 月 5 日。

28. 孙海苗:《县级台纪录片创优途径探索》,《视听纵横》2016 年第 2 期。

29. 王鲁铨：《王学圣地 秀美修文》，《贵州日报》2016 年 10 月 28 日。

30. 王鲁铨：《以阳明文化为核心 构筑贵州文化高地》，《贵州日报》2016 年 11 月 6 日。

31. 吴道欢：《阳明文化乘风起 扶摇直上九万里——修文县传承弘扬阳明文化撷英》，《贵阳文史》2016 年第 4 期

32. 吴道欢：《修文阳明洞》，《贵阳文史》2016 年第 4 期。

33. 吴道欢：《探寻城市文脉 传承阳明精神——开阳县阳明湖新区建设发展纪实》，《贵阳文史》2016 年第 4 期。

34. 吴雁俊：《弘扬贵州人文精神践行五大发展理念》，《理论与当代》2016 年第 10 期。

35. 杨青：《在阳明文化研究中占领制高点构建新高地》，《贵阳日报》2016 年 7 月 29 日。

36. 杨世龙：《以创新精神激活阳明文化》，《贵阳日报》2016 年 10 月 31 日。

37. 杨甜甜：《留住城市的记忆与文化个性——云岩区推进阳明祠历史文化街区项目建设前瞻》，《贵阳文史》2016 年第 4 期。

38. 杨雪骋、袁田田:《江右族规“禁争讼”文化初探》,《地方文化研究》

2016 年第 3 期。

39. 张寒松：《大学通识教育及贵州大学的实践》，《教育文化论坛》2016 年第 6 期。

40. 周寰宇、刘立夫：《给阳明山“和”文化安一个家》，《湖南科技学院学报》2016 年第 9 期。

41. 周能兵、钟兰花：《兰亭鲜虾山麓打造阳明学文化地标》，《绍兴日报》2016 年 2 月 25 日。

十四、心学与理学研究

1. 陈才训：《儒学平民化思潮与明代通俗小说》，《天津社会科学》2016 年第 2 期。

2. 陈德明：《“离物无心，离心无物”——方以智心物论研究》，《理论界》2016 年第 4 期。

3. 陈来：《仁学视野中的“万物一体”论（上）》，《河北学刊》2016 年第 3 期。

4. 陈来：《仁学视野中的“万物一体”论（下）》，《河北学刊》2016 年第 4 期。

5. 陈来：《儒学通诠——陈来学术论集》，《孔学堂》2016 年第 2 期。

6. 陈立胜：《作为修身学范畴内的“独知”概念之形成——朱子慎独工夫新论》，《复旦学报（社会科学版）》2016 年第 4 期。

7. 陈时：《明儒李呈祥的知行分合论》，《贵州文史丛刊》2016 年第 1 期。

8. 陈时龙：《论袁黄的劝善思想》，《道德与文明》2016 年第 4 期。

9. 崔海东：《〈传习录〉解〈孟子〉“尽心”三节辨误》，《贵阳学院学报（社会科学版）》2016 年第 5 期。

10. 代玉民：《正负方法与心学重构——论冯友兰新理学中的阳明学》，《孔子研究》2016 年第 4 期。

11. 董剑云：《吕柟与解梁书院》，《文史月刊》2016 年第 3 期。

12. 董平：《宋明儒学与浙东学术——董平学术论集》，《孔学堂》2016 年第 2 期。

13. 段宇涵：《试解〈中庸〉首章旨意》，《广东蚕业》2016 年第 9 期。

14. 高华夏、许宁：《从三原马理看明代关学思想特征》，《人文杂志》2016 年第 7 期。

15. 郭萍：《张君劢自由观研究》，山东大学博士学位论文，2016 年。

16. 郝永：《公体正用，体用一如——朱熹的公正哲学及其三维建构》，《古代文明》2016 年第 4 期。

17. 贺志韧:《明朝中后期中国儒佛会通的发展与困境》,《云南社会科学》2016 年第 4 期。

18. 洪国恩：《从“删诗”到“臆诗”的〈诗经〉研究脉络——深究王阳明〈诗经〉学的递变特征及多元价值》，《“东方古典学的新视野”国际学术讨论会·温州大学人文学院会议论文集》，2016 年 7 月。

19. 黄灵庚：《〈明文海〉：追述一代学术轨迹》，《浙江社会科学》2016 年第 9 期。

20. 黄勇:《儒家环境美德伦理》,《华东师范大学学报(哲学社会科学版)》2016 年第 3 期。

21. 姜海军:《明后期政治变局下心学、理学的消长》,《社会科学辑刊》2016 年第 5 期。

22. 姜家君：《明中晚期的儒学思潮探析》，《鲁东大学学报（哲学社会科学版）》2016 年第 5 期。

23. 康宇：《论儒家“以心释经”方法的确立与变迁——以孟子、象山、阳明之学为中心》，《华侨大学学报（哲学社会科学版）》2016 年第 4 期。

24. 赖区平：《理学视野中的复卦》，《周易研究》2016 年第 1 期。

25. 赖玉芹：《晚明清初豪杰人格的渐次形成》，《中南民族大学学报》

2016 年第 2 期。

26. 来玉英：《韩国岭南学派及其九曲歌系诗歌——朱熹〈九曲棹歌〉之影响》，《延边大学学报（社会科学版）》2016 年第 2 期。

27. 李浩：《论心学对“良知自由”传统的复兴与发展》，《吉首大学学报（社会科学版）》2016 年第 6 期。

28. 李洪卫：《政治儒学与心性儒学的根基与歧异——对当代大陆儒学两个发展方向争论的评价》，《社会科学论坛》2016 年第 4 期。

29. 李立民：《从刘宗周到黄宗羲——明末清初浙东学术的传衍及其对学术思想史的影响》，《云南师范大学学报（哲学社会科学版）》2016 年第 1 期。

30. 李健：《阳明心学对儒家“尽性”理论的承继及回答》，《人文天下》2016 年第 11 期。

31. 李敬峰：《关学的心性化转向——以冯从吾的〈孟子〉诠释为中心》，《江淮论坛》2016 年第 5 期。

32. 李敬峰：《取法程朱，辨乎阳明——吕柟的〈孟子〉学及其思想意义》，《中国哲学史》2016 年第 3 期。

33. 李清慧：《凌濛初〈孔门两弟子言诗翼〉研究》，广西师范大学硕士学位论文，2016 年。

34. 李然：《象山之“象”与“舜德之至”》，《湖南科技学院学报》2016 年第 3 期。

35. 李圣强、张韶宇：《唐鹤征易学特色述要》，《中州学刊》2016 年第 3 期。

36. 李圣华：《黄宗羲“明文正宗”说的文学史思考》，《中州学刊》2016 年第 5 期。

37. 梁冲焱：《知行合一：明末清初武术发展思想动力研究》，中北大学硕士学位论文，2016 年。

38. 林志鹏：《袁黄〈四书删正〉考述》，《中国典籍与文化》2016年第3期。

39. 刘宏：《戴震思想中的现代性观念研究》，山东大学博士学位论文，2016年。

40. 刘立萍：《以“成己”推动德性发展——试论儒家的道德修养动力理论》，《教育教学论坛》2016年第51期。

41. 刘学智：《吕柟的经学思想及其关学精神》，《唐都学刊》2016年第5期。

42. 刘玉敏：《六经皆心学：宋濂的心学特色及其影响》，《孔子研究》2016年第4期。

43. 刘云超：《觉即复——易学视野下王申子工夫论探析》，《孔子研究》2016年第6期。

44. 刘增光：《宋明理学的“信得及”观念申论——从王阳明〈朱子晚年定论〉说起》，《上饶师范学院学报》2016年第2期。

45. 吕昂：《五经注我——从〈五经臆说十三篇〉看王阳明天人合一观》，《中共宁波市委党校学报》2016年第5期。

46. 吕雪、王艳彪：《宋明时期“新儒家”逻辑思想探析》，《沈阳师范大学学报（社会科学版）》2016年第6期。

47. 马寄：《儒学对于培育社会主义核心价值观的启迪》，《喀什大学学报》2016年第2期。

48. 马小明：《晚明诗人“吏隐”心态的形成原因探析》，《兰州文理学院学报（社会科学版）》2016年第6期。

49. 马辛迪：《顾炎武对晚明学风批判》，东北师范大学硕士学位论文，2016年。

50. 邱晶：《儒家慈善思想的历史考察及其对高校思想政治教育的现实鉴益》，曲阜师范大学硕士学位论文，2016年。

51. 阮俊强：《朱熹的经学与解经语言在古代越南的沿革：从〈四书章句集注〉到〈四书约解〉的案例研究》，《国际汉学》2016 年第 2 期。

52. 石永之：《心外无理新解》，《贵州文史丛刊》2016 年第 2 期。

53. 孙业成、朱猛：《牟宗三“别子为宗”辨析》，《江西社会科学》2016 年第 8 期。

54. 孙育臣：《从曲阜石刻文献看明代尊孔崇儒》，曲阜师范大学硕士学位论文，2016 年。

55. 谭玉龙:《“雅者,美之至也”——朱载堉与明代中后期音乐雅俗观》,《音乐研究》2016 年第 4 期。

56. 唐百成:《一生为学惟学的状元焦竑》,《江南论坛》2016 年第 6 期。

57. 田智、周建刚：《明代心学工夫论与周敦颐的“主静”思想》，《湘潭大学学报（哲学社会科学版）》2016 年第 5 期。

58. 王博：《王夫之尊“我”思想的内在逻辑结构分析》，《中国哲学史》2016 年第 4 期。

59. 王尔:《“心为太极”: 邵雍心学在近世“唯心”思想脉络中的位置——兼与岛田虔次先生讨论》，《玉溪师范学院学报》2016 年第 10 期。

60. 王光松：《白沙江右门人考》，《广东第二师范学院学报》2016 年第 4 期。

61. 王俊彦：《程瑶田〈论学小记〉气之性情观》，2016 年第 1 期。

62. 王康：《“东去江声流汩汩 南来山色莽苍苍”——唐君毅全集（大陆版）总序》，《中国文化》2016 年第 2 期。

63. 王磊:《儒家“知行合一”思想对现代教育事业的价值探讨》，《科技展望》2016 年第 26 期。

64. 王娟：《唐君毅道德自我思想研究》，东南大学硕士学位论文，2016 年。

65. 王倩：《曹端理学思想研究》，湖北大学硕士学位论文，2016 年。

66. 王胜军：《明清时期西南书院祭祀与儒学传播》，《贵州社会科学》2016 年第 9 期。

67. 王胜军：《儒学官僚与“夷夏之辨”——以王阳明开启贵州书院为中心的考察》，《贵州师范大学学报（社会科学版）》2016 年第 2 期。

68. 王文:《儒家“诚”论研究——以“‘天人合一’双回向思维”为论域》，苏州大学硕士学位论文，2016 年。

69. 王亚云：《人性善：〈孟子〉人性本体的无善无恶》，《重庆电子工程职业学院学报》2016 年第 3 期。

70. 王永灿：《和而不同——论孙夏峰对朱王之学的会通》，《河南理工大学学报（社会科学版）》2016 年第 3 期。

71. 许宁:《马理实学思想发微》,《陕西师范大学学报(哲学社会科学版)》2016 年第 4 期。

72. 徐阳：《晚明反理学思潮与汤显祖的戏曲“主情观”》，《戏剧之家》2016 年第 9 期。

73. 薛青涛：《困境与超越：论晚明士人的“色隐”思想》，《社会科学》2016 年第 9 期。

74. 姚才刚：《甘泉后学唐枢“讨真心”说探析》，《哲学动态》2016 年第 1 期。

75. 杨华祥、何姿艺：《论明清实学对陆王心学本体论的超越》，《贵阳学院学报（社会科学版）》2016 年第 4 期。

76. 杨宗红:《明代〈诗经〉著述命名考》,《南京师范大学文学院学报》2016 年第 3 期。

77. 易闻晓：《理学主知与心学“反智识主义”倾向》，《贵州民族大学学报（哲学社会科学版）》2016 年第 3 期。

78. 于浩：《明末清初诗经学研究》，武汉大学硕士学位论文，2016 年。

79. 于小天：《梁漱溟“互以对方为重”伦理观念探析》，华东师范大学硕士学位论文，2016 年。

80. 张明、杨德俊：《明清至民国时期贵州教育成就》，《教育文化论坛》2016 年第 1 期。

81. 张天杰：《陆陇其的〈四书〉学与清初的“由王返朱”思潮》，《浙江社会科学》2016 年第 10 期。

82. 章沙：《赤子之心与孝弟慈——罗汝芳哲学的理论建构》，云南大学硕士学位论文，2016 年。

83. 张昭军：《学裂与道衰——清代学者关于儒家之道的探寻》，《社会科学辑刊》2016 年第 4 期。

84. 张新：《“恻隐之心”的存在论阐释》，山东大学硕士学位论文，2016 年。

85. 张再林：《有别于“心本体”的“意本体”——对作为宋明新儒学归宿的刘蕺山哲学的重新定位》，《学海》2016 年第 4 期。

86. 周立波：《晚明戏曲本色论对阳明心学的继承》，《浙江艺术职业学院学报》2016 年第 8 期。

87. 周梦娜：《明代士人“妓鞋行酒”行为探析》，《广西科技师范学院学报》2016 年第 4 期。

88. 郑治文、傅永聚：《明代“生活儒学”从阳明学向泰州学的展开》，《中国哲学史》2016 年第 2 期。

89. 郑治文：《生活儒学——“后新儒学”时代儒学重建的路径抉择》，曲阜师范大学博士学位论文，2016 年。

90. 庄兴亮：《黄宗羲对聂豹政治形象的构建——以〈明儒学案·贞襄聂双江先生豹传〉为探讨中心》，《国学学刊》2016 年第 3 期。

91. ［日］永冨青地：《佐藤一斋是一位朱子学者吗？——就〈栏外书〉的记载而谈》，郑京慧译，《历史文献研究》2016 年第 1 期。

中国台湾阳明学研究

1. 蔡玮玲：《焦竑之讲学活动及其教育思想》，（台湾）成功大学硕士学位论文，2016年。

2. 陈正宜：《徐爱由“朱学”到“王学”的思想转向》，（台湾）《辅仁国文学报》2016年第43期。

3. 陈志强：《知见空言——罗念菴论“学者”之过》，（台湾）《汉学研究》2016年第4期。

4. 丁为祥：《王阳明“知行合一”之内解内证》，（台湾）《哲学与文化》2016年第8期。

5. 杜保瑞：《对唐君毅平议朱熹与王阳明的反思》，（台湾）《哲学与文化》2016年第8期。

6. 杜保瑞：《论黄宗羲对湛甘泉和王阳明的捡择》，（台湾）《哲学与文化》2016年第3期。

7. 黄泊凯：《湛甘泉与阳明后学对于本体工夫之诠释与会通》，（台湾）《宗教哲学》2016年第75期。

8. 黄继立：《夜宴“天泉桥”：一个王门集体记忆案例的考察》，（台湾）《鹅湖》2016年第41卷。

9. 黄瑞枝：《朱熹与王阳明蒙学之品德教育比较研究》，（台湾）华梵大学硕士学位论文，2016年。

10. 黄信二：《阳明心性论对儒学宗教性之观照方式，（台湾）《哲学与文化》2016年第3期。

11. 侯洁之：《泰州学派的转折：王一庵的诚意思想及其意义》，（台湾）《辅仁国文学报》2016年第43期。

12. 侯洁之：《从“致知”到“知止”：从黄久庵的艮止思想论〈大学〉的转诠意义》，（台湾）《成大中文学报》2016年第55期。

13. 侯洁之：《黄久庵论“意”及其于阳明后学的意义》，（台湾）《文与哲》2016 年第 28 期。

14. 李玮皓：《为善去恶是格物——王阳明“格物”的意义治疗》，（台湾）《鹅湖》2016 年第 42 卷。

15. 李玮皓：《此心安处即是乐——王阳明“乐”的意义治疗》，（台湾）《孔孟学报》2016 年第 94 期。

16. 林以衡：《以“维新”为例论阳明学在日治台湾的传播现象》，（台湾）《成大历史学报》2016 年第 50 期。

17. 刘锦贤：《从无心、生意、一体诸理境论阳明对明道思想之继承与推展》，（台湾）《哲学与文化》2016 年第 3 期。

18. 陆永胜：《王阳明“以心解佛”及其诠释学省察》，（台湾）《鹅湖》2016 年第 41 卷。

19. 沈麟：《治生与求道——〈传习录〉“许鲁斋以治生为先之说亦误人”条目辨析》，（台湾）《鹅湖》2016 年第 42 卷。

20. 杨得煜：《论王阳明“知行合一”——以工夫论为考察进路》，（台湾）《鹅湖》2016 年第 42 卷。

21. 袁光仪：《殊途与同归——论罗念菴学术在王学中的定位问题》，（台湾）《当代儒学研究》2016 年第 21 期。

22. 叶守桓：《论周海门儒释之见》，（台湾）《兴大中文学报》2016 年第 40 期。

23. 张二平：《熊十力的易学体用论——以“生生”之学对孔、老、佛、西的判摄和融通》，（台湾）《哲学与文化》2016 年第 8 期。

24. 张子立：《“同一性”“道德动能”与“良知”：中西伦理学对话之一例》，（台湾）《哲学与文化》2016 年第 8 期。

25. 周君璞：《〈传习录〉〈坛经〉修养论与修行观之比较——从道德主体通过形气主体至无限亲近几乎当下》，（台湾）淡江大学硕士学位论文，

2016 年。

26. Israel, George L. *Doing Good and Ridding Evil in Ming China: The Political Career of Wang Yangming* (Leiden: Brill Press, 2014). 杨正显译,(台湾)《"中央研究院"近代史研究所集刊》2016 年第 92 期。

日本阳明学研究

1. 邓红:《中国对"日本阳明学"的接受——以张君劢和朱谦之为例》,(日本)《北九州市立大学文学部纪要》第 85 号,2016 年。

2. 钱明:《水户学与阳明学:以调查德川博物馆的儒学相关资料为中心》,[日]坂本赖之译,(日本)《国际哲学研究》第 5 号,2016 年 3 月。

3. 姚欣欣:《夏目漱石与阳明学——从〈少爷〉到〈心〉》,(日本)《京都橘大学大学院研究论集(文学研究科)》第 14 号,2016 年 3 月。

4. 岳远坤:《〈旌孝记〉中秋成思想的一个考察——以阳明学左派及其关连为中心》,(日本)《日本汉文学研究》第 11 号,2016 年 3 月。

5. [日]阿部亘:《李贽人物论再考——自己在历史上的投影》,(日本)《中国:社会与文化》第 31 号,2016 年 7 月。

6. [日]大泽邦由:《殷迈与管志道的〈楞严经〉修证论解释——以钱谦益〈楞严经疏解蒙钞〉的引用为中心》,(日本)《驹泽大学大学院佛教学研究会年报》第 49 号,2016 年 5 月。

7. [日]大江清一:《义利合一说的思想基础——三岛中洲的义利合一说的考察》,(日本)《崎玉学园大学纪要(经济经营学部篇)》第 16 号,2016 年 12 月。

8. [日]福田殖:《宋元明的朱子学与阳明学》,(日本)研文出版社 2016 年版。

9. [日]福田殖:《日本与朝鲜的朱子学》,(日本)研文出版社

2016 年版。

10. [日]高山大毅：《食的比喻与江户中期阳明学的接受》，（日本）《驹泽国文》第 53 号，2016 年 2 月。

11. [日]荒木龙太郎：《王门后学良知说改变与解体的诸相——“泰州”“江右”的本末格物说》，（日本）《活水论文集（文学部编）》第 59 号，2016 年 3 月。

12. [日]吉田公平等译注：《王畿〈龙溪王先生会語〉译注（21、22）》，（日本）《白山中国学》第 22 号，2016 年 3 月。

13. [日]吉田公平：《中江藤树的书简》，（日本）《阳明学》第 26 号，2016 年。

14. [日]三浦秀一：《科举与性理学——明代思想史新探》，（日本）研文出版社 2016 年版。

15. [日]三泽三知夫：《王畿的格物说》，（日本）《专修人文论集》第 98 号，2016 年 3 月。

16. [日]三泽三知夫：《王畿的经学》，（日本）《专修人文论集》第 99 号，2016 年 11 月。

17. [日]山村奖：《明治时期的阳明学理解——从社会主义与明治维新的关系来看》，（日本）《东洋文化研究》第 18 号，2016 年 3 月。

18. [日]土田秀明：《王阳明诗中的佛教》，（日本）《白山中国学》第 22 号，2016 年 3 月。

19. [日]小路口聪译注：《王畿〈蓬莱会籍申约〉译注：阳明门下的讲会活动记录（1）》，（日本）《东洋思想文化》第 3 号，2016 年 3 月。

20. [日]野村英登：《阳明学近代化中的身体修养——以井上哲次郎对中江藤树的理解为中心（自然观探求部分）》，（日本）《生态哲学研究》第 10 号，2016 年 3 月。

21. [日]伊东贵之编：《“心身/身心”与环境哲学——以东亚传统

思想为媒介的思考》，（日本）汲古书院2016年版。

22. [日]原信太郎亚历山大：《陈确“慎习”说的成立》，（日本）《东洋思想与宗教》第33号，2016年3月。

23. [日]原信太郎亚历山大：《刘宗周〈论语学案〉卷一〈为政篇 二〉译注（3）晚明时期“新阳明学者”的〈论语〉解释》，（日本）《论丛亚细亚文化与思想》第25号，2016年12月。

韩国阳明学研究

1. 蔡家和：《探析心学人性论之现代意义》，（韩国）《阳明学》第45辑，2016年。

2. 曹恩德：《郑寅普的良知感通论》，（韩国）《儒学研究》第37辑，2016年。

3. 曹元一：《陆象山的天人关系论研究》，（韩国）《儒学研究》第37辑，2016年。

4. 黄甲渊：《心学的东传与创建——以王阳明与郑霞谷为中心》，（韩国）《中国学报》第77辑，2016年。

5. 李学堂：《朝鲜中期的阳明学批判：以退溪、西崖、栗谷为中心》，（韩国）《韩国实学研究》第31辑，2016年。

6. 陆永胜：《王阳明龙冈书院讲学考论》，（韩国）《阳明学》第45辑，2016年。

7. 孙成恩：《利于韩国青少年心理治疗的阳明学原理》，（韩国）《医哲学研究》第22辑，2016年。

8. 杨善进：《透过阳明学看人工智能（AI）时代的科学技术伦理》，（韩国）《阳明学》第45辑，2016年。

9. 杨善进：《王守仁“心即理”的现象学意义》，（韩国）《阳明学》

第 43 辑，2016 年。

10. ［韩］曹至善：《阳明学的人性教育含义》，（韩国）《阳明学》第 45 辑，2016 年。

11. ［韩］崔在穆：《阳明学与公共性》，（韩国）《儒学研究》第 34 辑，2016 年。

12. ［韩］崔在穆、张贵荣：《〈阳明先生遗言录〉中的王阳明思想》，（韩国）《阳明学》第 45 辑，2016 年。

13. ［韩］崔在穆：《东亚阳明学的展开》，李恩辰译，（韩国）郑炳奎出版社 2016 年版。

14. ［韩］高志允：《明中期社会与王守仁（1472—1528）的教育活动：以知行合一为中心》，（韩国）江原道立大学硕士学位论文，2016 年。

15. ［韩］韩正吉：《朝鲜官僚知识人的阳明学观研究——以迟川崔鸣吉的阳明学观为中心》，（韩国）《韩国思想史学》第 52 辑，2016 年。

16. ［韩］韩正吉：《朝鲜官僚知识人的阳明学观研究》，（韩国）《阳明学》第 43 辑，2016 年。

17. ［韩］李东旭：《试论陆九渊易学特征》，（韩国）《阳明学》第 44 辑，2016 年。

18. ［韩］李楠玉：《霞谷学的特性与继承样相》，韩国中央研究院博士学位论文，2016 年。

19. ［韩］柳善起：《〈乙丙朝天录〉研究——以思想为中心》，（韩国）延世大学硕士学位论文，2016 年。

20. ［韩］金慧秀：《关于阳明学伦理说基本形态与构造的考察》，（韩国）《阳明学》第 44 辑，2016 年。

21. ［韩］金俊胜：《王阳明与斯坦纳的教育论比较》，（韩国）《韩国阳明学会学术会议论文集》，2016 年。

22. ［韩］金民载：《为堂郑寅普思想的阳明学特征与道德教育含义》，

（韩国）《儒学研究》第 37 辑，2016 年。

23.［韩］金民载：《东亚阳明学的展开》，（韩国）《阳明学》第 44 辑，2016 年。

24.［韩］金容善：《徐渭重视“情”的美学思想研究》，（韩国）成均馆大学硕士学位论文，2016 年。

25.［韩］金世贞：《通过阳明的生活看沟通与共感的阳明学》，（韩国）《韩国阳明学会学术会议论文集》，2016 年。

26.［韩］金世贞：《实心与感通的韩国阳明学》，（韩国）《儒学研究》第 36 辑，2016 年。

27.［韩］金世贞：《以心学之视角看高峰学》，（韩国）《阳明学》第 45 辑，2016 年。

28.［韩］金允京：《郑寅普与章炳麟的主体论比较——以“我自我”与“依自不依他”的比较为中心》，（韩国）《人文学研究》第 52 辑，2016 年。

29.［韩］金允京：《郑寅普“Joseon-Eol”的整体性》，（韩国）《阳明学》第 45 辑，2016 年。

30.［韩］千炳屯、卢炳烈：《从霞谷学的观点看李匡臣和李匡吕的思想》，（韩国）《阳明学》第 44 辑，2016 年。

31.［韩］徐江辉：《从阳明学看茶山的伦理主体问题》，（韩国）《阳明学》第 45 辑，2016 年。

32.［韩］宣炳三：《霞谷郑齐斗的人心道心说研究》，（韩国）《韩国哲学论集》第 48 辑，2016 年。

33.［韩］中纯夫：《朝鲜阳明学》（原书名《朝鲜的阳明学——初期江华学派研究》），李永镐等译，（韩国）成均馆大学出版部 2016 年版。

欧美阳明学研究

Bresciani, Umberto. *Wang Yangming:An Essential Biography* (Roma: Passerino Editore, 2016).

Chang, Tzu-li. “Re-exploring Wang Yangming’s Theory of Liangzhi: Translation, Transliteration, and Interpretation,” *Philosophy Eastand West* 66, no.4 (2016).

Hall, Joshua M. “Nerve/Nurses of the Cosmic Doctor: Wang Yang-ming on Self-Awareness as World-Awareness,” *Asian Philosophy* 26, no.2 (2016).

Israel, George L. “The Renaissance of Wang Yangming Studies in the People’s Republic of China, ” *Philosophy East and West* 66, no.3 (2016).

柒

回顾与展望

回顾与前瞻：阳明学研究的百年经验总结

□ 张新民

摘要：总结阳明学研究的百年经验，不难看到生搬硬套西方理论，不仅造成大量的误读误解现象，而且有可能伤害中国文化天道与人道相通相贯的淋漓尽致的元气，有必要采取以心学解释心学的诠释学进路，还原其一派活泼天机的固有状态。东亚阳明学的发展及相应的文化圈的形成，决定了研究者具备的跨地域、跨国界的广阔视野，让东西方文化在互学互鉴的整体历史发展过程中积极参与了文明与文明之间的对话。阳明学说的精义或特色是多方面的，我们有必要在继承发展的基础上，通过创造性的开新和转化，建立起符合时代需要的“新心学”。

关键词：中国阳明学、东亚阳明学、经验总结、文明对话、新心学

中国几千年的历史文化，诚可谓源远流长，人才辈出，但能同时做到“立德”“立言”“立功”三不朽者，则旷世难寻，为数不多。王阳明即为其中少数几个“真三不朽”的大儒。他以不世出的天姿英才，一生汲汲于讲学论道，不仅开创了一个极为重要的心学时代，而且凭借平定宸濠之乱的功绩，缓和了明王朝内部深刻的政治危机，不可不说是道德、功业、文章都冠绝千古，影响世道人心既深且钜。他的思想自明代中后期以来即“流传逾百年”，延及晚近仍发出很大的声光电响，不仅显示出自身固有的强大学术生命力，而且也成为与西方思想对话的重要思想资源。也就是说，自20世纪以来，王阳明的哲学思想便已进入了西方人的学术视野，成为与朱子学相媲美的又一东方热门学问，乃是他们进行中国问题研究的一大重要领域。

一、中国阳明学研究的百年回顾

阳明学的研究已逾几百年，不同的诠释可谓充盈于耳，评价的升降起伏固然有内部学术理路范式转移的原因，但也明显受到了外部政治气候的干扰或影响。明清嬗变，山河巨变，回翔瞻顾，痛定思痛之余，自然要对前代学术做出反思和总结，于是阳明思想遂难免不遭到各种褒扬与贬斥。而近代以来不少政治家和思想家之所以重视阳明心学，或多或少亦带有急迫的功利性目的。与此同时，即至迟20世纪二三十年代，一批受过日本或西方学术文化熏陶的学者，开始主动自觉地借助异域哲学方法或分析范畴，重新探讨阳明心学思想的特征及其社会意义。较有代表性者如梁启超的《王阳明知行合一之教》（1926）、黄建中的《王阳明与裴希脱》（1927），蒋径三的《王阳明之直觉主义》（1928），冯友兰的《宋明道学中理学心学二派之不同》（1932），钱穆的《王守仁》（1933）等，无论成熟或不成熟，全盘照搬或有意消化吸收西学，均显示出东西方学术交融互鉴过程中特有的典范转移的特征。其中梁启超特别强调“致良知”必须“体认本体亲切”，乃是“一了百了的法门”，但同时也有必要重视“知行合一”工夫，否则“知行不复合一，又陷于‘知而不行，是不知’之弊，去阳明本意远矣”[①]。钱穆则提出了不同于清儒的另一研究新方法，即王学表面“简易直捷”，实际仍从“深细曲折处来”，因而必须“脱弃训诂和条理的眼光，直透大义，反向自心”，才能求得王学之“着精神处”[②]。钱氏之说无异于要摆脱清代考据学拘泥于文字表层的干扰，直接以程朱之学还程朱，以陆王之学还陆王，虽赞同者未必就多，暗中亦必有西学的挑激，但仍反映了以心学方法解释心学传统的潜在致思取向，体现了由清学返归宋学的另一时代发展趋势。

20世纪50年代以来，由于特殊的政治秩序和气候背景，中国大陆学界

①梁启超：《知行合一与致良知》，载张新民选编：《阳明精粹·名家今论》，孔学堂书局2014年版，第56页。

②钱穆：《阳明学述要》，九州出版社2010年版，第1页。

研究陆王心学可谓起伏跌宕，学术话语悠忽之间遂多转换成了政治话语，其中唯物主义或唯心主义、辩证法或“形而上学”两重标准，乃是陆王心学判断定位的绝对依据，在任何人都无法逃遁的意识形态铁笼中，陆王心学理所当然地被戴上主观唯心主义的帽子。延至“文革”期间，真正的研究实际已完全中断，代之而起的不过是口号式的荒诞性批判。如同政治权源居于中心则学术文化必退于边缘一样，唯物唯心的二分法也将历史人物切割成了中心与边缘两重决然不同的天地。因此，从理想的积极层面看，政治与学术固然应该在善的目的论的终极处有所交汇，但以现实的消极立场言，政治与学术为了防范恶的手段性侵扰又必须各自分途。

陆王心学思想研究的复苏，主要以1981年在杭州召开的首次宋明理学国际学术研讨会为标志。以后则由中华书局陆续出版了诸如《陆九渊集》（1980）、《明儒学案》（1985）、《陈献章集》（1987）等一类心学人物的著述典籍，而阳明学的研究也开始摆脱教条主义的束缚，能够拥有较多的自由空间发表自己的研究成果，并形成了与港台地区及日美韩等国学者良好互动的学术局面。尽管从整体上看，心学发展固有的一派活泼天机状态迄今仍未恢复，无论正面或负面的学术经验均缺乏开阔宏通的反思和总结，但毕竟以西方唯物、唯心的生硬二元切割做出的歪曲性误解误读已成为历史，透过王阳明一生的事功业绩及相关著述直接还原其本来面目的研究成果已越来越多。

二、日本、韩国的阳明学研究发展走势

东亚地区以日本为重镇，他们对阳明学的研究显得相对深入。或许早在阳明生前，即有日本学者与阳明有过交谈接触。而真正使阳明心学广泛流传于当地的，则当以中江藤树的转输工作为最早，时去阳明逝世不过九十年，诚可谓推动阳明学远播日本的第一人。以后至迟延至明治维新时期，日本学人甚至一度将阳明学说作为推动社会变革的指导思想，佐藤一

斋、佐久间象山、横井小楠等著名学者均间接或直接地提出了“东洋道德，西洋艺术，精粗不遗，表里兼该”[①]的主张。而无论衡以政治实践或生活实践，阳明学对他们的影响均可谓既深且钜，不仅透过长期向中国或明或暗的学习“发展出了日本版的阳明学”，而且更将其“作为自己个人生存方式的根本”。[②]诚如牟宗三所说：“一种学术，流于他国，常有新面目、新作用，亦可为新表现。或‘橘逾淮为枳’，此其坏者也。或‘天地变化草木蕃’，此其善者也。在日人，得善果而不得恶果，则益足增加吾人之反省矣。”[③]

自中江藤树创立阳明学派以后，“日本封建制度之瓦解及其全国统一于天皇之下的情形，阳明哲学发挥了很大的功效”[④]。故针对日本王学运动的实际，章太炎特别强调：“日本维新，亦由王学为其先导，王学岂有他长？亦曰‘自尊无畏而已’”[⑤]。梁启超也指出：“吾国之王学，惟心派也，苟学此而有得者，则其人必发强刚毅，而任事必加勇猛，观明末儒者之风节可见也。本朝二百余年，斯学销沉，而其支流超度东海，遂成日本维新之治，是心学为之用也。”[⑥]可见阳明心学始终受到日本学者的重视，不仅阳明信徒多刚毅果决之豪士，即政治举措亦得力其精神活力之浸淫，当然也就不能不成为哲学研究的重要内容。这一传统至今尚在延续，成果累积的数量已极为可观。举凡国内重大的王学学术活动，均可看见日本学者的积极参与。譬如著名阳明学家冈田武彦就多次沿着王阳明行踪足迹考察，与贵州学者交流过“体认之学”的理念。类似的交往活动日见增多，

---

①［日］佐藤一斋：《传习录栏外书》，《佐藤一斋全集》卷五，（日本）明德出版社1998年。

②［日］野岛透：《日本阳明学的实践精神：山田芳古的生涯与改革路径》，钱明编译，上海古籍出版社2014年版，第176页。

③牟宗三：《比较中日阳明学》（校后记），载张君劢：《比较中日阳明学》，（台湾）中华文化出版事业委员会1955年版。

④张君劢：《王学之衰落与日本阳明学之兴起》，《新儒家思想史》，中国人民大学出版社2006年版。

⑤章太炎：《章太炎全集》卷四，上海人民出版社1984年版，第369页。

⑥梁启超：《饮冰室合集》，中华书局1989年版，第46页。

讨论的题域日益广泛，于是遂因心性之学体认方法的认同，形成了一个遍及海内外的研究群体。而阳明学及其研究队伍的广泛国际性地缘格局分布，也决定了我们必须具备跨地域、跨国界的广阔视野，多方面地撷采海内外学者治学成果之长，才能更好地从事未来学术进步事业的开拓发展工作。

早在在三国时期，中国儒家思想便已输入朝鲜；以后朱子学与阳明学的先后转入，则更进一步推动了当地哲学思想的发展和成熟。今韩国集大成的阳明学者，当首推郑霞谷（郑齐斗），他是由敬重考亭（朱熹）折转为服膺阳明的一代大儒，不仅创辟了韩国的阳明学——霞谷学，反映了中国阳明学向东亚各国延伸的发展趋势，而且自成一套理论系统，体现了韩国学术致思取向的民族性特点，表现出如实体认宇宙人生真谛的强烈色彩，显示了调适安顿现实生命存在的睿明哲思智慧。他一方面延绵了栗谷、明斋等人的思想系谱，不能不说多有继承意义的“因”；一方面又依据阳明学不时修正前人之说，更突出表现了发展意义上的“创”。他依据阳明建立起来的良知学说系统，则明显强化了人类道德实践活动的主体性与能动性。故其学术地位亦足可比肩日本阳明学鼻祖中江藤树。尽管朝鲜的朱子学始终压倒阳明学，二者之间乃至有“正统”与“异端”的争论或分判，但依然不乏如南彦经、李遥（南门弟子）等对王学有深刻体认的历史性人物，并产生了极为重要的阳明学派——江华学派。这一学派历经数百年的转辗发展，至今仍有其传人，不仅遗存的著述甚多，而且影响亦极为深远，同时也形成了较为成熟的理论系统，代表了阳明文化圈的又一地域—民族分布形态，值得结合中、日、韩三国的历史文化实际，依据不同时段的学者在接纳王学思想资源的过程中所作的阐释发挥和所赋予的具体新内容，并适当结合具有典范意义特征的个案， 推动相互之间或同或异深度比较及曲折会通工作的开展。

中国大陆的阳明学研究自20世纪80年代复苏以来，始终呈现出良好的发展势头，不仅参与的学者越来越多，而且研究的深度亦非昔日可比，范围则涉及阳明本人哲学思想的探讨分析，关联王门后学众多学派的挖掘阐发。也就是说，王学研究已非王阳明本人思想学说的解读阐发所能范围，王门后学各家各派的理论主张与学派特征也开始成为学界讨论的热点。这显然极为符合传统学术“辨章学术，考镜源流”的要求，既厘清了前后授受传承的渊源流变关系，也有裨于更好地把握自明迄清学术发展变迁的整体脉络，弥补了入清以来数百年间王门后学研究成果长期匮乏的不足。而与此同时先后，以王阳明一生活动区域为思想资源凝聚热点，更形成了有趣的学术地缘分布格局，在其生长的浙江、悟道的贵州、建功立业的江西，分别形成了三大学术研究重镇，涌现出浙学、黔学、赣学三者齐头并进共同发展的良好局面。而从东亚阳明学的大范围看，显然也涌现出以中国（含港台地区）为中心，中、日、韩三国良好互动的学术局面，不仅影响远播欧美各国，而且也具足了文明对话的必要条件。或可借用韩国学者崔在穆的表述，即“近代期与近世期不同，东洋学术与西欧学术文化互相渗透，哲学思想、文学、历史复杂地相结合，开始显现出时代的特征”[①]。足以说明文明对话的“俱熟果”的结出虽尚有长程的路途要走，但历史性的条件和可能已如朝阳一般在人类期望的地平线上冉冉升起。

三、阳明学说精义与时代特色

阳明的心学思想源自其深邃的生命体验，而每一次境界的跃升、发展和完善，都与王阳明的人生苦难经历和生命磨炼有关。他在龙场直面生死悟道之后发出的欣悦惊呼，堪称历史文化发展即将进入心学时代最震撼人心的思想惊雷。他在《教条示龙场诸生》中提出的立志、勤学、改过、责善等进德修业基本原则，更概括了生命成长和人格完善必须做到的四个方面。他的“心外无理”“心外无物”说，直下贞定了灵性生命应有的道德

①［韩］崔在穆：《自序》，载《东亚阳明学》，朴姬福、靳煜译，中国人民大学出版社2009年版。

理性能力，揭示了活泼心灵必有的直观反映能力，突出了存在与存在之间互通互贯的价值意义，最大化地强化了人的意志力量及其所应承担的伦理责任。他的“知行合一”说明确肯定了复本体的重要，只要本体之“知”与本体之“行”不被私欲隔断，则必然能做到“知”与“行”的不二。“知”与“行”的不二即是“知”与“行”在本体实践活动中的统一，即是“知之真切笃实处即是行，行之精察明觉处即是知”①，不仅强化了人的道德实践活动的必要，而且也极大地凸显了人的生命活动不可一日或缺的主体性精神。

以“心即理”“知行合一”说为理路脉络发展出来的致良知学说，乃是以简易直截的方式直指本体，并将之前各种成德的方法都纳入了工夫的范畴，而更能显示“体用一源，显微无间”②的心学思想特点。“致良知”乃是阳明的晚年定见，也是学问大头脑，无论王门后学如何分化，都无不以良知学为根本宗旨，影响中国传统社会各阶层之深，虽在愚夫愚妇亦能开口即是良知。良知是“天则明师”，能知是知非，乃是生命价值感不断生发涌出的活泼机藏，当然也就意味着每一生命个体都拥有行为抉择的自由，不必盲从外部虚假权威，不能追逐世俗时髦潮流。

继“良知说”与“良知教”之后，阳明最后又应弟子钱德洪、王龙溪之询问，在家乡绍兴天泉桥，提出了有名的“四句教”，史称“天泉证道”。他以“四有”说工夫，以“四无”说本体，既兼顾了有与无，又涵盖了渐与顿，本体与工夫一并打尽，依照不失致良知的目的性根本旨趣。以无说本体，虽有本体而无本体之相，虽有工夫而无工夫之相，乃至无之一字亦浑然相忘，只是一圆融熟化境界现前；以有说工夫，则必须时时处处实地践履，步步下学以上达，刻刻调适而上遂，一样可以凭借循序渐进的方法臻至圆融熟化妙境。可见“四句教”乃是“彻上彻下语，自初学以

①〔明〕王守仁：《答顾东桥书》，载吴光等编校：《王阳明全集》卷二，上海古籍出版社1992年版，第42页。

②〔明〕王守仁：《博约说》，载吴光等编校：《王阳明全集》卷四，第266页。

至于圣人，只此功夫。初学用此，循循有入，虽至圣人，穷究无尽，尧舜精一功夫亦只如此”[①]。只是考虑到世俗世间未悟未证者人数甚多，为善去恶乃是人类必须永远从事的庄严事业，阳明才更倾向于以“四有”说接引他人，始终强调实地践履工夫的重要与必要。

但“四有”“四无”最终可以会通，不落二边才是本体与工夫合为一体的上乘法门，究竟孰当用孰不当用，如何契理契机灵活有效地施教，仍必须准确勘定每一个体的实存状况，凭借证量功夫或直觉智慧眼光恰到好处地予以处理，才能更好地防范流弊的产生或偏差的出现。至于“天地万物一体之仁”之说，则表现了一个儒者的人间关怀， 反映了与佛教有别的儒学精神发展方向，依然是成德的工夫所要达致的目标，能够提供丰富的现代性诠释学意义，可以通过创造性的转化来丰富人类解决现实生存困境的思想资源和力量。

严格地说，阳明的良知学说，仍是对以孔孟为代表的儒家一贯主张的“仁义”之说的一种继续和发展，但却代表了宋明理学的又一思想发展高峰，具有崭新的时代意义和学术性价值内涵。而无论本体论或心性论，他都有自己大量的创造性发挥与契理契机的“时机化”言说：一方面乃是儒家“道统”集大成的总结者，不能不称为“源头活水”滚滚而来的思想学说；另一方面又是重建心学化儒家“道统”地位的重要创辟者，诚可谓最富原创性时代精神的一代鸿儒。回翔瞻顾，取鉴前贤，今天的人类已步入了文明对话的又一重要轴心时代，研究王阳明及其后学不仅是为了发思古之幽情，更重要的是着眼于将来的发展，以激活一切可供利用的思想文化资源，以涵盖东西方文化经验与智慧的宽广胸襟来谋求人类问题的解决出路。而依据传统丰富的心性学说思想资源，结合我们的实存感受和生命关怀智慧，辅以必要的现代科学观察手段，开出符合时代需要的既契理又契机的“新心学”（精神哲学），显然也应该上升为一代学人的主体自觉意

① 〔明〕钱德洪：《王阳明年谱》，“嘉靖六年丁亥九月”条引王阳明语，载《王阳明全集》卷三十五，第1307页。

识，成为重新寻找人类安身立命之道一大重要时代主题。

四、主动参与世界文明的对话

如前所述，国际的深广比较视野，也为未来的阳明学研究（特别是“新心学”的创立）所必需。事实上，既往的阳明学研究，早已开启了比较与对话的大门——严格说比较即是一种对话——譬如阳明成圣理想与康德道德律令的比较，阳明美学思想与康德美学思想的比较，阳明的亲民思想与十六世纪英国入世思想的比较，阳明心学与萨特存在主义的比较，阳明“天人合一”与海德格尔“天地神人”之说的比较，阳明生命教育思想与科尔伯格德育思想的比较，王阳明经典诠释思想与伽达默尔诠释学的比较，程朱陆王哲学与西方近现代哲学的比较等等，均为东西方学术视野交融会通所催生的重要研究成果，为今后进一步深入探讨古典学术思想奠定了历史性的基础。

如果说阳明过去是儒学内部与朱子同质对话的一位异代知心谈伴，体现了传统学术思想自我调整和发展的深层智慧，那么今天他已越洋过海，成为与西方哲学异质对话的一位国际性诤友了。与文明的对话乃是多样性的对话一样，哲学思想的对话也应该是多元性的对话，它应该更深邃更宏广——代表人类最高瞻远瞩的理想和希望。与文明的对话相较，哲学思想的对话更应该展示人类最圆融究竟的智慧和勇气，体现人类最合情合理的命运判断和把握，彰显人类最鞭辟入里的存在勇气和批判力量。

如果追问哲学思想或学术理论的对话及其相互沟通何以可能，宋代大儒陆象山岂不早就有言：“千万世之前，有圣人出焉，同此心同此理也。千万世之后，有圣人出焉，同此心同此理也。东南西北海有圣人出焉，同此心同此理也。”①近人钱钟书亦云：“东海西海，心理攸同；南学北学，道术未裂。虽宣尼书，不过拔提河”，每同《七音略序》所概；而西来意

①〔宋〕陆九渊：《杂说》，载钟哲点校：《陆九渊集》卷二十二，中华书局1980年版，第273页。

即名“东土法”，堪譬《借根方说》之言：“非作调人，稍通骑驿。”形下世界尽管是一分殊的世界，不能不最大化地突出特殊性的重要，但形上世界则是心同理同的世界，理所当然地应该强调普遍性的重要。天地宇宙之间只有人心最为灵明，灵明之心必能如实反映至明之真理，不但能做到人人心中都感到真理性的充实与喜悦，同时也能展开文明与文明之间的充满哲理旨趣的讨论和对话。何况今日交通之便利，往来之频繁，不仅东方西方近若比邻，即地球亦宛如一村落。而晚近以来，“理融欧亚，词驳今古，几如五光十色，不可方物”[①]。则融合中西，会通古今，虽时有反复曲折，但仍不失为一为主流发展趋势。可见人类社会固然可能“由通而隔，然也会正反转换，隔而复通”[②]。

重要的是能够真正以仁爱大心体贴天下之物，即所谓“因其所大而大之，则万物莫不大；……因其所然而然之，则万物莫不然”[③]，不以私欲小我桎梏心体，以致“蔽其用于一身之小，溺其志于虚空之大”[④]，则必然会心了然于心同理同的妙旨，足以做好东西方精华文化的疏导会通工作。这是我们从道境视域生发出来的一种理论自信，也是我们认为阳明哲学可以参与世界文明对话的目的论预设。数千年的古今之争，一百多年的中西之争，无论地域、国别、时代、性别、族群、语言、阶层、礼俗、宗教、信仰有何差异，都终将因为心同理同的本体论道境性视域而找到会通融合的可能，从而将偏见、傲慢、僵滞、差异、分歧、争执、对抗、冲突消弭于无形。如同导源入河再汇归于深邃广袤的大海一样，观点学说虽千蹊万壑差异甚大，然论其心源则无不归本于一，最终都将相通相汇相融于人类思想苍茫无际的蓝天大海之中。

王阳明是中国的，但也是世界的。为了更好地总结过去，开创未来，

①钱基博：《现代中国文学史》（下编），河北教育出版社1996年版，第371页。

②钱钟书：《台湾版〈钱著七种〉前言》，载舒展选编：《钱钟书论学文选》卷六，花城出版社1990年版，第248页。

③陈鼓应：《秋水》，载《庄子今注今译》，中华书局1983年版，第420—421页。

④〔宋〕张载：《大心篇》，载林乐昌撰：《正蒙合校集释》（上册），中华书局2012年版，第401页。

我们打破时间与地域的隔阂，注意学术内在理路发展代际之间的前后衔接，力求能反映王学研究整体面貌的各个侧面，遂选择了近百年来中国及美、日等国多位著名学者的相关研究成果，凡二十一篇，裒然汇编为一帙，题曰《名家今论》，并将1900年至2012年近八百篇（种）相关论著目录附后，以方便读者查寻检读，或可从中一窥百余年来研究取向上变化发展的历史性轨迹。故虽己劳人逸，亦感幸莫大焉。爰述前后因缘如上，切盼方家有以批评指正。

〔原载《贵州大学学报（社会科学版）》2014年第6期〕

阳明学研究的回顾与前瞻

□ 陈 来[①]

《孟子·万章篇》云："金声而玉振之也。金声也者，始条理也；玉振之也者，终条理也。"孟子的意思是说，始条理者是节奏的开始，终条理者是节奏的终结，有始有终才是理想的境界。浙江的阳明学研究可以说有这样一种作用，也扮演了这样的角色。

一

改革开放以后，阳明学研究在中国大陆才真正开始。20世纪70年代后期，浙江的沈善洪、王凤贤先生开始研究王阳明哲学。1980年他们写成了《王阳明哲学研究》小书的初稿，并于同年秋天在杭州举办了华东地区宋明理学讨论会，在会上向与会代表分发了他们的小书。这本书虽然只是一本数万字的小册子，但却是新时期王阳明研究的开始。所以，我说阳明学研究的"始条理者"在浙江，就是这个意思。那时候，我也参加了这次讨论会，在会上了解了不少学术的动向。

20世纪80年代初，王阳明的研究取得了明显的进步，其代表是邓艾民先生。他在80年代初进行的王阳明研究分为两路，一是王阳明哲学的研究，为此他写了数篇文章，在《中国哲学》《燕园论学集》等刊物上发表。1981年他在杭州的全国宋明理学讨论会上发表论文，说王阳明是封建

①陈来：清华大学哲学系教授。

时代的圣人，引起了一些人的批评，但他不以为意，坚持自己的见解。二是对《传习录》的注解，他在1983年给研究生讲课时发了油印的讲义，即《传习录注》。虽然他的《传习录注》在搜集资料的范围上不如陈荣捷先生的著作，但其学术水平已超越我国学术界五六十年代的王阳明研究。特别是他还很关心欧美的王阳明研究，其学术视野也超过五六十年代。遗憾的是邓艾民先生的书出版较晚，如他的王阳明哲学研究的数篇论文，是他1984年去世后，直到1990年才由冯契先生帮忙出版，而且是和他的朱子研究论文合并为一书出版的。而他的《传习录注》则在20世纪90年代后期才由中国台湾的出版社出版。但无论如何，这两部书代表了80年代初期大陆王阳明研究的水平。

同一时期中国台湾的王阳明研究，就专书而言，20世纪70年代以蔡仁厚先生的《王阳明哲学》一书为代表，这本书也只有10万字左右，但关于王阳明哲学研究的基本问题多已提出来了。20世纪80年代中国台湾出版的代表作应该是陈荣捷先生的《王阳明与禅》和《王阳明传习录详注集评》，这两部书代表了当时中文世界研究阳明学的最高水平。1988年秦家懿的《王阳明》专书出版，在王阳明思想的宗教性方面，其研究较前人有所进步。

相比起来，这一时期日本学术界对王阳明的研究，不仅高于中国和中文世界，应该说是世界领先的。日本在战前就有阳明学研究的重要著作，战后《阳明学大系》的出版，从文献、思想、学派、传承等诸方面对王阳明本人和王阳明学派进行了多方面的研究，达到了较高的水平。

二

改革开放以后关于王阳明的研究，浙江学者本来开其先河，但20世纪80年代到90年代的一段，浙江学者对王阳明的研究不太集中。而就全国来说，90年代初，我们的王阳明哲学研究上了一个台阶，应该说达到了世界前沿的水平，90年代后期仍然保持了这一势头。但这一时期对阳明后学的研究很不够。1991年我访问日本时，因为我自己的王阳明哲学研究已经完成，便很注意关于阳明后学的研究。我当时看到日本学者对阳明后学的研究很深入，对王阳明后学专人的研究都已有出版，对此印象很深。二松学舍大学还出版了关于阳明学研究的学术刊物，水平都很不错。1995年我在东京大学客座时，也作了一些阳明后学的研究，如阳明学讲会的研究，还作了一些阳明学文献的辑佚。但仍然感觉中文世界的阳明学研究需要大力发展。所以自90年代中期以来，我指导的学生，有不少都作了阳明后学的研究。十几年来，我们全国的阳明后学研究已经取得了很多的成果，达到了较高的水平，不仅北京，其他地区的学者也都开始注意阳明后学的研究，代表性的学者如吴震教授，以及浙江的董平、钱明教授等。同一时期的中国台湾学界，吕妙芬、林月惠先后出版了有关阳明后学的史学研究和哲学研究的著作，达到了较高的水平，也是有代表性的。今天，我们已经可以说，中文世界的阳明学研究已经超过了日本，这让我感到非常欣慰。

浙江学者的阳明学文献的整理工程很值得一提。在吴光先生的主持下，80年代作了《黄宗羲全集》的校点，很有价值；90年代中期作的《刘宗周全集》，也很有价值，只是，这两部全集虽然是明末心学发展与转变的重要著作，却不是与阳明学研究直接有关的。直接有关的是90年代初期对王阳明文献的整理，1992年春，吴光先生等编校的《王阳明全集》由上海古籍出版社出版，这部全集对推动王阳明及其思想的研究起了不小的作用。文献的校点出版，使研究有资料可据，使得原本有资料困难的研究得以开展。明代哲学的文献的建设是浙江学者的一大贡献。文献的标点新印，对今人作研究提供了最重要的便利，也促进了研究的更广泛的发展。同时，文献的标点整理本身也是一项学术工作。

2007年，钱明、董平先生主持的《阳明后学文献丛书》出版，不仅标志着浙江学者阳明学研究的再度兴起，也与这一时期阳明后学的思想研究相配合，形成了阳明学研究的新气象。阳明后学学者的著作，《四库全书》大多未收，晚近《四库存目》的影印，收入了不少，但没有标点整理，而这部阳明后学文献丛书，为阳明后学的研究提供了便利，阳明后学的研究将得到进一步的推动。

三

2009年，中国人民大学出版社出版了《阳明学系列研究丛书》，包括九部专著、一部译著、一部论文集。这是由吴光先生主持并以浙江学者为主体的十多位学者共同承担的国家社科基金课题“王阳明与阳明学派系列研究”的成果。其成果分为三种类型：一是人物大传，主要是论述阳明学派三大儒（创教者王阳明，修正者刘宗周、转型者黄宗羲）的生平事功与学术思想，同时对刘宗周、黄宗羲所创立的独立学派的特色与学派人物作了概括性研究；二是阳明后学主流学派的研究，选择了阳明后学三大派——浙中王学、江右王学、泰州王学开展系统性研究。三是比较研究类型，对阳明学与明清佛教、道教、当代新儒学的关系开展了研究探讨，并对中国、日本、韩国等东亚地区的阳明学作了梳理与比较研究，充分展现了阳明学的立体发展演变状况及其对中外儒学史的重大影响。

以往关于阳明学的研究成果，偏重于对王阳明本人及王阳明学说本身的解说，而缺乏对阳明后学各派的系统研究和比较研究。针对学术界研究的需要，这套丛书的设计理念，是以王阳明与阳明学为中心，力图对王阳明的生平事迹及其学术成就作出新的评价；对王阳明后学各派——江右王学、浙中王学、泰州王学、刘宗周与蕺山学派、黄宗羲与浙东学派作出全面系统的研究与梳理；对阳明学与道家道教、阳明学与晚明佛教、阳明学与当代新儒学进行系统化的研究与评述。

而深入研究王阳明与阳明后学各派各家的思想宗旨、学说特色、历史作用及其现代价值，深入研究阳明学与明清儒学、近现代新儒学及当代儒学发展的思想联系对于系统整理中国哲学遗产有较高学术价值，而且对于深入浙学的研究有着重要的实践意义。这套丛书是迄今为止国内外唯一一套阳明学研究专题系列的丛书，既是对王阳明及其后学各家各派思想学术的具体而微的分析研究，也包含了以王阳明与阳明学为中心而对宋明以来心学思潮发展演变的梳理，在明清学术思潮与学派演变的研究上有系统总结的特色，具有创新的意义。而深入研究王阳明与阳明后学各派各家的思想宗旨、学说特色、历史作用及其现代价值，深入研究阳明学与明清儒学、近现代新儒学及当代儒学发展的思想联系对于系统整理中国哲学遗产有较高学术价值，而且对于深入浙学的研究有着重要的实践意义。

（原载《光明日报》2010年2月1日）

贵州阳明学研究的三个时期

□ 赵平略[①]

20世纪80年代以后的贵州王阳明研究大体可以分为三个时期。

第一个时期是贵州师大的团队，主要是以吴雁南先生为领头人，以余怀彦、刘宗碧、张新民、陈奇教授等为骨干的研究队伍。吴雁南曾任贵州师范大学校长，对师大的阳明学研究给予了很大的支持，师大还成立了阳明学研究中心。这一时期，贵阳师专亦形成了一个王阳明研究团队，这一团队有王晓昕、张清河、袁仁琮、刘宗棠等教授，也取得了不俗的成绩。同时，贵州教育学院的谭佛佑先生，贵州社会科学院的于民雄、韦启光、史继忠、王路平先生，贵州民族大学的周松柏教授，贵阳市的何静梧、王萼华、郭长智、李友学等亦是贵州阳明学研究的骨干。

这一时期的王阳明研究主要集中在如下方面：一是对王阳明在黔活动的考证；二是重点对王阳明龙场悟道这一重要历史事件的内涵与意义进行了研究；三是对王阳明影响的研究；四是对王阳明的文学创作与教育思想的研究。总的来说，这一时期贵州的阳明学研究成绩最突出的体现在两个方面：一是对王阳明在黔活动的考证工作卓有成效；二是对王阳明的影响研究很有力度，出了两本专著，即吴雁南先生的《王阳明与近世中国》、余怀彦教授等人的《王阳明与贵州》，单篇论文就更多了。

第二个时期是2001年至2011年，共十一年时间。张新民先生到贵州大学后，组建了中国文化书院，以中国文化书院为阵地，以一批年轻老师为

---

①赵平略：贵阳学院阳明学与黔学研究院教授。

骨干，贵州大学形成了一个阳明学研究的团队。贵阳学院在2005年成立了王阳明研究所，使贵阳学院的阳明学研究力量得到了很好的整合。这一时期，贵州阳明学研究的成果主要集中在贵阳学院。贵阳学院出了一套阳明学研究丛书；此外，还有由中华书局出版的阳明学古籍整理作品《阳明先生集要》，阳明学通俗读本《王阳明与阳明文化》。贵阳学院之外的阳明学研究成果仍然不少，有贵州社会科学院王路平先生等人的集体著作《明代黔中心学大师孙应鳌易学思想研究》《阳明文化与贵州旅游》，敖以深副研究员的《黔东北地域阳明文化研究》等。

贵州阳明学研究的第二个时期有两个突出特点：一是古籍整理的工作取得了突出成绩。王晓昕与赵平略合作的《阳明先生集要》被赞为“选本善、点校精、用功巨”，是古籍整理的精品。此外，赵平略还完成了阳明后学郭子章《黔记》的点校工作。二是对阳明思想的研究有了极大的拓展。除了哲学思想的研究，还涉及到教育思想、军事思想、文学思想的研究。王路平等人的研究则延伸到了阳明后学的思想。

第三时期是2012年至今。这一时期是贵州阳明学研究极为活跃的时期。活跃体现在六个方面：成立的机构多；注重阳明学研究的单位多；阳明学研究的学术会议多；学术研究成果多；各级领导对阳明学的研究空前重视；一大批阳明学研究的新生力量的出现，标志着贵州阳明学研究进入了空前繁荣的时期。贵阳学院的陆永胜教授、刘继平教授、任健博士，贵州大学的王进博士、邓国元博士，都在阳明学研究领域取得了很好的成绩。

第三时期阳明学研究最突出的成就，一是理论研究进一步深入，一些研究已经走在了国际前列，如对黔中王学的研究，陆永胜教授的《心·学·政——明代黔中王学思想研究》被公认为阳明学研究的力作。二是特别注重挖掘阳明学的当代价值，贵阳孔学堂成立了阳明学与当代社会心态研究院就非常清楚地说明了这一特点。三是阳明研究的参与面非常广，进行阳明学研究的，不仅有高校教师，还有政府机关的公务员、社会科学院的研究员，甚至很多企业家亦加了阳明学研究的行列。

（原载《贵阳日报》2017年7月14日）

20世纪阳明后学研究的三种进路

——兼论阳明学的基本走向

□王文琦[①]

摘要：阳明后学是宋明理学中的一大版块，对其流派的分疏在学界争议颇多。牟宗三、钱穆和冈田武彦分别代表了20世纪王学研究的三种不同进路。“见在、现成派”“归寂派”和“守成派”是晚明王学真实走向中最重要的三系。它们既无形中制约了上述三种富有特色的研究进路，又影响了对其自身走向进行价值定位的思考视角。从阳明后学思想史的三系走向，到20世纪王学研究的三种进路，再到对后学流派的评价思考，恰构成了儒学思想的继承与发展所依赖的“解读”与“诠释”的辩证关系，从而为阳明后学的研究提供了深沉的历史经验。

关键词：阳明后学、研究进路、基本走向、解读与诠释

阳明后学是宋明理学中的一大版块，因其人数众多、派系林立，且个人学术差异明显，在他们往复辩论中又几乎涉及整个宋明理学讨论的全部理论问题，故而给这一领域的研究造成很大困难。争议最大的问题在于对造成晚明流弊根源的认识，这当然同时关系着对王门“见在、现成派”地位的评定，过往研究对这一问题得出完全不同的结论：有黄宗羲所代表的传统观点，认为龙溪和泰州是良知学从“风行天下”到“渐失其传”的双重主角，他们承担着良知学流衍的主要责任；钱穆先生则深刻地指出龙溪和泰州的问题乃是依“阳明讲学的歧点”而来，进而“承领本体太易”造成的；但牟宗三先生却认为晚明流弊乃是“人病”而非“法病”，还说王龙溪和罗近溪都是王学的“调适上遂者”。得到差异如此之大的结论，反

①王文琦：陕西师范大学政治经济学博士研究生。

映了这一领域存在差异明显的研究进路，也体现了不同学者对阳明后学走向相异的解读思路。正是基于这样的状况，笔者试图从牟宗三、钱穆和冈田武彦三位前辈学人所代表的20世纪王学研究的三种不同进路出发，尽可能来梳理和还原其与阳明后学真实走向之间的关系，以期更好地吸收前人在阳明学研究领域的经验。

过往研究对阳明后学的派系划分主要有地域和学理两种方式，地域说虽因黄宗羲的关系而影响深远，但学理说则越来越得到现当代研究者的重视。黄宗羲是最早对阳明心学发展和演变进行分疏的学者，他多有吸收管志道、刘蕺山等人的看法，其《明儒学案》从主体上按照地域而不是个人的思想倾向对王门后学进行流派划分。这种安排或便于其编排、整理的工作，但却无法显示王门各派的主要思想特征。例如，江右聂双江、罗念庵二子就与邹守益、欧阳德等人有着非常明显的学风之异。严格意义上说，按照地域划分几乎算不上一种真正学理的划分，而只能算是一种归纳、整理。直到20世纪30年代的嵇文甫先生对阳明后学走向描述道：

> 大体说来，东廓绪山诸子，谨守师门矩矱，“无大得亦无大失”；龙溪心斋使王学向左发展，一直流而为狂禅派；双江念菴（庵）使王学向右发展，事实上成为后来各种王学修正派的前驱。王学的发展过程，同时也就是它向左右两方面分化的过程。左派诸子固然是“时时越过师说”，右派诸子也实在是自成一套。他们使王学发展了，同时也使王学变质而崩解了。[①]

嵇文甫的左、右两系说，相比黄宗羲的地域说，是近世对阳明后学派系划分的最早主张，主要从龙溪、泰州和双江、念庵不同学理特征来分疏阳明后学的思路；[②]直到冈田武彦提出的三系说“现成派”（左派）、“归寂派”（右派）和“修证派”（正统派），才算是以学理来分疏阳明后学

---

①嵇文甫：《王学的分化》，载《晚明思想史论》，河南大学出版社2008年版，第15页。

②嵇文甫先生这一思路的最大缺陷在于可能会轻忽掉钱德洪、邹守益和欧阳德等重要思想人物，而其“左、右”的称法我们今天大可不必再用。

的典型代表。牟宗三、钱穆等人以地域分派来举要的方式其实也正是建立在地域说的基础上，向学理分疏靠拢的表现；也正是在吸收前人分疏方式与研究经验的基础上，他们展开了在阳明后学问题上的探索。

一、牟宗三的“调适上遂”之路

牟宗三先生对阳明后学研究的代表作是完成于20世纪70年代末的《从陆象山到刘蕺山》，作为其大作《心体与性体》的续篇，此书聚焦在陆、王心学上，牟先生是从孟子学正传的方向给陆、王以说明的。

牟先生认为象山缺乏概念的分解，但其实他义理精熟，事理分明；肯定象山是本《孟子》而自得。因其语言简单且多启发、指点语，故牟先生对象山的诠释方式是帮助象山“分解以立义”，替象山辩朱子对其的误解，用心不可谓不深。牟先生亦断阳明学为孟子学，“不管其悟良知之主观机缘为如何，其学之义理系统客观地说乃属于孟子学者亦无疑”[①]。他对阳明学的分疏也主要是通过概念分解和义理疏导的方式来进行的，例如他在说明“良知”和“致”时，就有很精彩的理论辨析。

> 天理是良知之必然而不可移处。良知是天理之自然而明觉处，则天理虽客观而亦主观；天理是良知之自然而不可移处，则良知虽主观而亦客观。此是“心即理”“心外无理”“良知之天理”诸语之实义……以上是良知一概念分解的表象……就良知而言，便自然合于孟子也。孟子所说之本心，所说之良知，亦只有如阳明之所悟者始能定得住，而孟子之实义亦实如此也。[②]
>
> 良知人人本有，它虽是超越的，亦时时不自觉地呈露。致良知的致字，在此致中即含有警觉的意思，而即以警觉开始其致。警觉亦名曰“逆觉”，即随其呈露反而自觉地意识及之，不令其滑过。故逆觉中即含有一种肯认或体证，此名曰“逆觉体证”。此体证是在其于日常生活中随时呈露而体证，故此体证亦曰“内在的逆觉体证”，言其

---

①牟宗三：《从陆象山到刘蕺山》，吉林出版集团有限责任公司2010年，第137页。

②同上，第140页。

> 即日常生活而不隔离，此有别于隔离者，隔离者则名曰“超越的逆觉体证”。不隔离者是儒家实践的定然之则，隔离者则是一时之权机。此两者不可混同，亦不可于此起争端。后来江右派于此闹不清，遂致有许多缠夹。[①]

就以上论述来看，牟先生从价值评判以断“王学是孟子学”，通过哲理诠释以断“江右派缠夹不清”，其思维之深邃是很值得肯定的。“王学是孟子学”显然是从良知合于孟子所说的本心、王学彰显心学正脉的角度而言的；而作为非阳明嫡传的江右聂双江和罗念庵，确实对这一“逆觉体证”提出了质疑。但是江右的质疑乃是为了解决思想发展史中的特殊问题，而不只是学理“缠夹”这么简单，这显示出牟先生的关注并不在思想史的史实辨析上，而是以超悟式的解析来做综合的价值判断。依照价值评判和哲理诠释的超拔思路，牟先生展开了对阳明后学的分疏。

他首先从地域影响上看到王学在浙中、泰州和江右的发展最为重要，又抽出王龙溪、罗近溪和聂双江、罗念庵各为之主，逐个分析了他们的理论学说。以龙溪为例，对于颇难辨析的“四无” 和“先天正心说”，牟先生举重若轻，诸如在解析心、知、意、物时，引入“曲折地说”而否定“直线而推”，解决了无善无恶的心体如何生出有善有恶的意、物的问题。他分解意与物是“经验层上感性的有”，心与知是“超越层上睿智的有”；并以超越而下贯的方式，慧断明觉无所对治，心意知物“一体而化”“四无实即一无”；从而进一步辨析本体与工夫曰：“即本体便是工夫，乃是本体亦无本体相，工夫亦无工夫相，只是一于穆不已纯亦不已也。”经过牟先生细致的分解，他得出“正心实即直下顿悟本体”，“致知工夫实亦根本无致的工夫可言，盖无对治故也”[②]的结论，而最终给龙溪如下判断：

---

①牟宗三：《从陆象山到刘蕺山》，第146页。

②同上，第169—180页。

> 我的判断是如此，即：王龙溪之颖悟并非无本，他大体是守着阳明的规范而发挥，他可以说是阳明的嫡系；只要去其荡越与疏忽不谛处，他所说的大体皆是阳明所本有；他比当时其他王门任何人较能精熟于阳明之思路，凡阳明所有的主张他皆遵守而不逾，而亦不另立新说，他专注于阳明而不掺杂以其他；他只在四无上把境界推至其究竟处，表现了他的颖悟，同时亦表现了他的疏阔，然若去其不谛与疏忽，这亦是良知教的调适而上遂，并非是错。[①]

牟先生这一论断就等于以“调适上遂”来肯定王龙溪的学说了。而依照相似的思路，牟先生推崇罗近溪破除光景的学理，认为“顺王学下来者，问题只剩下一光景之问题”，近溪“通过光景之破除，以无工夫之姿态而呈现，并非真不需要工夫也，此是一绝大之工夫，吊诡之工夫”[②]。肯定近溪之学“清新俊逸通透圆熟”。但是，他对聂双江和罗念庵则强调“此二人皆非及门而亲炙者”。

> 吾观《致知议辩》，见双方往复论难，龙溪一本于师门而头头是道，双江则记闻杂博，其引语发义皆不本于阳明，纵有所当，亦非阳明之学，故处处睽隔，总觉不通，固不契于龙溪，实亦乖于阳明也。黄宗羲之断语显然非是。其如此说，抑或因激矫而然。然要不可因激矫时弊而有背于阳明……念庵亦根本不熟悉阳明之思路也。[③]

得出这样的结论，显然是基于二人“不本于阳明”而来，牟先生肯定“二溪”并站在见在、现成派立场上看归寂派，也就十分容易得出这样的结论了。那么问题的关键在于，本着“是否相应于阳明的标准”而通过概念分解和义理辨析的方式，是否能必然得到合于客观真实的结论呢？ 在笔者看来，这中间存在着些许问题。

首先要说明的是，牟先生性喜“顺适”“颖悟”，其通过理论思辨的

---

①牟宗三：《从陆象山到刘蕺山》，第179页。

②同上，第185页。

③同上，第194页。

方式阐释阳明及其后学的学理，这不但不能算是错，而且也正是牟先生超乎一般学者之所在。牟先生构建起一整套“本体—宇宙论”有自己特殊的思想坚守，这正是其多年来对儒学超越性和民族精神重建的殷殷希冀之所在，这也影响了牟先生以价值评判和哲理诠释的方式来研究宋明理学的思路。其思路尽有值得推崇和肯定的地方，尤其表现在对阳明心学理论的准确把握和阐发上；但就其以“是否相应于阳明”为标准来分判阳明后学而言，他显然是站在维护阳明心学的角度上看阳明弟子的。进而他强调“二溪”对王学的继承、推进与严守阳明的理论立场。

再进一步来看，相比较阳明说其良知学“从百死千难中得来，不得已与人一口说尽”[①]，这中间就有了良知之“得”与“说”的两个面向。如果说阳明“得”之于一生多逢大变的实践经历，那么龙溪显然就只能算“得”之于阳明的理论授受了。良知之所以作为一种学说本有“思辨性”和“实践性”为之两翼，从理论思辨的方式来判断学理是非，有可能轻忽掉良知理论的实践指向，而使良知学有流于言说之嫌，纵观晚明王学流弊的“玄虚”之病不正是由此而来吗？所以说牟先生的这一思路既与龙溪、近溪学理相应，又可能存在着与“二溪”一样的偏失。依牟先生超越的思辨才智既容易理解阳明和见在、现成派的良知理论，准确把握良知内涵，又在一定程度上陷入跟龙溪一样的境地。但良知学终还是不能仅仅建立在思辨理论之上而忽略其实践性，不得不说他的这一思路回避了“二溪”的真实问题，其研究结论在后来学者的接受问题上，付出了沉重的代价。

牟先生的这一选择与其学术性格密切相关，超越的解析是其所长，也成为其在王龙溪问题上最大的遮蔽。至于其所举出的“人病”与“法病”的分析，即：后学流弊乃是人病，而非法病。[②]我们也可以继续思考：既然法无病而人有病，人却有因为学法而得病，而且当此法成为言人人病的

①〔明〕钱德洪辑：《年谱二》，载吴光等编校：《王阳明全集》卷三十四，上海古籍出版社2011年版，第1412页。

②牟宗三：《从陆象山到刘蕺山》，第189页。

法，那就成为病法了。

牟宗三先生的思路在20世纪后期影响很大，直到今天依然有很多学者是立足在哲理诠释的方式上来研究阳明后学的，这就形成了阳明后学研究具有代表性的一种进路。

二、钱穆以“文化心”纠偏于“现在心”的进路

钱穆先生的阳明后学研究是以《中国学术思想史论丛》为代表的，该书编成于20世纪70年代后半段，但具体的研究工作可能要早很多。另外关于阳明学的概述和明清心学的转向问题，亦可参照《阳明学述要》《宋明理学概述》以及《中国近三百年学术史》等。

钱穆先生在朱、陆问题上“立场是彻底尊朱的”[①]早已为学界共识，他对朱子辟象山为禅颇为关注，以禅来批评陆学的方式亦被钱先生引到对阳明及其后学的评论中了。钱先生并不像上文牟宗三那样理解良知与天理的关系，而是沿着朱子心性两分的思路来对阳明展开批评：

> 阳明日在军中，享年不永，其所提良知宗旨，犹多未及深究。其平常言教，颇杂老释与宋贤陈言，与其良知之说多有错差。而阳明包和混会，不及剖析。故其身后，门人后学即多分歧，梨洲所谓各以意见掺和，说玄说妙，几同射覆也。其关系尤大，最为诟厉者所借口，则莫如龙溪《天泉证道记》所举无善无恶之体一语。[②]
>
> 阳明实自有此无善无恶为心体之意见，此乃阳明讲学本身一歧点。唯在阳明当时，弊害尚不暴著。自经龙溪推阐尽致，遂至泛滥放决，离失本原……阳明有时以良知为吾心之本体，亦有时以良知为天地万物之本体。即此歧义，便大可商讨。而阳明于此忽彼忽尔，殊未细剖。循此推说，便生许多歧点。天泉问答，亦由此歧点派分也。[③]

---

①陈来：《〈朱子新学案〉述评》，载《中国近世思想史研究》，商务印书馆2003年版，第223页。

②钱穆：《说良知四句教与三教合一》，载《中国学术思想史论丛》第七册，生活·读书·新知三联书店2009年版，第135页。

③同上，第137页。

阳明以良知为天地万物之本体之义，其语病尤易见……由此说下，又何疑乎以无善无恶为心体，又何疑于龙溪之以四无立教乎？继此有当附论者，则晚明学者盛行之三教合一论，其源亦起于阳明。①

这些评论显示钱穆先生不但对阳明的良知说颇有微词，还强调阳明学与禅关系密切，更是将晚明王学流弊的肇端指向了阳明本人思想的“歧点”和“语病”。钱先生把象山看作理学中的别出，把王阳明看作别出儒中最是登峰造极者，依着这样的思路，钱先生展开对王学流变的分疏。

同牟宗三一样，钱穆也根据《明儒学案》从浙中、泰州和江右三个王学重镇来“举其著者”，首先是浙中的钱绪山和王龙溪，钱先生认为阳明学之弘扬，二人之功最大，但流动性集会讲学的方式必然会使讲学变得“又简易，又广大，自然难免有流弊”②，为了批评二人所失，他更提出了“文化心”和“现在心”的区分：

大抵言良知者，率本个人言，而不知心体之超个人。其超个人而言心体者，又兼综万物言，不知人与万物自有界限。故言心体，莫如就人心之同然处言。良知非个人心，乃大群心。抑且大群或仅指同时，良知心体并包异世。故良知不仅为大群心，乃实为历史心。良知者，乃就历史大群心之同然处言，即人类悠久不息之一种文化心也。通古今人文大群而言其同然之大体，则人而达于天矣。盖唯到此境地，始为人与自然之交融点，此即天人合一之真体也。此体本就人文大群而建立，故与主张天地万物皆由吾心中流出者不同，亦与主张天地万物之背后皆属同一心体者有辨。③

钱先生不喜“主张天地万物皆由吾心中流出者”和“主张天地万物之背后皆属同一心体者”，而是带着思想价值和文化理想塑造的崇高使命谈“文化心”“大群心”和“历史心”的，这与钱先生对宋明儒的整体认识

①钱穆：《说良知四句教与三教合一》，载《中国学术思想史论丛》第七册，第160—161页。

②郭齐勇、汪学群：《钱穆评传》，百花洲文艺出版社2010年版，第170页。

③同①，第167—168页。

有关，“（宋明儒）有偏近于向外寻理与只限于向内寻求这一区别”，阳明及其后学显然属于后者，算是一种“人生实践的唯心论”“因受佛家影响，总爱把人生现实的价值安放在整个宇宙里去衡量，如此则常觉得人生的渺小和浮弱”[①]。这里讨论的是宋明儒对宇宙论和人生论两分的问题。从朱子学的角度来说，钱先生是要强调将宇宙论与人生论结合，对朱子的天理做人生实践的落实；从阳明学角度来说，良知既然首先是对主体内在性的澄澈，而偏向于人生论的“主体性”易被钱先生看成“小我心”，那王门诸子讨论良知也就只能是偏离“文化心”之多与少的问题了，这就可能形成对他们个体性理解的缺弱。沿着这样的思路，钱穆将批评的矛头主要指向了龙溪和心斋：

> 凡必欲自率吾灵，以为致知之全功者，此皆易于限人为一两之金，而忽忘百镒之贵重。由其忽忘大众心，而拘束于小我心，忽忘文化心，而徘徊于现前心，则天乃昭昭之天，人乃藐藐之人，其心灵亦如星星之火，涓涓之泉，虽亦火然泉流，要之不光明不充沛。此种缺陷，在龙溪呈露更显。[②]
>
> 龙溪论良知，侧重于现在心，而忽略了文化心，则心斋论良知，却是注重小我心，而忽略大群心。同是一偏，而症候微别。[③]
>
> 江右之学，用以纠正浙中王门承领本体太易之病，自属一道。若在此提掇过猛，则枯槁寂木之后，所谓天理炯然者，恐终不免带有一些萧然世外之概……刻意向里寻求，虽于世俗习染依靠，可有许多洗涤澄清，但到底还是一个现前当下，还是在小我腔子里，还是凑泊不上大群心与文化心，依然是把昭昭之天作整个天体看。所以说江右与浙中所隔只一间……论其在晚明学术界影响，江右实超过浙中……若再加上一些严密的意味，便又要由王返朱。晚明学术，只在此处绕圈子，更无新出路。[④]

---

①钱穆：《说良知四句教与三教合一》，载《中国学术思想史论丛》第七册，第171页。

②郭齐勇、汪学群：《钱穆评传》，第169—170页。

③同上，第173页。

④同上，第178—179页。

钱穆对江右学的批评“江右实超过浙中”算是最轻的了，可以说在主体良知观照下，整个王门都有“把昭昭之天作整个天体看”的倾向，故江右之病只能算是王门通病。而钱先生无法接受的不仅是整个“晚明学术只在绕圈子”，更将矛头主要指向龙溪、心斋和泰州后学。

从思想史的发展实情来看，钱先生以敏锐的历史眼光把握到了晚明王学流弊的承担者——见在、现成派身上，他虽没有给这一走向立名，但抓住其学“同是一偏而症候微别”应该说是准确的。这一系接“阳明讲学的歧点”而来“承领本体太易”而易使人由文化心转退到现在心、小我心，势必主张当下即是、现前具足；加上他们在王学流行中功绩最伟，进而才造成整个明代心学“绕圈子”“无新出路”的状况，也才有了晚明王学的流弊丛出。

总结来看，钱先生代表了思想史式的研究进路，基本是沿着对晚明思想流弊纠偏的方向而展开的。他带着思想价值和文化理想塑造的使命感，通过理性的分析将晚明王学的问题指向我们所称的见在、现成派身上，无疑是值得肯定的。但钱先生的文化心、大群心、历史心全然从朱子天理观念的人生落实而来，脱离了个体性，难免存在挂空之嫌。钱先生对后世以思想史为归的研究方式产生了很大影响；但也正是因为其作为历史学家的视角和尊重思想史发展的客观进路，限制了其研究的继续深入，使其在理解阳明后学所具有的时代思想特质，甚至阳明本人对儒家超越性智慧的把握和运用上都不容易有相应的理解，不免留下遗憾。

三、冈田武彦的“体认”之路

冈田武彦对阳明后学的研究是以20世纪50年代写成的《王阳明与明末儒学》为代表，而其从68岁到93岁间完成的巨著《王阳明大传》算是晚年对阳明学的一个总结，亦可为重要参照。作为一个将毕生精力放在阳明学研究上的国际大家，冈田武彦先生是怀着对阳明学的终身信守来展开研究的。

冈田先生的《王阳明大传》是以“追体验”的方式，努力在自己的人生中再现阳明精神经历的方法，详细介绍阳明一生为政之迹与讲学交往情况，采用对其生平“考证”的方式来展开阳明学研究的。冈田先生并不津津于对理论问题的分析和解剖，或许这才是最接近于阳明学本真的进路。这是因为对于阳明和他的弟子，其学首先是他们自己人生的做人主张，而不会将己学视为“哲学”或一种理论命题加以言说。正是沿着这种信仰式的“体认”之路，冈田武彦在阳明后学的分疏上取得了重要的成绩。

冈田先生的“三系说”认为阳明后学主要形成“现成派”“归寂派”和“修证派”的走向。作为阳明后学研究的典范，三系说所代表的研究思路离不开冈田先生对中国哲学不重空谈理论而重体认自得的慧识，他认为要想把握宋明哲学的真谛，如果不用切至的“工夫”去体认，终究是不能得其真髓的。[①]这等于正式提出了应以何种方式进入阳明后学研究的思考，他对“体认之学”的认定也开启了近代阳明学研究的新路径。其晚年回视《王阳明与明末儒学》时虽觉个别观点“未免有些生硬”，但出于对王门诸子之学的深切体认，还是肯定了该书的基本思路。

> 明末的儒学思想虽因其奇特殊异而引人注目，而且人们对近代有革新倾向的阳明学亚流也还比较关心和理解，但对于明末其他流派及其思想，则令人遗憾地鲜为人知。实际上，人们如果从明末思想中，对产生明末动乱社会并建立在深切体验基础上的宋明性学或心学的秘蕴进行开发，就可以挖掘出能为近世儒学思想史添光彩的仅次于程朱陆王的大儒。[②]

冈田先生显然不是从“对近代有革新倾向的阳明学亚流”的方向来看待阳明后学的，这就决定了他不会从见在、现成派的思路来理解阳明后学，而是从“对产生明末动乱社会并建立在深切体验基础上的宋明性学或

---

①［日］冈田武彦：《王阳明与明末儒学》，吴光等译，上海古籍出版社2000年版，第1页。

②牟宗三：《从陆象山到刘蕺山》，第2页。

心学的秘蕴”的体认判断王门诸子乃是“仅次于程朱陆王的大儒”，这又决定了他亦不会从归寂派之思想史的批评之路来理解阳明后学，而只是从“深切体验基础上”对诸子进行分疏并做出自己的评判。

这样一来，三系说等于是就王门三系的基本走向而赋予各自以地位的，冈田先生对三派的判断是：肯定现成派的影响地位又力批现成派的偏失；肯定归寂派的纠偏之功又能辨以归寂派为“沉空通禅”之谤，还能提防其“徒然求静”；而对于修证派，他也能发掘其理论意涵：

> 因为现成派主于觉悟，归寂派宗奉归寂，皆有失阳明之主旨，所以修证派致力于阐明阳明的主旨。如果能懂得南野所揭示的“千虚不如一实”的陆子之语，及东廓在《青原嘉会语》中所要求同仁铭记的阳明“好善如好好色，恶恶如恶恶臭，则能致其良知”之语，那么就能推测到在致良知说方面，修证派是把重点放在哪一边的。[①]

这里冈田先生强调的是修证派的“重行”一面，同时也肯定其复归于阳明的实践性。他对欧阳德和邹东廓等人的“阳明学正统”定位的把握可说是准确而精到的。守成派（修证派）包括钱德洪在内，从总体上来看，体用完备、动静兼顾、又不打破理论与实践的平衡，守师说而不偏，他们勾勒出了一个阳明本人的学理思路来，在王学学术争论中本应发挥更积极的作用，这一点实亦为冈田先生所隐含揭示。

对比牟宗三和钱穆两先生的研究思路来看，冈田武彦的“体认”之路既不从理论思辨上肯定见在、现成派的超悟，也不仅从思想史的流弊上一味强调见在、现成派的偏失，而是本着深切体验宋明心性之学的理论内蕴的基础上，对各派做出恰切的分疏。更为重要的是，这条进路又是沿着从阳明精神来研究阳明心学的思路而来的，跟冈田先生信仰式的研究无法分开。

总之，冈田武彦的阳明后学研究，是本着阳明本人的思路和对阳明学

① 牟宗三：《从陆象山到刘蕺山》，第145页。

近乎信仰式的体认，对王门诸子进行学理上的比较和分判的，故其三系说也成为以学理来分疏阳明后学的典型进路。

四、阳明后学的三种走向

牟宗三、钱穆和冈田武彦三位前辈学人的研究代表着20世纪王学研究的三种不同进路，且各富特色。从牟宗三到钱穆，再到冈田武彦的研究进路，就形成一种层层纠偏的关系了：面对牟先生的理论思辨可能会轻忽思想史实的问题，钱先生提出了思想史式的研究进路；而面对思想史实的诠释在个体性理解上可能存在的缺点，冈田武彦又提出了“体认”式的研究进路。再从他们所持的立场来看，如果说牟宗三和钱穆是带着尊陆王或尊朱的不同思路来分疏阳明后学的，那么冈田武彦则是以阳明精神来研究阳明心学的，这种对阳明及其后学本位的还原是研究中的一种进步，而三人在阳明后学上的探索也就同样呈现出一种层层纠偏、不断进步的局面了。

那么这三种不同进路又是因何而形成的呢？这又必须回到思想史实中，回到对阳明后学三种走向的分析中来思考。就思想史的实情来看，从独倡“见在良知”的浙中王龙溪，发展到标宗“现成良知说”的泰州王心斋，再到泰州巨子罗近溪等人，构成了王门后学的“见在、现成派”，这样的称呼是因为以“现成”名心斋、近溪等固可，但王龙溪明确反对“现成良知说”[①]，以“现成派”指谓王龙溪存在着问题。“见在、现成派”中王龙溪以“超悟思辨”见长，泰州学派关注百姓日用又崇尚灵明自然，他们时时“越过师说”却又客观上成为晚明学界最有影响力的一派，王学“风行天下”又“渐失其传”与其有重大关联。

“归寂派”以江右聂双江、罗念庵为代表，主张寂感二分、“立体

①王龙溪在《滁阳会语》和《抚州拟砚台会语》中对其时良知异见的总结和批评，其明确将现成派列为批评的对象之一：“有谓良知不学而知，不须更用致知； 良知当下圆成无病，不须更用消欲工夫。”这一批评其实透露出王龙溪自觉与现成派有异，其“见在良知”说与泰州学派的“现成良知”也一定是有理论意义的重大区别的，这往往被历代研究者所轻忽。

以达用”。严格来说，双江主“归寂”而念庵倡“主静”，且念庵晚年又以“体仁”超越了早年的“主静”说，似乎“归寂派”的称谓也不能算尽善。二人的学说以“明体而达用”为特点，且“明体”意味着对良知内在自足性的首先确认，又对“见在、现成派”的流弊大有补救之功，谓之“明体派”似也可。两个算不得阳明嫡传的弟子，他们的为学贡献主要针对“见在、现成派”流弊而立，修正了“见在、现成派”走向的偏失，黄宗羲评价“阳明精神俱在江右”，就聂、罗来说，当正是指其修正王学流弊之功而言的，固亦可以“修正派”①名之。

最后就要数浙中钱德洪、江右邹东廓和欧阳德所代表的“守成派”了，冈田先生名以“修证派”自是首先着眼于他们的自修实证之学；相比聂、罗，“修正”见在、现成派的流弊又不足以代表他们最重要的学术特点，甚至他们与归寂派的论辩倒不如说首先是对己学的澄清，为避免以“修证”为“修正”，故“守成派”或“正统派”更能准确概括三人各有所持守的为学成就。钱德洪忠实于王阳明的思想及其教法，将其落实在形而下的为善去恶的实践追求之中；邹东廓严守着具体的“戒惧”追求和“诚敬”的修养工夫，同样可以实现“致中和”“位天地”等儒家所有的终极追求；欧阳德则领悟“体用动静一贯之学”，又将关注点放在如何将至善心体运用于伦常实践上，对良知心体的自觉也足以使他自信自足。整合三人来看，守成派体用完备、动静兼顾，又不打破思想与实践的平衡，既然他们能守师说而不偏，也就是说他们代表的其实正是阳明本人的学理思路，但在真实历史中却表现为“无大得亦无大失”，未免欠功于王学走向的辩证，留下遗憾的同时也当引起后世研究者的重视。

从学理特点的比照上来看，如果说牟宗三“调适上遂”的进路是站在了晚明心学走向之“见在、现成派”一系，而钱穆以“文化心”展开的对

① “修正”是对王学末流，如“超洁者荡之于玄虚而夷良于贼，猖狂者参之以情实而一是皆良”而言的，相比较冈田武彦的“修证派”，“修正”显然与“修证”意思有所差异。“修证”包涵“自修实证”和“修正”两意，且二者修正的对象不同，守成派对现成与归寂两派都有所修正。

“现在心”的批评之路则无意间暗合了修正派纠偏于“见在、现成派”的思想史实。那么冈田武彦的“体认”进路则又是站在阳明本人，也可以说是“守成派”所代表的阳明精神上，而对三系进行判定与分疏的。这样一来，阳明之后其学的三种走向无形中竟制约和影响了20世纪三种最具有代表性的阳明学研究进路；如果说牟宗三以超越的颖悟思辨而见长，而钱穆则紧守着思想史的理性视角，那么冈田武彦则可说是以终身信守的心态进入阳明学研究的，可见学术性格的特色与思想谱系的选择在研究思路上亦制约和影响了这三种进路。

既然20世纪最有代表性的三种研究进路都受制约于阳明后学的真实历史走向，那么对晚明流弊之所以形成的根源性认识，自然也可以从阳明学三大走向各自的主体视角来加以说明了。从“见在、形成派”的角度来看，龙溪等人一定不接受自己的思路有违于阳明良知学的说法，这也正是牟宗三先生认为流弊乃是“人病”而非“法病”的辩解角度；站在“归寂派”的立场来看，“见在、现成派”的理论缺失是造成王学流弊百出的直接原因，对浙中和泰州学派的大力批评也正暗合了钱穆先生对心学“现在心”和“小我心”的不满；而从“守成派”的角度，只有守着阳明本人的学理才可以修正其余两派各自的偏失——前者失于承领本体太易，后者割裂寂感太严，而“见在、现成派”也就只能成为“风行天下”又“渐失其传”的双重主角了，这也符合冈田武彦先生承认阳明之后现成派对良知学说的发展之功，同时对现成派所造成的流弊和影响也防范甚严的基本思路。

阳明之后，弟子们就性之所近而发展出的三种不同走向，无形中引领了20世纪阳明学研究的三种进路，又影响了对其自身思想价值进行定位的思考视角，这中间同时有阳明弟子们和后世研究者各自学术性格特色和思想谱系选择的原因。从三种不同思想走向，到20世纪三种不同研究进路，再回到对其自身的定位思考，这也正是思想史研究中“解读”与“诠释”

的辩证发展关系之所在。当然，对阳明后学的解读与诠释，既要尽可能地接近历史文本的真实状况，从而受制于研究对象的学理走向；又要着眼于判断其思想史价值和现代意义，从而无法摆脱解读者自身的学术性格等因素。

从20世纪阳明后学研究的三种最具有代表性的进路，来反观并判定阳明后学的真实走向和思想史意义，为我们今天在这一领域的继续探索提供了深沉的历史经验，也以独特的方式对儒学未来发展方向提供了参照与指引。

（原载《学术探索》2016年第5期）

阳明后学文献整理的回顾与思考

□ 张宏敏[①]

摘要：本文回顾了1949年以来以中国科学院、中国社会科学院历史研究所中国思想史研究室、浙江省社会科学院哲学所、国际阳明学研究中心，为实施主体与平台支撑的两大科研机构，在阳明后学文献资料整理方面已经取得的学术成果与正在推进的研究项目。同时，又对阳明后学文献整理的总体规划、学术规范与阳明后学研究工程提出若干思考。

关键词：阳明学研究资料丛书、阳明后学文献丛书、阳明后学文献整理与研究

《阳明后学文献丛书》主编钱明指出：关于阳明后学文献的整理，最早可溯源至明末清初学者所编撰的学案、宗传体著作，如刘元卿的《诸儒学案》、周汝登的《圣学宗传》《王门宗旨》、过庭训的《圣学嫡派》、刘鳞长的《浙学宗传》、孙奇逢的《理学宗传》、黄宗羲的《明儒学案》等。[②]尤以《明儒学案》最具代表性。《明儒学案》所列阳明学派，计浙中、江右、南中、楚中、北方、粤闽、泰州等七个学案。黄宗羲对阳明学派的分类与评论，对后世学者的研究影响深远；而在阳明后学文集不易得见的年代，《明儒学案》所节录的文本更是大部分学者赖以研究的重要材料。[③]乾隆年间官修《四库全书》，阳明后学文献收录极少，仅有罗洪先、胡直、邹元标等部分学者文集入围。1912年至1949年，由于时局所限，阳明后学文献的整理工作基本处于停滞状态。

---

①张宏敏：浙江省社会科学院哲学研究所副研究员。

②钱明：《王阳明及其学派论考》，人民出版社2009年版，第591页。

③王华宝：《〈阳明后学文献丛书〉的出版及意义》，《古籍整理出版情况简报》2007年第9期。

一、中国科学院历史研究所中国思想史研究室的“发轫之功”

1957年，以著名历史学家侯外庐先生为领军人物的中国科学院历史研究所中国思想史研究室成立。在编纂《中国思想通史》第四卷“明代学者思想”相关章节时，[①] 侯外庐把“发掘、整理、出版大量长期受埋没的思想家文献作为（科研）重点”，称之为“珍稀思想史资料”，首选明朝黄绾、王廷相、何心隐等。[②]藉此，部分阳明后学文献得以整理，如浙中王学黄绾的著作《明道编》由刘厚祜、张岂之标点，侯外庐亲作《序》文，1959年由中华书局出版；邱汉生撰著《李贽》，1962年由中华书局出版。泰州学派梁汝元的《何心隐集》，在侯外庐过问下，由容肇祖整理，中华书局于1960年出版。

1977年，中国社会科学院成立，侯外庐晚年主要工作助手黄宣民任历史研究所中国思想史研究室主任。20世纪80年代中期，邱汉生在侯外庐的指导下，与张岂之等设计和主持了国家社科“六五”计划重点科研项目——《宋明理学史》（上、下卷）的撰写工作。积“侯外庐学派”众人之力，费时六年，最终完成了一部洋洋134万字的思想史巨著，分由人民出版社于1984、1987年出版。其中，为撰写《宋明理学史》（下卷）第十至十七章关于浙中王学、江右王学、南中王学、泰州学派的“理学思想”，[③]课题组成员特地去各处海内外图书馆搜集阳明后学文献。比如，为撰写《黄绾的学行与艮止说》，唐宇元注意到除《明道编》外，黄绾尚有《石龙集》《久庵先生文选》等文集存世，[④]嗣后委托日本、新加坡友人获得了在中国大陆久已失传的《久庵先生文选》《石龙集》，[⑤]并有点校黄绾文集的设想。

---

①侯外庐主编：《中国思想通史》第四卷（下册），人民出版社1960年，第875—1290页。

②吴锐：《黄绾“大礼”疏评议》，载余姚国际阳明学研究中心编：《第二届国际阳明学研讨会论文集》（未刊稿），第150页。

③侯外庐、邱汉生、张岂之主编：《宋明理学史》（下），人民出版社1987年版，第266—471页。

④同上，第334页。

⑤唐宇元：《黄绾思想平议》，《齐鲁学刊》，1991年第3期。

黄宣民受侯外庐先生指导，长期关注泰州学派研究，在学术界首次以“平民儒学”的提法来界定“泰州学派”的特色。黄宣民还继承了侯外庐学派的“治学特点”——“实事求是的笃实学风和独立自得的开拓精神”，注重对新史料的搜罗、对第一手材料的充分占有，曾主持发掘了《颜山农先生遗集》，使这一散佚民间的重要典籍得以重见天日。李学勤《颜钧集·序》文称：“这是我们三十年来屡次访求而不能得的孤本秘籍。”[①]嗣后，黄宣民以三年之力对《颜山农先生遗集》进行标点整理，又广求史料、编著《颜钧年谱》，[②]终成《颜钧集》，由中国社会科学出版社于1996年出版。黄宣民还在友人方祖猷、钱明、刘炳藩的帮助下，搜集到泰州学派韩贞的《乐吾韩先生遗稿》《韩乐吾先生集》，编成《韩贞集》，附于《颜钧集》出版。[③]此外，黄宣民还通过旅日学者邓红帮忙，获得藏于日本内阁文库的泰州学派学者邓豁渠的著作《南询录》，予以点校整理。[④]

据天津学者陈寒鸣回忆：1991年11月，黄宣民曾写信给陈寒鸣，希望陈寒鸣协助他完成《泰州学派文献选辑》（十一辑）的学术计划。黄宣民计划中的《泰州学派文献选辑》以“三原则”编选而成：“（一）与泰州学派有师承的学者的遗著；（二）能反映泰州学派特点的代表性著作；（三）稀见著作。”书目如下：第一辑，淮南三王（王艮、王襞、王栋）的遗集；第二辑，颜山农的遗集、韩贞（乐吾）的文集；第三辑，何心隐的《爨桐集》；第四、五辑，罗汝芳、杨起元的著作；第六辑，赵贞吉、耿定向的著作；第七辑，焦竑的著作；第八辑，方学渐的著作；第九辑，周汝登的著作；第十辑，陶望龄、管志道的著作；第十一辑，李贽的著作。“遗憾的是，黄宣民先生过早辞世，致使这部《泰州学派文献选辑》

①黄宣民点校：《颜钧集》，中国社会科学出版社1996年，第1页。

②同上，第117—153页。

③同上，第159—217页。

④黄宣民主编：《中国哲学》（第十九辑），岳麓书社1996年版。此后，邓红著《〈南询录〉校注》一书，由武汉理工大学出版社于2008年出版。

没能最终编选出来。”[1]此外，陈寒鸣在2005年曾打算整理泰州学派学者林春的文献，并完成了版本调查、目录设计，也撰写了《林东城心学思想初探》的“前言”文字，[2]不知何故，这项工作随后中止。

也正因为侯外庐、邱汉生、张岂之领衔主编的《宋明理学史》（下卷）的作者，充分利用了阳明后学文献的第一手史料，才使得“阳明后学”第一、二、三代学者的理学思想，首次系统地呈现在读者面前。2011年8月，中国社会科学院历史研究所中国思想史室与浙江省余姚市政府合建的“余姚国际阳明学研究中心”成立。[3]目前，已经召开了三届国际阳明学研讨会，出版了四种《国际阳明学研究》辑刊，这可视作当代阳明学人对侯外庐、黄宣民先生发掘、整理“（明清学者）珍稀思想史资料”“泰州学派文献选辑”的一种纪念。

二、浙江国际阳明学研究中心的“主导作用”

诚如学术界公认，自“文革”结束，改革开放以来，中国大陆的阳明学研究，浙江学界（主要是浙江省社会科学院）起步较早。陈来先生有文称：“改革开放以后，阳明学研究在大陆才真正开始。20世纪70年代后期，浙江的沈善洪、王凤贤先生即开始研究王阳明哲学。1980年他们写成了《王阳明哲学研究》一书的初稿，并于同年秋天在杭州举办的华东地区宋明理学讨论会上，向与会代表分发了他们的小书。这本书虽然只是一本数万字的小册子，但却是新时期王阳明研究的开始。”[4]

（一）《王阳明全集》的编校整理

当代学界关于阳明学文献系统整理的倡议者，是浙江省社会科学院哲学所首任所长吴光先生。

---

①黄宣民、陈寒鸣编：《中国儒学发展史》，中国文史出版社2009年，第2080—2081页。

②陈寒鸣、贾乾初：《林东城心学思想初探》，载《阳明学刊》第五辑，巴蜀书社2011年版，第122—149页。

③方其军、顾玮：《知行合一薪火相传：国际阳明学研究中心在余姚》，《宁波日报》2011年8月26日。

④陈来：《阳明学研究的回顾与前瞻：兼评〈阳明学研究丛书〉》，《光明日报》2010年2月1日。

吴光作为侯外庐先生的“私淑弟子”[①]，其在浙江倡导阳明学文献整理，可以视为侯外庐学派“注重对第一手材料的充分占有、对新史料的搜罗”学风的继承与发扬。据吴光回忆，《王阳明全集》编校整理设想、计划的提出，“是在1986年10月（宁波黄宗羲国际会议期间），（吴光）建言时任浙江省社会科学院院长沈善洪、副院长王凤贤编辑整理《王阳明全集》，并获得支持；1987年正式策划、启动，1992年12月署名吴光、钱明、董平、姚延福编校的《王阳明全集》（上、下册）由上海古籍出版社出版”[②]。上海古籍版《王阳明全集》先后重印十五次，累计发行销售达七万套，古籍出版界誉之为“二十年打磨的大家精品”[③]。2013年10月18日《光明日报》公布了从1949至2012年出版的二万五千种古籍整理图书中评出的九十一种精品，上海古籍版《王阳明全集》名列其中。此外，2010年浙江古籍出版社也出版了署名吴光、钱明、董平、姚延福编校的《王阳明全集》（六册）新编本。

1992年6月，经浙江省委宣传部批准，浙江省社会科学院组建国内第一家阳明学研究中心——“浙江国际阳明学研究中心”，时任杭州大学校长的沈善洪任名誉主任，浙江省社会科学院院长王凤贤任主任，吴光任副主任，钱明任秘书长，[④]著名哲学史家冈田武彦、冯契、张岱年、任继愈、韦政通等被聘为顾问。这标志着浙江省阳明学研究团队正式组建。

此外，署名沈善洪主编、吴光执行主编的《黄宗羲全集》（十二册，浙江古籍出版社1985—1994年初版，2004年增订版），曾获得时任国务院

①吴光：《侯外庐学派的治学特色》（载《北京日报》2013年5月13日）文有云：“侯外庐不仅在20世纪60年代培养了由杨超、李学勤、张岂之、林英、何兆武等五位青年学者组成的：‘诸青’学术团队，为成功编撰《中国思想通史》立下了汗马功劳，而且在“文革”浩劫以后的70年代末、80年代初呕心沥血，指导和培养了一个研究生团队（有崔大华、柯兆利、姜广辉和我）。”括弧中“我”即是1978—1981年就读于中国人民大学历史系中国思想史专业的研究生吴光。

②吴光：《从道德仁学到民主仁学：吴光说儒》，孔学堂书局2014年版，第141—143页。

③刘海滨：《二十年打磨的大家精品：上古版〈王阳明全集〉出版历程》，《古籍新书报》2015年7月31日。

④钱明：《阳明学在浙江》，《浙江社会科学》2002年第4期。

总理温家宝的认可：温家宝在致友人的亲笔书函中，肯定黄宗羲学术思想具有“朴素的科学性和民主性”①。吴光还组织陈剩勇、丁晓强、何俊、黄宣民等大陆学者共同点校《刘宗周全集》，署名吴光、戴琏璋主编的《刘宗周全集》（五册）由台湾“中研院”中国文哲研究所筹备处于1997年出版，这是浙江国际阳明学研究中心首次与中国台湾学者合作整理古籍文献。

《王阳明全集》《黄宗羲全集》《刘宗周全集》的编校出版，一举奠定了浙江省阳明学团队在海内外中国哲学史界的学术地位。对此，陈来说：“浙江学者的阳明学文献的整理工程很值得一提。自20世纪80年代以来，在吴光先生的主持下，先作了《黄宗羲全集》的校点，很有价值。后来又作了《刘宗周全集》，也很有价值。1992年春吴光先生等编校的《王阳明全集》上下册由上海古籍出版社出版。这部全集对推动王阳明及其思想的研究起了不小的作用。文献的校点出版，使研究有资料可据，使得原本有资料困难的研究得以开展。明代哲学文献的建设是浙江学者的一大贡献。”②

（二）《阳明学研究丛书》与《阳明后学文献丛书》初编的出版

在2000年初，吴光先生向甫任浙江省社会科学院哲学所所长的董平提议：为深入推动阳明学的研究，哲学所可以阳明学研究为中心，策划两个系列性研究项目：一个是资料型的（“阳明学研究资料丛书”），一个是思想研究型的（“阳明学研究丛书”）。吴光的提议也得到了哲学所同仁的同意，于是共同策划、分工合作，由董平（后期由钱明负责）策划、设计“阳明学研究资料丛书”课题，吴光策划并主持“阳明学研究丛书”课题。③前者在2000年成为浙江省社会科学院年度重大课题项目，获立项资

①温家宝致友人关于黄宗羲学术思想的书信手迹，最早公开发表于浙江省社会科学院主办的《浙江学刊》，2005年第4期。

②陈来：《阳明学研究的回顾与前瞻：兼评〈阳明学研究丛书〉》，《光明日报》2010年2月1日。

③吴光：《十年辛苦为学术：〈阳明后学文献丛书〉与〈阳明学研究丛书〉简介》，载钱明主编：《阳明学派研究：阳明学派国际学术研讨会论文集》，杭州出版社2011年版，第484—485页。

助；后者得到了2001年度浙江省社科规划重大课题立项资助，易名为“王阳明与阳明学派系列研究”课题后，又得到了2002年度国家社科基金规划课题立项资助，2009年《阳明学研究丛书》公开出版，[①]该项课题以“优秀”等级鉴定结题。

董平负责主持策划的“阳明学研究资料丛书”项目，分十个子项目：《徐爱·钱德洪·董沄集》（钱明承担，以下同）、《王畿集》（吴震）、《黄绾集》（待定[②]）、《邹守益集》（董平）、《欧阳德集》（陈永革）、《聂豹集》（吴可为）、《罗洪先集》（徐儒宗）、《罗汝芳集》（方祖猷）、《薛侃集》（待定[③]）、《王艮·王襞·王栋集》（吴光[④]）。

2002年12月，董平调离浙江省社会科学院，《阳明学研究资料丛书》的编校工作，改由钱明主持、协调，后易名为《阳明后学文献丛书》。“阳明学研究资料丛书”课题组成员历经八年（2000—2007）的努力，最终完成了7种10册600万字的古籍整理工程——《阳明后学文献丛书》，由凤凰出版社于2007年出版发行。《阳明后学文献丛书》还被列入国家古籍整理“十一五”重点图书出版规划项目、全国古籍整理出版规划领导小组重点资助项目等。《阳明后学文献丛书》署名万斌主编，钱明常务副主编、董平副主编，而实际组织、策划工作主要是由钱明负责的。凤凰版《阳明后学文献丛书》分别是：《徐爱·钱德洪·董沄集》（1册，40万字，钱明编校）、《王畿集》（1册，65万字，吴震编校）、《邹守益集》（2册，110万字，董平编校）、《聂豹集》（1册，50万字，吴可为编校）、《欧阳

①吴光：《阳明学研究丛书总序二》，载《阳明学研究丛书》，中国人民大学出版社2009年版，第4页。《阳明学研究丛书》（11册），分别是：董平的《王阳明的生活世界》、钱明的《浙中王学研究》、吴震的《泰州学派研究》、何俊、尹晓宁的《刘宗周与蕺山学派》、吴光的《黄宗羲与清代浙东学派》、朱晓鹏的《王阳明与道家道教》、陈永革的《阳明学派与晚明佛教》、刘宗贤、蔡德贵的《阳明学与当代新儒学》、崔在穆的《东亚阳明学》、吴光主编的《阳明学综论》和徐儒宗的《江右王学通论》。

②因编校者一时难以物色，《黄绾集》被纳入《阳明后学文献丛书续编》，2014年由上海古籍出版社出版。

③《薛侃集》也被纳入《阳明后学文献丛书续编》，2014年由上海古籍出版社出版。

④因主客观条件限制，《王艮·王襞·王栋集》未能付诸编校整理。

德集》（1册，65万字，陈永革编校）、《罗洪先集》（2册，110万字，徐儒宗编校）、《罗汝芳集》（2册，75万字，方祖猷、梁一群、李庆龙、潘起造、罗珈禄编校）。

如上所言：《丛书》的策划、组织工作，前期由董平负责，后期由钱明负责。据钱明总结：凤凰版的《阳明后学文献丛书》的特点有三：一是搜辑比较完备，二是体例比较规范，三是校勘比较精细。[①]凤凰版《阳明后学文献丛书》出版后，受到了学术界的高度关注，有多篇书评：如汪俊亿的《阳明后学研究的基石：〈阳明后学文献丛书〉书评》（台湾《国文天地》2008年第2期）、钟彩钧的《罗洪先集补编·前言》（台湾“中研院”文哲所2009年版）、陈来的《阳明学研究的回顾与前瞻》（《光明日版》2010年2月1日）、刘勇的《〈李襄敏公遗思录〉所载阳明后学佚文辑录：兼论阳明后学文献的收集与整理》（台湾《中国文哲研究通讯》2011年第3期）等。[②]其中，刘勇评论说：“该项成果是继1990年代初……（浙江阳明学）研究团队整理《王阳明全集》以来，在王阳明及其后学文献的收集和整理方面的又一盛举。……因此，研究者对于这套《丛书》的出版，完全有理由期待如《出版说明》所表达的那样，不仅要‘为学术界提供一套基础文献’，而且通过分期分批出版，‘力求集阳明后学文献之大成’。”陈来说：“钱明、董平先生主持的《阳明后学文献丛书》出版，不仅标志着浙江学者阳明学研究的再度兴起，与这一时期阳明后学的思想研究相配合，形成了阳明学研究的新气象。阳明后学学者的著作，《四库全书》大多未收，晚近《四库存目》的影印，收入了不少，但没有标点整理。而这部《阳明后学文献丛书》，为阳明后学的研究提供了便利，阳明后学的研究将得到进一步的推动。”[③]诚哉斯言！

---

①钱明：《浙江国際陽明學研究センター二十年の歴程回顧》，（日本）《阳明学》第24号，2014年。

②同上。

③陈来：《阳明学研究的回顾与前瞻：兼评〈阳明学研究丛书〉》，《光明日报》2010年2月1日。

（三）《阳明后学文献丛书》续编、三编、四编的陆续启动

在凤凰版《阳明后学文献丛书》基础上，2009年4月，以钱明为课题负责人的浙江国际阳明学研究中心策划、设计了《阳明后学文献丛书续编》项目，选择薛侃、黄绾、刘元卿、张元忭、许孚远、王时槐、胡直等阳明后学的著述作为文献搜集、标点整理之对象。2010年9月，这一课题得到了浙江省哲学社科重点基地浙江历史文化研究中心重大课题的立项资助（批准号：10JDLS01Z）。2012年8月，上海古籍出版社负责申报的《阳明后学文献丛书续编》项目入选《2011—2020年国家古籍整理出版规划》。[①]这样，《阳明后学文献丛书续编》就得到了国家古籍整理出版专项经费支持。2014年至2015年，陈椰编校的《薛侃集》（1册，38万字）、彭树欣编校的《刘元卿集》（2册，80万字）、张宏敏编校的《黄绾集》（1册，50万字）、张昭炜编校的《胡直集》（2册，67万字）、钱明、程海霞编校的《王时槐集》（1册，55万字）、钱明编校的《张元忭集》（1册，45万字）由上海古籍出版社出版，即将出版的是邹建锋、李旭编校的《北方王门集》（2册，80万字）。

2013年，北京大学高等人文研究院（与浙江国际阳明学研究中心合作）启动了《阳明后学文献丛书》第三编：1月，北京大学高研院博士后张昭炜策划的“阳明后学研究与文献整理工作会”召开[②]；12月，《阳明后学文献丛书》第三编正式启动，杜维明先生任课题负责人，张昭炜、钱明任主编。[③]为更好地对《阳明后学文献丛书》进行系统整理，以推动阳明后学研究的深入开展，2015年8月，“《阳明后学文献丛书》第三编推进会暨阳明后学研究高层论坛”在北京大学召开。嗣后，几经协商、调整，最终

①全国古籍整理出版规划领导小组：《2011—2020年国家古籍整理出版规划》，http://www.guji.cn/web/c_000001.

②北京大学高等人文研究院：《2013年1月22日阳明后学研究及文献整理工作会召开》，http://iahs.pku.edu.cn/News_View.aspx?Id=400.

③关于《阳明后学文献丛书》第三编的缘起与工作进展，参见张昭炜等：《“阳明后学文献丛书推进会暨阳明后学研究高层论坛”圆满召开》，《王学研究》2015年第4期。

确定由张昭炜任主编的《阳明后学文献丛书》第三编项目包括：杨柱才负责的《陈九川集》、张昭炜负责的《邹元标集》、陈时龙负责的《周汝登集》、刘勇负责的《李材集》、李会富负责的《陶望龄·陶奭龄集》、彭树欣负责的《邹善·邹德涵·邹德溥·邹德泳集》、姚才刚负责的《唐枢集》、刘聪负责的《查铎集》。

2014年1月，绍兴市人民政府与浙江省社会科学院合作召开了“纪念王阳明逝世485周年学术研讨会”，浙江省委宣传部领导莅临大会并予以学术指导。会议间隙，浙江国际阳明学研究中心主任钱明召集了与会的青年学者程海霞、张昭炜、邹建锋、李会富、陈椰、张宏敏，商议了启动《阳明后学文献丛书》第四编的科研计划，并得到了大家的响应。绍兴阳明学会议结束后，为“系统性地完成从王阳明到黄宗羲的文献集成工程”“大大提高浙江省阳明学研究在国内外学术界的影响力，奠定在阳明学文献和研究领域的主导地位，成为浙江省较具竞争优势并最具持久力的一大品牌”，浙江省社会科学院即向省委宣传部正式提出了有计划、分批次编校整理《阳明后学文献丛书》的报告，省委宣传部主要领导进行了肯定性批示。2014年12月，《阳明后学文献丛书》第四编课题项目得到了浙江省社会科学院专项课题经费的支持，钱明负责的《泰州王门集》、陈永革负责的《许孚远集》、张宏敏负责的《王宗沐集》、李旭负责的《杨东明集》、陈畅负责的《管志道集》、陈椰负责的《杨起元集》等六个子课题得以启动。

对于《阳明后学文献丛书》的总体出版规划，钱明说：“我们计划从2000年到2016年，用十六年时间完成包括《阳明后学文献丛书》一编到四编在内的全部整理出版工作。整个项目计划完成40册书，约2000万字，将分期分批出版，力求集阳明后学文献之大成。由于《丛书》一编出版后又陆续发现了一些佚文佚诗，所以本计划还包括等条件成熟后陆续出版修订本，对已出之书进行增补和修正，并将一起交由上海古籍出版社出版。”[①]

需要补充说明的是，继《阳明后学文献丛书》在凤凰出版社、上海古籍出版社出版之后，一大批阳明学者文献在其他出版社也陆续推出，比如刘宗碧等点校的《孙应鳌文集》（贵州教育出版社1996年版）、李剑雄整理的《澹园集》（中华书局1999年版）、官长驰整理的《赵贞吉诗文集注》（巴蜀书社1999年版）、陈祝生主编的《王心斋全集》（江苏教育出版社2001年版）、钟彩钧、朱湘钰编校的《罗洪先集补编》（台湾“中研院”中国文哲研究所2009年版）、张宪文校注的《王叔杲集》（上海社会科学院出版社2005年版）、方长山、魏得良点校的《项乔集》（上海社会科学院出版社2006年版）、孟昭德、扈耕田、曹先武点校的《孟云浦集》（中国文联出版社2007年版）、蔡克骄点校的《王叔果集》（黄山书社2009年版）、张建业、张岱编校的《李贽全集注》（社科文献出版社2010年版）、刘晓林点校的《蒋道林文萃》（岳麓书社2010年）、朱维铮、李天纲主编的《徐光启全集》（上海古籍出版社2010年）、程朱昌、程育全编《程文德集》（上海古籍出版社2012年版）、朱湘钰、钟彩钧点校的《四书私存》（台湾“中研院”中国文哲研究所2013年版本）、马美信编校的《唐顺之集》（浙江古籍出版社2014年版）、李似珍整理的《南大吉集》（西北大学出版社2015年版）、张昭炜整理的《万廷言集》（中华书局2015年版）、傅秋涛编校的《耿定向集》（华东师范大学出版社2015年版）、张梦新、张卫中编校的《周汝登集》（浙江古籍出版社2015年版）、周悦点校的《方献夫集》（上海古籍出版社2015年版）、赵平略点校的《黔记》（西南交通大学出版社2016年版）、张宏敏编校的《叶良佩集》（浙江大学出版社2016年版），除此之外，北京大学出版社陆续推出的《儒藏》“精华编”项目中也收录了十余种阳明后学文集，诸如《耿天台先生文集》

①钱明：《〈阳明后学文献丛书〉出版缘起》，《古籍新书报》2014年4月24日。

《聂双江先生文集》《东廓邹先生文集》《王龙溪先生全集》《南野先生文集》《近溪子集》等。这一数量蔚为可观的阳明学者文献，为我们从事阳明后学的研究工作，提供了极大的便利。

三、《阳明后学文献整理与研究》中标国家社科基金重大项目

2015年1月9日，全国哲学社科规划办发布了《关于征集2015年度基础类和跨学科类重大项目选题的通知》。浙江国际阳明学研究中心决定以“阳明后学文献整理与研究”为题，向全国哲学社科规划办推荐选题。7月6日，《2015年度国家社会科学基金重大项目（第二批）招标公告》公布，“阳明后学文献整理与研究”入围“2015年度国家社会科学基金重大项目（第二批）招标选题研究方向”①。

浙江国际阳明学研究中心作为“选题推荐”单位，于2015年7月7日迅速成立了以钱明为“首席专家”的课题投标书写作小组。钱明负责填报研究状况、选题价值、总体框架和预期目标，王宇、张宏敏、邹建锋、李旭承担了五个子课题项目的文本写作；9月2日，正式完成投标书制作，并通过浙江省社科规划办转呈全国哲学社科规划办。经专家评审，2015年10月26日，全国哲学社科规划办发布了《2015年度国家社科基金重大项目（第二批）立项名单公示》②，浙江省社会科学院中标“阳明后学文献整理与研究”这一课题。11月5日，经社会公示并报全国哲学社科规划领导小组批准，“阳明后学文献整理与研究”（批准号：15ZDB009）正式入围“2015年度国家社科基金重大项目（第二批）立项名单”③。

“阳明后学文献整理与研究”共分五个子课题：“已刊阳明学文

①全国哲学社会科学规划办公室：《2015年度国家社会科学基金重大项目（第二批）招标公告》，见http//www.npopss_cn.gov.cn/n/2015/0706/c219469-27261321.html。

②全国哲学社会科学规划办公室：《2015年度国家社科基金重大项目（第二批）立项名单公示》，见http//www.npopss_cn.gov.cn/n/2015/1026/c219469-27741700.html。

③全国哲学社会科学规划办公室：《2015年度国家社科基金重大项目（第二批）立项名单公布》，见http//www.npopss_cn.gov.cn/n/2015/1105/c219469-27780781.html。

献增订与研究”“浙中王门文献整理与研究”“泰州王门文献整理与研究”“其他地域阳明后学文献整理与研究”“域外阳明学文献整理与研究”。课题最终学术成果分两大类，一类是阳明后学文献整理：《王时槐集》《张元忭集》《王宗沐集》《北方王门集》《许孚远集》《季本集》《杨起元集》《管志道集》《万表集》等20种；另一类是阳明后学研究专著：《王阳明公移文献研究》《浙江心学思潮研究》《泰州王门的成立与展开》《东亚视域下的阳明学研究》《阳明学研究年度报告》等十种。合计出版三十种著作，总字数超过三千万字，有来自海内外十多家高校科研机构的四十余位科研人员承担科研任务。

“阳明后学文献整理与研究”开题论证会于2015年12月10日召开。来自中国社会科学院、中国人民大学、复旦大学、浙江大学、华东师大、中山大学、四川大学、杭州师范大学、宁波大学、上海古籍出版社及浙江省社会科学院的阳明学研究专家、课题组成员，共四十余人与会。受邀与会的阳明学研究专家围绕“阳明后学文献整理与研究”重大项目的实施方案，先后发表建议与意见。

这次国家社科基金重大项目的竞标成功，是海内外学者对浙江省阳明学研究团队老中青三代学者几十年来致力于阳明学文献整理与思想研究的认同与鼓励。我们浙江省阳明学研究团队将以此为起点，谦虚谨慎、勤奋工作，为圆满完成这一光荣而艰巨的任务而努力奋斗！

四、对阳明后学文献整理与研究的几点思考

通过对阳明后学文献整理史的回顾与梳理：一方面，令人欣慰的是，阳明后学文献整理已经取得不少成果，并成为阳明学研究的“学术增长点”；另一方面，在阳明后学文献整理的总体规划、学术规范方面，也有需要认真总结之处。此外，对阳明后学文献及阳明后学思想史的系统研究工作也亟待展开。

（一）关于阳明后学文献整理的顶层设计

正如论者所云："姚江之学，嘉、隆以来，几遍天下矣"[①]"阳明先生之学，风行天下"[②]。以《明儒学案》所涉"阳明后学"为统计对象：浙中王门十七人、江右王门二十人、南中王门九人、楚中王门两人、北方王门七人、闽粤王门两人、止修学派一人、泰州学派十八人，凡七十六人。这就造成了阳明后学文献整体数量庞大、地域分布广泛、流传时间久远的基本特征。尽管自20世纪中叶以来，先后有侯外庐、黄宣民、吴光、董平、钱明等诸位先生主张采用标点、句读、校勘等现代通行的古籍整理出版规范来系统整理阳明学文献，然而阳明后学文献整理的"顶层设计"工作也亟待加强。如上所述，在《阳明后学文献丛书》陆续出版同时，不少阳明学者的文集已经在一些地方文献集成、明代别集丛刊中出版。如何避免《阳明后学文献丛书》与地方文献集成丛书中所涉阳明学者文献的重复选题，造成不必要的学术资源浪费，是一个值得我们引起重视的技术性问题。比如《阳明后学文献丛书》第三编有泰州学派学者《周汝登集》的选题设计，而《浙江文献集成》中也有《周汝登集》的整理计划且已出版，《阳明后学文献丛书》中《周汝登集》是否继续进行，就值得斟酌。

另外，如果某阳明后学文集已单独出版，是否有必要将已出版但并未纳入《阳明后学文献丛书》选题计划的文集，再次纳入《阳明后学文献丛书》中以"修订本""增订本"的方式统一出版，这也是一个值得考虑的问题。比如北方王学《孟云浦集》已点校出版，那么《阳明后学文献丛书·北方王门集》在编校之时，是否需要将《孟云浦集》一并纳入，就值得考虑。还有，北方王学《南大吉集》已由《关学文库》录入，那么《南大吉集》是否有必要再纳入《阳明后学文献丛书·北方王门集》，也值得研究。

---

①祝鸿杰点校：《思复堂文集》，浙江古籍出版社2010年版，第15页。

②〔清〕黄宗羲：《明儒学案》，载沈善洪、吴光主编：《黄宗羲全集》第七册，浙江古籍出版2005年版，第820页。

再有，某阳明学者的单种文献已经出版，《阳明后学文献丛书》在系统整理该学者的存世文献之时，则有必要与该文献的整理者协商，将这种文献一并收入。如浙中王学季本的《四书私存》已由中国台湾学者整理，季本的《说理会编》也由北大“儒藏精华编”列入书目选题，那么，在编校《阳明后学文献丛书·季本集》时，则有必要与《四书私存》《说理会编》的整理者沟通，将这两种文献一并纳入《季本集》中。

关于《阳明后学文献丛书》所选阳明后学文集的入围问题，除却以《明儒学案》为选题参照，系统搜集阳明后学存世文献之时；也有必要以《王阳明全集》为蓝本，详细稽考曾与王阳明有学术交游的学者（包括官员）名录，甄别这些学者的师承尤其与王阳明的学术渊源，以便扩大我们对“阳明后学群体”的界定范围。此外，明清、民国版本的各种地方志文献（省志、府志、县志）所载相关人物传中，也有不少不为《明儒学案》《王阳明全集》所记载的阳明学者。比如，笔者因研究浙江台州籍阳明学者而检录《民国台州府志》时，就发现《嘉靖太平县志》的编纂者叶良佩，是一个阳明学者，并有《海峰堂前稿》（嘉靖刻本）等文集保存在日本内阁文库。[①]总之，开展更为系统、细致的阳明学者的甄别研究及其存世文献挖掘、整理工作，也是《阳明后学文献丛书》“顶层设计”应关注的一个论题。

（二）关于阳明后学文献整理的学术规范

“阳明后学文献丛书”整理作为一个集体协同攻关项目，尽管有来自国内外多所高校、科研机构的专业研究者参与，我们并不能保证每一位参与者具有扎实的学术功底与相当的古籍整理水平。既然志于从事阳明后学文献整理，我们就需要无条件遵守《阳明后学文献丛书》主编与出版社责任编辑联合制定的《阳明后学文献整理编校体例》，在版本搜集、底本选择、编目设计、校勘撰写等一系列技术性环节上，花大力气、做足功夫。

①张宏敏：《叶良佩与阳明学人之交游》，《贵阳学院学报》2015年第6期。

限于行文篇幅，兹以文献版本搜集为例，略作发挥。

众所周知，阳明后学存世文献全盘搜罗、裒辑，是一项基础性的工作。我们选择整理某个阳明学者的存世文集，就必须花大力气把海内外图书馆所藏（包括私人收藏）该学者的存世文献，包括同一著作的不同版本，全部收罗齐全，以为编校整理该学者文集做准备。而从事阳明后学的文献搜罗，则需要不同国度、不同省份即不同工作单位的阳明学研究同仁相互协作。易言之，从事阳明后学文献整理与研究，要打破某家教科研单位、某种行政区域划分的地域局限，加强和来自不同工作单位、不同省份（包括县、市）阳明学学者的互动，还要加强与中国港澳台等地的学者，日本、韩国等国外学者的交流。事实上，我们目前已经知道包括正在整理的阳明学者相关文献，有更好的版本在境外。通过和境外学者的交流，请他们来合作参与这一课题，那样的话，阳明学者文献版本的裒辑就能够尽善尽美。①

比如《阳明后学文献丛书》第一编在整理《罗洪先集》时，未能搜集到台湾大学图书馆藏隆庆元年苏士润刊刻的“汇集（罗洪先）全部著作”的“唯一的诗文全集”——《念庵罗先生文集》。中国台湾学者则利用隆庆本《念庵罗先生文集》，辑出《阳明后学文献丛书·罗洪先集》未收篇章，定名为《罗洪先集补编》出版。如果《罗洪先集》的编校者当初再肯花些工夫，搜集所有藏书机构所藏罗洪先存世文献的诸种版本，那么，《阳明后学文献丛书》本《罗洪先集》就为学术界呈现的必然是一部最为完整的罗洪先诗文全集。

还有，阳明后学文献大多成文于四五百年前，部分文献在国家（包括各省市）、高校科研机构的图书馆尚无收藏，这就需要编校者亲自到该阳明学者的出生地、游学地、生活地、仕宦地进行田野考察，要特别注意

①此句行文，笔者参考了吴震教授在“阳明后学文献整理与研究开题论证会”上的发言（《浙江省社会科学院要报》2015年第11期）。

“族谱”“方志”“书院志”文献中收录的佚诗佚文。比如，笔者在编校《黄绾集》时，便从《洞山黄氏宗谱》《雍正浙江通志》《民国台州府志》《万历黄岩县志》《光绪太平县续志》等“族谱”“方志”文献中辑出黄绾存世的不少佚文。

从事《阳明后学文献丛书》的整理这样的基础性学术研究，需要课题组全体成员端正态度、勤奋好学、淡泊名利、甘于寂寞、精诚团结，以“打造一部传世的学术精品”为目标，完成这件意义重大的文献整理工程。①

（三）关于阳明后学研究工程的有序推进

我们从事阳明学派文献的系统整理，确实能够开出一个新的天地，是极有学术价值的。从事阳明后学研究，从文献整理入手，是一个基础性的工作；然而从文献入手，并不是局限于某种文献的整理，而是进一步做思想研究工作的“敲门砖”“垫脚石”，这就涉及到阳明后学的专案研究。

关于阳明后学的专案研究，以笔者浅见，可从四方面着手：一是开展某一阳明学者的专案研究，比如在某阳明学者的文集整理出版后，年谱的编纂、传记的写作、思想的解读，就是需要展开的工作；以笔者从事浙中王学黄绾研究为例，在编校《黄绾集》的同时，就撰写了《黄绾生平学术编年》（浙江大学出版社2013年），并有学术专著《黄绾道学思想进展研究》（中国社科出版社2016年版）的写作计划。二是在某一地域（省份）阳明学文献整理完毕后，某一地域阳明学思想发展史的系统研究，也应提上议事日程，比如在江右阳明学文献系统整理完毕后，以某一问题意识为导向，撰写《江右王学思想发展史》就是一件有意义的学术工作。三是开展不同地域阳明学的思想互动研究，比如“浙中王学与江右王学的互动研究”“江右王学与泰州王学的互动研究”乃至展开整个阳明后学思想发展

①本段行文，笔者参考了张伟教授在“阳明后学文献整理与研究开题论证会”上的发言（《浙江省社会科学院要报》，2015年第11期）。

史的系统研究，也是需要我们去进行的学术事业。四是对东亚阳明学、欧洲阳明学、英语世界的阳明学，即国际阳明学的研究进行科学规划与课题专案设计，探讨阳明学在海外的流传、演变、发展，解读阳明学在东亚和世界思想史发展进程中的地位、作用与影响。

此外，随着《王阳明全集》《阳明后学文献丛书》的系统整理，阳明学包括阳明后学文献数据库的研发、设计与建设，需要有关科研机构与阳明学研究专家去协调推进、完成，以期嘉惠学林。

总之，对于阳明后学文献的系统整理与相关研究工作的有序推进，正如杜维明先生在《阳明后学文献丛书》第三编推进会上所强调的："阳明后学文献整理及相关学术研究工作是一项长期的学术事业，需要我们对阳明学这一课题投入极大的关注与兴趣。目前国内不少省份的地方政府以及高校社科机构对阳明后学的研究投入了不少的人力、物力、财力，已经形成了一个良性竞争的局面，但是我们需要一种'大气魄''大格局'，在一种'学术健康'的情况下，开展相互合作。"

（原载《浙江学刊》2016年第4期）